Christus predigen – in Wort, Tat und Ton

Christine Böckmann | Christine Wenona Hoffmann | Henrik Imwalle (Hrsg.)

Christus predigen – in Wort, Tat und Ton

Interdisciplinary Approaches and International Explorations

EVANGELISCHE VERLAGSANSTALT
Leipzig

Gedruckt mit freundlicher Unterstützung der Fritz Thyssen Stiftung, der Evangelischen Kirche in Deutschland, der Evangelischen Landeskirche in Baden, der Evangelischen Kirche der Pfalz, der Evangelischen Kirche von Westfalen sowie der Evangelischen Kirche in Hessen und Nassau.

Bibliographische Information der Deutschen Nationalbibliothek
Die Deutsche Nationalbibliothek verzeichnet diese Publikation in der Deutschen Nationalbibliographie; detaillierte bibliographische Daten sind im Internet über http://dnb.dnb.de abrufbar.

© 2025 by Evangelische Verlagsanstalt GmbH · Blumenstr. 76 · 04155 Leipzig
Printed in Germany

Der Verlag behält sich die Verwertung des urheberrechtlich geschützten Inhalts dieses Werkes für Zwecke des Text- und Data-Minings nach § 44 b UrhG ausdrücklich vor. Jegliche unbefugte Nutzung ist hiermit ausgeschlossen.

Das Buch wurde auf alterungsbeständigem Papier gedruckt.

Bei Fragen zur Produktsicherheit wenden Sie sich bitte an info@eva-leipzig.de.

Cover und Satz: Zacharias Bähring, Leipzig
Coverbild: Aufnahme und Ausführung: Derix Glasstudios, Taunusstein
Abdruckgenehmigung mit freundlicher Genehmigung von Prof. Johannes Schreiter
Druck und Binden: Rudolph Druck GmbH & Co. KG, Schweinfurt

ISBN 978-3-374-07800-4 // eISBN (PDF) 978-3-374-07801-1
www.eva-leipzig.de

Vorwort

»Ich hielt es für richtig, unter euch nichts zu wissen als allein Jesus Christus, ihn, den Gekreuzigten«, schrieb Paulus der Gemeinde in Korinth (1 Kor 2,2).
Dieser Satz beschreibt nicht nur bündig die Mitte der paulinischen Theologie und Verkündigung, sondern auch Selbstverständnis und Anspruch evangelischer Gottesdienste und Predigt – bis heute. Martin Luthers »nihil nisi Christus praedicandus«[1] hat dieses Selbstverständnis tief in die Predigtlehre und -realität eingeschrieben.[2] Dabei ist einerseits nach der Predigt und ihrem Vollzug zu fragen, andererseits nach ihrer Verortung innerhalb, aber auch jenseits des Gottesdienstes.[3] Diesem Zugang liegt ein vom lateinischen *praedicare* ausgehendes Verständnis der *Predigt* zu Grunde. Ein solches fragt nicht nur nach den wenigen Minuten Kanzelrede, in denen Jesus Christus hierzulande meist sonntagvormittags *öffentlich verkündigt* und *bekannt gemacht* wird, sondern nimmt selbstverständlich auch das mit den Sinnen erfahrbare Christus-Zeugnis in Liturgie, Sakrament und Kirchenraum in den Blick. Eine von *praedicare* ausgehende Christus-Predigt ist auch außerhalb des Kirchenraums zu verorten, denn sie ist nicht auf die dezidierte Christus-Verkündigung im Gottesdienst beschränkt – sie ereignet sich etwa auch in Seelsorge, in Diakonie, im Religionsunterricht und in Musik außerhalb der Kirchengemäuer.
Gerade angesichts solch einer Variabilität der Predigtgestalt ist zu fragen: Was geschieht eigentlich in der Christus-Predigt, und wie geschieht es? Diese Fragen berühren das Herz christlicher, insbesondere protestantischer Identität, in der das eingangs zitierte Paulus-Wort einen besonderen Rang einnimmt. Sie sind zugleich eng verbunden mit der von Dietrich Bonhoeffer 1944 prominent gestellten Frage, »wer Christus heute für uns eigentlich ist«.[4] Auch Helmut Schwier hat die Fragen nach dem *Was* und *Wie* der Christus-Predigt im

---

[1] WA 16,113,7f.
[2] Vgl. dazu Schwier, H., 2014. Wer ist Jesus Christus für uns heute? J. Schröter, Jesus Christus. ThTh 9. Tübingen, 243–266, 248. Ähnlich Meyer-Blanck, M., 2011. Gottesdienstlehre. Tübingen, 189; Karle, I., ²2021. Praktische Theologie. LETh 7. Leipzig, 176.
[3] Zur historischen Verhältnisbestimmung von Gottesdienst und Predigt vgl. Engemann, W., ³2020. Einführung in die Homiletik. Tübingen, 330–333. Empirische Zugänge hierzu bieten: Pohl-Patalong, U., 2011. Gottesdienst erleben. Empirische Einsichten zum evangelischen Gottesdienst. Stuttgart; Kerner, H., 2007. Der Gottesdienst. Wahrnehmungen aus einer neuen empirischen Untersuchung unter evangelisch Getauften in Bayern. Nürnberg.
[4] Bonhoeffer, D., 1998. Widerstand und Ergebung. Dietrich Bonhoeffer Werke [DBW], Bd. 8. Gütersloh, 402. Bonhoeffer formuliert diese Frage in der hier vorliegenden Formulierung in seinem Brief an Eberhard Bethge vom 30.04.1944. Sie ist vor dem theologischen Hintergrund seiner Ausführungen in der Christologievorlesung von 1933

praktisch-theologischen Beitrag zum Sammelband der Themen der Theologie
»Jesus Christus«[5] zu Kernfragen erklärt. In seinem Artikel[6] geht Schwier (wie
immer) über die Praktische Theologie hinaus. Er verortet die Christusbegegnungen in unterschiedlichsten Erscheinungsformen, innerhalb ihrer Interpretationsgemeinschaft und weit über diese hinaus. Dabei geht er von deren gottesdienstlicher Funktion und Bedeutung in der Predigt aus und kontextualisiert
sie in Bildung und Unterricht, der Diakonie, Seelsorge und Beratung sowie auch
in Kunst, Kultur und Gesellschaft.

Helmut Schwiers Aufschlag und Anliegen einer mehrdimensionalen und
kontextuellen Betrachtung der Christusbegegnungen und -rede aus dem Jahr
2014 zieht sich wie ein roter Faden durch sein gesamtes wissenschaftliches
Œuvre. Dementsprechend folgt auch der vorliegende Sammelband der Frage
nach dem *Was* und *Wie* der Christus-Predigt und ist als Festschrift anlässlich
seiner Emeritierung im Jahr 2024 im Sinne eines (weiteren) Antwortversuchs
auf diese zu lesen. Doch zeigt sich Helmut Schwiers Fußabdruck in der vorliegenden Zusammenstellung nicht nur bezüglich der inhaltlichen Fragestellung,
sondern auch in der gewählten interdisziplinären und multiperspektivischen
Annäherung an diese sowie in Rekurs auf die historische und gegenwärtige
Praxis.

Der Sammelband geht auf das Helmut Schwier zu Ehren ausgerichtete wissenschaftliche Symposium »Christus predigen – in Wort, Tat und Ton« zurück.
Die dreitägige Fachtagung wurde von Christine Böckmann, Prof. Dr. Christine
Wenona Hoffmann und Henrik Imwalle organisiert. Sie fand vom 21. bis 23.
Juni 2024 in Heidelberg statt und wurde ermöglicht durch die großzügige Unterstützung der Fritz Thyssen Stiftung, der Evangelischen Kirche in Deutschland, der Evangelischen Landeskirche in Baden, der Evangelischen Kirche in
Hessen und Nassau, der Evangelischen Kirche der Pfalz sowie der Evangelischen Kirche von Westfalen.

Eröffnet wird die Festschrift mit einem hochschulpolitischen Impuls von Judith Gärtner, die von 2019 bis 2023, teilweise gemeinsam mit Helmut Schwier,
im Vorstand des Evangelisch-theologischen Fakultätentages wirkte. Die Metapher von der »ungekochten Zeit«, ursprünglich von Ludwig Börne auf das Jahr
1832 bezogen, hält sie auch für die Gegenwart für eine treffende Beschreibung
und fragt nach den Herausforderungen für die Theologie und die theologische
Ausbildung angesichts gesellschaftlicher Veränderungsprozesse, die gleichsam
die Kirche und in ihr vorfindliche Berufsbilder verändern. Die Theologie müsse
Wege finden, um in einer komplexen Welt sprach- und anschlussfähig zu bleiben und mit den Herausforderungen der Gegenwart konstruktiv umzugehen.
Dabei könne auch der Blick ins Alte Testament helfen.

(DBW 12) zu lesen. Diese Frage und Bonhoeffers Werk insgesamt sind heute, 80 Jahre
nach seinem Tod, so aktuell wie damals.
[5] Vgl. Schröter, J., 2014. Jesus Christus. ThTh 9. Tübingen.
[6] Vgl. Schwier, H., 2014. Wer ist Jesus Christus für uns heute?, a. a. O., 243–266.

Aus neutestamentlicher Perspektive entfaltet Peter Lampe die homiletische Herausforderung der Theologia Crucis. Er legt in seinem Beitrag die vor allem bei Paulus und Markus auf die menschliche Existenz applizierte Kreuzeschristologie dar und unterscheidet dabei in Anlehnung an psychologische Kategorisierung zwischen Mimesis/Imitatio Christi und der Identifikation mit Christus. Lampe argumentiert, dass letztere zu einer tiefgreifenden Existenzveränderung führe und reflektiert deren Implikationen für die Gegenwart. Diese Form der Existenzveränderung hält er auch für die Gegenwart für relevant, gerade weil sie ihr konträr entgegenzustehen scheint. Wie dies auch die Homiletik bereichern und anregen kann, erläutert er am Ende seines Beitrags.

Den Blick auf die Homiletik und die homiletische Ausbildung führt Fritz Lienhard mit seinem Beitrag weiter. Ausgehend von der Problemanzeige, dass Studierende in homiletischen Ausarbeitungen häufig mit der systematisch-theologischen Reflexion ringen, plädiert er, die Ontotheologie hinter sich lassend, in Auseinandersetzung mit Ricœur für eine postkritische Dogmatik. In ihr sieht er das Potential, die Homiletik und die Predigt im Zusammenspiel mit der Exegese zu bereichern.

Wie Jesus Christus gegenwärtig verkündet wird, und wer er für Predigende ist, stellt Christine Wenona Hoffmann anhand einer empirischen Studie zur gegenwärtigen Christus-Predigt dar. Sie beobachtet und interpretiert dabei Veränderungen, die sich über den Zeitraum der in der Analyse untersuchten Predigten von 1998–2022 hinweg ergeben haben. Hoffmann leitet aus der Analyse zentrale Punkte für die Christus-Predigt ab und eröffnet damit den Diskussionsraum eines im deutschsprachigen Kontext homiletisch kaum erschlossenen Forschungsfeldes.

Jonathan C. Augustine argumentiert für eine Ausrichtung der (Christus-) Predigt am dreifachen Amt der Lehre Christi und hebt davon ausgehend die Bedeutung prophetischer Predigt als eines der drei Ämter hervor. Er identifiziert diese als zentral für die afroamerikanische Predigttradition, benennt Charakteristika afroamerikanischer Predigt und verweist auf die Relevanz prophetischer Predigt in Zeiten gesellschaftlicher Säkularisierung und anhaltender Racial Injustice.

Die Auseinandersetzung mit queerer Theologie, ein wichtiges Anliegen von Helmut Schwier, wird von Andreas Krebs in die Festschrift eingetragen. Er deckt in seinem Beitrag logische Fehler queerfeindlicher Traditionen im biologistischen und naturrechtlichen Denken auf. Krebs hinterfragt die noch immer weit verbreitete Vorstellung, dass die Welt auf Heteronormativität basiert und fordert von der Theologie ein neues Durchdenken des Schöpfungsbegriffs, der die Schöpfung nicht als geschlossenes System, sondern als Zusammenspiel von Struktur und kreativer Dynamik versteht.

Dass Christus-Predigt nicht nur in Wort, sondern auch in der Tat stattfindet, reflektiert Annette Haußmann aus poimenischer Perspektive. Sie fragt nach dem Verhältnis von christlicher Spiritualität und Seelsorge, dem sie neben theoretischen Überlegungen auch durch empirische Forschung nachgeht. Exemplarisch stellt sie religiöse und spirituelle Selbstdeutungen von Seelsorgenden dar, die theologisch weiterführend entfaltet werden und zugleich Erkenntnisse für den praktisch-theologischen Diskurs als solchen bieten.

Anni Hentschel entfaltet die Theologie hinter der aktiven Christuspredigt. Dazu legt sie theologische Begründungsansätze sozialen Handelns im Neuen Testament dar. Vor dem Hintergrund des jüdisch-biblischen Gottesbildes und des neutestamentlichen Verständnisses der Sendung Jesu mit dem Kommen des Reiches Gottes fragt Hentschel nach der Begründung der Verpflichtung der Christusgläubigen zu Gerechtigkeit und Barmherzigkeit im Neuen Testament.

Doch Christus wird nicht nur im Binnenraum der Kirche verkündet, sondern auch in der Schule wird der Religionsunterricht in den meisten Bundesländern von den Kirchen verantwortet. Martin Hailer geht anhand von Interviews mit Religionslehrer:innen der Frage nach, welche christologischen Vorstellungen diese eigentlich haben und zieht aus dem empirischen Befund Schlussfolgerungen für die Vermittlung von Christologien im Lehramtsstudium.

Christologische Vorstellungen beschäftigen auch Maike Maria Domsel in ihrem ebenfalls aus religionspädagogischer Perspektive verfassten Beitrag. Sie entfaltet, wie traditionelle Darstellungen von Jesus Christus, insbesondere solche aus dem eurozentrischen Kontext, normativ wirken, marginalisierte Stimmen ausschließen und damit die Wahrnehmung von Glaube und Inklusion prägen. Domsel unterbreitet Vorschläge, wie religionspädagogische Ansätze normative Strukturen dekonstruieren und eine von Diversität und Gerechtigkeit geprägte Bildung fördern können.

Eine diverser werdende Gesellschaft verlangt auch nach neuen liturgischen Formen. Dementsprechend weist Benedikt Kranemann auf die Spannung zwischen traditioneller Segnung und heutigen Erwartungen an Segnungen hin, die sich weit über den kirchlichen Binnenraum hinaus großer Beliebtheit erfreuen. In seinem Beitrag stellt er einige jüngere Segensfeiern vor und reflektiert die Konsequenzen, die das (neue) Segensverständnis für Liturgie, Kirchenverständnis und Menschenbild hat.

Ebenfalls mit dem Segen beschäftigt sich Elsabé Kloppers, die zwei Lieder aus unterschiedlichen Kontexten vorstellt, die um den Segen Gottes bitten. Sie erläutert die Bedeutung dieser nicht nur in formellen Gottesdiensten, sondern auch bei informellen religiösen Ritualen und spürt dem performativen und Gemeinschaft kreierenden Moment des gemeinsamen Singens um Segen nach.

Neben Kloppers geht auch Stefan Menzel der Verkündigung Christi in musikalischer Form nach. Dass Jesus Christus nicht nur durch Wort und Tat, sondern auch im Ton verkündet wird, durften Besucher:innen des Gottesdienstes zum Abschluss des Symposiums mit der Aufführung von Bachs *Gloria* BWV 191 erleben. Stefan Menzel erhellt in seinem Beitrag die Hintergründe der Leipziger Uraufführung dieses Werks und versucht aufzuzeigen, warum dessen Wort und Ton auch heute noch zu uns sprechen.

Helmut Schwier beschließt die zu seinen Ehren herausgegebene Festschrift mit seiner Abschiedsvorlesung vom 22. Juni 2024. Darin erkundet er Dimensionen der Christologie in Exegese und Praktischer Theologie und reflektiert dabei auch Aspekte aus allen vorangegangenen Beiträgen des Sammelbands. Schwier markiert mit seinen Ausführungen Felder zur Weiterarbeit und schließt mit einem Plädoyer für eine durch Kreuz und Auferweckung begründete Anstiftung zur Hoffnung.

Wie dies konkret aussehen kann, wird in der Predigt Schwiers greifbar, die er im Gottesdienst zum Abschluss des Symposiums gehalten hat, in dem er zugleich als Universitätsprediger von der Badischen Landesbischöfin Heike Springhart entpflichtet wurde. Nach dem theoretischen Nachdenken über die Verkündigung Christi in Wort, Tat, und Ton beschließt dieses praktische Zeugnis der Christuspredigt den Band.

- - - - - - -

Wir haben im Rahmen des Symposiums sowie dieser Publikation vielfach zu danken. Ohne die großzügige finanzielle Unterstützung des Symposiums durch die Fritz Thyssen Stiftung sowie die Beiträge der Evangelischen Kirche in Deutschland, der Evangelischen Landeskirche in Baden, der Evangelischen Kirche der Pfalz, der Evangelischen Kirche von Westfalen sowie der Evangelischen Kirche in Hessen und Nassau wäre beides Phantasie geblieben.

Gleiches gilt für die Zusammenarbeit mit diversen Akteur:innen der Badischen Landeskirche vor Ort. Dies betrifft insbesondere die Mitarbeitenden des Morata-Hauses, vertreten durch Sabrina Schubert sowie Juliane Kirchmayer samt Team von der ESG Heidelberg. Auch freuen wir uns sehr, das auf dem Symposium verlesene Geleitwort der Badischen Landesbischöfin Heike Springhart für Helmut Schwier dessen Predigt in dieser Publikation voranstellen zu dürfen.

Danken möchten wir auch den zahlreichen Mitarbeitenden von der Goethe-Universität Frankfurt sowie der Theologischen Fakultät der Ruprecht-Karls-Universität in Heidelberg, die in die Organisation und Durchführung des Symposiums involviert waren. Von der Professur für Praktische Theologie von Christine Wenona Hoffmann aus Frankfurt unterstützten Nele Fornoff, Leandra Hübener, Anke Liebherr und Silvie Pölzer, aus Heidelberg Jelka Pahic, Selina Abraham, Mathias Balzer, Viktoria Dinkelaker, Sophia Gerson, Moritz Helfen, Jan-Luca Lentz und Lukas Ruttmann. Sie alle haben durch ihren Einsatz zum Gelingen und einem reibungslosen Ablauf des Symposiums beigetragen.

Pfarrer Wolfram Kerner hat die gesamte Tagung mit seiner Kamera begleitet. Eine Zusammenschau der Veranstaltung sowie Videomitschnitte einzelner Vorträge sind auf der Webseite der Online-Akademie Theologo einsehbar: https://www.theologo.info/christus-predigen. Wir freuen uns darüber, dass Ausschnitte des Symposiums auch in dieser Form der Öffentlichkeit zugänglich sind, und danken ihm ebenso wie Jonas Lentz, der die Tagung ebenfalls fotografisch begleitet und damit schöne Erinnerungen festgehalten hat. Auf besonderen Wunsch des zu Ehrenden sind einige dieser Bilder am Ende des Bandes abgedruckt. Herzlichen Dank auch der Evangelischen Verlagsanstalt in Leipzig für die Publikation dieses Sammelbandes. Annette Weidhas hat den gesamten Publikationsprozess umsichtig und zuverlässig begleitet.

Zu guter Letzt bedanken wir uns bei allen Beitragenden, die das Symposium und diesen Sammelband mit Vorträgen und Aufsätzen mitgestaltet haben. Sie sind als Autor:innen am Ende dieses Buches ausführlich genannt.

Wir hoffen, dass die hier zusammengetragenen, vieldimensionalen Überlegungen zu Christus in Wort, Tat und Ton bisher unbedachte Perspektiven erschließen, neue Prozesse des Nachdenkens anregen und zu weiteren Auseinandersetzungen in Forschung und Praxis inspirieren. Entsprechend der auf Deutsch und Englisch durchgeführten Konferenz geschieht dies vorliegend nicht nur unter Eintragung internationaler Perspektiven und Stimmen, sondern auch mit deutsch- und englischsprachigen Beiträgen, was zugleich den zweisprachigen Titel erklärt.

Frankfurt/Heidelberg im April 2025

Christine Wenona Hoffmann, Christine Böckmann und Henrik Imwalle

Inhaltsverzeichnis/Content

Vorwort 5

Judith Gärtner
Theologie studieren in »ungekochten Zeiten« 13

Peter Lampe
Theologia Crucis in the New Testament as a Homiletical Challenge 21

Fritz Lienhard
Predigt und Dogmatik 39
Systematisch-theologische Dimensionen einer Predigt. Im Gespräch mit Paul Ricœur

Christine Wenona Hoffmann
Who Is Jesus Christ for Preachers Today? 61
A Sermon-Historical Study on the Contemporary Preaching of Christ

Jonathan C. Augustine
And How Can They Hear Without a Preacher? 83
Prophetic Leadership and Preaching with the Bible in One Hand
and a Newspaper in the Other

Andreas Krebs
Von Natur aus queer 95
Biologie, Naturrecht und Schöpfung

Annette Daniela Haußmann
Von barmherzigen Samariterinnen und verwundeten Heilern
Eine Spurensuche zum Verhältnis von Spiritualität und Seelsorge 107

Anni Hentschel
Theologische Begründungsansätze sozialen Handelns
im Neuen Testament 129

Martin Hailer
Christologie in der Schule 149
Theologische Einsichten aus einem empirischen Projekt

Maike Maria Domsel
From Eurocentrism to Multiperspectivity 165
On the Decentering of Religious Norms in Images of Christ –
A Thought Experiment in Religious Education

Benedikt Kranemann
Segensfeiern in der katholischen Kirche 187
Liturgie und Theologie in Zeitgenossenschaft

Elsabé Kloppers
Singing for God's Blessing 207
Faith Embodied, Existence Shared, Hope Sounded

Stefan Menzel
Ein Friedensplädoyer aus den Schlesischen Kriegen 223
Johann Sebastian Bachs Gloria BWV 191

Helmut Schwier
Zwischen Kritik und Aneignung 237
Theologische Erkundungen zur Christologie

Heike Springhart
Geleitwort der Landesbischöfin 261

Helmut Schwier
Predigt zu Röm 8,31–39 263

Autor:innen/Contributors 269

Theologie studieren in »ungekochten Zeiten«[1]

Judith Gärtner

Zusammenfassung

Mit der Metapher der »ungekochten Zeit« charakterisiert der Journalist, Literatur- und Theaterkritiker Ludwig Börne 1832 die rasanten Veränderungen seiner Zeit zwischen Feudalordnung und Moderne. Sie waren geprägt von akutem Handlungsbedarf und von einer Dringlichkeit, die zwischen Aufbruch und Überforderung changierte. Dies erscheint durchaus auch als ein Signum unserer Zeit. Globalisierungen, Demokratieabbau, Pandemien, Klimawandel, Künstliche Intelligenz, der Verlust kirchlicher Plausibilität und Glaubwürdigkeit sind nur einige Stichworte. Sie verweisen auf die gesellschaftlichen Veränderungsprozesse, die mit sich verändernden Berufsbildern in Theologie und Kirche einhergehen. In solchen sich verändernden Zeiten sind wir daher in der Theologie herausgefordert, sprach- und anschlussfähig zu bleiben und vor allem die Kompetenz des Übersetzens im weitesten Sinne einzuüben. Der folgende Beitrag versteht sich als ein Impuls, der sich aus den Debatten der Vorstandsarbeit von Judith Gärtner im Evangelisch-theologischen Fakultätentag von 2019–2023 sowie der gemeinsamen Arbeit von Fakultäten und EKD an der Reform des Pfarramtsstudiums 2023 speist.

Abstract

In 1832, the journalist, literature and theatre critic Ludwig Börne used the metaphor of »uncooked times« to characterise the rapid changes of his time between feudal order and modernity. They were characterised by an acute need for action and a sense of urgency that oscillated between hopeful departure and excessive demands. This also seems to be a sign of our times. Globalisation,

---

[1] Der politisch analytische Blick auf Theologie in Universität und Kirche hat das Engagement von Helmut Schwier stets geprägt. Daher möchte ich mit dem folgenden Impuls die hochschulpolitische Arbeit von Helmut Schwier würdigen, die sich durch Versachlichung, Zugewandtheit, Organisationstalent, großartigen Humor, das Wahrnehmen von Zwischentönen und vor allem durch die Fähigkeit auszeichnet, den Kommunikationsfaden nicht abreißen zu lassen. Dies war die Grundmelodie unserer gemeinsamen Zeit im Vorstand des Evangelisch-theologischen Fakultätentages von 2019–2021, für die ich ihm von Herzen danke.

the dismantling of democracy, pandemics, climate change, artificial intelligence and the loss of plausibility and credibility of the church are just some of the keywords. They point to the processes of social change that go hand in hand with changing job profiles in theology and the church. In such rapidly changing times, theologians are therefore challenged to remain able to communicate and connect, and above all to practice the competence of translation in the broadest sense. The following article is intended as an impulse that draws on the debates of Judith Gärtner's board work in the Protestant Theological Faculty Conference (Evangelisch-theologischer Fakultätentag) from 2019–2023 and the joint work of the faculties and the EKD on the reform of Protestant Theological studies for future ministers.

Einleitung

Als Robert Habeck, damals Stellvertreter des Bundeskanzlers und Bundesminister für Wirtschaft und Klimaschutz, im Sommer 2023 den Ludwig-Börne-Preis in Frankfurt am Main entgegennahm, zitierte er in seiner Dankesrede aus den Pariser Briefen des Journalisten, Literatur- und Theaterkritikers Ludwig Börne, der seine Zeit als eine »ungekochte Zeit« bezeichnet. »›Ungekocht‹ erschien Börne – so Habeck – seine Zeit; allerdings nicht im Sinne von verroht – sondern dass ihre Veränderungen, ihre Widersprüche unverarbeitet in den Köpfen und Herzen seiner Zeitgenossen blieben.«[2]

Die Epoche zwischen Napoleonischen Kriegen und Vormärz, zwischen agrarischer Welt und Industrialisierung, zwischen Feudalordnung und Moderne brachte eine Beschleunigung der Zeit und der Entwicklung mit sich, in der alle Menschen, auch die intellektuellen Eliten, kaum mithalten konnten.

Es war – so Ludwig Börne – eine ungekochte Zeit, eine Zeit akuten Handlungsbedarfs und geprägt von einer Dringlichkeit, die zwischen Aufbruch und Überforderung changierte.[3]

Was Ludwig Börne am 15. Februar 1831[4] in seinen Pariser Briefen formulierte, erscheint durchaus auch als ein Signum unserer Zeit. Wieder Krieg in Europa, der Terroranschlag der Hamas am 7. Oktober 2023, Demokratieabbau, Pandemien, Klimawandel, Globalisierung, künstliche Intelligenz, der Verlust kirchlicher Plausibilität und Glaubwürdigkeit – dies sind nur wenige Stichworte, die unsere Zeit als »ungekocht« kennzeichnen.

Denn das »Ungekochte« unserer Zeit zeigt sich vor allem darin, dass die Veränderungen, Krisen und Herausforderungen in ganz unterschiedlicher Intensität von außen auf uns zukommen. Sie betreffen ganz verschiedene Bereiche unseres Lebens. Dabei zeichnen sie sich dadurch aus, dass sie eine existentielle Dimension haben und nicht nur plural, sondern auch hochkomplex sind. Sie fordern uns in Theologie und Kirche in ganz besonderer Weise heraus. Sie stellen ein »einfach weiter so« in Frage. Wir sind daher genötigt, uns mit diesen komplexen Problemlagen nicht nur auseinanderzusetzen, sondern vor allem sprach- und anschlussfähig zu bleiben.

Zugleich finden wir uns in einer ambivalenten Situation vor. Auf der einen Seite zeichnen sich diese gesellschaftlichen Prozesse dadurch aus, dass theologische und religiöse Expertise der Sache nach mehr gefragt ist. Auf der anderen Seite erleben wir aber auch einen gesellschaftlichen Relevanzverlust. Denn wie früher werden wir eben nicht mehr so selbstverständlich gefragt, wenn es darum geht, die Problemlagen zu analysieren, zu deuten und Prozesse im Umgang mit ihnen zu entwickeln. Die Frage ist also, wie wir diese Herausforderungen konstruktiv annehmen.

---

[2] https://www.faz.net/aktuell/feuilleton/debatten/robert-habeck-rede-zur-verleihung-des-boerne-preises-18956353.html (11.04.2025).
[3] Vgl. Börne 1986: 174–183.
[4] Vgl. a. a. O.: 178.

Mit Blick auf mein Fach, das Alte Testament, können wir aus der Retrospektive konstruieren: Es waren genau diese Momente von Nicht-Selbstverständlichem und Ungewissheiten, wie der Verlust von Heimat oder die Auseinandersetzungen mit kultureller Diversität, die zu produktiven Motoren wurden. Diese haben Aufbrüche ermöglicht sowie konstruktive gesellschaftliche Entwicklungen in Gang gesetzt. So entstand Theologie dann weniger aus der satten Mitte, sondern vielmehr aus porös gewordenen Gewissheiten.

Angesichts der aktuellen Diskurse – wie zum Beispiel zu Krieg und Frieden, Klimawandel und künstlicher Intelligenz, Identität und sozialer Gerechtigkeit – braucht es daher gerade jetzt eine fundierte wissenschaftliche Ausbildung, die disziplinär verankert und stark in Grundlagenforschung ist. Zugleich bedarf es der interdisziplinären Ausrichtung der Theologie, um angesichts der Komplexität der Forschungsthemen adäquat agieren zu können und um für die Tiefenschichten kultureller und politischer Prozesse sensibilisieren zu können. Einfache Lösungen wird es nicht geben, auch wenn populistische Stimmen wie z. B. der Ruf nach Abschaffung der alten Sprachen oder die Rede über den historischen Ballast im Theologiestudium suggerieren, damit wäre es getan.

Mehr denn je wird es um kritische und vor allem auch selbstkritische Situationsanalysen, mutige Perspektivwechsel und kreative Umsetzungen auch jenseits gewohnter Pfade gehen, um auf die sich verändernde Berufspraxis in Kirche, Schule und Diakonie vorzubereiten.

Mit Blick auf die Pfarramtsstudiengänge – und diese möchte ich jetzt in den Fokus rücken – sind aus meiner Sicht die entscheidenden Fragen aufgeworfen. Die auch vom Evangelisch-theologischen Fakultätentag sowie vom Rat der EKD formulierte Zielperspektive besteht darin, eine neue Gesamtarchitektur des Theologiestudiums zu entwerfen.[5] Daher wurde auf dem Fakultätentag 2023 in München beschlossen, einen Thinktank einzurichten, um diese Frage zu beraten. Stattgefunden hat der Thinktank im Kirchenamt der EKD in Hannover Anfang April 2024. Die Ergebnisse werden weiter ausgearbeitet, um dann auf dieser Grundlage weitere Reformschritte einzuläuten.

In dieser breiten Debatte möchte ich im Folgenden drei Ebenen unterscheiden, die aus meiner Sicht zentral für eine Reform des Theologiestudiums sind:

1. Die konzeptionelle Grundlegung des Theologiestudiums[6]

Es besteht ein Konsens darüber, dass die evangelischen Studiengänge wissenschaftliche Studiengänge sind. Damit zielen sie auf die wissenschaftliche Bildung; sie zielen, um es zu pointieren, auf die wissenschaftliche Bildung von

---

[5] Vgl. hierzu die Beschlüsse der Plenarversammlung des E-TFT von 2022 und 2023 sowie den Beschluss des Rates der EKD vom 24.02.23 zur Reform des Theologiestudiums.
[6] Die Darstellung folgt dem auf der Plenarversammlung des E-TFT in München 2023 verabschiedeten Diskussionspapier zur Zukunft des Theologiestudiums (Beschluss Nr. 6).

Expert:innen des Christentums, die zur Vermittlung von Binnen- und Außenperspektiven fähig sind.[7]

Sinnvoll erscheint es, bei der künftigen Form des Studiums grundsätzlich an drei Dimensionen der Theologie festzuhalten, die man im konstruktiv-kritischen Anschluss an Friedrich Schleiermacher als »philosophisch«, »historisch« und »praktisch« bezeichnen könnte.[8] Diese Dimensionen sind wiederum untereinander aufeinander zu beziehen. So sollte das Studium der evangelischen Theologie dazu befähigen, kontextsensibel und rechenschaftsfähig mit Fragen nach der Religion innerhalb einer pluralen und interkulturellen Gesellschaft umzugehen (»philosophischer« Aspekt). Das Studium sollte weiter dazu befähigen, sich kompetent zu biblischen und geschichtlichen Sachverhalten des Christentums, auch in seinem aktuellen Zustand, äußern zu können (»historischer« Aspekt). Zudem sollte das Studium kompetent auf aktuelle und zukünftige Fragen des kirchlichen Lebens im weitesten Sinn und auch der »Kirchenleitung« im engeren Sinn vorbereiten (»praktischer« Aspekt). Diese Trias spiegelt nicht etwa drei Fächergruppen wider, sondern zielt auf eine Artikulation der drei Dimensionen in jedem einzelnen Fach. Insofern fördert eine solche Dimensionierung die Vernetzung der theologischen Fächer und dient der Integration des Studiums nach innen. Dies ist dann insgesamt als eine wesentliche hermeneutische Grundkompetenz zu betrachten.

2. Theologie studieren, das Lernen lernen

Die Gemischte Kommission I hat in ihrer Vorlage für den Thinktank »Aspekte einer Reform der theologischen Studiengänge« die Spannung zwischen einer enzyklopädischen Orientierung und dem Mut zum Exemplarischen aufgemacht, ohne sich diesbezüglich weiter zu positionieren. Diese Spannung muss aus meiner Sicht produktiv bearbeitet werden, um nicht in einer Debatte um Besitzstandswahrung zu verharren. Daher müsste dringend geklärt werden, wie eine solche enzyklopädische Orientierung zu bestimmen ist. Dabei sind aus meiner Sicht vier Aspekte wesentlich.

Erstens ist es aus meiner Sicht nicht zielführend, das Enzyklopädische auf das Grundstudium zu beschränken, um dann im Hauptstudium exemplarisch arbeiten zu können.

Zweitens ist zu diskutieren, ob wir für die einzelnen Fächer Material- oder Textbestände bestimmen können, die verbindlich vorausgesetzt werden. Dies setzt den Mut zum Exemplarischen voraus. Dabei ist ernsthaft zu prüfen, was

---

[7] Vgl. hierzu die Beschlüsse der Plenarversammlung des E-TFT in München von 2023 zur Reform des Theologiestudiums.
[8] Dies grundsätzlich im Anschluss an Schleiermacher im Blick zu haben, meint lediglich eine Orientierung an den von Schleiermacher benannten Dimensionen. Vgl. Schleiermacher 1830.

in den jeweiligen Fächern als Essentials beschrieben werden kann. Es braucht nicht nur den Mut zum Exemplarischen, sondern damit einhergehend ebenfalls den Mut zur Reduktion, um Freiräume zu schaffen. Eine pure Addition von im Einzelnen notwendigen Bereichen, wie z. B. Diakonie, Digitalisierung, Kirchenrecht etc. wird zu einer Überfrachtung des Studiums führen.

Drittens ist zu klären, welche Bilder des Wissenserwerbs, welche Bilder von Bildung für uns leitend sind. Wie also stellen wir uns das exemplarische und enzyklopädische Lernen vor? Exemplarisches Lernen darf ja nicht zum Erwerb von Inselwissen führen, ohne dass die einzelnen Wissensinseln miteinander in Relation gesetzt werden bzw. verknüpft werden können. Haben wir also z. B. das Bild eines Netzes im Kopf mit einzelnen untereinander verknüpften Wissensknoten? Oder denken wir das Theologiestudium eher spiralförmig, indem Wissen durch Wiederholung, Ausdifferenzierung, Transformationen sich auf einer Niveauspirale nach oben schraubt? Oder ist es ein Koordinatensystem, in dem es unsere Aufgabe ist, die Koordinaten zu vermitteln, um dann mit viel Wahlfreiheit und individueller Profilierung einzelne Punkte im individuellen Verlauf eines Studiums einzeichnen zu können? Eingebettet ist diese Frage nach dem Lernen-Lernen in den größeren Horizont des Kompetenzerwerbs. Damit wird die bereits für den evangelischen Religionsunterricht etablierte Kompetenzorientierung[9] auch für den Pfarramtsstudiengang relevant, da wir uns über die Frage, welche Kompetenzen am Ende des Studiums erworben worden sein sollen, verständigen müssen.

Viertens ist auf das sich deutlich veränderte Lernverhalten der Studierenden einzugehen. Hier sehe ich vor allem ein selbstkritisches Moment. Die meisten von uns sind noch in einer analogen Welt aufgewachsen, d. h. drei Fernsehprogramme, Schnurtelefon, die Revolution des öffentlichen Kartentelefons etc. Hier sind wir Lehrenden gefragt, uns den Herausforderungen der Digitalisierung zu stellen. Diese in den letzten Jahren auch durch die Coronapandemie beschleunigten Veränderungen verlangen von uns neue Formen und einen kreativen Umgang, ohne dass uns die digitalen Welten von klein auf geprägt haben. Ich meine in diesem Kontext nicht nur formale Fragen, wie wir mit KI, Chat GPT u. ä. in Seminaren und Prüfungen umgehen können. Ich beobachte grundlegender einen vollkommen anderen Zugang und Umgang der Studierenden mit Wissen und Lernen. Denn wenn Google und Co. suggerieren, dass zu jeder Zeit und an jedem Ort das Wissen verfügbar ist, ist die reine Aneignung des Wissens nicht mehr im Fokus. Man muss nichts mehr enzyklopädisch wissen, weil man ja alles googlen kann. Damit haben sich aber nicht primär die Wissensinhalte verändert, sondern vielmehr die Form bzw. die Art und Weise der Wissens-

---

[9] Vgl. hierzu Theologisch-Religionspädagogische Kompetenz. Professionelle Kompetenzen und Standards für die Religionslehrerausbildung, EKD-Text 96 2009 sowie Obst 2015. Vgl. die Weiterarbeit an der Kompetenzorientierung in Richtung Professionalität von Religionslehrkräften, wie es der E-TFT in seiner Sitzung am 12.10.2024 in Hamburg beschlossen hat.

aneignung bzw. des Umgangs mit Wissen. Das betrifft auch fokussierte und konzentrierte Textwahrnehmung und Textaneignung, was im Studium nicht mehr vorausgesetzt werden kann, sondern erst eingeübt werden muss.[10] Sicherlich sind die Befunde von Ort zu Ort verschieden, aber nicht das Phänomen, dass sich die Formen im Umgang mit Wissen verändert haben. Ein rein defizitärer Blick auf diese Situation hilft hier nicht weiter. An dieser Stelle müssen wir Lehrenden uns auf den Weg machen, uns von dem einen oder anderen Vertrauten verabschieden und uns einlassen und neue Formen erproben.

3. Die Struktur des Theologiestudiums

Zu diskutieren ist auch die äußere Struktur des Studiums und damit die Frage, ob es sinnvoll ist, dem Theologiestudium eine BA/MA-Struktur zu geben. Die Alternativen zwischen BA/MA und Magister sind vom Thinktank des E-TFT in Hannover intensiv diskutiert worden. Auf dem E-TFT in Hamburg vom 10.10.–12.10.2024 ist beschlossen worden, die Gemischte Kommission I zur Reform des Theologiestudiums zu beauftragen, Konkretionen der Studienreform an der BA/MA-Struktur durchzuspielen und dabei die bisherige Struktur (Magister-Studiengang) im Blick zu behalten. Das Argument, das für eine BA/MA-Struktur spricht, ist vor allem die Analogie mit anderen Fächern innerhalb der Universität, so dass eine Einpassung des Theologiestudiums in die universitäre Grundstruktur gegeben wäre. Das würde ebenfalls ein größeres Maß an Flexibilisierung mit sich bringen. Es würde die Profilierungen innerhalb der MA-Phase befördern sowie die Pluralisierung der Abschlüsse ermöglichen. Auch die Prüfungsverwaltung wäre dann formal an das universitär Übliche angepasst. Das Abschlussexamen würde zugunsten von Schwerpunktbildung entfallen, so dass auf diese Weise zugleich die Prüfungslast am Ende des Studiums handhabbarer würde. Die Kirchen haben ein großes Interesse an einer solchen Umstrukturierung signalisiert. Sie müssten aber verbindlich zusagen, dass der MA die Zugangsvoraussetzung zum Pfarramt ist. Außerdem wäre mit einem BA ein theologisch berufsqualifizierender Abschluss gegeben. Problematisch an einer Umstrukturierung in BA/MA ist, dass diese Studiengänge den rechtlichen Rahmenbedingungen der einzelnen Universitäten unterstellt wären und auf diese Weise die theologischen Fakultäten und die EKD ihre Hoheit über die Prüfungsordnung sowie damit verbundene Entscheidungskompetenzen abgeben müssten. Der momentane Stand ist, dass die Gemischte Kommission I Modelle erarbeitet, um konkret zu zeigen, wie ein Theologiestudium in der BA/MA-Struktur aussehen könnte. Zugleich bleibt als Kontrollfrage, ob die positiven Veränderungen auch innerhalb der jetzigen Magister-Ordnung integriert werden könnten. Es braucht daher – um es abzukürzen – eine Kosten-Nutzen-Rechnung.

---

[10] Vgl. in diesem Kontext auch die Diskussionen in den Bildungswissenschaften; Sliwka 2022.

In diesen Zusammenhang gehört auch die Sprachenfrage. Die Diskussion ist seit Jahren verfahren. Wenig hilfreich sind Positionen, die von vornherein unterstellen, dass mit dem Erhalt der Sprachen keine Reform des Studiums möglich sei. Die Ausgestaltung der Sprachausbildung kann m. E. nicht als isolierter Block betrachtet werden. Vielmehr muss sich diese in die Modelle eines BA/MA oder eines reformierten Magister-Studiengangs eingliedern. Es geht um ein Gesamtkonzept des Theologiestudiums, in das die Sprachausbildung zu integrieren ist.

Insgesamt zeigen aber die Entwicklungen der letzten zwei Jahre die Dringlichkeit und Notwendigkeit einer Reform des Theologiestudiums auf. Denn letztlich muss es uns darum gehen, unsere spezifischen christlichen Perspektiven in die gesellschaftlichen und kulturellen Transformationsprozesse einzubringen, um in den unterschiedlichen Praxisfeldern als Gesellschaft gestalten wollende Gesprächspartner:innen unseren Beitrag leisten zu können. Dazu bedarf es einer offenen, lebendigen und auch kontroversen Debatte. Denn eine »ungekochte Zeit« fordert genau dies: Ein gemeinsames Ringen um Zutaten und neue Rezepte.

Bibliographie

Börne, L., 1986. Briefe aus Paris. Wiesbaden, 174–183.
Habeck, R., 2023. Unsere ungekochte Zeit. Rede zum Börne-Preis. F.A.Z. https://www.faz.net/aktuell/feuilleton/debatten/robert-habeck-rede-zur-verleihung-des-boerne-preises-18956353.html (11.04.2025).
Obst, G., 2015. Kompetenzorientiertes Lehren und Lernen im Religionsunterricht. Göttingen.
Schleiermacher, F., 1830. Kurze Darstellung des theologischen Studiums zum Behuf einleitender Vorlesungen. Berlin/Boston.
Sliwka, A., 2022. Deeper Learning in der Schule. Pädagogik des digitalen Zeitalters. Weinheim.
Theologisch-Religionspädagogische Kompetenz – Professionelle Kompetenzen und Standards für die Religionslehrerausbildung. 2009. Empfehlungen der Gemischten Kommission zur Reform des Theologiestudiums, EKD-Texte 96, 2009. https://www.ekd.de/ekd_de/ds_doc/ekd_texte_96.pdf (11.04.2025).

Theologia Crucis in the New Testament as a Homiletical Challenge

Peter Lampe

Abstract

The Christology of the cross applied to human existence, especially in Paul and Mark (keywords: being crucified with Christ, taking up one's own cross in following Jesus), is presented and unfolded into various areas (from, e. g., ethics of agape and renunciation to epistemology). Within the framework of psychological categorization, a distinction is made between *mimesis/imitatio Christi* and identification with Christ, with the latter leading to a more profound transformation of existence. The contemporary relevance is reflected upon and homiletic brainstorming stimulated.

Zusammenfassung

Die v. a. bei Paulus und Markus auf die menschliche Existenz applizierte Kreuzeschristologie (Stichwörter: mitgekreuzigt mit Christus, Kreuzesnachfolge) wird dargelegt und in verschiedene Bereiche hinein entfaltet (von z.B. Agape- und Verzichtsethik bis Epistemologie). Im Rahmen psychologischer Kategorisierung wird dabei zwischen Mimesis/Imitatio Christi und Identifikation mit Christus unterschieden, wobei letztere zu tiefer greifender Existenzveränderung führt. Die Gegenwartsrelevanz dieser Art, über christliche Existenz zu reden, wird reflektiert und homiletische Ideenfindung angeregt.

Introduction

Helmut Schwier, in an intriguing study entitled »Das Wort vom Kreuz in der Predigt«,[1] critically analysed thirty recent sermons on 1 Corinthians 1:18-25. After showing several homiletical pitfalls preachers should avoid,[2] he identifies a theological centre that can guide good preaching on »the word about the cross«:

> »In my opinion it is exactly this double theological tension between a theology of Easter and the cross and the cross [of Christ] and [the cross-existential] discipleship that constitutes good preaching on this pericope.«[3]

You almost see the vertical beam of a cross when considering the first tension and the horizontal beam when considering the second. Both coordinate axes create a dynamic field that offers potential for sermons on the New Testament theology of the cross.

I will mainly focus on the second cross beam, after Helmut Schwier predominantly discussed the first one, with its theological (i. e., God-portraying), soteriological, and pneumatological implications.

---

[1] Schwier 2020: 429-444.
[2] Schwier (ibid.: 430-433, 435, 438, 440) points out homiletical pitfalls one should avoid, e. g., (1) a »hermeneutical short circuit« (»hermeneutischer Kurzschluss«) that guides present-day audiences to identify with early Christians who risked something – at least contempt and marginalisation – when proclaiming the foolish »word of the cross«. Today's listeners do not risk anything, which renders a hasty identification impossible. The *theologia crucis* has become a comfortable message, with us no longer suffering from the cross's *scandalon* but being accustomed to the cross as a cultural icon. The *scandalon* has been buffered by hundreds of years of accepted ecclesiastical proclamation. Clergy wear crosses on their chests, not on the back where it might hurt. The resurrection narrative serves as happy ending of a cross, whose terrible depth, accompanied by God's silence, is not fathomed. (2) On the other hand, to dwell on the disgust and brutality of the cross would be another homiletical dead end, a reduction to a mere Christology of suffering. (3) Another homiletical pitfall, an »apologetic short circuit«, is to build up black-and-white contrasts: The preacher, in an apologetic and ostracising way, reprimands non-Christian allegations that Christians blasphemously glorify suffering. Such preachers ignore that the position of the »others« usually is more complex, and that the critique by the »word of the cross« in 1 Cor 1 not only targets »Jews and Greeks« but also Christians (e. g., their party strife in 1 Cor 1-4). (4) An additional temptation to which preachers should not succumb is to try to explain the *theologia crucis* in a discursive way; lecture-style sermons do not fly. *Theologia crucis* needs to be made more tangible by being narrated, dramaturgically staged, as the so-called »dramaturgical homiletics« recommends. This can be done by poetry, for example (see below).
[3] My translation of ibid.: 440: »M. E. ist es genau diese doppelte Spannung von Ostertheologie und Kreuz und von Kreuz und Nachfolge, die gute Predigten zu dieser Perikope [1 Cor 1:18-25] ausmacht.«

1. Christian Cross Existence

For Paul, Christology is applied Christology, applied to human existence, and not a speculative end in itself. He not only applies it soteriologically, interpreting Christ's death on the cross as salvation (»Heilsereignis«) for Christ's followers. Conversely, he also interprets *their* lives in the light of this cross by claiming that Christians are *crucified with Christ*, meaning that their present life is moulded by this cross; it is a cross existence.

According to Romans 6, baptism is conceptualised as an identification process with Christ: The neophyte, when being submerged under water, symbolically dies (Rom 6:3: »baptized into his death«) and is buried with Christ (6:4) to rise with him from this symbolical death into a new life. However, this new life is not the eternal life after resurrection yet (6:5b, 8: future tense) but a restructured life in the present world with new behaviour (ἐν καινότητι ζωῆς περιπατεῖν, 6:3–5).

The ritual of *sub*merging under and *e*merging from water emulates Christ's death and resurrection and leads to a lifelong identification process with the *crucified Christ* in the present world. Christ believers are conformed to Christ's death – not just in baptism but also during the entire postbaptismal life: »We always (πάντοτε) carry around in our body the death of Jesus« (2 Cor 4:10a); »I am bearing (durative present tense) on my body Jesus's marks (στίγματα)« (Gal 6:17); what counts is »participation (κοινωνία) in his sufferings, being conformed (συμμορφιζόμενος) to his death« (Phil 3:10); »I have been and I lastingly am crucified with Christ (συνεσταύρωμαι; resultative perfect), and I no longer live, but Christ lives in me« (Gal 2:19f.; cf. also Röm 7:4).

The idea that »Christ lives in me« brings Paul's *pneumatology* into play. Although Christ's death and resurrection are the pivotal points of orientation for the Pauline Christians' identification with Christ, the *pneuma* concept is a point of reference as well, because the *pneuma* is considered identical with the resurrected Christ (2 Cor 3:17). In baptism, Christians are all given this »one Spirit to drink« (1 Cor 12:13); »Christ lives in« them (Gal 2:20); they become »one spirit« with him (1 Cor 6:17). Emerging from the baptismal waters and getting dressed, they metaphorically »clothe« themselves »with Christ« (Gal 3:27; cf. Rom 13:14). These are powerful metaphors expressing the said identification process. They indicate that, through this identification, Christ is internalised by the neophytes.

2. Applications of the Cross-Existential Principle

Paul, in his theology, goes on to unfold this foundational definition of Christian existence into various fields, applying it, e. g., to pastoral care, ethics, even epistemology. I will roughly draft a few of these fields into which the co-crucifixion principle is conjugated.[4]

2.1 Consoling Pastoral Care: Coping with Suffering

Within this identification process, in the catalogue of *peristáseis* of 2 Cor 4:7–18, Paul interprets his apostolic hardships as participation in the sufferings of the crucified Christ (4:10a, 11). Christ's death is echoed in the apostle's own afflictions, with his suffering and weak apostolic existence reflecting Christ's death – as *imago Christi crucifixi*. In this way, present tribulations and weaknesses are interpreted positively. They become acceptable. Even more, 2 Cor 4 demonstrates that Paul gains strength from this kind of identification with Christ because it entails the hope that the co-crucified (συνεσταύρωμαι) apostle will also participate in Christ's resurrection in the eschaton (2 Cor 4:14, 17; Rom 6:5, 8; 8:29; 8:17: »we suffer with him so that we may also be glorified with him«). The future resurrection is even foreshadowed by sparks of encouraging everyday experiences, which are construed as glimpses of the eternal glory of the future (2 Cor 4:8b, d; 4:9b, d; 4:16b, 17; 1:5, 8–10; cf. 13:4).[5] Proleptically, the life of resurrection is thus experienced even in the apostle's cross existence. It is experienced where congregations are founded, for example (1 Cor 1:26–28; 9:2; 2 Cor 3:2f.; 7:4; 1:5), despite the apostle's troubles and shortcomings.

A particular ethical attitude results from this kind of identification with Christ: patient enduring of tribulations (1 Thess 1:6; 2 Cor 6:4; 1 Cor 4:12f.) without shying away from them; readiness to renounce a comfortable life in order to build up others. To identify with the crucified Christ creates a psychologically efficient dam against the floods of »despair« (2 Cor 4:8, 10; cf. Phil 1:23) that come with such tribulations. Crucifixes hanging in Christian hospital rooms have exactly to do with this.

In sum, Paul does not proclaim a mere Christology of suffering. There is no tendency toward masochistic asceticism. Sufferings are already present; one does not have to induce them artificially. Paul's problem is not, »How do I make God gracious?« as the early Luther asked, but rather, »How can I cope with existing tribulations?«.

---

[4] Cf. further Lampe 2013: 172–185 (http://doi.org/10.11588/heidok.00025159 (27.04.2024)); Lampe 2006: 134–139, 145–148, 15f., 76, 89f., 125f., 128, 130f., 142f., 163. English translation: Lampe 2012.

[5] Cf. also Phil 1:4, 18, 25; ch. 4: joy amidst tribulations. Systematically speaking, Paul's aforementioned pneumatology has its place here: The resurrected Christ lives as *pneuma* within me; my ego is crucified with Christ but I already experience glimpses of the future resurrection with Christ, as the Christ-*pneuma* within me is a proleptic pledge of this future glory.

2.2 Holistic (Even Non-Verbal) Proclamation
By styling himself and his afflicted body as representing the crucified Christ as *imago Christi crucifixi* (Gal 6:17; 2 Cor 4:10a; see above) and impersonator of Christ (μιμητής; 1 Cor 11:1), Paul also *non-verbally* proclaims the crucified (cf. 1 Cor 2:2) Christ. This proclamation does not only take place via »word and *kerygma*« (1 Cor 2:4). Paul's very life becomes an *eíkon* of Christ and thus testimony, proclaiming Christ in body, deeds, and lifestyle – which yields a holistic concept of proclamation and raises the question of the authenticity of preachers. Words alone do not suffice.

Furthermore, just like Paul as an afflicted person mirrors the crucified, so does the social structure of the Corinthian congregation, where there are »nct many wise, powerful, or well-born« according to worldly standards (1 Cor 1:26). Thus, both collectives and individuals can be mirror images, *imagines crucifixi Christi*, that match the »word about the cross« (1:18).

2.3 The Doctrine of Justification as the Content of Paul's Proclamation, Shaped by the Cross-Existential Principle
Christian soteriology attains a special Pauline touch via the concept of identifying with the crucified Christ. Paul uses this self-image to illustrate that Christians died *to sin* (Rom 6:6f.) and to its realm, the *world* (Gal 6:14), as well as *to the law* (Gal 2:19; Rom 7:4, 10f.). Furthermore, he varies the motif of the Christians' identification with the crucified Christ by turning the tables and – in accordance with pre-Pauline tradition – holds that Christ himself identified with humanity by vicariously dying instead of them (1 Cor 11:24 plus all other corresponding ὑπέρ τινος formulations).[6] Christ's crucifixion then leads to justification of the many if they embrace the offer of identifying with him as their representative and make Christ's attribute of being righteous their own, with their righteousness deriving from Christ alone – and not from their own achievements, because, crucified with Christ, Christians stand empty-handed before God, stripped of the possibility of καύχησις (self-praise and boasting). Paul's doctrine of justification is a flipside of his theology of the cross.

2.4 Ethics: Identification with the Crucified Christ as the Basis for a New Christian Lifestyle[7]
Besides acceptance of suffering (effectively coping with suffering and patient endurance of tribulations as consequence of the identification with a crucified Christ), Paul unfolds the idea of emulating the crucified Christ[8] in additional

---

[6] For these and their non-cultic character, cf., e. g., Lampe 2007: 191–209 (http://doi.org/10.11588/heidok.00025160 (01.10.2023)).

[7] For the following, cf. further Lampe 1995: 931–943, esp. 933ff. (http://doi.org/10.11588/heidok.00025578 (26.04.2024)); Lampe 1989/2019: 281–290 (http://doi.org/10.11588/diglit.48669 (01.04.2024)).

[8] To be more precise: It is the idea of imitating a *remembered* Christ as he was told about in the early Christian tradition. Cf. below.

ethical areas. Picking up on the idea of Christ-mimesis in early Christianity, Paul takes it to greater depths. In other words, mimesis in his letters presents itself on two levels, an elementary one and an advanced one, with the latter having to do with the *factum brutum* that Christ specifically died on a *cross* of all things.

2.4.1 Agape – Mimetic Identification on Two Levels

First, the elementary level: Identification with a loving Christ as model to be imitated leads to interhuman love and upbuilding (Rom 15:2f., 7; 1 Cor 10:33-11:1; 2 Cor 5:13b-14a). It leads to altruism (Phil 2:3-7), to love and generosity (2 Cor 8:7-9), gentleness and meekness (2 Cor 10:1).[9]

From a theological perspective, mimesis of *agape* behaviour that Christ, according to tradition, exhibited seems elementary; every child in Sunday school has heard about it. From a psychological perspective, however, this kind of identification process in the church is remarkable compared to other groups in society. How is it possible that members of a social group develop *loving* behaviour toward one another? This question already intrigued Sigmund Freud in *Massenpsychologie und Ich-Analyse*,[10] in which he used the church – and the army – as diverging examples for illustration. Interestingly, in the body of this writing, Freud did not mention the Christians' identification with Christ as a decisive motor for loving behaviour among fellow Christians. Only in an appendix did Freud take notice of it: »Each Christian ... is supposed to identify with Christ and to love the other Christians, as Christ loved them.«[11]

Freud here uses the term »identification« in the same way as it is still defined in today's psychoanalysis, for example by Laplanche/Pontalis[12] in their standard work on psychoanalytical terminology: An individual adopts an attribute of another person, in this case Christ's love toward all Christians. By doing so, the individual transforms and begins to love fellow Christians. According to Freud, this motor for loving behaviour within the church is unusual and distinguishes it from other groups such as the army.

What is »normal« for social groups according to Freud? In groups such as the army, bonding among the group members generally is not characterised by love and affection stimulated by a – *vertical* – identification with a leader such as Christ. Rather, group members bond because identification processes are set in motion at the *horizontal* level: Identification can happen whenever an individual realises that he or she has something in common with another person.[13]

---

[9] 2 Cor 10:1: »I appeal to you in the meek and gentle way that Christ exhibited.« The preposition διά denotes manner, especially with verbs of saying. Cf., e. g., Acts 15:27, 32; 18:9; Eph 6:18.
[10] Freud 1921 (1982): 61-134.
[11] Ibid., 125 (my translation).
[12] Laplanche/Pontalis 2022: *sub voce* »identification«.
[13] Freud 1921 (1982): 100f. Cf. also, e. g., Andsager et al. 2006: 3-18; Eyal/Rubin 2003: 77-98.

Theologia Crucis in the New Testament as a Homiletical Challenge

Often the aspect they have in common is of emotional nature, that is, often they realise that they both are attached to one and the same leader. This shared trait leads to identification among themselves at the horizontal level.

Although church members also practice horizontal identification,[14] this is only one side of the medal, as Freud noted. The church requires more from the individual. Christians, in addition, are challenged to identify with Christ (vertically) and thus love the other Christians as Christ does. In this way, in the vertical dimension, identification is added on to where there usually is only attachment to a leader, and at the horizontal level, love and affection toward fellow group members are added on to where there usually is only (horizontal) identification. This is what makes the church outstanding.

In the army, it would be ridiculous if the common soldier identified with the general – an army of little Napoleons.[15] According to Freud, what seems grotesque in a military hierarchical context is a bonus of the church compared to other social groups. Freud suspects that this further developed libido structure within the group is probably the reason why Christianity claims to have achieved a higher ethos than other social groups.[16]

Thus, Christians not only nurture love and affection for Christ, ideally, they also *identify* with Christ and therefore start loving other people as Christ himself did. Interhuman love in church congregations is a consequence of the identification with Christ, as Freud construed it. However, I would add, this does not yet fathom the depth of what Paul is saying.

Therefore, we move on to the advanced level of mimetic identification. In Paul's writings, the vertical identification with Christ is further qualified as identifying with a *crucified* person. The cross stands out as the climax of Christ's self-denial for the benefit of others (Phil 2:8) and is a central hinge for the Christian identification process with Christ. At the cross, Christ loved others by letting his self-interests come to an end (cf. Phil 2:3–8). Therefore, whoever applies Christ's cross to his or her own existence is led to self-humiliation. One does not need to look »to one's own interests« only[17] (Phil 2:4), to count oneself better than others (v. 3),

---

[14] Each Christian loves Christ and, because of this joint characteristic, feels bonded to other Christians by means of – horizontal – identification. Cf. Freud 1921 (1982): 125.

[15] And yet it happens. Friedrich Schiller aptly makes fun of Wallenstein's soldiers: »Wie er räuspert und wie er spuckt, das habt ihr ihm glücklich abgeguckt«/»How he likes to clear his throat and spit, you've copied every bit« (*Wallenstein: Wallensteins Lager*, 6. Auftritt; my Engl. translation). While ridiculous vertical identification happens, it is not the identification with a leader who »loves« his soldiers in the way one imagines the *agape* of Christ for his followers. Horizontal *agape* in an army, therefore, usually is not generated by identification with a loving leader.

[16] Freud 1921 (1982): 125f.

[17] Regarding text criticism, καί in 2:4 is supported by better manuscripts than its omission: »Let each of you look not to his or her own interests, but *also* (καί) to the interests of others.« Without »also«, Paul would contradict himself in Rom 13:9; Gal 5:14 (Lev 19:18): love your neighbour ὡς σεαυτόν. For the sake of consistency, I prefer to read καί in Phil 2:4.

but one is free to make room for the interests of others as well (v. 4), if this is deemed appropriate. *This* is love (vv. 1f.). If agape towards others is unpopularly defined as involving self-denial, as giving away parts of oneself for the benefit of others, then the possibility to identify with a *crucified* Christ, who emptied himself, represents a decisive aid to practice a similar love. Freud, thus, needs to be modified if we want to understand Paul adequately:

Identification with a Christ who loves all Christians equally is, for Paul, an identification with a Christ who gave himself up, *emptying* himself for the sake of others (Phil 2:7). In this way, love is defined in a more radical and uncomfortable way than Freud projected. Paul does not only talk about loving others as oneself (Rom 13:15; Gal 5:14) but also about loving others more than oneself in specific sitations: »Do not seek your own advantage, but that of the other« in the specific conflict over »idol meat« (1 Cor 10:24; cf. 10:33; 13:5; Phil 2:3ff.; Rom 15:1-3). Identifying with the crucified Christ promotes a radicalized understanding of interhuman love in Pauline churches.[18] The question whether this is a healthy approach needs to be delegated to our hermeneutical section (4. below).

2.4.2 Renunciation Ethics

Against this more radical background, Paul develops a renunciation ethics, which unfolds the critical potential of the »word of the cross« in several areas of the Christians' cross existence. I mention a few – besides renouncing a comfortable life, which we saw in the catalogue of the *peristáseis* (2.1 above).

2.4.2.1 Language Ethics

The »word of the cross« criticises and rejects shiny sophistic rhetoric with its cunning persuasion (1 Cor 2:1-5);[19] Paul rather preaches in »fear and trembling« (2:3). Thus, the form of his proclamation corresponds to its content, which centres on commemorating and making present a crucified Christ (2:2). Moreover, an apostle forgoes making a show not only of his rhetorical skills (2:1-5) but also of his wisdom (1 Cor 1-4) and his spiritual power (e. g., 2 Cor 12:1-7). »Let the one who boasts, boast only in the Lord« (1 Cor 1:31 with Gal 6:14). The preacher's humbleness and weakness make room for *God's* power (2 Cor 4:7; 12:9; cf. 13:4).

---

[18] Mark advocates the same radical cross existence: The exhortation to be ready to take up one's cross in discipleship (Mark 8:34f./Matt 10:38f./Luke 9:23f.; 14:27; cf. Mark 10:38f.; 14:31; Luke 22:33; John 11:16) needs to be understood not only literally but also metaphorically, as the parallel verses Mark 9:35-37; 10:43-45 show: Serving others instead of being served, renunciation of status for the sake of others, and selflessly giving oneself to others interpret the metaphor of bearing one's cross. For the metaphorical understanding of cross bearing, cf. also Luke 9:23 (»every day«) as well as 14:27 (cross bearing in the immediate context of leaving one's family, not only of being ready to lose one's life).

[19] In the Socratic tradition, he prefers ἀπόδειξις (»proof«) to πειθώ (»persuasion«) in 1 Cor 2:4.

2.4.2.2 Epistemological Humility

The same is true for gaining theological insights. Paul downplays any human contribution to the process of revelation (1 Cor 2:6-16). From his perspective, Christian wisdom is exclusively generated by the Spirit. There is nothing that humans could contribute and for what they could be praised, e. g., by »fan clubs« in Corinth that praise their respective apostles (1 Cor 1-4).

Moreover, Paul as theologian renounces theological certainties. For him, God cannot be »domesticated« by the fragmentary theological endeavours of Christian thinkers or theologizing »Jews and Greeks« (1 Cor 1:22ff.); all of them, including Christians, are subject to criticism by the »word of the cross«.[20] Unable to define God in ultimate ways, Paul offers his theology as something fragmentary, broken up into letters that were tied up in historical situations and not always free from contradictions. Renouncing elaborate dogmatics, Paul, for example, juxtaposes several soteriological concepts side by side in a relatively unconnected, i. e., unsystematic manner, approaching the soteriological *mysterion* of Christ's cross from differing linguistic directions by using various categories: *forensic* (justification), *economic-legal* (ransom), *cultic* (Christ's crucifixion as locus of atonement; as offering that initiates a covenant), non-cultic *vicarious representation/substitution* (»instead of us«/ὑπέρ formulations), etc.[21] Paul's repeated attempts to approach the soteriological topic from different angles shows that he does not claim to have grasped theological truth in any final way. Theology under the cross needs to allow God, the sovereign, freedom to diverge from the way in which it defines God.[22]

2.4.2.3 Paul provides additional examples to illustrate his ethics of renunciation

He renounces a judgmental attitude that trumpets premature opinions about people (1 Cor 4:5) – something that should be posted above the doorsteps of all social media. Last but not least, he recommends not to insist on one's own status, rights, and freedoms if this renunciation helps to build up others (e. g., 1 Cor 6:1-11; 8-10; Rom 14).

In sum, he renounces display of human power and prefers serving to ruling (1 Cor 3:21f.), like the powerless crucified Christ gave himself up for others as counter-image to power and force.[23] It is important to remember that Paul is not propagating renunciation for its own sake. He is not concerned with self-castigation as an ascetic exercise. He only emphasises renunciation when it is conducive to effective »edification« (οἰκοδομή) of others.

---

[20] Human theological insights become foolishness in the light of the »word about the cross« (1 Cor 1:18-25) if they are not generated by God's Spirit (2:6-16). For Paul's rhetorical strategy in 1 Cor 1-4, cf. further Lampe 1990: 117-131; idem 1989/2019: 25-128 (http://doi.org/10.11588/diglit.48669 (01.04.2024)).
[21] Cf. further Lampe 2012, 67ff.: esp. 68.
[22] Ibid.: 69.
[23] Cf. Mark 8:34f. and the interpreting parallels in Mark 9:35-37; 10:43-45. See note 18.

3. The Psychologically Based Distinction between Mimesis and Identification: Transformation of Personality through Identification

In defining identification as a psychological category, two aspects need to be specified. So far, we used mimesis and identification as synonyms. However, we have reached a point where we need to differentiate. In their psychoanalytical definition of identification, Laplanche/Pontalis[24] claim that the individual *transforms* him- or herself in accordance with the identification object. Psychoanalytical studies describe this transformation of a personality more specifically by distinguishing between mere imitation and authentic identification. What is the difference? The imitator only displays the behaviour of the model person. The one who *identifies* with the model adopts not only the behaviour but also the model's *motivations, goals, and emotions that underly a behaviour* – these are key words that characterise genuine identification as opposed to imitation.[25]

We discussed two Pauline behavioural aspects: interhuman love on the one hand and acceptance of suffering on the other. Were these Pauline behavioural aspects not only based on imitation but also on identification with Christ? As Christ's love and death saved the world, the apostle's love and suffering serve the »salvation« (σωτηρία) of others (e. g., 1 Cor 1:18; 4:15; 2 Cor 4:15; Phil 1:12–14, 22, 24f.), that is, Paul's *motivation and goal* – needless to say – concur with Christ's. In addition, Paul's *agape* behaviour is accompanied by corresponding *emotions* when he, for example, talks about zeal, cheerfulness, and longing (e. g., 2 Cor 8:8; 9:2, 7, 14; 1 Cor 4:14, 21), or repeatedly mentions joy (e. g., 2 Cor 6:10; 13:9; in Phil and 2 Cor twenty-seven times), yet also despair (Phil 1:23a), in the context of his afflictions. There is no reason to diagnose empty rhetoric here. These are emotions in consonance with shifting success in getting closer to his – and Christ's – goal.

The psychological definition of identification also needs to be specified at a second point. According to psychoanalytical theory, a genuine identification that differs from mere imitation can only take place if the identifying individual has a libido component in his or her attitude toward the model person. Without this *id* impulse (the »Es«), there are only pseudo-identifications, only imitations, which lead to an »as if« personality.[26] Can we find corresponding material in the Pauline texts? Is there affection in the Christians' relationship with Christ?

---

[24] Cf. Laplanche/Pontalis 2022: 219.
[25] Cf., e. g., Loch 1968: 271–286, here 271 and 281f.
[26] Cf., e. g., Stork 1982: 131–195, here 166; Loch 1968: 279 and 282. For Loch, a »libidinal attachment« to the identification object is one of the characteristics of an authentic identification.

Several texts speak about mutual love between Christ and the Christians.[27] In 2 Cor 11:2, Paul even uses the metaphor of bride and groom. The affection was possible because Christ, the model, was not only a past and remote figure but also considered a risen »Lord« (κύριος) who was perceived as being present in the congregations, especially in the sacraments. One could talk to him in prayer, praise him, confide in him. A personal relationship could be maintained with him. Believers perceived him as near in pneumatic experiences (1 Cor 12; 14; cf. 2 Cor 12:2-4). Thus, the *early Christian pneumatology and the doctrine about Christ's resurrection facilitated successful identifications* in the psychoanalytical sense of the word.

How genuine Paul's Christ identification was, that is, how strongly he perceived the transformation of himself through identification, is made clear by drastic statements such as Gal 2:19f. For him, there was hardly any continuity between the old and the new self after the Damascus turn in his life. The restructuring of his self is echoed in statements such as the already quoted »It is no longer I who live, but it is Christ who lives in me« (Gal 2:20). Christ, the identification object, is internalised (cf. also, e. g., Gal 3:27; Rom 13:14a; 1 Cor 6:17; 10:4; 12:13). Paul perceives the restructuring of his self as so incisive that he describes going through death into a new existence (see Rom 6 above). Those parts of the ego that hinder a new life according to new ethical standards are construed as having died in baptism with Christ. They are buried with him. The path is open for a new orientation of one's life (Rom 6:1-13; also Gal 5:24; 6:14).[28]

Considering that Jesus of Nazareth was a past historical figure, present in the collective memory of early Christian congregations, one might want to object that identification objects are usually living persons whom the identifying individual knows in person. However, the latter would be a misconception as more recent empirical psychological studies show. Even recipients of a fictional narrative – although they know that the story is fictional – can be transported into a narrative world and identify with a literary character so that their *opinions, beliefs,* and *attitudes* in real life may be changed;[29] through the mechanism of identification with a story character, a narrative thus exerts *persuasive influ-*

---

[27] Cf., e. g., Gal 2:20; Phil 1:8; 2 Cor 5:14f.; Rom 5:5-8; 8:35, 37, 39.
[28] For a constructivist analysis of why the concept of personal renewal seemed plausible to early Christians, and for sources of evidence not discussed here, cf. Lampe 2012: 98-104. It is an advantage of the psychological term »identification« that it can be defined more clearly than the vague term »Christ mysticism« used in exegesis in the past (e. g., by Albert Schweitzer).
[29] Cf., e. g., Manoliu 2021: 539-556; Green 2006: 163-183; Slater/Rouner 2002: 173-191; Mar/Oatley 2008: 173-192, here 182; Igartua 2010: 347-373 (for the impact on attitudes and beliefs, cf. his third study); cf. also De Graaf et al. 2009: 385-405. For the identification with media characters, whom recipients do not know in person, cf. Cohen 2001: 245-264.

*ence.*³⁰ Through identification with a role model and corresponding observational learning, recipients acquire *new ways of thinking* and *behaving*.³¹ The identifying recipients adopt the perspective of a character, see the narrated events through the eyes of the character and experience *empathic emotions* for this character,³² vicariously experiencing the character's emotions.³³ Moreover, they adopt the character's *goals and plans* and experience emotions in consonance with the success or failure of these plans.³⁴ All of these are formulations based on the mentioned empirical psychological studies.

Thus, identifications – even with media characters or fictional literary characters whom the identifying person does not know in person – can affect goals, plans, attitudes, opinions, beliefs, emotions, and behaviour of the identifying individual. Empirical psychological studies and Pauline exegesis converge at this point. As the Pauline identification with the Christ figure, for Paul, involves καινὴ κτίσις (»new creating«), the latter – from an empirical psychological perspective – is not a delusion but entails real transformations. It is a renewing identification process.

4. Hermeneutical and Homiletical Impulses

(1) Paul's concept of a renewing identification with a crucified Christ collides with present-day cultures. We would like to ask Paul questions. Can abused women identify with a crucified man? Can suffering have a positive meaning? Is self-denial a healthy basis for love? Or does it lead to a damaging helper syndrome?

To be fair, Paul also emphasises the self-love in Lev 19:18 (Rom 13:15; Gal 5:14; cf. the »also« in Phil 2:4) as a balance to the love of others, as we have seen. However, with his Christ identification he challenges us by holding that any love entails giving up parts of ourselves, of our interests, to make room for others and *their* legitimate needs. For Paul, this is not a loss but a gain, as he emphasises the ἀλλήλους (»mutual«; e. g., Phil 2:3), the reciprocity of such selfless love in communities. In this way, there *is* a return in such a community even when self-denial is practised.

(2) Through the media of our cultures we are flooded with invitations for identification. Every culture needs identification objects, and the ones that are picked say a lot about this culture. Our cultures lure us to identify with the strong, rich, beautiful, successful, and powerful – a seduction that leads to shal-

---

³⁰ Cf., e. g., De Graaf et al. 2012: 802–823; Green 2006: 163–183; Slater/Rouner 2002: 173–191. The extent to which a recipient is transported into a narrative world plays a role in generating narrative effects: Cf., e. g., Green/Brock 2000: 701–721; Moyer-Gusé 2008: 407–425.
³¹ Bandura 2001: 265–299; Bandura 1986: 23–28.
³² Cohen 2001: 245–264, here 251; Busselle/Bilandzic 2009: 321–347.
³³ Slater/Rouner 2002: 173–191.
³⁴ Oatley 1995: 53–74, here 69; Zillmann 2006: 151–181; cf. Oatley 1999: 439–454.

low influencers or to perilous calls for strong, autocratic leaders. The Pauline invitation to identify with a crucified Christ offers a challenging alternative to such seductions. Why? Because perceiving oneself as being crucified with Christ means acknowledging that one's own attempts at strength, self-redemption and self-healing are fleeting. At the cross, humans cease to be autonomous managers of their own history; they acknowledge being responsible to and dependent on something higher than themselves. It is from there that Paul draws strength (see below).

(3) What other relevance does Paul's concept of a personality-transforming Christ identification have for churches and societies? After decades of living beyond our means and resources, the climate crisis challenges us to realise our limits, to mature collectively by scaling back exuberant lifestyles. Paul invites us to identify with a Son of God who, in human eyes, is weak and emptied himself for the benefit of others (Phil 2:7). Admittedly, the apostle's invitation is a fading voice in the choir of western cultural traditions, but it gains actuality today. The task of the churches will be to make this voice known, not by holding a microphone in front of Paul's mouth, but by beginning to accept Paul's invitation to *live* in accordance with the crucified Christ who emptied himself. Paul's holistic, non-verbal proclamation may come into play. If Christians scale back their lifestyles because they learn to identify with this Christ, they for their part may be able to become models and identification objects for others. Paul has a similar identification pyramid in mind when he calls himself μιμητής (»imitator/impersonator«) of Christ (1 Cor 11:1), an impersonator who also serves as identification object for others (1 Cor 11:1; Phil 3:17). We all are called to be both: Christ's μιμηταί and role models to be identified with.

All of these impulses may lead to sermons, depending on the audiences one wants to address. However, I will only sketch two others in more detail.

(4) Picking up on Wilhelm Gräb's situation hermeneutics of the listeners,[35] which uses the religious or philosophical self-interpretation of the listeners as starting point of the homiletical process, we could focus on anthropological scenarios of our time. The anthropological ideal of Enlightenment – a rational and consistent human being, carved from a single piece – has become obsolete. Today, we realise that people are characterised by contradictions, ambivalences, inconsistent views and biographies; they are far from being perfect but rather scarred by traumata and ruptures in their personalities. If listeners interpret themselves along these lines, it could be helpful to confront this (secular) self-image with the biblical concept of cross existence as an offer to modify the self-image a little.

In this biblical light, listeners might be challenged to view themselves as, metaphorically speaking, co-crucified, that is, in *koinonia* with a vulnerable and powerless God, who is even at odds with God's self when crying out, »My God, why have you forsaken me?« (Mark 15:34). The listener then might come

---

[35] Gräb 2013.

to know the positive implications of identifying with the crucified Christ that we have been talking about – positive effects that are *comforting* (see 2.1 above), ethically *motivating* (see 2.4 above) and *transforming* with regard to goals, motivations, and emotions (see 3 above) – and thus grow something constructive out of the tornness and fracturedness of the self.

When Paul gave his present weaknesses and plights a positive meaning in his catalogue of *peristáseis* (see 2.1 above; 2 Cor 4), his ancient readers in Corinth shook their heads, because they focused on apostolic signs, wonders, and power. In fact, some of them were to deny Paul his apostleship because of his human shortcomings (2 Cor, esp. 10–13). However, from a psychological point of view, *the acceptance of one's own deficiencies and limits* represents a step toward maturing.[36] Paul's missionary energy was not impeded by the experience of his own shortcomings and afflictions. By accepting his weaknesses, Paul was freed to surprisingly much vigour. Today's churches may learn from this when facing decreasing membership and loss of societal territories. The apostle invites today's churches to accept the new limits, to quit licking their wounds, and concentrate on their mission joyfully.[37]

(5) The second sketch follows the aesthetic turn in homiletics that puts the linguistic and rhetorical form of sermons in the spotlight. It picks up on the *Dramaturgical Hermeneutics* espoused by Martin Nicol and Alexander Deeg.[38] Instead of talking *about* the biblical texts, these texts need to be performed, dramaturgically staged. Instead of talking, for example, *about* consolation, the sermon itself, using performative language, must comfort; and if the listener really feels comforted, a spiritual »event« (»Ereignis«) occurs, as Nicol and Deeg word it. Only then is the text really understood – existentially understood. Such performance can be achieved particularly well by immersing the listener into the images and stories of the Bibel, or into combinations of biblical and modern images. In a recent sermon,[39] I used a *poem* by an Ukranian poet, Marjana Savka in Lviv, who paints a powerful image of the current war. Her poem creates an identification of a shot Ukranian man with the crucified Christ. There is a lot in there, including the mentioned ethical aspects, including a glimpse of hope in

---

[36] Cf. Stollberg/Lührmann 1978: 215–236; Klessmann 1989: 156–172; Lampe 1995: 931–943, here 936.

[37] Cf., e. g., Phil 1:4, 7, 13–15, 17f., 20f., 23, 25; ch. 4. In 1:23, Paul sounds almost suicidal. Yet, »joy« and »rejoice« are a dominant word field in the Letter to the Philippians (14 times). Similarly, this word field occurs 13 times in 2 Cor, despite the conflicts behind this correspondence.

[38] Nicol 2002; Nicol/Deeg 2012: 68–84. Cf. also Luther 1983 (2006): 395–408; Gräb 1997: 209–225.

[39] Lampe, »Christ ist erstanden« – antike Narretei im 21. Jahrhundert? Predigt im Ostersonntagsgottesdienst des 9.4.2023 in der Peterskirche/Universitätskirche zu Heidelberg (https://www.theologie.uni-heidelberg.de/de/universitaetsgottesdienste/predigt-archiv/wintersemesterferien-2023 (26.04.2024)).

Theologia Crucis in the New Testament as a Homiletical Challenge

the middle of disaster like in Paul's catalogue of *peristáseis,* and including the invitation to listeners to (at least partly) identify with this Ukranian Christ and his ethos. I will step away from the meta-level and read the poem, allowing you, the reader, to make discoveries for yourself:

> Here lies the Lord. Slain in a coffin.
> The Resurrection, it seems, is off schedule.
> He was a volunteer in the last most terrible war,
> Drove around the city so calm, unarmored,
> Delivered bread through the hellish traffic,
> Told those around him: don't live in anger.
> After all even a horrible criminal has a chance of repenting.
> But the sun was setting over the city, behind the hills' black ridges,
> And the buildings were burning like dry masts. And the fight
> Between the light and the dark might last a while.
> He was struck down by a fragment of a missile to the chest.
> Beside him lay twelve others, a child among them.
> A good fifty people quickly surrounded them.
> And they said, Herods spare no one, not even kids.
> But they soon left. Because it was already curfew.
> Here lies the Lord. He was kind. He divided the bread.
> He came from somewhere – from Izyum, from Bucha, from Popasna.
> He's lying in a coffin. We're awaiting the wonder of wonders.
> He asked us not to kill. He walked here among us.
> He will rise again. Casting off his cross and vulnerability.
> He will rise again and will join our ranks,
> Desperate,
> Brave,
> Familiar,
> Alive.[40]

The poem lends itself to an Easter sermon, moving from the flames of a missile attack to the dawn of Easter morning with its hope of life – because the invitation to identify with Christ is twofold: with him crucified in the world's present and risen in the timelessness of the eschaton.

---

[40] Dated April 23, 2022. Translation by Amelia Glaser and Yuliya Ilchuk (https://lithub.com/the-spirit-of-ukrainian-resistance-five-poems-by-marjana-savka/ (22.04.2024)). My German translation in the link of note 39 above.

Bibliography

Andsager, J. L./Bemker, V./Choi, H.-L./Torwel, V., 2006. Perceived Similarity of Exemplar Traits and Behavior. Effects on Message Evaluation. Communication Research 33.1, 3–18.

Bandura, A., 1986. Social Foundations of Thought and Action. A Social Cognitive Theory. Englewood Cliffs.

Bandura, A., 2001. Social Cognitive Theory of Mass Communication. Media Psychology 3.3, 265–299.

Busselle, R./Bilandzic H., 2009. Measuring Narrative Engagement. Media Psychology 12.4, 321–347.

Cohen, J., 2001. Defining Identification. A Theoretical Look at the Identification of Audiences with Media Characters. Mass Communication and Society 4.3, 245–264.

De Graaf et al., 2009. The Role of Dimensions of Narrative Engagement in Narrative Persuasion. Berlin.

De Graaf et al., 2012. Identification As a Mechanism of Narrative Persuasion. Communication Research 39.6, 802–823.

Eyal, K./Rubin, A. M., 2003. Viewer Aggression and Homophily, Identification, and Parasocial Relationships with Television Characters. Journal of Broadcasting and Electronic Media 47.1, 77–98.

Freud, S., 1921. Massenpsychologie und Ich-Analyse. A. Mitscherlich et al., Studienausgabe, vol. 9: Fragen der Gesellschaft, Ursprünge der Religion. FTB 7309. Frankfurt a.M. 1982, 61–134.

Gräb, W., 1997. Der inszenierte Text. Erwägungen zum Aufbau ästhetischer und religiöser Erfahrung in Gottesdienst und Predigt, IJPT 1, 209–225.

Gräb, W., 2013. Predigtlehre. Über religiöse Rede. Göttingen.

Green, M. C./Brock, T. C., 2000. The Role of Transportation in the Persuasiveness of Public Narratives. Journal of Personality and Social Psychology 79.5, 701–721.

Green, M. C., 2006. Narratives and Cancer Communication, Journal of Communication 56, 163–183.

Igartua, J.-J., 2010. Identification with Characters and Narrative Persuasion through Fictional Feature Films. Communications 35.4, 347–373.

Klessmann, M., 1989. Zum Problem der Identität des Paulus. Wege zum Menschen 41, 156–172.

Lampe, P., 1989 (2019). Ad ecclesiae unitatem. Eine exegetisch-theologische und sozialpsychologische Paulusstudie. Bern/Heidelberg. Open access: https://doi.org/10.11588/diglit.48669.

Lampe, P., 1990. Theological Wisdom and the »Word about the Cross«. The Rhetorical Scheme in I Corinthians 1–4. Interpretation 44, 117–131.

Lampe, P., 1995. Identification with Christ. A Psychological View of Pauline Theology. T. Fornberg/D. Hellholm, Texts and Contexts (Festschrift Lars Hartman). Oslo, 931–943.

Lampe, P., 2006. Die Wirklichkeit als Bild. Das Neue Testament als ein Grunddokument abendländischer Kultur im Lichte konstruktivistischer Epistemologie und Wissenssoziologie. Neukirchen-Vluyn.
Lampe, P., 2007. Human Sacrifice and Pauline Christology. K. Finsterbusch/A. Lange/K. F. D. Römheld, Human Sacrifice in Jewish and Christian Tradition. Numen 112. Leiden/Boston, 191–209.
Lampe, P., 2012. New Testament Theology in a Secular World. A Constructivist Work in Philosophical Epistemology and Christian Apologetics. London/New York.
Lampe, P., 2013. Erster Korintherbrief. F. W. Horn, Paulus Handbuch. Tübingen, 172–185.
Lampe, P., 2023. »Christ ist erstanden« – antike Narretei im 21. Jahrhundert? Predigt im Ostersonntagsgottesdienst des 9.4.2023 in der Peterskirche/ Universitätskirche zu Heidelberg (https://www.theologie.uni-heidelberg.de/de/universitaetsgottesdienste/predigtarchiv/wintersemesterferien-2023 (26.04.2024)).
Laplanche, J./Pontalis, J.-B., ^{22}2022. Das Vokabular der Psychoanalyse. Frankfurt a. M.
Loch, W., 1968. Identifikation – Introjektion. Definitionen und genetische Determinanten. Psyche 22.4, 271–286.
Luther, H., 1983. Predigt als inszenierter Text. W. Engemann/F. M. Lütze, 2006, Grundfragen der Predigt. Ein Studienbuch. Leipzig, 395–408.
Manoliu, A., 2021. Psychological Reactions to House of Cards. The Role of Transportation and Identification. J. D. Sinnott/J. S. Rabin, The Psychology of Political Behavior in a Time of Change. Cham, 539–556.
Mar, R. A./Oatley, K., 2008. The Function of Fiction is the Abstraction and Simulation of Social Experience. Perspectives on Psychological Science 3.3, 173–192.
Moyer-Gusé, E., 2008. Toward a Theory of Entertainment Persuasion. Explaining the Persuasive Effects of Entertainment-Education Messages. Communication Theory 18.3, 407–425.
Nicol, M., 2002. Einander ins Bild setzen. Dramaturgische Homiletik. Göttingen.
Nicol, M./Deeg, A., 2012. Einander ins Bild setzen. L. Charbonnier/K. Merzyn/P. Meyer, Homiletik. Aktuelle Konzepte und ihre Umsetzung. Göttingen, 68–84.
Oatley, K., 1995. A Taxonomy of the Emotions of Literary Response and a Theory of Identification in Fictional Narrative. Poetics 23.1-2, 53–74.
Oatley, K., 1999. Meetings of Minds. Dialogue, Sympathy, and Identification in Reading Fiction. Poetics 26.5-6, 439–454.
Savka, M., 2022. Here lies the Lord. Translation by Amelia Glaser and Yuliya Ilchuk (https://lithub.com/the-spirit-of-ukrainian-resistance-five-poems-by-marjana-savka/ (22.04.2024)).

Schwier, H., 2020. Das Wort vom Kreuz in der Predigt. U. E. Eisen/H. E. Mader, Talking God in Society. Multidisciplinary (Re)constructions of Ancient (Con)texts, Vol. 2: Hermeneuein in Global Contexts. Past and Present (Festschrift Peter Lampe). NTOA 120/2. Göttingen, 429–444.

Slater, M. D./Rouner, D., 2002. Entertainment-Education and Elaboration Likelihood. Understanding the Processing of Narrative Persuasion. Communication Theory 12.2, 173–191.

Stollberg, D./Lührmann, D., 1978. Tiefenpsychologische oder historisch-kritische Exegese? Identität und der Tod des Ich (Gal 2,19–20). Y. Spiegel, Doppeldeutlich. Tiefendimensionen biblischer Texte. München, 215–236.

Stork, J., 1982. Die seelische Entwicklung des Kleinkindes aus psychoanalytischer Sicht. D. Eicke, Tiefenpsychologie, 2: Neue Wege der Psychoanalyse. Weinheim/Basel, 131–195.

Zillmann, D., 2006. Empathy. Affective Reactivity to Others' Emotional Experiences. J. Bryant/P. Vorderer, Psychology of Entertainment. New York/London, 151–181.

Predigt und Dogmatik

Systematisch-theologische Dimensionen einer Predigt.
Im Gespräch mit Paul Ricœur

Fritz Lienhard

Zusammenfassung

Die Korrektur von Predigtarbeiten zeigt, welche Mühe Studierende damit haben, die Motive der Predigt systematisch-theologisch zu bearbeiten. Dabei besteht allgemein Zurückhaltung insbesondere gegenüber der Dogmatik. Aber alle systematische Theologie muss nicht »Ontotheologie« sein, wie der Philosoph Paul Ricœur zeigt. Warum ist diese dogmatische Etappe des Nachdenkens nötig? Was bringt sie? Was sind entsprechende Methoden?

Abstract

The correction of sermon papers shows that students find it difficult to process the motifs of the sermon from the viewpoint of systematic theology. In general, there is a reluctance to engage with the subject, particularly the more technical aspects. But not all systematic theology has to be »ontotheology«, as the philosopher Paul Ricœur shows. Why is this phase of reflection necessary? What are its benefits? What are the appropriate methods?

Einleitung

Es ist auffällig, dass in den klassischen Formen der »Predigthilfe« exegetische und homiletische Reflexionen zu finden sind, während eine systematisch-theologische, in diesem Fall »dogmatische« Ausführung weitgehend ausgeschlossen ist. In den »Predigtarbeiten«, die von Studierenden im Kontext von Homiletikseminaren verfasst werden, wird eine solche Ausarbeitung jedoch gefordert. Auch in dem Werk, das Helmut Schwier und ich als »Predigthilfe« für die Passions- und Osterzeit geplant haben, haben wir eine dogmatische Reflexion in Bezug auf das spezifische Thema – das »Proprium« – jedes Sonn- und Feiertags aufgenommen. Daher stellt sich die allgemeine Frage nach der Rolle einer dogmatischen Reflexion bei der Ausarbeitung einer Predigt. Ich werde die Fragestellung zunächst mithilfe des Philosophen Paul Ricœur vertiefen, bevor ich ein Konzept der postkritischen Dogmatik vorschlage.

1. Fragestellung

Zunächst sei darauf hingewiesen, dass bereits Gerd Theißen[1] über eine ähnliche Frage wie die unsrige in Bezug auf die Beziehung zwischen Homiletik und Exegese reflektiert hat. Traditionellerweise wird versucht, den »Skopus« des Textes herauszuarbeiten, der auf die »zentrale Aussage« des Textes hinweist, so dass der normative Inhalt des Textes bezeichnet wird, der sich dem:der Exeget:in gewissermaßen aufdrängt und der predigenden Person den Inhalt ihrer Predigt diktiert, die wiederum den Zuhörer:innen vorgibt, was sie glauben, denken, erfahren oder tun sollen. Als Reaktion auf diese deduktive Vorgehensweise wurde das Verhältnis der Predigt zur Schrift insgesamt in Frage gestellt. Führt ein Übermaß an Exegese, das aus dem Schriftbezug fließt, nicht dazu, dass die gegenwärtige Situation der Kommunikation verfehlt und die Kreativität des Predigers gezügelt wird?[2]

Die These von Gerd Theißen besagt, dass diese Zurückhaltung vor allem auf Unkenntnis der aktuellen Arbeitsweise der Exegese und damit auf eine statische Auffassung der Texte zurückzuführen ist.[3] Mit der zeitgenössischen Exegese betreibt Theißen daher gewissermaßen deren Dynamisierung. Texte stellen Aktualisierungen einer globalen Welt von Zeichen dar, die über eine spezifische Axiomatik verfügen. Ebenso sind sie »offen« und erhalten ihren Sinn erst durch die Kooperation der Hörenden oder der Lesenden. Darüber hinaus sind

---

[1] Dieser Exeget trug mit ca. 20 % seiner Schriften zur Praktischen Theologie bei und prägt(e) Helmut Schwier während seines Studiums und bis heute.
[2] Insbesondere ist es die exegetische Arbeit, die mit der Vorbereitung der Predigt verbunden ist, die in Theorie und Praxis umstritten ist. Vgl. Picon 2008: 102; Gisel 1994: 248; Reymond 1998: 108, 110.
[3] Vgl. Theißen 2001.

Texte intertextuell, insofern sie immer ältere Texte in sich tragen. Schließlich sind die Texte in ihrer endgültigen Form im Lichte des Kanons als Ganzem zu interpretieren.[4] In dieser Perspektive geht es darum, die Heilige Schrift gemäß ihrem Geist zu interpretieren. Deshalb lädt eine kreative Texttreue eine predigende Person dazu ein, mit den Motiven des Textes zu spielen, Variationen von Bildern und Symbolen einzuführen, Erzählungen neu zusammenzusetzen und fiktive Rahmen zu setzen, in dem die Texte probeweise in erfundenen Kontexten gelesen werden. Es geht darum, die Bewegung des Textes fortzusetzen. Auf diese Weise können biblische Texte die Predigt anregen: Ihre literarischen Gattungen sind im Vergleich zu einer von Theißen beschriebenen gewissen homiletischen Monotonie über die Maßen vielfältig. Die Exegese ihrerseits muss den Reichtum des Textes entfalten und darf seine Auslegung nicht verschließen. Auf diese Weise erzeugt sie die Kreativität der predigenden Person, anstatt sie zu verbauen.[5]

Stellen wir uns nun die Frage: Ist es angebracht, dasselbe Verfahren in Bezug auf die Dogmatik durchzuführen? Das deduktive Risiko ist auch in der Beziehung zwischen dieser Disziplin und der Predigt vorhanden. Darüber hinaus fällt dem:der ausländischen Beobachter:in in Deutschland die Zurückhaltung der Praktischen Theolog:innen gegenüber der Dogmatik auf. Eine genauere Betrachtung führt zum Verständnis, warum: Die Praktische Theologie achtet sehr genau auf die zeitgenössische Kultur und die Mentalität derjenigen, die sich an die Kirchen wenden, z. B. wegen eines Kasualbegehrens.[6] Das Individuum entscheidet entsprechend über den Grad und die Art seiner religiösen oder spirituellen Praxis und nicht die kirchliche Institution. Die Dogmatik stellt demgegenüber die autorisierte Interpretation von normativen Texten dar. Sie vertritt eine eher institutionelle und »kircheninterne« Perspektive. Um das Denken, die Spiritualität und die Praxis der Kirchen mit der zeitgenössischen Kultur zu korrelieren, stellt eine solche Dogmatik eher ein Hindernis als eine Hilfe dar. Diese Schwierigkeit gilt insbesondere für die Predigt. Führt die Dogmatik nicht zu einer Predigt, die zwar »richtig« ist, weil sie den internen Normen der Kirchen und der akademischen Theologie entspricht,[7] aber nicht »wahr« ist, weil sie ihre Zuhörenden nicht konkret anspricht und nicht zum Leben hilft? Es stellt sich also die Frage: Kann man Dogmatik auch anders betreiben, als nach diesem Modell der »Richtigkeit«?

1.1 Kritik der Dogmatik

Im Allgemeinen bezieht sich die Kritik an der Theologie in der Moderne vor allem auf die Dogmatik. Für den Philosophen Immanuel Kant beansprucht die Theologie entweder die Autorität einer Offenbarung und tendiert auf diese Wei-

---

[4] Vgl. Hoffmann 2025: 36–38.
[5] Vgl. Theißen 2001: 55–67.
[6] Vgl. Grellier/Lienhard 2017: passim.
[7] Vgl. Müller 2025.

se zum Sektierertum, oder sie ist spekulativ, sie überschreitet die Möglichkeiten der menschlichen Erkenntnis und ist ihrer praktischen Relevanz beraubt. In beiden Fällen disqualifiziert sich die Theologie.[8]

Diese Kritik an der Dogmatik wurde von Paul Ricœur aufgegriffen. Als sich Ricœur (vor dem Zweiten Vatikanischen Konzil) vom Katholizismus abgrenzte, trennte er unter dem Einfluss von Karl Barth (zumindest anfangs) sorgfältig zwischen seinem protestantischen Glauben und seiner philosophischen Arbeit.[9] Auch eine institutionelle Dimension spielt dabei eine Rolle: Philosophie an einer öffentlichen Einrichtung in Frankreich zu unterrichten, verpflichtet zu einer gewissen Neutralität. Außerdem musste Ricœur vermeiden, sich dem immer wiederkehrenden Vorwurf auszusetzen, ein verkappter Theologe zu sein. Jean-Paul Sartres nannte Ricœur »eine Art Pfaffe, der Phänomenologie betreibt«.[10]

Insbesondere hat der Philosoph Ricœur immer die ontotheologische Spekulation abgelehnt. Diese setzt innerhalb der Theologie das allgemeinere Projekt der Metaphysik fort. Es handelt sich um eine Denkweise, die der Erfordernis der logischen Kohärenz mit den Prinzipien der Widerspruchsfreiheit und der systematischen Totalität unterliegt. Es gilt, das Sein als Ganzes zu verstehen, um seine umfassende Logik zu erfassen. So wird die klassische Dogmatik in der Tat im Allgemeinen verstanden. Vernunft wird dabei so bestimmt, dass Nichtglaubende entweder unverständig oder unehrlich sind. Diese Ontotheologie ist jedoch gescheitert. Insbesondere gelingt es ihr nicht, Gott aus der Welt mit philosophischen Beweisen für seine Existenz abzuleiten und somit eine metaphysische Kohärenz zu gewährleisten, die sowohl Gott als auch die Welt unter dem Hut einer Konzeption des Seins einschließt.[11]

Darüber hinaus führt seine kritische Arbeit Paul Ricœur dazu, die Aporien des ontotheologischen Denkens aufzuzeigen. Zudem legt er dar, dass der Versuch, eine trügerische Kohärenz herzustellen, zu schädlichen Folgen für das Denken, den Glauben und die Praxis führt. Drei Beispiele verdeutlichen dieses Scheitern.

Erstens zeigt eine sorgfältige Untersuchung des Begriffs der Sünde bei Augustinus, wie sie Ricœur anbietet, die ganze Schwierigkeit, sowohl die Universalität der Sünde zu behaupten und damit die Aussage, dass niemand nicht sündigen kann, als auch die Behauptung, dass die Sünde dem Einzelnen zugeschrieben werden muss, wodurch seine Bestrafung durch Gott gerechtfertigt wird – es sei denn, er nimmt die durch die Sakramente der Kirche vermittelte Erlösung in Christus in Anspruch. Darüber hinaus hat der vergebliche Versuch, die Universalität der Sünde nachzuweisen, bei der sogar Säuglinge Sündigende sind, zu dem irritierenden Konzept der Erbsünde geführt, welches Ricœur als Biologisierung des Begriffs der Sünde bezeichnet. Hierbei handelt es sich um

---

[8] Vgl. Kant 1968a: 300ff. Kant 1968b: 649, 838.
[9] Siehe seine Nähe zu Mehl 1947: passim.
[10] Zitiert aus Frey 2021: 15, Anm. 17. Vgl. auch Ricœur 2009: 36f., 203ff.
[11] Vgl. Kant 1968c: 523–563; zum Begriff »Ontotheologie« vgl. 556.

eine Verwechslung von theologischen und biologischen Aussagen und somit um ein »vermeintliches Wissen« (»faux savoir« bezeichnet ein zu Unrecht beanspruchtes Wissen), dessen schädliche Folge die Abscheu vor der Sexualität war. Aus psychoanalytischer Sicht verstärkt diese Auffassung die kindliche Schuld, die Selbstverurteilung und damit den Horror vor der eigenen Existenz. Dieses charakteristische Beispiel zeigt, dass die Ontotheologie nicht nur versagt, sondern wie negativ sich ihr Streben nach Kohärenz auf das Denken und die Praxis auswirkt. Durch die logische Beweisführung führt sie auch dazu, dass der Anteil der Unbestimmtheit in einer Vorstellung vergessen und die Existenz konkurrierender Bilder übersehen wird. Nur *eine* Denkweise ist verpflichtend.[12]

Zweitens lehnt Ricœur die sogenannte Opfertheologie ab als Verständnis »eines Todes, der den Menschen geschenkt wird und dazu bestimmt ist, die unerbittliche Gerechtigkeit Gottes zu befriedigen, die von den Menschen Genugtuung für eine Sünde fordert, die eigentlich des Todes würdig ist; und Gott der Vater findet diese Genugtuung in der ›Stellvertretung‹ des Sohnes selbst, der an unserer Stelle stirbt«.[13] Wir sehen: So wie der Begriff der Sünde bei Augustinus eine Biologisierung darstellt, ist diese Straftheologie eine Juridisierung der Auffassung von der Erlösung in Jesus Christus. Auch hierbei handelt es sich um ein »vermeintliches Wissen«. Darüber hinaus stellt eine solche Perspektive die Sühne Christi in eine rationale Logik. Die Aufopferung seines Lebens ist kein Geschenk mehr, wenn sie einer buchhalterischen Begründung entspricht. Es stellt sich jedoch die Frage, ob das zentrale paulinische und lutherische Motiv der Rechtfertigung aus Gnade und durch den Glauben nicht von dieser falschen Sühneauffassung des Todes Christi abhängt.[14]

Das dritte Thema, in dem sich die Aporien einer Ontotheologie zeigen, ist das des Leidens. Es ist bekannt, dass die Frage des Bösen in Ricœurs Biografie sehr präsent war, insbesondere im Zusammenhang mit dem Selbstmord seines Sohnes. In dem kleinen Buch »Das Böse« zeigt Ricœur das Scheitern der Versuche der Theodizee auf, d. h. des Nachweises der Gerechtigkeit Gottes in Gegenwart des Bösen; Theodizee, die durch Sätze, die eindeutig sein sollen, ein als apologetisches Ziel und eine rationale Denkform gekennzeichnet ist. Nun »ist die Theodizee im engeren Sinne die Blüte der Ontotheologie«.[15] Dabei gibt es keinen Ausweg aus der Aporie, die bereits Epikur aufgezeigt hat: Wenn das Übel wirklich Übel ist, dann hat Gott es entweder gewollt und ist nicht gut, oder er hat es nicht gewollt und konnte es nicht verhindern und ist daher nicht allmächtig.[16] Ebenso führt der Versuch, Gott zu entlasten, häufig dazu, den Men-

---

[12] Vgl. Ricœur 1969: 352; vgl. Dosse ²2008: 146, 153; vgl. Vincent 2008: 76.
[13] Ricœur 2011: 103. An anderer Stelle sagt er: »Ich lege großen Wert auf die Befreiung der Theologie des Kreuzes von der Interpretation des Opfers.« Vgl. Ricœur 2009: 207. Der:die Leser:in wird die Denkmuster erkannt haben, die wiederum bei Augustinus auftauchen und sich bei Anselm von Canterbury entfalten. Vgl. Vincent 2008: 76.
[14] Vgl. Ricœur 1969: 352, 369.
[15] So Ricœur 2006: 13f., 33f.; vgl. Vincent 2008: 61; vgl. Frey 2011: 62.
[16] Vgl. Dalferth 2008: 41.

schen zu beschuldigen. Ricœur zeigt aber auch, dass schon der Versuch, das Böse zu rechtfertigen, die angemessenen Haltungen ihm gegenüber verhindert: Klagen, Trauern und Handeln.[17] Ähnlich wie bei der Sünde führen die Forderungen der Praxis, in diesem Fall der Ethik, dazu, das »vermeintliche Wissen« der Ontotheologie zu verabschieden.

Diese besonderen Misserfolge führen zu einer allgemeineren epistemologischen Fragestellung: Muss die Dogmatik nach dem Modell der Ontotheologie arbeiten, oder gibt es andere Wege, um theologisches Denken zu entwickeln?

1.2 Pluralität der biblischen Gattungen

Ricœur stellt jedoch auch den Status einer Offenbarung in Frage, die der dogmatischen »Wahrheit« den Status des Absoluten verleiht. Die ganze Herausforderung seines Artikels »Hermeneutik der Offenbarungsidee« besteht darin, eine solche Dogmatik als eine Entwicklung abzulehnen, die ein »geoffenbartes Dogma« zur Grundlage hat. Eine solche Art Dogmatik zu treiben, bewegt sich in einem Wahrheitsbegriff assertorischer Art, der sich im selben Feld wie beispielsweise die Naturwissenschaften bewegt und im Gegensatz zu anderen Wahrheitsdiskursen desselben Typs steht. Die Frage der Offenbarung stellt sich jedoch auch im Zusammenhang mit der gläubigen Lektüre der Bibel. In dieser Hinsicht lehnt Ricœur jede unmittelbare Identifizierung der Bibel mit einer Offenbarung ab, die auf andere Weise als durch metaphysische Spekulation als Grundlage für eine Ontotheologie dienen könnte. Eine solche Identifizierung bezieht sich oft auf die psychologisierende Vorstellung von der Inspiration durch die Bibel, was ein weiteres Beispiel für ein »vermeintliches Wissen« darstellt. Eine solche Vorstellung entspricht jedoch keiner historisch-kritischen Lektüre, die die Texte in ihren spezifischen Kontext stellt und sie als menschliche Texte betrachtet.[18]

Es ist jedoch zu beachten, dass die biblischen Ausdrucksformen vielfältig sind. Unter diesem Gesichtspunkt besteht das Ziel der exegetischen Arbeit zunächst darin, die »Vielfalt der Ausdrucksformen des Glaubens«[19] hervorzuheben, damit die Gesamtheit der Offenbarung nicht auf eine assertorische Äußerung reduziert wird. Daher bearbeitet Ricœur nacheinander die prophetische, narrative, präskriptive, weisheitliche und hymnische Redeweise.

Die prophetische Rede ist durch die Einleitung »So spricht der Herr« gekennzeichnet. Es geht darum, das Wort eines anderen in der ursprünglichen Logik des Orakels wiederzugeben. Diese Art der Rede vermittelt die Idee des Schreibens nach einem Diktat. Sie kommt einer Offenbarung von Wahrheiten am nächsten, die dem klassischen Verständnis von Wahrheit entspricht, als adequatio intellectus et rei.[20]

---

[17] Vgl. Ricœur 2006: 13; Bühler 2011: 91f.
[18] Vgl. Ricœur 2009: 202f.
[19] Ricœur 2006: 202; vgl. Ricœur 2009: 202f.; Dosse ²2008: 579.
[20] Vgl. Jüngel 1990: 91.

Die Erzählung unterscheidet sich von der prophetischen Rede insofern als in ihr der:die Autor:in zugunsten der Faktizität der zu erzählenden Dinge verschwindet. Es wird von Gott in der dritten Person gesprochen. Diese literarische Gattung geht davon aus, dass Gott sich in seinen Handlungen offenbart, die sich vom gewöhnlichen Verlauf der Geschichte unterscheiden.[21]

Die präskriptive Rede richtet sich an die Praxis. Auch in diesem Zusammenhang stellt sich die Frage der Heteronomie als Unterwerfung unter ein Gebot, dem die Vernunft an sich nicht zustimmen kann. In der Tat ist jedoch die Vorschrift organisch mit den Gründungsereignissen verbunden, für die der Auszug aus Ägypten paradigmatisch ist, wodurch es sich um das Gesetz eines befreiten Volkes handelt.[22] Ebenso ist das Gesetz in der Logik des Bundes nur ein Aspekt einer Beziehung. Darüber hinaus schwankt das Gesetz zwischen der Vervielfachung der Vorschriften und der Zusammenfassung seines Ziels, das in der Heiligkeit besteht. Auf diese Weise stellt das biblische Gesetz keine Heteronomie dar, sondern präsentiert sich im Kontext eines ständigen Prozesses der Auslegung.[23]

In der Weisheitsrede werden Ratschläge für ein gutes Leben gegeben. Diese literarische Gattung unterscheidet sich stark von der präskriptiven Rede und lädt – so Ricœur – weniger zum Gehorsam als zur Reflexion, Meditation oder gar zum Studium ein, wie es in der späteren rabbinischen Tradition üblich war und bis heute ist.[24] Das Besondere an diesem Diskurs ist sein Anspruch auf allgemeine Gültigkeit. Ebenso kann die Erfahrung, der diese Sprache Ausdruck verschafft, den anderen konstitutiven Diskursen der Offenbarung entgegengesetzt werden. Dieser Gegensatz gilt insbesondere für das Buch Hiob, aber auch für Kohelet, die beide mit den anderen Aussagen der Torah stark kontrastieren. Die Weisheit unterscheidet sich auch von der Prophetie, da der Weise die göttliche Inspiration nicht als ultimative Bürgschaft beansprucht. Die Gattung ist eine ganz andere. Nichtsdestotrotz entwickelt der Weise auch kein autonomes Denken. Die Weisheit ist ein Geschenk Gottes. So ist der Weise genauso inspiriert wie der Prophet, auch wenn sich diese Inspiration anders ausdrückt.

Die Lobpreisrede des Hymnus schließlich gibt einer Bewegung des Herzens Worte und wendet sich in der zweiten Person Singular an Gott. Dabei handelt es sich insbesondere um die Danksagung, aber auch um das Flehen. Diese Rede gilt als Offenbarung, weil das ausgedrückte Gefühl einem Sachverhalt entspricht, der auf diese Weise zur Sprache kommt. Das Lob wird durch seinen Gegenstand selbst konfiguriert.[25] Wenn wir uns näher mit dieser letzten Gattung befassen, ist es wichtig anzumerken, dass die Hymne der Poesie

---

[21] Vgl. Ricœur 2013: 116f. Er bezieht sich in diesem Zusammenhang auf die Theologie Pannenbergs.
[22] Vgl. a. a. O.: 121.
[23] Vgl. a. a. O.: 121f.
[24] Vgl. Ricœur 2009: 202f.
[25] Vgl. Ricœur 2013: 127f.

nahekommt. Die Hymne unterscheidet sich wesentlich von der assertorischen Rede. Sie setzt die beschreibende Funktion der Sprache aus. Sie erhöht nicht das Wissen über einzelne Gegenstände der Welt, sondern verändert die Sicht auf *alle* Gegenstände. In ähnlicher Weise verweist die Poesie auf eine ursprünglichere Sprache als die der Beschreibung oder der Handlung. Sie befindet sich auf einer anderen Ebene und steht nicht in Konkurrenz zu assertorischen oder ethischen Diskursen. Diese Sprache desorientiert andere Arten von Diskursen, indem sie Paradoxien und Skandale einführt. Zwar ist die poetische Rede eine Wahrheitsrede und bietet eine Welt an, von der grammatikalisch in der dritten Person gesprochen wird. Aber diese Sprache verlässt die Kriterien der Falsifikation und Verifikation, die beispielsweise die Gültigkeit des wissenschaftlichen Diskurses ausmachen. Es handelt sich um eine spezifische Art von Wahrheit. Beleuchten diese Überlegungen zur Poesie das Wesen des biblischen Hymnus, gelten sie auch für Gleichnisse. Diese verzichten nicht auf eine Aussage in der dritten Person, sondern bieten das an, was die biblische Sprache als das Reich Gottes bezeichnet. Diese kontraintuitive, nicht überprüfbare Sprache bricht mit der Sprache, die die Welt in ihrer Faktizität beschreibt, und beansprucht dennoch, die Welt auf ihre Weise zu erleuchten. Sie verfügt somit über einen Bezug zu einer außersprachlichen Wirklichkeit, einen Bezug, der jedoch von anderer Art ist als der des wissenschaftlichen Denkens.[26]

Diese Überlegung zur Poesie ist für unsere Überlegungen besonders wichtig. Sie zeigt nämlich, dass es eine bestimme Art von Offenbarung geben kann, die sich ganz wesentlich von einem ontotheologischen Diskurs unterscheidet. Die poetische Sprache befindet sich nicht im gleichen sprachlichen Gebiet wie die Behauptung und unterliegt also nicht den gleichen Gesetzen. Sie konkurriert nicht mit dem wissenschaftlichen Diskurs in seinem eigenen Bereich, dem der – von den klassischen Wissenschaften beanspruchten – objektiven Beschreibung der Welt. Sie befindet sich in einem anderen Feld, mit eigenen Regeln, aber diese poetische Sprache ist dennoch relevant für die Art und Weise, wie Wissenschaft praktiziert wird. Diese Sprache verändert nämlich die allgemeine Einstellung des Subjekts. Die Gefahr des dogmatischen Diskurses besteht in seiner assertorischen Reduktion der biblischen Offenbarung, so dass der Gewinn, der in der Einladung zu einer neuen Sicht auf die Welt besteht, wie sie eine Kunstform bietet, verloren geht, indem stattdessen ein verbindliches Denken aufgezwungen wird.

Um aus einer reflexiven und hermeneutischen Perspektive auf die literarischen Gattungen insgesamt zurückzukommen, müssen wir zunächst die irreduzible Vielfalt der biblischen Diskurse feststellen. Der prophetische Diskurs ist bei weitem nicht der einzige. Ebenso sind die verschiedenen Formen der Offenbarung heterogen zueinander, d. h. sie können nicht Gegenstand einer

---

[26] Vgl. a. a. O.: 136, 138f.; vgl. Ricœur 2001: 230f., 233; Ricœur 2008: 69f., 73f.; Ricœur 2021a: 10, 23f., 227, 236, 246; Ricœur 2021b: 240ff.; Frey 2021: 385; Vincent 2008: 60, 127; Frey 2011: 63; Antier 2017: 471.

Art allumfassenden Synthese sein. In der Bibel bedeutet das Vorhandensein unterschiedlicher literarischer Gattungen, dass die Einheit des biblischen Kanons »imaginativ« ist und im besten Fall »eine polyphone Einheit« bilden wird. Diese literarischen Gattungen sind auch keine austauschbaren Verpackungen eines dogmatischen Kerns, den man einfach aus den Texten ableiten könnte. Vielmehr sind sie Ausdruck unterschiedlicher Formen der Beziehung zu Gott, d. h. des Glaubens selbst, und rufen im Gegenzug unterschiedliche Arten dieser Beziehung hervor. Ihre Vielfalt betrifft somit den Kern dessen, was der Glaube ist.[27]

Nun steht diese irreduzible Pluralität im Kontext einer Zurücknahme des Namens Gottes, dessen Aussprechen in der jüdischen Tradition verboten ist. Diese Zurücknahme ähnelt der Leere des Tempels in Jerusalem. Der Name Gottes zirkuliert zwischen den Diskursen, bindet sich jedoch an keinen von ihnen restlos, auch nicht an den prophetischen Diskurs, der die größte Unmittelbarkeit in der Beziehung zu Gott für sich beansprucht. Der Name Gottes ist sowohl der Zielpunkt aller Diskurse als auch ihr Fluchtpunkt. »Der Referent ›Gott‹ wird also durch die Konvergenz all dieser partiellen Diskurse anvisiert.«[28] Da »Gott« in der Bedeutungszirkulation zwischen den verschiedenen literarischen Gattungen benannt wird, ist er kein philosophisches Konzept. *Gott ist nicht Gegenstand des Wissens, sondern des Glaubens.* Die Offenbarung des Namens Gottes ermöglicht es, den Herrn anzurufen, aber nicht, ihn zu konzeptualisieren oder zu definieren. Ebenso bedeutet die Irreduzibilität dieser Ausdrucksweisen, dass die biblische Offenbarung keine Theologie als System generiert und also keine Dogmatik sich unmittelbar auf eine Offenbarung berufen kann.[29]

2. Postkritische Dogmatik

Wir sehen also, wie Ricœur eine Sprache des Glaubens kritisiert, die sich in einer ihr nicht entsprechenden Gattung artikuliert und versucht, eine geschlossene und assertorische Rationalität im Rahmen einer Ontotheologie zu etablieren. Doch diese Kritik am theologischen Diskurs stellt bei Ricœur nicht das letzte Wort dar. Ricœur propagiert nicht den Verzicht auf ein theologisches Denken. Er gibt dem Irrationalismus nicht nach. Es geht nicht darum, auf die Vernunft zu verzichten, sondern darum, »mehr und anders zu denken«.[30] Wie könnte ein solches theologisches Denken aussehen?

---
[27] Vgl. Ricœur 2013: 119; Ricœur 2008: 65; Vincent 2008: 67; Frey 2021: 389.
[28] Ricœur 2013: 138f.
[29] Vgl. a. a. O.: 127f., 129, 130f., 139f.; Ricœur 1994: 295; Ricœur 2021b: 306; Ricœur 2008: 61f. Ricœur geht es in diesem Text eher um die Konstruktion des gläubigen Selbst, wir interessieren uns eher für die Struktur der Offenbarung, die dem entspricht. Vgl. Vincent 2008: 112; vgl. Frey 2021: 401.
[30] So lautet eine zentrale Aussage am Ende des Büchleins »Le mal«. Hier weicht meine Lesart von der Daniel Freys ab, der der Ansicht ist, dass Ricœur auf den konzeptionellen theologischen Diskurs verzichtet, so Frey 2021: 390.

2.1 Weg zu einer hermeneutischen Theologie

Die von Ricœur vorgeschlagene Hermeneutik beginnt mit der Unterscheidung zwischen den verschiedenen Ebenen der Sprache des Glaubens. Zu unterscheiden sind dabei die Bibellektüre, das persönliche Glaubensbekenntnis, die kirchliche Dogmatik, die einer bestimmten historischen Gemeinschaft zu eigen ist, und schließlich ein von einem Lehramt als Regel der Orthodoxie auferlegter Lehrkörper, der Gehorsam im Denken und Handeln einfordert. Der problematische Begriff der Offenbarung besteht darin, die letzte Ebene auf die drei anderen auszudehnen. Der charakteristische Ausdruck für eine solche Vermischung ist der Begriff »geoffenbarte Wahrheiten«, wobei diese Wahrheiten als Dogmen betrachtet werden.[31]

Um einen plausiblen theologischen Diskurs jenseits der Kritik zu entwerfen, besteht ein erster Schritt darin, zu den Quellen zurückzukehren. Der Gegenstand der Aufgabe der Auslegung sind »die ursprünglichsten Modalitäten der Sprache, mit denen die Mitglieder der Glaubensgemeinschaft ihre Erfahrung für sich selbst und für andere interpretiert haben«.[32] Hier werden die Verbindung und der Unterschied zwischen Sprache und Erfahrung hervorgehoben. Der bevorzugte Gegenstand von Ricœurs Arbeit ist dabei die Sprache, die diese Erfahrung ausdrückt. In der Arbeit über die »Sprache des Glaubens«[33] ist der bevorzugte Dialogpartner nicht der:die Theolog:in, sondern der:die durch die Exegese erleuchtete Gläubige.[34]

Bei der Entwicklung eines hermeneutischen Denkens besteht ein zweiter Schritt darin, auf einen Komparatismus zu verzichten, der darin bestünde, sich nirgends zu verorten.[35] Die Perspektive eines Subjekts, das sich seiner Endlichkeit bewusst ist, ist immer eine besondere. In seinem Fall ist Ricœur selbst im christlichen Glauben der reformierten Tradition geboren und aufgewachsen. Dabei bleibt der Glaube in seiner Unsicherheit bestehen, denn er stellt in Ermangelung eines letzten Fundaments in der Vernunft »einen Zufall dar, der durch eine ständig erneuerte Wahl unter gewissenhafter Beachtung der gegnerischen Entscheidungen in ein Schicksal verwandelt wird«.[36] Die Abkehr von der Ontotheologie führt dazu, dass die ganze Kontingenz der eigenen Position angenommen wird. Weiter: Es geht darum, den Zufall der eigenen Geburt nicht nur als Schicksal zu betrachten, sondern stattdessen – in einem weiteren Schritt und in aller Ungeschütztheit – auch als Gnade zu erleben. Dennoch bedeutet die Annahme der eigenen Besonderheit nicht, sich in ihr einzuschließen

---

[31] Vgl. Dosse ²2008: 579; Frey 2011: 62.
[32] Ricœur 2013: 129f. Ebenso Ricœur 1994: 290.
[33] Die Nähe zu Gerhard Ebeling ist an dieser Stelle hervorzuheben, wie z. B. seine Einführung in die theologische Sprachlehre, 1971: passim.
[34] Vgl. Ricœur 2008: 49, 65; Ricœur 2013: 113; vgl. Vincent 2008: 20, 91.
[35] Ricœur unterscheidet sich in dieser Hinsicht von seinem Kollegen und Freund Mircea Eliade in Chicago.
[36] Ricœur 1966: 37.

und auf den Dialog mit anderen zu verzichten. Diese Besonderheit geht mit der Aufgabe einher, sie in Vernunft zu erklären, d. h. in Gegenwart eines anderen, der nicht die gleichen Voraussetzungen teilt. Allerdings sind die Dialogpartner selbst ebenso abhängig von einer bestimmten Tradition und Situation und nicht in der Lage, die Wurzeln ihrer Überzeugungen bis zum Ende zu erklären – Atheisten ebenso wie andere. Ricœur verzichtet somit auf eine fälschlicherweise universelle und totalisierende Vernunft. Wahre Universalität bedeutet nicht, die eigenen Voraussetzungen in einer trügerischen Abstraktion zu verbergen, sondern besteht darin, ein Netz der Besonderheiten zu knüpfen.[37] Was der riskanten Kontingenz des Glaubens entspricht, ist die Kontingenz eines Gottes, der sich mit einer bestimmten Geschichte – der Geschichte Christi – offenbart, in deren Fortsetzung sich ein Zeuge des christlichen Glaubens in seinen Diskurs einfügt.[38]

Der dritte Schritt besteht darin, eine Wette abzuschließen. Theolog:innen und Philosoph:innen wetten auf den wesentlichen Beitrag, den ihre Lektüre der Heiligen Schrift für ihr Denken leisten kann. Ähnlich wie Blaise Pascal reagiert Ricœur auf die Erschütterung der Gewissheiten, die mit der Aufgabe der Ontotheologie verbunden ist, mit einer Wette. Er hat die Kühnheit zu glauben, dass schon die Tat der Lektüre an sich (le geste de la lecture) der biblischen Texte sein Verständnis des Subjekts und der Welt erhellen wird. Dem biblischen Text Autorität zu verleihen, entspricht dieser Wette. Der Gläubige verzichtet darauf, sich selbst zu konstituieren. Er verzichtet auch auf eine Gesamtkohärenz. Er liest die Texte und lässt sich in seinem Leben, seiner Spiritualität, seinem Handeln und seinem Denken von ihnen leiten. Dieses Wagnis stellt in der Tat eine nicht-philosophische gedankliche Handlung dar. So unterscheiden sich die philosophische und die theologische Lesehaltung, die bisher Hand in Hand gingen, in ihrem Verhältnis zum biblischen Kanon. Der:die Theolog:in ist durch die Wette gekennzeichnet, die die erkenntnistheoretische Seite des Glaubens ist, indem er:sie davon ausgeht, dass Gott in dieser besonderen Form seines Wortes, der Heiligen Schrift, die Möglichkeit schenkt, ihm:ihr zu begegnen, einer Schrift, die sich von allen anderen unterscheidet. Diesen Schritt kann der:die Philosoph:in an und für sich nicht tun, ohne Theolog:in zu werden.[39]

Aus diesen Ausführungen lässt sich eine wichtige Konsequenz ziehen. Es geht bei der soeben erwähnten Wette darum, das Verständnis des Subjekts und der Welt zu erhellen. Ebenso geht es darum, sich von den Texten leiten zu lassen und ihnen auf diese Weise Autorität zu verleihen. In diesen Ausführungen geht es jedoch eher um Fruchtbarkeit als um Normativität. Ziel der Lektüre der Texte ist die Erlösung. Die Konfrontation mit den biblischen Texten und dem

---

[37] Vgl. Ricœur 2011: 87ff.; Ricœur 2013: 143; Ricœur 2009: 195ff.; Vincent 2008: 144; Frey 2021: 416.
[38] Vgl. Ricœur 2013: 140f.
[39] Siehe das abschließende Kapitel der Symbolik des Bösen, »Das Symbol gibt zu denken«. Ricœur ³2002: 395ff.; Frey 2011: 61f., 66; Frey 2021: 417.

Wort der Predigt ermöglicht den Zugang dazu. Aber nichts zwingt dazu, dieses Heil auf seine eschatologische Dimension zu beschränken, wenn »*heute* das Heil in dieses Haus gekommen ist« (Lk 19,9). Mit anderen, eher zeitgenössischen Worten: Das Ziel ist die Befreiung der Menschen, die Veränderung ihrer Beziehung zu Gott, zu sich selbst, zu anderen und zur Welt. Dies ist das Versprechen von der Fruchtbarkeit der Lektüre der Texte.

Für Ricœur führt dieser mehrstufige Prozess nicht dazu, dass man auf ein Bekenntnis des Glaubens verzichtet, das sowohl individuell als auch kollektiv ist. Die Selbsthingabe Gottes in Christus nimmt in ihrer Kontingenz einen absoluten Charakter an – zumindest für die:den Glaubende:n. Der:die Philosoph:in fordert die:den Gläubige:n nicht dazu auf, in einer aufgeklärten Distanz zum Gegenstand ihres:seines Glaubens zu verharren. Ricoeur ist der Ansicht, dass das Zeugnis des Glaubens dazu führen kann, sich auf Leben und Tod für den Glauben einzusetzen.[40] Dieses Bekenntnis widerspricht gerade nicht der Bereitschaft zum Dialog mit anderen. Denn dieses Glaubensbekenntnis befindet sich nicht im Bereich eines geoffenbarten Dogmas. Es entsteht in der strukturellen Spannung zwischen den verschiedenen Gattungen der biblischen Literatur und kann daher nicht unmittelbar mit der göttlichen Wahrheit übereinstimmen.

Und sei es auch nur vorläufig: Ein solches Bekenntnis muss immer wieder erarbeitet werden. Diese assertorische Arbeit wird durch die Pluralität der biblischen Literaturgattungen nicht diskreditiert. In diesem Zusammenhang erweist sich eine exegetische Bemerkung als wichtig für Ricœur. Innerhalb des schriftlichen Diskurses selbst finden sich Spuren eines theologischen Diskurses zweiter Ordnung wie etwa Glaubensbekenntnisse, regulative Sätze und Doxologien. Mit anderen Worten: »Das Narrativ hat nie ohne ein embryonales theologisches Denken existiert«.[41] So entsteht eine Reihe von semikonzeptuellen Diskursen, die eine Zwischenstufe zwischen bildlichen und konzeptuellen Diskursen darstellen. Auf dieser Grundlage hat die Alte Kirche einen weiteren Schritt getan. Der Diskurs dort ist in erster Linie katechetisch, insbesondere im Zusammenhang mit der Taufe, aber auch apologetisch und dogmatisch, im Dialog mit den griechischen Philosophen und nach deren Vorbild. Weit davon entfernt, griechisches und hebräisches Denken gegeneinander auszuspielen, sieht Ricœur die Notwendigkeit, die Sprache, die er – vor allem am Beginn seines Denkweges – »symbolisch« nennt, in eine begriffliche Sprache zu übersetzen.[42] Dies ist der Preis, den man zahlen muss, um Zugang zur griechischen Kultur zu erhalten und dort seine Botschaft zu vermitteln. Nun ist es ein Grundzug des Christentums, seine Botschaft in der Spannung und Artikulation zwischen seiner Ursprungssprache – als gesamte Tradition, aber besonders als Sprache der

---

[40] Vgl. Ricœur 2013: 140f. In dieser Hinsicht unterscheidet sich Ricœur stark von Kant. Anders Frey 2021: 393, 433.
[41] Ricœur 2001: 230. Vgl. a. a. O.: 342; Ricœur 2008: 69f., 73f.; Ricœur 2021a: 227–250, 236, 246; vgl. Antier 2017: 471. Im Gegensatz zu Frey 2021: 390, 399.
[42] Vgl. Ricœur 2013: 140f.

Heiligen Schrift – und einer Zielsprache – die der zeitgenössischen Kultur – zu vermitteln. Im Rahmen dieses Prozesses eignet sich die Sprache der Gläubigen neue sprachliche Formen an, darunter auch neue begriffliche Dimensionen. Auf diese Weise verschafft sie sich die Möglichkeit, mit anderen Religionen und der Philosophie in einen Dialog zu treten.[43]

Von daher kommen wir zu einer vierten Ebene, der »eigentlichen Theologie«: »Diese besteht in einem Diskurs auf begrifflicher Ebene, der seine eigenen Regeln und seine eigene Art hat, die philosophische Begrifflichkeit einzubeziehen.«[44] Die Betonung des Begriffs »eigen« markiert auch hier den Unterschied zur Philosophie. Doch in ihrem spezifischen sprachlichen Handeln erarbeitet die so beschriebene Dogmatik sehr wohl ein begriffliches Denken. Insbesondere fordert der:die Philosoph:in den:die Theolog:in nicht auf, darauf zu verzichten, einen Begriff von Gott durch das Screening von Prädikaten, mit denen das Göttliche bezeichnet werden kann, zu konstruieren. Sein Ziel ist es nicht, die dogmatische Arbeit zu widerlegen, sondern sie als abgeleitet und untergeordnet in Bezug auf eine Offenbarung zu betrachten, die sich auf einer anderen Ebene befindet, nämlich der der verschiedenen biblischen Literaturgattungen. Insbesondere besteht die Dogmatik in der begrifflichen und diskursiven Ordnung der kirchlichen Verkündigung. Ihre Funktion besteht darin, Klarheit zu schaffen, nach Kohärenz zu suchen, über die Grenzen des Spektrums der möglichen Glaubensüberzeugungen nachzudenken und neue Entdeckungen anzuregen.[45]

Es bleibt jedoch wesentlich, sich der Tatsache bewusst zu sein, dass ein konzeptueller Diskurs unweigerlich eine Reduktion der Polysemie der Bedeutungen auf einen eindeutigen Diskurs vornimmt. Während in der poetischen Sprache die Mehrdeutigkeit zur Stärke einer Rede beiträgt, versucht ein:e begrifflich arbeitende:r Denker:in im Gegensatz dazu, die Bedeutung zu präzisieren, indem er:sie deren Reichtum reduziert. In dieser Hinsicht ist die Hermeneutik konzeptuell und schlägt Interpretationsmodelle vor, wobei sie sich zutiefst ihrer letztendlichen Unzulänglichkeit bewusst bleibt. Dieses Bewusstsein hängt mit der Endlichkeit des:der Denkers:Denkerin und dem beharrlichen Bezug auf das, was jenseits des Begriffs zu denken ist, zusammen.[46]

---

[43] Vgl. Ricœur 2001: 242f.
[44] Ricœur 2008: 49.
[45] Ricœur bezieht sich in diesem Zusammenhang auf Karl Barth und Dietrich Ritschl; vgl. Ricœur 2009: 194f.; Ricœur 2001: 342. Er ist sich also bewusst, dass die Theologie eigentlich seit dem 19. Jahrhundert schon postkritisch ist. Im Gegensatz zu Vincent 2008: 70, glaube ich nicht, dass sein Ziel darin besteht, »die dogmatische Aufladung der religiösen Aussagen zu neutralisieren«, sondern vielmehr, ihren abgeleiteten Status zu präzisieren.
[46] Vgl. Frey 2011: 61.

2.2 Eine rekonstruktive Interpretation

Aus dieser konzeptionellen Perspektive besteht nach Ricœur eine besondere Aufgabe einer Dogmatik in der kritischen und rekonstruktiven Interpretation, insbesondere der Motive, an denen die Ontotheologie gescheitert ist. Diese Interpretation kehrt nicht zu vorkritischen Aussagen zurück. Sie wird im Kontext eines Eingeständnisses der Unwissenheit erarbeitet. Gott bleibt verborgen. Aber diese Aussage führt nicht zum Irrationalismus, und es geht darum, insbesondere ein Denken in Bezug auf das Übel zu entwickeln.

Sicherlich kann niemand wissen, was Gottes Absicht mit ihm ist. Das Beispiel der Theodizeeversuche zeigt im Übrigen, dass der Versuch, das Übel zu verstehen, schädlich ist. Er gibt dem Übel ein »Recht zum Sein«, obwohl es »zu Unrecht besteht«. Umgekehrt würde eine erfolgreiche Theodizee bedeuten, dass es die Klage, die Handlung und die Trauer sind, die »zu Unrecht bestehen«. Ebenso ist diese Rationalisierung nutzlos. Wir glauben trotz des Bösen an Gott. Gott ist nicht in erster Linie der Schlüssel zur Erklärung der Welt, sondern derjenige, der im Kampf gegen das Übel und in der Trauer darüber Schulter an Schulter mit den Menschen steht.[47]

In Bezug auf die *Sünde*, diese spezifische Form des Bösen, ist zunächst festzuhalten, dass es im Credo als Glaubensbekenntnis keine Aussage über die Sünde, sondern nur über die Vergebung der Sünden gibt. Im Licht der Gnade ist die legitime kommunikative Praxis, die der Truglehre der Erbsünde zugrunde liegt, die des *Zugeständnisses* (aveu). Es ist diese spezifische Sprache, die einen tieferen Sinn hat, den es zu interpretieren gilt. Ricœur schreibt: »durch das Zugeständnis wird das Schuldbewusstsein in das Licht des Wortes gehoben; durch das Zugeständnis bleibt der Mensch Wort bis in die Erfahrung seiner Absurdität, seines Leidens, seiner Angst.«[48] In ähnlicher Weise ist die Lehre von der Sünde der vorläufige Ausdruck einer Erfahrung. Sie verbindet die Behauptung eines verantwortlich Handelnden mit dem Gefühl, von höheren Mächten verführt worden zu sein. Das Böse ist für jeden Menschen immer schon da; dies ist der Wahrheitskern der Erbsündenlehre. Auf diese Weise ist der einzelne Mensch Opfer und Täter zugleich.[49] Diese interpretativen Elemente in Bezug auf die Sünde ermöglichen es, eine Reihe von hamartiologischen Aussagen als Antworten auf Schein- oder selbstgemachte Probleme zu betrachten. Das eigentliche Anliegen der Auslegung der ursprünglichen Texte ist nicht die Erklärung, sondern die Schaffung der diskursiven Bedingungen, um das befreiende Geständnis zu ermöglichen, das es erlaubt, das Böse auszudrücken, es hinauszudrängen und sich so von ihm zu befreien. Dabei ist die Sünde als die Form des Bösen zu betrachten, die am untrennbarsten mit der eigenen Person verbunden ist. In der Tat, jenseits von Ricœur, sind folgende Elemente für einen

---

[47] Vgl. Ricœur 2006: 55f.; Ricœur 1994: 302. Vgl. Labbé 1980: 365, 476.
[48] Ricœur ³2002: 13f.
[49] Vgl. Ricœur 2006: 18f.

Vergebungsprozess unverzichtbar: Das Geständnis, die Haltung, das Subjekt gerade von seinen Taten zu unterscheiden, die Übergabe des letzten Urteils an Gott, die »contritio cordis« und das Wort der Absolution. Auf diese Weise entsteht das Ziel von Ricœur, um auf ihn zurückzukommen: ein befriedetes Gedächtnis (»mémoire heureuse«).[50] Es sind diese existenziellen Aspekte, die wichtig sind, und nicht die Rationalität einer Beweisführung.

Die ursprüngliche Sprache, die auf das *Leiden* reagiert, ist die der *Klage*. Die starke Präsenz der Klage im biblischen Kanon untergräbt die Vorstellung, dass das Böse durch das Gute ausgeglichen wird. Doch nicht jedes Leid kann mit Schuld in Verbindung gebracht werden, so dass der Mensch angeklagt werden kann, um Gott zu entschuldigen. Diese Klage führt zu einer doppelten Praxis: der Praxis des Handelns als Kampf gegen das Leiden mit allen Mitteln und der Praxis der Trauer. Weit davon entfernt, das Böse zu rechtfertigen, stellt die Weisheit, die sowohl philosophisch als auch theologisch ist, eine spirituelle Hilfe bei dieser Trauerarbeit dar. In der Tat geht es darum, einen Weg der Zustimmung und der Weisheit zu erarbeiten, so schreibt es Ricœur nach dem Selbstmord seines Sohnes. Im Kontext des Verzichts auf ontotheologische Erklärungen und Rechtfertigungen, die letztlich darauf abzielen, die Klage zum Schweigen zu bringen, geht es im Gegenteil darum, ihr einen Raum zu bieten, in dem sie sich ausdrücken kann.[51] Ebenso wie das Eingeständnis von Schuld führt die Klage das Leiden in das Feld der Sprache ein und erweitert die Sprache so weit, dass sie die Wirklichkeit des Übels in ihrem Innersten einschließt. Auf diese Weise entsteht nicht ein Sinn des Leidens, sondern eine sinnvolle Art und Weise, darauf zu reagieren.[52]

In Bezug auf die Interpretation des Kreuzes und die Erlösung der Menschen, einen weiteren Bereich, in dem die Ontotheologie versagt hat, ist Ricœur sehr vorsichtig. Er erwähnt regelmäßig die Theologie des Kreuzes, bleibt aber an ihrer Schwelle stehen. Es ist jedoch zu beachten, dass für ihn die Bedeutung des Wortes »Gott« mit dem Kreuz Christi verknüpft ist, das den Ort der Selbsthingabe Gottes darstellt. Diese Hingabe führt das Denken sowohl zu einer Öffnung als auch zu einer Unbestimmtheit. Genauer gesagt legt der entsprechende Diskurs den Schwerpunkt auf die Logik des Überflusses der Liebe, gemäß dem »Wie viel mehr« des Apostels Paulus (»Wo aber die Sünde mächtig geworden ist, da ist die Gnade noch viel mächtiger geworden« (Röm 5,20)). Daher wird die Thematik des Bösen im Kontext einer anfänglichen Asymmetrie behandelt, nämlich der des Überflusses an Gutem. Trotz aller Schuld und Tragik ist der Schöpfer gut. Aus spiritueller Sicht ergibt sich daraus für Ricœur das Fortbestehen eines staunenden Blicks und einer Neugierde auf die Welt und die Menschen, jenseits der

---

[50] Vgl. Ricœur 2000: 643.
[51] Vgl. Ricœur 2006: 34f., 58; vgl. Bühler 2011: 91f.
[52] Vgl. Dalferth 2006: 26, 38, 85, 155f., 160ff., 180.

Erfahrung des Bösen. Es bleibt auch überraschend, dass ein wichtiges Motiv am Ende seines Lebens das der Heiterkeit war.[53]

Ohne das Eingeständnis der Unwissenheit zurückzunehmen, kann der:die Theolog:in dennoch einige weitere reflexive Schritte auf der Linie Ricœurs gehen. In seiner Ablehnung des Satisfaktionsdenkens, bei dem Gott das Blut seines Sohnes braucht, um vergeben zu können, neigt Ricœur dazu, sich an die liberale, von Schleiermacher und Ritschl geprägte theologische Tradition zu halten, in der das Kreuz die Offenbarung der Liebe Gottes darstellt. Aus theologischer Sicht ist eine solche Aussage nicht ausreichend. Christus stirbt nicht einfach, um eine Botschaft zu übermitteln. In der patristischen Tradition geht es vielmehr darum, das Böse zu besiegen, indem Christus es auf sich nimmt. Nichts hindert uns jedoch daran, mit Ricœur diesen Sieg aus einer sprachlichen Perspektive zu verstehen, d. h. als eine Ermöglichung, über das Böse zu sprechen und sich so im Keim bzw. ansatzweise davon zu befreien.[54] Die ontotheologische Rationalisierung abzulehnen, bedeutet jedoch zu akzeptieren, dass eine solche Lesart des Kreuzes immer a posteriori erfolgt. Die Aussage, dass es »notwendig« war, dass Christus starb (Lk 24,26), stellt eine kontingente und umstandsbedingte Interpretation dar, deren Inhalt in den jeweiligen kulturellen Kontexten immer wieder neu formuliert werden muss.

2.3 Argumentieren und artikulieren

Natürlich könnten wir jetzt in einen kritischen Dialog zu Ricœur treten. Insbesondere sollte neben der reformierten Struktur, die die Pluralität der Ansätze mit der Transzendenz Gottes verbindet, das lutherische Motiv der befreienden Gewissheit eingeführt werden. Gott entzieht sich den Menschen nicht nur, sondern gibt sich ihnen hin, indem er sich auch zu erkennen (wenn auch nicht zu verstehen) gibt. Ebenso wäre es anregend, bedeutende Dogmatiken wieder in die Hand zu nehmen und sich zu fragen, ob sie Formen der Ontotheologie darstellen oder sich in einem postkritischen theologischen Denken bewegen. Im Rahmen der vorliegenden Ausführungen geht es jedoch darum, über folgende Frage nachzudenken: Welche Konsequenzen haben Ricœurs Ausführungen für die Dogmatik innerhalb der Predigtarbeit?

2.3.1 Umgang mit Einwänden

Eine immer wiederkehrende Aussage von Helmut Schwier ist, dass der Tod der Predigt die banale Predigt ist. Diese tritt besonders dann auf, wenn es an einer Konfrontation des Gedankens mit möglichen Einwänden mangelt. In dieser Hinsicht ist Ricœurs Ansatz lehrreich. Ein besonderer Beitrag der Dogmatik, insbesondere im Kontext einer Predigt, ist *die Argumentation*. Im Rahmen einer solchen Argumentation ist auf die Zweifel des:der Prediger:in einzugehen

---

[53] Vgl. Ricœur 1998b: 382; Dosse ²2008: 25; Vincent 2008: 61; Frey 2021: 429. Siehe vor allem Bühler 2011: 96.
[54] Vgl. Lienhard/Bölle 2013: 117ff.

und sind die Einwände des:der potenziellen Zuhörer:in zu bearbeiten. Es zeigt sich, dass das Zuhören gestört wird, wenn die:der Zuhörer:in spürt, dass der:die Prediger:in sich der möglichen Einwände nicht bewusst ist. Dies ist auch der Fall, wenn er:sie von diesen Einwänden erdrückt zu werden scheint. Doch die Argumentation ist in der Praktischen Theologie von wesentlicher Bedeutung. Dies lässt sich folgendermaßen veranschaulichen: Angesichts eines:einer kritischen Konfirmand:in, der:die seine:ihre Ausführungen in Frage stellt, hat der:die Katechet:in drei Möglichkeiten: Gewalt, und sei es nur symbolische; Bestechung, wobei die affektive Erpressung die subtilste Form ist (»Magst du mich nicht mehr?«); Argumentation. Selbstverständlich ist die dritte Lösung zu bevorzugen. Die Argumentation besteht darin, auf den Einwand zu antworten, indem man zeigt, dass er nicht entscheidend ist, aber sie stellt auch und vor allem eine *Neuformulierung* dar. Der:die Katechet:in wird dazu neigen, zu sagen: »Was ich sagen will, ist ...«. Es sei daran erinnert, dass das scholastische Denken bei Thomas von Aquin zuerst die traditionelle Aussage präsentiert, dann den Einwand, und dann kommt der wichtigste Teil, der mit »respondeo« beginnt: »Ich antworte«, so dass der Einwand nicht mehr daran hindert, der Glaubensüberzeugung zuzustimmen. Es handelt sich dabei um eine Reformulierung der traditionellen Behauptung angesichts des Einwands in einer Aussage, für die der:die Theolog:in persönlich die Verantwortung übernimmt. In ähnlicher Weise besteht die Aufgabe der Dogmatik im Allgemeinen darin, die Glaubensüberzeugungen im Kontext dessen, was im zeitgenössischen Kontext gedacht werden kann, neu zu formulieren. Somit ist die Dogmatik rekonstruktiv und ihre Treue besteht darin, in einem anderen Kontext etwas anderes zu sagen. Im Kontext der Predigt stellt sich die Frage: Wie kann ich die einzelnen Aussagen des Textes verantworten? Auch eine Kunstpredigt hat eine assertorische Dimension. Sie behauptet und/oder bestreitet. Diese Dimension kann Gegenstand von Debatten sein, die entweder in der Predigt selbst oder »hinter den Kulissen« vorhanden sein müssen.

Diese genuin hermeneutische Aufgabe lässt sich in der Auseinandersetzung mit dem Hellenismus in der Antike, der germanischen Kultur im Mittelalter, der Aufklärung und den überseeischen Kulturen im Verlauf der Moderne bei der Mission oder auch den verschiedenen »Milieus« der zeitgenössischen europäischen Kultur beobachten.[55] Die Wahrheit liegt im Dialog, im Ereignis der Kommunikation zwischen der Autorität eines fremden Wortes, dessen Äußerlichkeit durch die Abgeschlossenheit des biblischen Kanons gekennzeichnet ist, und dem Subjekt in seiner kritischen Innerlichkeit und seinem besonderen Kontext.

2.3.2 Motive verbinden
Jenseits ihrer Verantwortung in Gegenwart von Einwänden, ist die assertorische Aussage als Behauptung oder Bestreitung, auch wenn sie in der Predigt implizit bleibt, im Kontext der zentralen Aussagen des christlichen Glaubens zu sehen,

---

[55] Vgl. Lienhard 2019: passim.

was die zweite Aufgabe der systematischen Reflexion ist. Dieser Versuch, die verschiedenen biblischen Aussagen aufeinander abzustimmen, bedeutet nicht, eine Gesamtkohärenz nach dem Modell der Ontotheologie zu rekonstruieren. Ich ziehe es vor, von »Dialektik« zu sprechen.[56] Diese besteht zunächst darin, den irreduziblen Charakter des Gegensatzes zwischen zwei Motiven zu begreifen. Ein Beispiel: Das Motiv der Konfrontation mit dem Bösen in Klage, Ringen und Trauer lässt sich nicht in der Behauptung, dass Gott Liebe ist, in einer Theodizee absorbieren. Und auch nicht umgekehrt. Gleichzeitig sind diese beiden Motive nicht als Alternative zu setzen: entweder Gott loben oder das Böse ernst nehmen. Zweitens geht es darum, jenseits dieser Spannung, die bestehen bleibt, zu sehen, wie die Motive interagieren und die beiden Begriffe des Gegensatzes verändern. Die Klage hat nur im Angesicht von Gottes Heilsversprechen einen Sinn. Angesichts von Sünde, Tod und Leid bedeutet die Aussage, dass Gott Liebe ist, wenn Liebe die Einheit von Tod und Leben zugunsten des Lebens ist,[57] dass Gott gegen das Böse kämpft. Ebenso erhält der Lobpreis des Herrn nur in dem Bewusstsein einen tiefen Sinn, dass er trotz allem stattfindet und einen Protest gegen den Zustand der Welt darstellt. Opposition, Spannung und Interaktion führen schließlich zu Praktiken, die sich als fruchtbar erweisen: Im Bereich der Spiritualität, in diesem Fall der Liturgie; der Ethik, in diesem Fall des Kampfes gegen das Böse, indem man akzeptiert, sich ihm zu stellen; der Diakonie und im politischen Handeln, das die Diakonie hervorbringt und verwurzelt; der Theologie, in diesem Fall des Verständnisses von Gott nicht als Schlüssel zur Erklärung und Rechtfertigung des Zustandes der Welt, sondern als Erlöser, der das Böse überwindet, indem er es auf sich nimmt.

Entsprechend gilt es, die Aussage des Predigttextes mit der Botschaft des Evangeliums als Ganzes zu verknüpfen. Wenn über einen Text gepredigt wird, der aus mehr oder weniger radikalen Geboten besteht, z. B. über die Bedingungen der Nachfolge Christi, wird sich die:der Prediger:in fragen, wie seine Botschaft in dialektischer Beziehung zu der zentralen Aussage steht, dass der Mensch allein durch die im Glauben empfangene Gnade gerechtfertigt wird. Aber auch umgekehrt: Welches Missverständnis hinsichtlich des Verständnisses dieser Rechtfertigung aus Gnade wird durch den Text korrigiert, der sich – zum Beispiel – auf einen Bruch mit einem früheren Zustand des Gläubigen bezieht? Inwiefern wird das Verständnis der Rechtfertigung durch eine Aussage über die Einladung zur Nachfolge Christi bereichert oder sogar korrigiert? Und schließlich: Welche Praktiken ergeben sich aus der fruchtbaren Spannung zwischen diesen beiden Motiven?

In dieser Perspektive formuliert der:die Prediger:in einerseits die mit seiner:ihrer Predigt verbundenen Aussagen angesichts möglicher Einwände, die sich ihm:ihr selbst stellen, aber auch von den Zuhörer:innen kommen könn-

---

[56] Anders als z. B. bei Hegel handelt es sich um eine gebrochene Dialektik, bei der der anfängliche Widerspruch nicht überwunden wird.
[57] Vgl. Jüngel [4]1982: 446.

ten, neu; andererseits verbindet er:sie die besondere Aussage mit der zentralen Botschaft des christlichen Glaubens. Zu diesem Zweck setzt er:sie sich mit der theologischen Tradition auseinander und/oder liest relevante Passagen aus seiner:ihrer Lieblingsdogmatik erneut. Ziel ist es, die Argumentation zu vertiefen und den Text in das Gefüge der christlichen Überzeugung einzuordnen. Dabei ist dieser Begriff »Gefüge« weniger verbindlich als der Begriff »System« oder »Architektur«, ermöglicht es aber, über die Dialektik der verschiedenen Motive zu sprechen, die die Glaubensüberzeugung ausmachen.

Wir sehen also, wie sich eine dogmatische Arbeit hinter den Kulissen der Predigt darstellt. Sie im Rahmen der Predigt selbst zu entwickeln, würde zu einer intellektuellen Übung, einer theologischen Abhandlung führen, was nicht Sinn der Predigt ist. Diese Denkarbeit muss jedoch stattgefunden haben. In dieser Perspektive geht es darum, die verschiedenen Motive des christlichen Glaubens, die mit den verschiedenen Sonntagen und Feiertagen der Passions- und Osterzeit thematisiert werden, im zeitgenössischen Kontext zu interpretieren. Dadurch wird das Leben der christlichen Gemeinschaften erhellt, und die Texte erhalten eine nie nachlassende Aktualität. Auf diese Weise entfaltet die Dogmatik im Dialog mit der Exegese ihre spezifische Relevanz.

Bibliographie

Antier, G., 2017. La nouvelle Jérusalem entre imagination et imaginaire. Études Théologiques et Religieuses 92/2, 461–475.
Bühler, P., 2011. Lire, agir, sentir. Quand l'imagination s'aiguise à l'aporie. P. Bühler/D. Frey, Paul Ricœur. un philosophe lit la Bible. À l'entrecroisement des herméneutiques philosophique et biblique. Genf, 89–103.
Dalferth, I. U., 2006. Leiden und Böses. Vom schwierigen Umgang mit Widersinnigem. Leipzig.
Dalferth, I. U., 2008. Malum. Theologische Hermeneutik des Bösen. Tübingen.
Dosse, F., ²2008. Paul Ricœur. Les sens d'une vie (1913–2005). Paris.
Frey, D., 2011. En marge de l'ontothéologie. Lectures ricœuriennes d'Exode 3,14. P. Bühler/ders., Paul Ricœur. un philosophe lit la Bible. À l'entrecroisement des herméneutiques philosophique et biblique. Genf, 49–72.
Frey, D., 2021. La religion dans la philosophie de Paul Ricœur. Paris.
Gisel, P., 1994. La place de l'argumentation théologique dans les prédications actuelles. G. Theißen et al., Le défi homilétique. L'exégèse au service de la prédication. Genf, 239–249.
Grellier, I./Lienhard, F., 2017. Religiöse Erwartungen im Protestantismus in Frankreich und Deutschland. Münster.
Hoffmann, C. W., 2025. Von Texten reden. L. Charbonnier/K. Merzyn/P. Meyer, Homiletik. Neue Ideen und ihre Umsetzung. Göttingen, 33–46.
Jüngel, E., ⁴1982. Gott als Geheimnis der Welt. Tübingen.
Jüngel, E., 1990. Wertlose Wahrheit. München.

Kant, I., 1968a. Der Streit der Fakultäten. W. Weischedel, Kants Werke. Schriften zur Anthropologie, Geschichtsphilosophie, Politik und Pädagogik, Vol. 11. Darmstadt, 300-302.
Kant, I., 1968b. Die Religion innerhalb der Grenzen der bloßen Vernunft. W. Weischedel, Kants Werke. Schriften zur Anthropologie, Geschichtsphilosophie, Politik und Pädagogik, Vol. 11. Darmstadt, 267-393.
Kant, I., 1968c. Kritik der reinen Vernunft. W. Weischedel, Kants Werke. Vol. 4. Darmstadt, 523-563.
Labbé, Y., 1980. Le sens et le mal. Théodicée du Samedi Saint. Paris.
Lienhard, F., 2019. Theologie der Milieus. Leipzig.
Lienhard, F./Bölle, A., 2013. Zur Sprache befreit. Theologischer Umgang mit dem Leiden. Neunkirchen.
Mehl, R., 1947. La condition du philosophe chrétien. Neuchâtel.
Müller, S., 2025. Normativität in der Praktischen Theologie. M. Wirth/C. Sigrist, Normative Urteile in den theologischen Fächern. Theorie und Praxis des Wertens. Göttingen (im Erscheinen).
Picon, R., 2008. Une Bible prétexte? Ders., L'art de prêcher. Lyon, 100-103.
Reymond, B., 1998. De vive voix. Oraliture et prédication. Genf.
Ricœur, P., 1969. Le conflit des interprétations. Paris.
Ricœur, P., 1996. Das Selbst als ein Anderer. München.
Ricœur, P., 1992. »Original Sin«. A Study in Meaning. Ders., The conflict of Interpretations, übers. v. McCormick, Peter. Evanston, 269-286.
Ricœur, P., 1994. Entre la philosophie et la théologie II. Nommer Dieu. Ders., Lectures 3. Aux frontières de la philosophie. Paris, 281-305.
Ricœur, P., 1998a. La plainte comme prière. A. LaCocque/ders., Penser la Bible. Paris, 346-385.
Ricœur, P., 1998b. De l'interprétation à la traduction. A. LaCocque/ders., Penser la Bible. Paris, 346-385.
Ricœur, P., 2000. La mémoire, l'histoire, l'oubli. Paris.
Ricœur, P., 2001. L'herméneutique biblique. Paris.
Ricœur, P., ³2002. Symbolik des Bösen. Phänomenologie der Schuld II. München.
Ricœur, P., 2006. Das Böse. Eine Herausforderung für Philosophie und Theologie, übers. v. Karels, Laurent. Zürich.
Ricœur, P., 2008. An den Grenzen der Hermeneutik. Philosophische Reflexionen über die Religion, übers. v. Hoffmann, Veronika. Freiburg/München.
Ricœur, P., 2009. Kritik und Glaube, übers. v. Ehni, Hans-Jörg. München.
Ricœur, P., 2011. Lebendig bis in den Tod. Hamburg.
Ricœur, P., 2013. Hermeneutics of the Idea of Revelation. Ders., Hermeneutics, Writings and Lectures 2, übers. v. Pellauer, David. Cambridge, 111-152.
Ricœur, P., 2021a. La philosophie et la spécificité du langage religieux. Ders., Écrits et conférences 5. Paris, 227-250.
Ricœur, P., 2021b. La religion pour penser. Ders., Écrits et conférences 5. Paris.

Theißen, G., 2001. Exegese und Homiletik. Neue Textmodelle als Impulse für neue Predigten. U. Pohl-Patalong/F. Muchlinsky, Predigen im Plural. Homiletische Perspektiven. Hamburg, 55–67.

Vincent, G., 2008. La religion de Ricœur. Paris.

Who Is Jesus Christ for Preachers Today?

A Sermon-Historical Study on the Preaching of Christ

Christine Wenona Hoffmann

Abstract

»For I determined not to know anything among you, save Jesus Christ, and him crucified,« Paul wrote to the congregation in Corinth. This sentence describes not only the center of Pauline theology and preaching, but also the identity and claim of Protestant worship and preaching – to this day. But what about the preaching (of) Christ today? How is Christ preached and who is Jesus Christ for preachers today? This sermon-historical article explores these questions on the basis of an empirical study of sermons on the announcement of the birth of Christ and opens the debate on a field of research that has so far been little explored in German homiletics.

Zusammenfassung

»Ich hielt es für richtig, unter euch nichts zu wissen als allein Jesus Christus, ihn, den Gekreuzigten«, schrieb Paulus der Gemeinde in Korinth. Dieser Satz beschreibt nicht nur die Mitte der paulinischen Theologie und Verkündigung bündig, sondern auch Selbstverständnis und Anspruch evangelischer Gottesdienste und Predigt – bis heute. Doch wie steht es aktuell um die Christus-Predigt? Wie wird Christus gepredigt und wer ist Jesus Christus für Predigende heute? Der vorliegende predigtgeschichtliche Beitrag geht diesen Fragen auf Grundlage einer empirischen Studie zu Predigten zu Christi Geburtsankündigungen nach und eröffnet den Diskussionsraum eines im deutschsprachigen Raum homiletisch kaum erschlossenen Forschungsfeldes.

Introduction

»Wer ist Jesus Christus für uns heute?«[1] [»Who is Jesus Christ for us today?«][2] This question has always occupied theologians and is particularly central to systematic theological research.[3] But how does this relate to practical theology? Which practical theological perceptions and reflections can be identified with regard to the question of Jesus Christ? Following and incorporating the practical theological oeuvre of the New Testament scholar and practical theologian Helmut Schwier, to whom this volume is dedicated, this question can be identified as one that is still largely unconsidered in practical theological and, in particular, homiletical discourse, and confirms the considerations and desiderata first published by Schwier in 2014 under the title »Wer ist Jesus Christus für uns heute?«[4] In his introductory reflections on the practical theological discourse of Jesus Christ he states, particularly in the area of homiletics, that »sermon-historical studies on the contemporary sermon on Christ (...) are not currently to be found«.[5] In view of the self-evident nature of the »Christ sermon« as a central concern of German-speaking Protestant preaching practice,[6] that is even explicitly identified as such in Luther's »nihil nisi Christus praedicandus«,[7] this finding[8] is surprising; yet it may at the same time find its explanation in this very centrality. For in addition to a still only sporadically established practice of sermon analysis,[9] the homiletic exploration of the Christ sermon may also be fragmentary because a (supposedly) clear and self-evident fact, which is at the same time enormously personal, does not seem to require any special attention,[10] or even because there are certain reservations regarding its examination.[11]

---

[1] Bonhoeffer 1998: 402. Bonhoeffer formulated this question in the wording used here in his letter to Eberhard Bethge of April 30, 1944, and it should be read against the theological background of his remarks in the Christology Lecture of 1933 (DBW 12).
[2] English translation: Hoffmann.
[3] Cf. e. g. Körtner 2011: V; Welker 2012: 13ff.
[4] See Schwier 2019.
[5] Schwier 2019: 25. English translation: Hoffmann.
[6] For an especially clear example see Meyer-Blanck 2011: 189.
[7] Luther 1524/27: 113 (7f.).
[8] As far as I know, there are still hardly any sermon-historical studies on the contemporary sermon on Christ. Cf. Hoffmann 2024: 44. The only exceptions I know of are the Liturgical Conference 2021 and Hoffmann 2024, which served as the basis for the present considerations. The situation is completely different in the English-speaking context. The theoretical reflection and development of the Christ sermon has been an integral part of homiletical and theological research there for decades: Chapell 2018; Clowney 2003 and, prominently and in the meantime historically, Buttrick 1988.
[9] Cf. Hoffmann 2019: 51–56, and Wöhrle 2006: 193–201.
[10] See also Schwier 2019: 29.
[11] Similarly Solymár 2009.

This sermon-historical study of the contemporary preaching of Christ is to be read as a response to the desiderata identified by using German-language preaching practice to answer the question of how Jesus Christ is preached today and at the same time to reveal who Jesus Christ is for preachers today. For this purpose, after a concretisation of the research questions and an explanation of the object and methodology of the study, first some formal and then content-related peculiarities of the sermons examined are discussed. These then lead to a description and evaluation of the patterns of interpretation to be identified in them. All this is done on the basis of the sermon findings themselves. These are then reflected upon with respect to their dogmatic rootedness, and their soundness and viability is subsequently investigated. Pitfalls and resulting difficulties are also considered before a summary of the results and an outlook conclude the deliberations for the nonce.

1. Research Question, Approach and Assumptions

68 sermons on Luke 1:26–38 answer the question of *how* Christ is preached today and *who* Christ is for preachers today. The starting point for these considerations is the sermon itself, and more specifically, where it takes place every Sunday: in the local churches.[12] In the following, a tableau of Christological variations is traced on the basis of church sermons, providing insight into and answers to the aforementioned research questions. It shows us *how* Christ is currently preached and, from a practical theological perspective, sheds light on the implicit dogmatic that the sermons follow.

One challenge and necessary measure of this study is initially to limit the tableau of Christological interpretations, as this is as diverse as God Godself and would go far beyond the scope of the present considerations. Assuming that the Bible itself is a unique attempt to talk about God, each individual Christological interpretation remains a partial perspective, an individual part of a larger whole. They are to be interpreted in their individuality and at the same time always in connection with each other, and they range from incarnational perspectives (L 18, 55, 61, 63)[13] to numerous dominion attributions in the form of the Jesuanic sovereign titles (especially L 49), identificatory equations (L 1) and an eschatological perspective, which is particularly evident in the salvific significance of Christ's death (L 58). For fundamental orientation in all this discourse, a distinction must be made not only between the person and the work of Jesus Christ, but also between the starting points of the question of Jesus as the Christ. Is this based on the man Jesus of Nazareth (Christology from below) or is

---

[12] Block takes a similar approach to the »normal form« of the sermon in his study, cf. Block 2012: 206f.
[13] For these abbreviations see note 21.

it rooted in the second person of the Trinitarian God (Christology from above)?[14] Furthermore, a distinction must be made between direct Jesuanic speech, God's speech and the narrative about him.[15] Just this small selection of possible questions and perspectives to be analysed already shows how important an initial determination of the object of investigation and the research procedure is. In order to allow the sermons to speak for themselves and to take them seriously in their dogmatic autonomy, no analysis of a dogmatic topos nor any particular form of speech shall be undertaken here.[16] Our focus will rather be on sermons on a specific biblical passage. Although this initially restricts the thematic radius, it also guarantees, in addition to direct comparability, a selection of interpretation patterns that is as objective as possible, being based on content analysis.

2. Subject and Methodology of the Study

The subject of this study are 68 written sermons preached by pastors of the member churches of the Protestant Church in Germany [Evangelische Kirche in Deutschland] on the pericope Luke 1:26–38, recommended sermon text for the 4th Sunday of Advent in the pericope series III (until 2018) / IV (since 2018). Sermons in audio format or video recordings were not considered in the study. Similarly, sermons by people not primarily involved in preaching, such as bishops, professors, politicians or prominent preaching persons, were not included. This restriction is due to the endeavour to include primarily implicit dogmatics, as the time available to prepare sermons is usually more limited in everyday church life, and recourse to sermon narratives is more frequent.[17] Only sermons that were published on the Internet and were accessible free of charge via common search engines[18] under the following keywords were analysed: Luke 1:26–38; Sermon Luke 1:26–38. This chosen pericope seems suitable for an investigation into the nature and form of the preaching of Christ for a number of reasons.

Firstly, it leads the reader to the beginning of how Jesus can be understood as the Christ and what interpretations were already given to him before the manger, stable and birth.[19] He is not really there yet, and yet everything is

---

[14] On the Christology from above/from below, which is only presented here in a very abbreviated and simplified form, cf. in more detail and compactly, as it were, Danz 2013: 181–185. See also the article of Hailer in this volume.
[15] Cf. on this phenomenon Lienhard in this volume.
[16] In this respect, the hamartological study by Block 2012 is different.
[17] This is the conclusion of the author's large-scale study, based on a detailed examination of 235 sermons. Cf. Hoffmann 2019: 352ff.
[18] http://www.bing.com/?cc=de, https://www.ecosia.org/, https://www.google.de/, https://www.ixquick.com/deu/ (11.04.2025).
[19] Cf. also Finze-Michaelsen 2021: 26 on this particular dynamic as a preaching challenge.

already outlined and said. Thus the pericope is at the same time and in all its initiality also the last story before his birth, the climax and goal of »all the waiting of sacred history«.[20]

Secondly, the prominence of the pericope and its anchoring in the pericope series ensures that there is sufficient research material available to guarantee a meaningful, valid study. The study period covers the years 1998–2022, with the year 1998 as the starting point representing the widest possible range of sources, as the widespread use of the Internet as a publication forum for personal sermons only began to be used by parish pastors in the mid-1990s. For the study, each of the 68 sermons was assigned a consecutive number following the letter L (Luke) for clear allocation, which also ensures the anonymisation of the sermons.[21] To answer the research questions, the available sermons were analysed in terms of content and categorised according to keywords as well as frequency analysis.[22] This procedure is based on that empirical methodology of sermon analysis which has taken on the structural, rhetorical,[23] linguistic,[24] psychological,[25] reception-aesthetic[26] or theological[27] examination of sermons and their delivery since the 1970s. The goal of this procedure is »to get on the track of preaching itself by methodically ... (investigating) ... the prerequisites and conditions for the success or failure of a particular sermon«.[28] It is to be hoped that the reflection on and analysis of these findings, coupled with a methodological and linguistic-theoretical reappraisal, may lead to an improvement in the preaching practice in the long run. It is interesting to note, however, that sermon analysis – despite its location within empirical theology[29] and after its popularity surges in the 1970s and 1990s[30] – is still »not a particularly topical issue in homiletics«.[31] This is particularly surprising in view of the fact that the academic study of sermons as real objects itself already contains an empirical element. Thus, every sermon can represent an »object of cognition (in the sense of a) perceptible or intersubjectively identifiable correlate in reality«[32]

---

[20] Barth 1998: 216. English translation: Hoffmann.
[21] All sermons and their sources are available from the author on request.
[22] Cf. Früh ⁷2011: 147–212; Mayring ¹¹2010: 13ff.; Merten 1983: 147. On empirical theology as a foundation for sermon analysis and as a central instrument of practical theological research, see Hoffmann 2019: 48ff. There you will also find a precise description of the analytical approach used here.
[23] Cf. Josuttis 1968: 511–527; Otto 1976.
[24] Cf. Grabner-Haider 1971.
[25] Cf. Walther-Sollich 1997; Riemann 1974: 152–166; Piper (1976) ²2009: 345–359.
[26] Cf. Martin 1984: 46–58.
[27] Cf. Lütze 2006.
[28] Grözinger 2008: 298. English translation: Hoffmann.
[29] On the history and development of empirical theology with particular reference to sermon analysis, see Hoffmann 2019: 48ff.
[30] On the historical development of sermon analysis, see Wöhrle 2006: 193–201.
[31] Almost 20 years ago, Wöhrle 2006: 195. English translation: Hoffmann.
[32] Früh ⁷2011: 27. English translation: Hoffmann.

and thus become an object of empirical research. Nevertheless, there are only a few works in which sermons are systematically and intersubjectively collected, analysed and reflected upon.[33]

3. Analysing the Form and Content of the Sermons

The sermon catalogue to be analysed comprises 68 sermons, all of which meet the selection criteria. These were transferred to a data matrix and initially analysed according to their distribution:

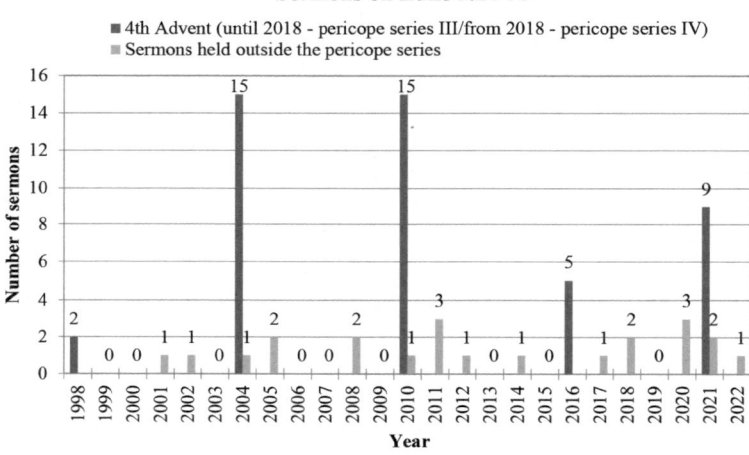

Illustration 1: Distribution of sermons on Luke 1:26-38 in the period under study

Probably the most obvious conspicuous feature is the decreasing number of sermons despite the significant increase in the use of digital media and the Internet in particular in recent years.[34] We can only speculate about the reasons for this, suggesting for the year 2021 that on the 4th Sunday of Advent, in the midst of the 4th COVID-19 wave, in large parts of Germany church services were only allowed to take place to a limited extent, shortened and under safety regulations, and many church services were streamed or video recorded.[35] This could be a possible reason for the low number of written sermons upload-

---

[33] In addition to the study by Hoffmann 2019: esp. 43–47, the studies by Block 2012: esp. 203–225, and Roth 2002: esp. 137–139 should be mentioned here.
[34] Reflected and presented in relation to church contexts at Evangelische Kirche in Deutschland 2021: 18–20.
[35] https://www.deutschlandfunk.de/was-modellierer-empfehlen-100.html (11.04.2025).

ed. Nevertheless, a question mark remains, especially regarding the slump in 2016. As far as the distribution of the pericope text within or outside the series is concerned, Luke 1:26–38, with its approximately 30% use independent of the series, keeps pace with other well-known or traditional pericopes.³⁶ This corresponds to the distribution of other classic pericopes on church holidays. The average deviation from less prominent pericope texts, e.g. in the Trinity season, is usually less than 10%.³⁷

So who is Jesus Christ for these preachers? How do they understand Jesus as Christ, what Christological interpretations do they offer their listeners and readers and how do they justify them? What is striking, albeit unsurprising, is that almost all the interpretations they offer refer to the hypostases of God. Jesus Christ is preached as the Son of God, as God made man, and as the work of the Holy Spirit. However, the initially obvious methodological idea suggested by this, namely of developing the categories and patterns of interpretation on the basis of the hypostases of God, is not compatible with the content-analytical orientation of the study.³⁸ Since the present study is based on the content of the sermons, the categorisation must also be developed on this basis.³⁹ In addition, against the background of the doctrinal decision »opera trinitatis ad extra sunt indivisa«⁴⁰ of the immanent doctrine of the Trinity, many of the patterns of interpretation cannot be clearly assigned to one of the hypostases: To which hypostasis, for example, can interpretations that emphasise the doctrine of the two natures be assigned? Consequently, we are faced with the task to develop the categories bottom-up from the sermons using the content analysis method.⁴¹ Another fundamental observation in the catalogue of sermons is that many preachers use the virgin birth as an explanatory model for their Christological statements.⁴² It serves to explain and clarify the interpretations: »Born of the Virgin Mary (...) the sentence says nothing about the state of the mother, but about the origin of the Son, namely, as you can see: he is sent to us from heaven« [»Geboren von der Jungfrau Maria [...] der Satz sagt nichts über den Zustand der Mutter, sondern über die Herkunft des Sohnes, nämlich, wie man

---

³⁶ This is proven to be the case, for example, for the pericopes Rom 3:21–28 [29–31] and Matt 1:18–25. It was thus possible to show that their reception outside the pericopes series also included 30%. Cf. Hoffmann 2019: 45 and Hoffmann 2016: 387.
³⁷ Cf. Hoffmann 2019: 45f.
³⁸ For an introduction to the empirical methodology as the basis and premise of the sermon analysis used here, see Hoffmann 2019: 48ff.
³⁹ Cf. Kuckartz 2012: 59, and for an introduction Früh ⁷2011. For an introduction and an overview of content analysis approaches in sermon research and analysis, see Hoffmann 2019: 57–60.
⁴⁰ Executed i. a. at Härle 2007: 396.
⁴¹ For inductive categorisation, see Kuckartz 2012: 59. This takes place both statistically in tabular form and verbally and interpretatively. Cf. Kuckartz 2012: 109.
⁴² As many as 61% of the sermons cite the virgin birth as the central explanatory pattern for their Christological statements. Cf. on this phenomenon Hoffmann 2016: 394.

sehen kann: den schickt uns der Himmel.«][43] (L 58) and: »That is why we need the virgin birth (...) only then does it become clear.« [»Darum brauchen wir die Jungfrauengeburt [...] nur so wird es klar.«] (L 3) Whether and how the virgin birth can serve as a Christological explanatory model will be discussed briefly following the respective interpretative patterns, but will not be the focus of our considerations here.[44]

The following Christological patterns of interpretation can be identified in the sermons:[45]

In 34 of the 68 sermons on the pericope Luke 1:26-38, Jesus Christ is preached as God made man, 14 of the sermons understand him as the Son of God, eleven interpret his existence as an expression of the work of the Holy Spirit and nine as a sign of the new creation.

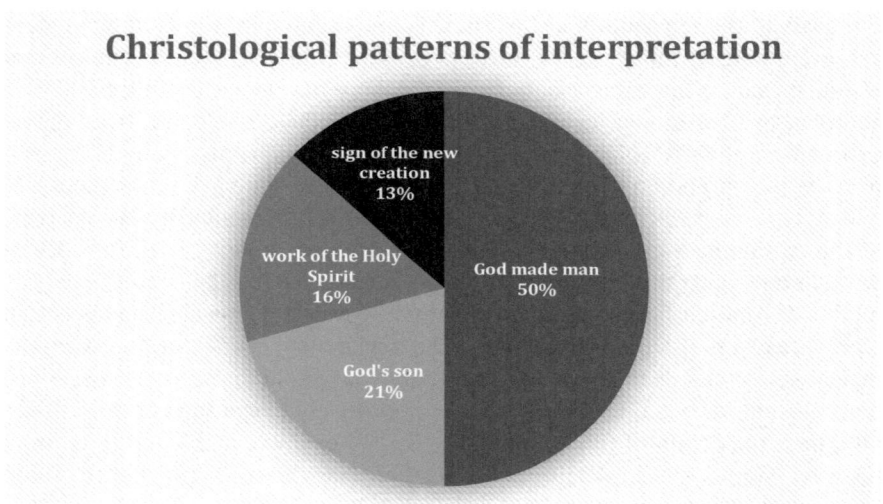

Illustration 2: Quantitative distribution of Christological interpretation patterns in the overall period 1998-2022

---

[43] All of the following English quotations from the German sermons were translated by the author of this article.

[44] The question of the Christological interpretations of the virgin birth and their textual justifications in the context of the birth stories in Luke 1:26-38 and Matt 1:18-25 is examined separately and in detail: Hoffmann 2016: 385-411.

[45] It should be noted that the patterns of interpretation overlap and that there are sermons that do not represent just one pattern of interpretation. However, in accordance with the research design, one main motif was identified in each case and analysed here.

In addition to this still relatively homogeneous distribution, it is also noteworthy that the distribution of interpretation patterns has changed significantly over the years and become increasingly heterogeneous. The following table shows the distributions and their development over the years:

	Interpretation patterns			
years	God made man	Son of God	Work of the Holy Spirit	Sign of the new creation
1998–2012	27 (61%)	7 (16%)	6 (14%)	4 (9%)
2013–2022	7 (30%)	7 (30%)	5 (20%)	5 (20%)
1998–2022	34 (50%)	14 (21%)	11 (16%)	9 (13%)

Illustration 3: The distribution of interpretation patterns between 1998 and 2022

The interpretation of Jesus Christ as God made man is especially conspicuous here: in the years 1998–2012, 61% of these preachers interpreted Jesus Christ as God made man, while the other interpretation patterns were represented by a maximum of 16% (Son of God: 16%; work of the Holy Spirit: 14%; sign of the new creation: 9%). In the years 2013–2022, on the other hand, the interpretation was distributed relatively evenly across all four interpretation patterns at 20% and 30% respectively (God made man: 30%; Son of God: 30%; work of the Holy Spirit: 20%; sign of the new creation: 20%). This halves the proportion of sermons in the pattern of God made man. In terms of content, the interpretation patterns can be described and theologically developed as follows:

4. Christ Preached. Interpretations and Their Justifications

4.1 Jesus Christ as God Made Man

The vast majority of the sermons[46] speak of Jesus Christ as God made man: »In this child, God himself comes into the world.« [»In diesem Kind kommt Gott selbst zur Welt.«] (L 61) »(...) he becomes fully human.« [»[...] er wird ganz Mensch.«] (L 24) Jesus as the Christ functions as an image of God's presence and his reality in the world (L 61).

---

[46] L 7, 14, 16, 17, 18, 20, 21, 23, 24, 26, 28, 29, 30, 35, 37, 39, 43, 44, 45, 46, 48, 49, 50, 51, 52, 53, 55, 56, 61, 63, 64, 66, 67, 68.

However, the aspects of the incarnate God emphasised by the individual preachers diverge significantly. Most of them emphasise God's closeness to humanity (L 30, 35, 45, 46, 61), others focus primarily on his grace (L 7) and still others are primarily concerned with the constitution of the person of Jesus Christ (L 20). Some of the sermons (L 55, 63) also make use of the image of the incarnation of the Word from John 1:14 to explain God being made man. His devotion to the world, manifested in his incarnation, expresses an »intimate closeness of God to humanity« [»intime Nähe Gottes zu den Menschen«] (L 61). In some sermons, this is linked to his existential devotion as an expression of his grace (L 45). Through his mercy, which people experience in Jesus Christ, God shows and assures every single person: »I am always with you – in the ups and downs of life.« [»Ich bin immer bei dir – in den Höhen des Lebens genauso wie in seinen Tiefen.«] (L 48) According to the preacher, this becomes particularly explicit in God's devotion to Mary, »as a young woman from poor Galilee« [»als junger Frau aus dem armen Galiläa«]: through Christ, God consciously seeks »(closeness) to me, an insignificant human being« [»[Nähe] zu mir unbedeutende[m] Menschen«] (L 52)[47] and thus renders him »more comprehensible to us humans« [»für uns Menschen begreifbarer«] (L 43). At the same time, God remains God, which is evident in the reference to Jesus Christ as true God and true man (L 7, 18, 28, 56, 64, 68) and is reminiscent of the dogma of 451.[48]

The majority of the sermons thus take up a point that has been at the centre of the debate on the unio personalis and the associated revelation of God in the person of Jesus Christ since early Christianity. Dogmatically established in Ephesus in 431 and in Chalcedon in 451, God's becoming human is one of the most fundamental bases of Christian dogmatics. God became human – and did not cease to be God.[49] It is God Godself who *is* and acts in Jesus Christ,[50] and not in a kind of parallel form,[51] but rather »he is a human being like us, equal to us as a creature, as a human individual«[52] and as such vulnerable, suffering and mortal.[53] Jesus Christ is not a demigod or angel,[54] but fully human – with all that makes one such. This realisation culminates in a special way in the

---

[47] This motif can also be found as a secondary motif in other sermons, e. g.: L 23, 38, 42, 48, 65.
[48] Cf. i. a. Leuenberger-Wenger 2019 and the introductory remarks i. a. in Hauschild/Drecoll 2016: esp. 161–199. Cf. on this phenomenon Hailer in this volume.
[49] Cf. Barth ⁵1960: 37. Paul Tillich criticises the phrase »God has become man« on the grounds that God can never cease to be God and cannot become something that is not God – but this is precisely what is implied in the statement that he becomes man. Cf. Tillich 1958: 104.
[50] Cf. i. a. Barth ⁵1960: 161ff., 203ff.; Härle 2007: 90ff., 319ff.
[51] Cf. Barth ⁵1960: 164f.
[52] Barth ⁵1960: 165. English translation: Hoffmann.
[53] Cf. Müller 1989: 70.
[54] Cf. Barth ⁵1960: 165, and Tillich 1958: 182.

stories of Jesus' annunciation and birth,[55] which is why it is often reflected in these sermons. In addition, God's unrestricted devotion to men reveals »the powerlessness of man (as well as) his undeservingness vis-à-vis the coming of the kingdom of God«.[56] As *vere Deus et vere homo*, Jesus Christ is part of the coming kingdom and at the same time fully human in his full participation in the human situation.[57] The comparison with the incarnation of the Word in John 1:14 also takes up this movement. Just as the »birth of Jesus Christ was the real birth of a real human being«,[58] God participates fully in the human condition.[59] The incarnation of God can therefore clearly show that God places Godself in the unity and tension between spirit and body in human existence.

Using Jesus as the Christ to illustrate this very tension – especially against the background of his announced birth – is plausible in terms of content and dogmatically appropriate. On the one hand, the preachers attempt to emphasise in God's becoming human the unconditional closeness: »God is one of us« [»Gott ist einer von uns«] (L 61); on the other hand, this explanatory pattern is used to simplify the complexity of the process and the contexts in such a way that the »unbelievable« [»Unglaubliche«] (L 63) becomes more comprehensible and tangible. The reference to the fragility of life – using the example of a foetus and Mary as a woman and therefore a fragile, vulnerable, dependent part of the social context at the time – plays a key role in this. The main concern of this pattern of interpretation is to express the closeness and humanity of God, which characterises the pattern in the sense of a Christology from below.

It is interesting to note that the virgin birth, which is often used in this pattern of interpretation to explain God's becoming human and which finds one of its biblical justifications in the Luke pericope, is completely at odds with the main concern. The assumption that Jesus was born of a virgin mystifies his human origins rather than helping to stabilise them. Even more sharply, the emphasised exclusion of a human father from procreation deprives Jesus of his »full participation in the human situation«[60] – at least in its direct causality. Therefore, the combination of God's becoming human and the virgin birth as an explanatory pattern does not work.[61]

4.2 Jesus Christ as the Son of God

Only 14 sermons preach Christ against the background of his status as the son of God.[62] This clear number is initially surprising in view of the abundance of

---

[55] Cf. Barth ⁵1960: 202.
[56] Gollwitzer 1951: 15. English translation: Hoffmann.
[57] Cf. Tillich 1958: 173.
[58] Barth ⁵1960: 203. English translation: Hoffmann.
[59] See in detail and on the basis of its exegetical justification: Schnelle 2003: 569ff.
[60] Tillich 1958: 173 and similarly McKenzie 1988: 33.
[61] See Hoffmann 2016 for more details.
[62] L 1, 4, 6, 8, 9, 10, 22, 27, 32, 33, 34, 38, 47, 58.

Christological titles of majesty that can be found in the pericope itself,[63] and the explicit mention of sonship in v. 35, where it says: »therefore the child to be born will be holy; he will be called Son of God« (NRSV). In the sermons that choose this Christological pattern of interpretation, Jesus' sonship with God represents a »particularly close and intimate relationship with God« [»besonders enge und nahe Beziehung zu Gott«] and is simultaneously interpreted as a »sign of God's unwavering faithfulness to his Son« [»Zeichen der unverbrüchlichen Treue Gottes gegenüber seinem Sohn«]. However, only a limited number of sermons interpret the sonship of God as a sign of God's faithfulness, even in suffering, on the cross, and in death. (L 58). It is underlined by statements that allow this sonship to begin »before the beginning of all creation« [»vor Beginn aller Schöpfung«] and emphasise the pre-existence of Jesus Christ as the Son of God (L 1). The sermons differ clearly with regard to the question of the connection between the sonship of God and the manner of procreation, which all 14 sermons in this sample address. For some, for example, the sonship of God clearly states: »Jesus cannot have a human father.« [»Jesus kann keinen menschlichen Vater haben.«] (L 1). For other preachers, it is important to emphasise that the sonship of God is not at all about the question of the nature of the begetting, but rather that it only makes statements about the origin of the Son (L 58). »It is about the professed belief that Jesus from Nazareth is the Son of God« [»Es geht um das Bekenntnis, dass Jesus aus Nazareth Gottes Sohn ist.«] (L 38), which is the main focus here.

Dogmatically, these considerations follow from the »expression of the perfect communion of the Son with the Father«[64] and the »revelatory function founded therein«.[65] This finds a central pattern of justification in his preexistent nature. Jesus Christ is the Son of God and he »does not first become the Son of God by being the Son of God for us.«[66] He is as eternal as Godself and the Son of God long before Mary conceived him.[67] The idea of preexistence is therefore to be understood as an answer to the question of the divine origin of Jesus Christ, which links this origin very closely with the nature of God.[68] The existence of Jesus Christ can be experienced by people in this eternal God-man unity[69] and is filled with content by Jesus himself,[70] in that he understands God as Father.[71] However, the associated differentiation of the »inner-divine distinc-

---

[63] The title »Son of the Highest« (v. 32) as well as the reference to the descendants of David (v. 32) can be found here.
[64] Hahn 2011: 240. English translation: Hoffmann.
[65] Ibid.: 239. English translation: Hoffmann.
[66] Barth ⁸1964: 448f. English translation: Hoffmann.
[67] Cf. Barth ⁸1964: 449.
[68] Cf. Härle 2007: 354.
[69] Cf. Tillich 1958: 121.
[70] Cf. Harnack 2007: 76.
[71] This also applies under the premise that the term »Son of God« was possibly only applied exclusively to Jesus after Easter. Cf. Theißen/Merz ⁴2011: 481f.

tion between the (eternal) Father and the (eternal) Son«[72] is not emphasised in his appearance *ad extra*. With regard to the status of Christ as God's son, a passive element is therefore assumed with regard to the begetting Father,[73] but Christ is inseparably linked to the Father in his appearance in worldly and salvific actions.

Using the Sonship of God to emphasise the close connection between the person of Jesus and God is an appropriate and plausible form from a Christological perspective, especially in light of the pericope. The aim and focus of the sermons is to show the closest possible connection between Jesus and God himself. In the reality of the sermon, however, this attempt almost always turns into theologically and dogmatically problematic or unhelpful statements. Alongside statements such as: »He is the Son of God, the Saviour. – That's all we need to know.« [»Er ist Gottes Sohn, der Heiland. – Mehr brauchen wir nicht zu wissen.«] (L 9), many of the preachers use comparisons from the history of religion to explain the Sonship of God (L 2, 20, 44, 46, 47, 58). They cite the idea of a virgin birth as a stylistic device to establish the birth of a special person or ruler (L 2, 47):

> »For people in the Hellenistic-Roman-Greek world, a virgin birth was not a problem. Their great figures, not only gods, but even people like the philosopher Plato or Emperor Augustus, are said to have been born of virgins. What applies to them applies all the more to Jesus, the Messiah, the Son of God. Extraordinary people are also born extraordinarily.« [»Für die Menschen in der hellenistisch-römisch-griechischen Welt war eine Jungfrauengeburt kein Problem. Ihre großen Gestalten, außer Göttern sogar Menschen wie der Philosoph Plato oder Kaiser Augustus, sollen jungfräulichen Geburten entstammen. Was für diese gilt, gilt erst recht für Jesus, den Messias, den Sohn Gottes. Außerordentliche Leute sind eben auch außerordentlich geboren.«] (L 47)

The chief concern of such statements is unequivocally clear: »Jesus is not just anyone. He is the Son of God, the Saviour.« [»Jesus ist nicht irgendeiner. Er ist Gottes Sohn, der Heiland.«] (L 9) The closeness to men and the emphasis on God's humanity described in the above pattern of interpretation is therefore deliberately not sought here, but Jesus is – despite or because of his humanity – particularly emphasised as being close to God and thus interpreted in the sense of a Christology from above.

This also happens in connection with the virgin birth, which is sometimes used to explain the status as the son of God. However, both – the religious-historical comparisons and the virgin birth – are highly problematic as explanatory models for the status of God's son. With regard to the religious comparison, it becomes clear that within the Jewish tradition, in which the evangelists

---

[72] Härle 2007: 354. English translation: Hoffmann.
[73] In the sense of God's self-discernment before all time; cf. Leonhardt 2008: 227.

stood, procreation by a god[74] was a completely unimaginable idea,[75] especially considering that it was never even mentioned at the time of Jesus' birth.[76] Moreover, the much-vaunted pagan Hellenistic peculiarity, if at all, is a reality in the Egyptian tradition of the »birth of the god-king«[77] and an expression of patriarchal constructions that were later handed down in moral theology.[78] The use of the virgin birth as an illustration of Christ's sonship with God is similarly problematic, as the assumption that Jesus' sonship with God was preexistent makes the question of how he was conceived completely irrelevant.[79] Moreover, a statement to the contrary gives the impression that it is primarily a question of bodiliness.

4.3 Jesus Christ as a Sign of the Work of the Holy Spirit

The sermons that interpret and explain Jesus Christ against the background of the work of the Holy Spirit primarily emphasise his »unlimited and unfathomable scope of action« [»unbegrenzte[n] und unergründliche[n] Handlungsspielräume«][80]. »The Holy Spirit, and through him God himself, works in people and the world and thus makes the impossible possible« [»Der Heilige Geist und durch ihn Gott selbst wirkt in den Menschen und der Welt und macht so Unmögliches möglich«] (L 40). »Mary belonged to the presumably small group of Israelites of her generation who had special experiences with the Spirit of God« [»Maria [gehörte] zu der vermutlich kleinen Gruppe von Israeliten ihrer Generation, die besondere Erfahrungen mit dem Geist Gottes machte«] (L 65). God works in her, in Jesus and also in us through his Spirit (L 40). This work culminates in Jesus as the Christ. This statement also emphasises the hopelessness of any attempt to comprehend the action of the Holy Spirit (L 13, 25, 36). God does not align Godself with the limits of human reason, but far exceeds them (L 41, 65). The main concern of this pattern of interpretation is, on the one hand, the importance of being seized by faith for an understanding of Jesus as the Christ, and, on the other hand, the emphasis on the power of God that is connected with and expressed by this.

The sermons are thus oriented towards the idea that Jesus Christ is the »promised Spirit bearer«,[81] in whom both the power of God's action is expressed[82] and his total and lasting »permeatedness«[83] by the Holy Spirit indi-

---

[74] For example, the conception of Alexander the Great by Zeus in the form of a snake. Cf. Berger 2002: 166.
[75] Cf. Luz 1993: 42 and Witherington 2004: 129.
[76] Cf. Moltmann 1989: 100ff. and Barth ⁵1960: 216.
[77] Blumenthal 1999: 41. English translation: Hoffmann.
[78] Cf. McKenzie 1988: 33.
[79] Cf. Barth ⁵1960: 221.
[80] Literally or in this sense L 3, 5, 11, 13, 19, 25, 36, 40, 41, 54, 57, 65.
[81] Barth ⁵1960: 174. English translation: Hoffmann.
[82] Cf. Barth ⁵1960: 174.
[83] Hahn 2011: 233. English translation: Hoffmann.

cated. »The Spirit of God makes God's power recognisable«,[84] »through which God always intervenes anew in the present world and makes himself known to people living now and in the future«.[85] Through the work of the Holy Spirit, Jesus thus becomes »the promised Messiah and the Son appointed by God«.[86] In doing so, the spirit permeates all times and ages of Jesus[87] and is to be thought of Christologically in a movement from above.

Concretising and interpreting these aspects Christologically on the basis of the pericope is theologically plausible and obvious. Unfortunately, none of the sermons in this pattern of interpretation deal with how the work of the Holy Spirit is to be understood in concrete terms. Even the bridges offered by the pericope text itself are not used for explanation. This leaves the listeners or readers alone with the necessary acceptance of the miracle, although this does indeed correspond to the gist of the biblical text itself.

4.4 Jesus Christ as a Sign of the New Creation
Some preachers[88] preach Christ as an expression of the »creative action of God« [»schöpferische[s] Handeln Gottes«] (L 12), symbolising a »new beginning of God with his people« [»Neuanfang Gottes mit seinem Volk«] (L 2, 12, 42) and his continuous presence in the sense of a continuation of the Old Testament devotion (L 42). Jesus as Christ is a further »miracle of creation« [»Schöpfungswunder«] (L 42), a new creation (L 56) in the sense of the dawning of something new out of God's creative spirit (L 2; 12). This new creation has its origin in God, who seeks a new beginning with humanity through Jesus Christ and in this confirms his irreversible mercy and justice (L 12, 20, 26, 28, 31, 49, 56). Parallels with the creation of the world suggest themselves readily here (L 2, 40, 42, 56): »We remember the story of creation« [»Wir erinnern uns an die Schöpfungsgeschichte«] (L 40). The aim of this pattern of interpretation is to integrate the existence of Christ into larger, global contexts and yet to emphasise his uniqueness and the existential reinterpretations of all things that accompany it, which at the same time point to the creative power of God.

Exegetically, this interpretation can be linked to the experience of the destruction of the temple in 70 AD.[89] On the one hand, this completely extinguished the hope for the perfectibility of the world, while on the other hand it created the expectation of a second creation.[90] These expectations distinctly surpass the hopes of a world improvement as developed in the Old Testament promise of a new heaven and a new earth.[91] It implies that a new order of creation applies to

---

[84] Welker 1993: 16. English translation: Hoffmann.
[85] Ibid.: 18. English translation: Hoffmann.
[86] Hahn 2011: 227. English translation: Hoffmann.
[87] Cf. Moltmann 1989: 101.
[88] L 2, 12, 15, 18, 31, 42, 56, 59, 60.
[89] Cf. Schmid 2012: 112; differently Schwier 1989: esp. 157ff.
[90] Cf. ibid.
[91] Cf. ibid.: 112f.

all those who are incorporated into the body of Christ through baptism.[92] The motif of the new creation clearly expresses »the character of the present reality of salvation, oriented towards and leading to completion«.[93] The incompatibility of the new with the old and the resulting fundamental replacement and renewal of everything old is an integral part of Jesus' message of the reign of God.[94] This replacement and renewal can therefore also be understood in terms of the liberation of creation.[95] The new is not simply a restoration of the old, but prevails over the old.[96] Christ is the expression of this »new presence of God in his creation«.[97] He is the new beginning made by God. Through the vivifying Spirit a predicate is transferred here from the Creator to Christ, which identifies him as the mediator of the new creation.[98] Since »creation is never merely a past event, but a dynamic process and therefore cannot be thought without the thought of a new creation«,[99] God's sole creation of all that from the beginning is also emphasised in the new creation. The event of God's presence coming into the world can only be compared with the event of the creation of the world[100] and is presented as such here. The fact that God came into this world is neither a human, natural possibility, nor can it be understood in terms of the possibilities of the world and human beings.[101] At the same time, it indicates the »powerlessness of man [and] his undeservingness vis-à-vis the coming of the kingdom of God«.[102]

Locating the dynamics and action of God in biblical birth stories and their announcement is biblically and dogmatically plausible and conclusive. God remains the creator and master of the event and participates existentially in it. This pattern of interpretation is also clearly based on a Christology from above.

5. Conclusion and Outlook

It has been shown here how preachers preach Christ on the basis of the pericope Luke 1:26-38, who Christ appears to be for them and which dogmatic backgrounds are taken up and presented in the process. It became clear that the preachers in the context of the annunciation, albeit unsurprisingly, draw exclusively on Christological interpretations that describe Jesus as the »becoming«

---

[92] Cf. Hahn 2011: 516. See also Konradt 2012: 158.
[93] Hahn 2011: 746. English translation: Hoffmann.
[94] Cf. Hahn 2011: 746f.
[95] Cf. Link 1991: 597.
[96] Cf. Hahn 2011: 747.
[97] Moltmann ⁴1993: 107. English translation: Hoffmann.
[98] Cf. Konradt 2012: 155.
[99] Merklein/Schmidt 1990: 6 (English translation: Hoffmann), similar Moltmann ⁴1993: 68.
[100] Cf. Barth ³1963: 16.
[101] Cf. Barth 1953: 227.
[102] Gollwitzer 1951: 15. English translation: Hoffmann.

Christ. The sermons only interpret Jesus in his earthly existence and only focus on the life that lies ahead of him in the text. It is surprising that no cross-theological or eschatologically oriented interpretations can be discerned, as Christ's existence can never be separated from these and they already resonate in the annunciation of his birth. Instead of taking up these perspectives, however, the preachers attempt to locate Jesus' existence in the tension between Jesus' true humanity,[103] his preexistent sonship with God[104] and the impossibility of determining the time of Jesus' Spirit-bearing role at all.[105] In doing so, 50% of preachers focus on the closeness and humanity of God and try thereby to render him accessible. They preach according to a Christology from below and thus bring Christ eminently close to men. At the same time, sermon analysis reveals that this distribution has changed significantly and become more heterogeneous over the course of the more than twenty-year study period. While in the 1990s and 2000s the interpretation in the sense of a Christology from below still prevailed, the percentage of sermons with this understanding has halved in the past ten years and has been replaced by an increasingly soteriological orientation and interpretation. Today, the sermon on Jesus as the Christ is more likely to be read as a discourse on Christ in his divine attributes. This development can also be described in other practical theological areas. For example, studies from religious education on the Christology conveyed in school textbooks show that the narrative of Jesus as an exemplary human being and friend, which prevailed for decades, has been reinterpreted over the past 15 years in favour of conveying Jesus as the Son of God and Christ and thus also with regard to his significance for salvation.[106] This phenomenon, which can also be recognised in the sermons, can be described as follows: In recent years, the two sub-disciplines of practical theology have broken away from the decades-long strong exegetical reception of the figure of the historical Jesus[107] and increasingly turned back to Christological perspectives. It also seems gradually apparent that practical theology is shaking off that from which the New Testament discourse has long since emancipated itself, albeit with a certain time lag. At the same time, the results of the study show how challenging a Christologically oriented discourse or teaching in the sense of a Christology from above is. Both the textbooks and

---

[103] Cf. Tillich 1958: 173.
[104] Cf. Pannenberg 1964: 142.
[105] Cf. Moltmann 1989: 101.
[106] Mónika Solymár demonstrates this on the basis of a comparative study of all editions and issues of the religion book *Kursbuch Religion* from 1976–2007. Cf. Solymár 2009: 118. Similarly, although without such an extensive empirical basis, Ziegler 2006. On the Eurocentricity and missing intersectionality of the Christological education in schools see Domsel in this book.
[107] The work of Gerd Theißen is still groundbreaking for this development and has shaped an entire generation of pastors. Cf. most recently Theißen/Merz 2023 and Theißen/Merz ⁴2011. Similarly Schröter 2010: 67–78 and Söding 2012.

the sermons often lack theologically satisfactory patterns of explanation and language. The sermons even make use of unnecessary explanatory aids, at least in part, which tend to stand in the way of a holistic understanding of the Christ event, even presenting it in a distorted and sometimes problematic way.

With regard to current preaching practice, three things can be emphasised as essential:

a) Firstly, clarifying the idea of *who* Jesus Christ is for one's own person seems central to preaching on Christ. This may seem unnecessary, especially with regard to Christological statements, as it is self-evident; however, it has proven to be of central importance for the communication of sermon content.
b) It is important to utilise the full potential of the biblical texts and to examine them for their Christological interpretation.[108] Different pericopes yield and bear witness to different Christological interpretations. These must be recognised and taken seriously despite their own theological positioning, even if only in the course of differentiation. With regard to the present pericope, this means, for example, that the Christological titles of sovereignty must first of all be perceived as consciously set and included in the sermon conception either explicitly or implicitly.
c) As a final point, one's own position should be dogmatically justifiable, which can also mean enduring tensions and speechlessness and not filling these with problematic modes of interpretation.[109] This applies especially in view of the gradual diminishing of the social plausibility of certain content and thus leads back to Bonhoeffer, who posed his question 80 years ago against the background of what he perceived as a »completely religionless time«,[110] in which the nature and medium of the Christ discourse were already up for discussion. If we assume today that future preaching and church action must also always be read as a response to who Jesus Christ actually is for us today,[111] it seems essential to find new, courageous forms of language for this.

---

[108] Cf. on this concern Lienhard in this volume.
[109] Cf. on this concern Hailer in this volume.
[110] Bonhoeffer 1998: 402. English translation: Hoffmann.
[111] Cf. on this concern also Haußmann and Hentschel in this volume.

Bibliography

Alkier, S., 2009. Die Realität der Auferweckung in, nach und mit den Schriften des Neuen Testaments. NET 12. Tübingen/Basel.
Barth, K., ⁸1964. KD I/1. Zürich.
Barth, K., ⁵1960. KD I/2. Zürich.
Barth, K., 1953. KD IV/1. Zürich.
Barth, K., 1998. Predigten 1921–1935. Zürich.
Barth, K., ³1963. Weihnacht. Göttingen.
Berger, K., 2002. Sind die Berichte des Neuen Testaments wahr? Ein Weg zum Verstehen der Bibel. Gütersloh.
Block, J., 2012. Die Rede von der Sünde in der Predigt der Gegenwart. Eine Studie zur hamartologischen Homiletik am Beispiel von Predigten aus dem Internet. Zürich.
Blumenthal, E., 1999. Die biblische Weihnachtsgeschichte und das alte Ägypten. München.
Bonhoeffer, D., 1998. Widerstand und Ergebung. Dietrich Bonhoeffer Werke [DBW], Bd. 8. Gütersloh.
Buttrick, D. G., 1988. Preaching Jesus Christ. An Exercise in Homiletic Theology. Eugene.
Chapell, B., 2018. Christ-Centered Preaching. Redeeming the Expository Sermon. Ada.
Clowney, E. P., 2003. Preaching Christ in All of Scripture. Wheaton.
Danz, C., 2013. Grundprobleme der Christologie. Tübingen.
Evangelische Kirche in Deutschland, 2021. Gezählt. Zahlen und Fakten zum kirchlichen Leben 2021. Hannover.
Finze-Michaelsen, H., 2021. Der Angekündigte und seine Mutter. HMH 97, 25–31.
Früh, W., ⁷2011. Inhaltsanalyse. Konstanz/München.
Gollwitzer, H., 1951. Die Freude Gottes. Einführung in das Lukasevangelium. Berlin-Dahlem.
Grabner-Haider, A., 1971. Sprachentwertung in den Kirchen. KrTe 7. Zürich.
Grözinger, A., 2008. Homiletik. München.
Hahn, F., 2011. Theologie des Neuen Testaments II. Tübingen.
Härle, W., 2007. Dogmatik. Berlin.
Harnack, A. v., 2007. Das Wesen des Christentums. Tübingen.
Hauschild, W.-D./Drecoll, V. H., 2016. Alte Kirche und Mittelalter. Lehrbuch der Kirchen- und Dogmengeschichte. Bd. 1. Gütersloh.
Hoffmann, C. W., 2024. Christus gepredigt. Empirische Annäherungen an die gegenwärtige Predigtpraxis. ThZ 80, 44–68.
Hoffmann, C. W., 2019. Homiletik und Exegese. Konzepte von Rechtfertigung in der evangelischen Predigtpraxis der Gegenwart. APrTh 75. Leipzig.

Hoffmann, C. W., 2016. Interpretazioni della nascita verginale nella prassi contemporanea della predicazione evangelica. Protestantesimo. Rivista trimestrale dalla Facoltà Valdese di Teologia 4, 385–411.
Josuttis, M., 1968. Homiletik und Rhetorik. PTh 57, 511–527.
Konradt, M., 2012. Schöpfung und Neuschöpfung im Neuen Testament. K. Schmid, Schöpfung. ThTh 4. Tübingen, 121–184.
Körtner, U. H. J., 2011. Gottes Wort in Person. Rezeptionsästhetische und metapherntheoretische Zugänge zur Christologie. Neukirchen-Vluyn.
Kuckartz, U., 2012. Qualitative Inhaltsanalyse. Methoden, Praxis, Computerunterstützung. Weinheim.
Lampe, P., 2006. Die Wirklichkeit als Bild. Das Neue Testament als ein Grunddokument abendländischer Kultur im Lichte konstruktivistischer Epistemologie und Wissenssoziologie. Neukirchen-Vluyn.
Leonhardt, R., 2008. Grundinformation Dogmatik. Göttingen.
Leuenberger-Wenger, S., 2019. Das Konzil von Chalcedon und die Kirche. Konflikte und Normierungsprozesse im 5. und 6. Jahrhundert. Leiden.
Link, C., 1991. Schöpfung. Schöpfungstheologie angesichts der Herausforderungen des 20. Jahrhunderts. Gütersloh.
Liturgische Konferenz, 2021. Jesus Christus predigen. Der homiletische Ernstfall der Moderne? Hannover.
Luther, M., 1883–2009. Martin Luthers Werke. Kritische Gesamtausgabe (WA). Bd. 16: Reihenpredigten über 2. Mose 1524/27. Weimar/Böhlau.
Lütze, F. M., 2006. Absicht und Wirkung der Predigt. Eine Untersuchung zur homiletischen Praxis. APrTh 29. Leipzig.
Luz, U., 1993. Die Jesusgeschichte des Matthäus. Neukirchen-Vluyn.
Martin, G. M., 1984. Predigt als »offenes Kunstwerk«? EvTh 44, 46–58.
Mayring, P., [11]2010. Qualitative Inhaltsanalyse. Grundlagen und Techniken. Weinheim/Basel.
McKenzie, J. L., 1988. Die Mutter Jesu im Neuen Testament. E. Moltmann-Wendel et al., Was geht uns Maria an? Beiträge zur Auseinandersetzung in Theologie, Kirche und Frömmigkeit. Gütersloh, 23–40.
Merklein, H./Schmidt, K., 1990. Schöpfung und Neuschöpfung. JBTh 5. Neukirchen-Vluyn.
Merten, K., 1983. Inhaltsanalyse. Einführung in Theorie, Methode und Praxis. Wiesbaden.
Meyer-Blanck, M., 2011. Gottesdienstlehre. Tübingen.
Moltmann, J., 1989. Der Weg Jesu Christi. Christologie in messianischen Dimensionen. Gütersloh.
Moltmann, J., [4]1993. Gott in der Schöpfung. Ökologische Schöpfungslehre. Gütersloh.
Müller, G. L., 1989. Was heißt: Geboren von der Jungfrau Maria? Eine theologische Deutung. Freiburg.
Otto, G., 1976. Predigt als Rede. Über die Wechselwirkung von Homiletik und Rhetorik. Stuttgart.

Pannenberg, W., 1964. Grundzüge der Christologie. Gütersloh.
Piper, H.-C., (1976) ²2009. Die Predigtanalyse. W. Engemann/F. M. Lütze, Grundfragen der Predigt. Ein Studienbuch. Leipzig, 345–359.
Riemann, F., 1974. Die Persönlichkeit des Predigers aus tiefenpsychologischer Sicht. Göttingen, 152–166.
Roth, U., 2002. Die Beerdigungsansprache. Argumente gegen den Tod im Kontext der modernen Gesellschaft. PThK 6. Gütersloh.
Schmid, K., 2012. Schöpfung im Alten Testament. ThTh 4. Tübingen.
Schnelle, U., 2003. Paulus. Leben und Denken. Berlin.
Schröter, J., 2010. Die aktuelle Diskussion über den historischen Jesus und ihre Bedeutung für die Christologie. C. Danz/M. Murrmann-Kahl, Zwischen historischem Jesus und dogmatischem Christus. Zum Stand der Christologie im 21. Jahrhundert. Tübingen, 67–86.
Schwier, H., 1989. Tempel und Tempelzerstörung. Untersuchungen zu den theologischen Faktoren im ersten jüdisch-römischen Krieg (66–74 n. Chr.). NTOA 11. Göttingen.
Schwier, H., 2019. Wer ist Jesus Christus für uns heute? Ders., Gottes Menschenfreundlichkeit und das Fest des Lebens. Leipzig, 23–41. First published in: J. Schröter, 2014. Jesus Christus. ThTh 9. Tübingen, 243–266.
Söding, T., 2012. Auf der Suche nach neuen Wegen. Der Stand der exegetischen Jesusforschung. BenshH 112. Göttingen, 10–31.
Solymár, M., 2009. Wer ist Jesus Christus? Eine theologisch-didaktische Analyse der Schulbuchreihe »Kursbuch Religion«. ARP 39. Göttingen.
Theißen, G./Merz, A., ⁴2011. Der historische Jesus. Ein Lehrbuch. Göttingen.
Theißen, G./Merz, A., 2023. Wer war Jesus? Der erinnerte Jesus in historischer Sicht. Stuttgart.
Tillich, P., 1958. Systematische Theologie. Band II. Stuttgart.
Walther-Sollich, T., 1997. Festpraxis und Alltagserfahrung. Sozialpsychologische Predigtanalysen zum Bedeutungswandel des Osterfestes im 20. Jahrhundert. Stuttgart.
Welker, M., 1993. Gottes Geist. Theologie des Heiligen Geistes. Neukirchen-Vluyn.
Welker, M., 2012. Gottes Offenbarung. Christologie. Neukirchen-Vluyn.
Witherington, B., 2004. Birth of Jesus. The IVP Dictionary of the New Testament. Madison, 128–130.
Wöhrle, S., 2006. Predigtanalyse. Methodische Ansätze – homiletische Prämissen – didaktische Konsequenzen. Berlin.
Ziegler, T., 2006. Jesus als »unnahbarer Übermensch« oder »bester Freund«? Elementare Zugänge Jugendlicher zur Christologie als Herausforderung für Religionspädagogik und Theologie. Neukirchen-Vluyn.
https://www.deutschlandfunk.de/was-modellierer-empfehlen-100.html (11.04.2025).

And How Can They Hear Without a Preacher?

Prophetic Leadership and Preaching with the Bible in One Hand and a Newspaper in the Other[1]

Jonathan C. Augustine

> But how can they call on one in whom they have not believed? And how are they to believe in one of whom they have never heard? And how are they to hear without someone to proclaim him? Rom 10:14 (NRSV)[2]

Abstract

»The preacher should preach with the Bible in one hand and a newspaper in the other,« is a time-honored axiom, often attributed to the Swiss theologian Karl Barth. In the American context, given the United States' racialized imbalances and historic 20th and 21st century struggles for social justice, Barth's expression often manifests through »prophetic preaching,« or »political preaching.« This paper explores prophetic leadership through the munus triplex doctrine (the threefold office: prophet, priest, and king/royal), with a particular emphasis on Jesus the Christ's political ministry and political aspects of Christianity within the prophetic domain. This paper also explores how prophetic leaders influence social justice movements, typically through prophetic preaching, and how that type of preaching is more relevant than ever, given society's secularization during the postmodern era.

Zusammenfassung

»Der Prediger sollte mit der Bibel in der einen und einer Zeitung in der anderen Hand predigen« ist ein altbekanntes Axiom, das häufig dem Schweizer Theologen Karl Barth zugeschrieben wird. Angesichts der rassifizierten Ungleichhei-

---

[1] This work is largely based on my 2023 fellowship, at the Black Theology & Leadership Institute of Princeton Theological Seminary, and my subsequently published article, Augustine 2024. It is also based on my most recent book Augustine 2023.
[2] Any and all scriptural references herein are based on the New Revised Standard Version of the Holy Bible, unless expressly otherwise noted.

ten und des Kampfes um soziale Gerechtigkeit im 20. und 21. Jahrhundert wird Barths Forderung im amerikanischen Kontext oft im »prophetischen Predigen« oder »politischen Predigen« verwirklicht. Dieser Beitrag erkundet prophetische Leitung im Lichte der munus triplex-Lehre (Lehre vom dreifachen Amt Christi: Prophet, Priester und König) mit einem Schwerpunkt auf dem politischen Amt Jesu Christi und den politischen Aspekten des Christentums im prophetischen Bereich. Des Weiteren wird untersucht, wie prophetische Führungspersönlichkeiten Bewegungen für soziale Gerechtigkeit beeinflussen, typischerweise durch prophetisches Predigen, und weshalb dieser Typus der Predigt in Anbetracht der gesellschaftlichen Säkularisierung im Zeitalter der Postmoderne bedeutsamer ist als je zuvor.

Introduction

Attribution is often given to the Swiss theologian Karl Barth, for having said, »The preacher should preach with the Bible in one hand and a newspaper in the other.« Taken as a metaphor, Barth presumably meant the preacher must show that scripture has and maintains a contemporary relevance. I believe Barth also meant that the preacher must proclaim scripture's moral relevance, as related to contemporary social issues. That type of preaching is »prophetic preaching« and, in the American context, it is often seen in the Black church tradition.[3]

In paying tribute to Professor Helmut Schwier, on celebrating his retirement, I offer this work on preaching from the perspective of an African American pastor who serves in the Black church tradition and engages in prophetic preaching on a regular basis. To qualify my use of the term *prophetic*, it is more than simply preaching from the Holy Bible's »prophetic books.« Instead, prophetic preaching requires a hermeneutic lens through which scripture's moral imperative is applied to contemporary life. From my perspective, that lens is colored by the systemic marginalization of a people who were enslaved and segregated, achieved in spite of circumstances, and are currently battling a regressive mindset that seeks to roll back the twentieth century progress with the embrace of an anti-egalitarian (white) Christian nationalism,[4] often popularly referenced as »Make America Great Again.«[5]

To emphasize this work's subtopic, »Prophetic leadership and preaching with the Bible in one hand and a newspaper in the other,« while also remain-

---

[3] »Black« is a cultural identifier associated with the social construct of race. See, e. g., Francois 2022: 42. The term »race« was initially used in referring to hunting dogs, but later came to denote the immutable characteristics of different classes or people. See, e. g., Kendi 2016: 36. My use of the term, consistent with the social construct of race, references those with whom I not only share physical characteristics, as an African American, but those who come from familial lineages of enslaved Africans and are a cultural part of America's freedom struggle. Further, I also join other progressive scholars and intentionally capitalize »Black,« as a proper noun. Similar to Asian and Latino, Black denotes a specific cultural group. See, e. g., Augustine 2018: 243–262.

[4] Anthea Butler describes this phenomenon of Christian nationalism, and specifically white Christian nationalism, as, »the belief that America's founding is based on Christian principles [and that], white [P]rotestant Christianity is the operational religion of the land, and that Christianity should be the foundation of how the nation develops its laws, principles, and policies.« Butler 2022: 4.

[5] Although the slogan »Make America Great Again« was popularly associated with the 2016, 2020, and 2024 presidential campaigns of Donald Trump, it cannot be limited to any single political candidate. Instead, it represents a regressive alliance that sees the last half-century's post-civil rights movement changes as negative. It has also manifested in a xenophobic cultural »whitelash« that is antiimmigrant, antisemitic, and anti-Black. I argue the slogan expresses a collective desire to return America to a time when working class whites had greater social control: Augustine 2022: 72–74.

ing consistent with the scriptural reference noting the central importance of preaching (Rom 10:14), I first define prophetic preaching and then contextualize it through an analysis of, what I believe to be, the four substantive elements of »Black preaching,« a *type of* prophetic preaching.

First, Black preaching notes the centrality of scripture and a belief that God's providence meets the Black lived experience. Second, as a direct extension, Black preaching sees scripture as »biased« in noting that God is on the side of the oppressed. Third, as probably presumed with Black preaching, there is the requisite transcendence of the Holy Spirit, such that the sermon becomes shared between the pulpit and pew, fostering an element for »participant proclamation.« This is possibly when the *mortal* preacher gives way to the presence of the *immortal* God, as an active part of sermon delivery. Finally, in considering the socioeconomic circumstances many Blacks must face on a daily basis, Black preaching is also often *political*, but not to be confused with *partisan*. »Politics,« as used in the English lexicon, originates from the Greek word *polis*, which simply means »affairs of the cities.« Political preaching, therefore, as part of prophetic leadership, deals with issues of fairness and equity and calls for the equal treatment of all God's children. That is really the heart of Black preaching.

1. Prophetic Leadership and Prophetic Preaching within the Threefold Office

Prophetic preaching, a broader category of preaching that often includes Black preaching, breaks pulpit silence by raising social justice issues in the local church. It is both divinely inspired and socially determined in that it promulgates God's word from a liberative perspective, by focusing on justice and equality, within both the church and society-at-large, and human empowerment in response to social marginalization. I maintain that prophetic preaching should always invoke a divinely inspired and social justice-oriented response that provides hope for humanity, specifically rebuking any dominant norms of marginalization and oppression of any of God's children, based on human-made social constructs.

Prophetic preaching is a part of the prophetic leadership domain, or the *munus triplex* doctrine, also called the threefold office. Indeed, it uses Jesus as the exemplar and explores three types of leadership: priestly, kingly (royal), and prophetic. It is through the lens of prophetic leadership that the call for prophetic preaching and the ministry of reconciliation come together. Indeed, it takes the courage of prophetic leadership to address topics of social injustice and fulfill the ministry of reconciliation Jesus left to the church (2 Cor 5:17–19).

The *munus triplex* doctrine views Jesus's leadership through his varied roles as a prophet, priest, and king (or royal). Although the threefold office's terminology is traditionally used to describe *ecclesial* leadership, there are also three very similar dimensions in secular leadership: direct, relational, and instrumental.⁶ Direct leadership takes charge, like a king. Relational leadership offers care and enhances others self-worth, much like a priest. And instrumental leadership motivates others into new ways of seeing and acting, like a prophet. Although the »prophet, priest and king« leadership model is not static, and its domains will overlap, its rubric provides an effective framework to explore the need for prophetic preaching as a part of prophetic leadership.

The kingly (royal) domain categorizes leadership as building infrastructure for people and protecting them, while also making decisions about the allocation of scarce resources and creating optimism during the inevitability of crisis. The priestly domain categorizes leadership that creates meaning for people in an organization through story and consensus building, while also helping to create order from disorder, so lives can be reordered. With respect to prophetic leadership, however, a prophetic leader exposes systems that are unjust and unfair, while »speaking truth to power,« or perhaps, *institutions of power*, in attempting to change them. A great example of prophetic leadership, contextualized through prophetic preaching, is often Black preaching. Accordingly, I now offer an analysis of Black preaching and its four fundamental elements.

2. So, What Exactly is »Black Preaching?«: Four Elements Come Together in the Black Worship Experience

Is Black preaching simply *prophetic preaching* or preaching that is designed to provoke a social justice-oriented response, while providing hope for humanity and rebuking forms of marginalization?⁷ Is Black preaching *exodus preaching* or meditational speech that is God-summoned, while simultaneously being rooted in cultural particularity?⁸ Inasmuch as it is those things, Black preaching is also much more. Although it most certainly centers on matters of personal piety and salvation in the »kingdom-to-come,« Black preaching also addresses social injustices in the »kingdom-at-hand.« In other words, Black preaching is a type of *prophetic preaching* and *prophetic preaching* is often *political preaching* because it often makes a political appeal in the name of social justice, calling for the equal treatment of all God's children.

2.1 A Belief in the Centrality of Scripture in the Black Lived Experience

Understanding Black culture and the corresponding Black theology that Black preaching represents, means also understanding that all things »Black« begin with the Black lived experience in America. In other words, to paraphrase James

---
⁶ Lipman-Blumen 2000.
⁷ Augustine 2023: 5.
⁸ Gilbert 2018: X.

H. Cone, the father of Black liberation theology, there is no Black theology that does not begin with the Black experience as its starting point.⁹ Indeed, »[t]he African American understanding of God grows out of the unique social situation in which [B]lacks find themselves in America. This assertion must not be understated and is crucial to understanding what prompts, motivates, shapes, and gives life to [B]lack preaching.«¹⁰

At its core, there is a foundational belief in the fact that God's providence is directly connected to the Black experience insofar as, »[t]here is no truth for and about [B]lack people that does not emerge out of the context of their experience.«¹¹ The scripture that arguably best embodies this understanding is, »We know that all things work together for good for those who love God, who are called according to his purpose.« (Rom 8:28)

Because scripture holds such a central place in Black culture, the Bible is the single most important source of language, imagery, and story for the Black preacher's message.¹² LaRue argues that, »Any preacher who seeks to be heard [...] in the [B]lack church must learn some method of engaging the scriptural text and drawing from that encounter some sense of the Word of God revealed *to* and acting *on* the present-day human situation of the [B]lack listener.«¹³ Consider the example of Martin Luther King Jr.

King perfectly illustrated the centrality of scripture and God's providence in the lives of Black Americans who were denied the right to vote because of bigotry and discrimination. In Montgomery, Alabama, on March 25, 1965 – prior to passage of the Voting Rights Act and only weeks after the infamous Bloody Sunday march from Selma failed to reach Montgomery because of bloodshed – King used repetition (anaphora) in expounding on Psalm 13 and applying it to the way in which Blacks were continually marginalized. King rhetorically asked:

> How long? Not long, because no lie can live forever. How long? Not long, because you still reap what you sow. How long? Not long, because the arc of the moral universe is long, but it bends toward justice. How long? Not long, ›cause mine eyes have seen the glory of the coming of the Lord.‹¹⁴

King's performative technique of »plea and praise« underscores this key aspect of Black preaching: God's providence is directly connected to the Black lived experience through the centrality of scripture.

---

⁹ Cone 1999: 16.
¹⁰ LaRue 2000: 5.
¹¹ Cone 1999: 16.
¹² LaRue 2012: 61.
¹³ Ibid.: 57 (emphasis in original).
¹⁴ Lischer 1995: 128.

2.2 A Belief that God is on the Side of the Oppressed

Just as Jesus's initial preaching (Luke 4:18f.) was shaped by his social station as a marginalized ethnic minority,[15] directly stemming from the premise that scripture is so central *in* the Black lived experience, I also argue that knowledge and effective application of scripture *to* the Black lived experience shows that God is on the side of the oppressed!

In building on the foundational belief that God's providence is connected to Black life, Black preaching embraces a hopefulness that sees God's penchant for the oppressed, beginning with Exodus deliverance, as God's presence is revealed through Scripture. In *God of the Oppressed*, Cone wrote:

> In the Exodus-Sinai tradition Yahweh is disclosed as the God of history, whose revelation is identical with God's power to liberate the oppressed. There is no knowledge of Yahweh except through God's political activity on behalf of the weak and oppressed of the land [...]. The biblical writer wishes to emphasize that Israel's liberation came not from its own strength but solely from the power of Yahweh, who completely controls history.[16]

Indeed, Eddie S. Glaude Jr. notes the prominence of the Exodus motif in Black hopefulness, as the Black community formed a distinctive sense of a peoplehood who were empowered by the liberating God.[17]

Further, through the power of lament, God is not only a liberator, but God is also a conqueror. »The Holy Spirit is integrally connected with expressions of suffering and hope, crucifixion and resurrection, and lament and celebration.«[18] In other words, God's power is revealed through the most harrowing circumstances. Cone also highlights this perspective as present in both the Exodus deliverance and the Resurrection narrative:

> Yahweh is known and worshiped as the One who brought Israel out of Egypt, and who raised Jesus from the dead. God is the political God, the Protector of the poor and the Establisher of the right for those who are oppressed. To know God is to experience the acts of God in the concrete affairs and relationships of people, liberating the weak and the helpless from pain and humiliation.[19]

Stated otherwise, God sides with the oppressed and God's penchant, as manifest through scripture, is made evident in Black preaching.

---

[15] Hendricks Jr. 2006: 7f. (describing Jesus as an ethnically marginalized Jew and contextualizing his politically revolutionary and radical inaugural sermon, detailed in Luke 4:18f.).
[16] Cone 1999: 59.
[17] See, generally, Glaude 2000: 44–56.
[18] Powery 2009: 35.
[19] Cone 1999: 57.

2.3 The Transcendence of the Holy Spirit Creates an Atmosphere for Participant Proclamation

The Black preaching tradition recognizes a dependence on God, a *transcendence* of the Holy Spirit, that moves hearts and minds. To describe this reliance on the Holy Spirit in the preaching moment, »[i]t can be called transcendence, divine beneficence, the Holy Spirit, the Holy Ghost, or the Spirit. Preachers believe that beyond their best abilities and preparation, their sermons are controlled, enriched, and guided by the Spirit.«[20] This spirit-speech can engage a congregation in the melodious call and response of a »talk back« homiletical moment.

Evans E. Crawford, my undergraduate dean of chapel at Howard University, called it »participant proclamation,« when the Spirit moves among congregants such that the preacher no longer holds a hierarchical monopoly on the sermon, as it belongs to the congregation too. »It strengthens and manifests one of the central principles of the Protestant heritage: ›the priesthood of all believers.‹«[21] (1 Pet 2:5–9). It's *not* the preacher; it's the Holy Spirit moving *through* the preacher and throughout the congregation. In its truest sense, this shared emotive feeling that is often typical in Black preaching cannot exist without the Black worshiping community.[22] Only the Holy Spirit can engage congregants in »participant proclamation.«

Similarly, Maurice J. Nutt highlights the Black preacher's dependence on God as changing the preaching moment, transforming it into a conduit for liberation that allows the body of believers to *feel* the Holy Spirit.

> When somebody says ›amen,‹ shouts, claps the hands, or stomps the feet with rhythmic cadence and perfect timing, he or she is responding to the power of the Holy Spirit and the power of the voice of God. Unquestionably, it is a voice heard through the Black preacher. The ability to excite the emotions with the eloquence of the spoken word remains a characteristic of the preacher who ministers to the masses of Black people. Black people want to ›feel something‹ when the preacher preaches [...]. They want to feel that God hears their cries, and despite their sins, they are accepted; despite the doom and gloom of oppressive life situations, they want to be assured that ›there is a bright side somewhere.‹ They want the preacher's message to touch them, to help them understand, and to fight against poverty, oppression, racism, sexism, and all forms of hatred and injustice. Not only that, they want the preacher to speak to their individual needs, troubles, desires, and frailties.[23]

No human can independently do all those things in the preaching moment. They are all successfully done, however, because of the preacher's dependence on the Holy Spirit.

---

[20] Simmons/Thomas 2010: 8.
[21] Crawford 1995: 39.
[22] LaRue 2002: 5.
[23] Nutt 2022: 34.

2.4 The Political Call for Human Equality

Inasmuch as Black preaching embraces both a belief that God's providence is directly connected to the Black lived experience and a recognition of God's penchant for the oppressed, Black preaching is also political (prophetic). It is »social activist preaching« that calls for human equality. Black preaching assures listeners that God is active in their situation, and, despite circumstance, *justice* is what God intends.[24] This assurance – in the face of *injustice* – is often political.

I again emphasize that there is a difference between being *political* and being *partisan*. The Bible becomes »political« when the exodus moves from individualism to a communal deliverance, making it a *political* event. Moses was *political* when he told Pharaoh that God said, »Let my people go!« (Exod. 5:1; 9:1). Shadrach, Meshach and Abendigo were *political*, when they used civil disobedience, rather than give-in to Nebuchadnezzar's dictates (Dan. 3). Moreover, Jesus was also *political*, as his public ministry began by addressing Israel's social marginalization (Luke 4:18–19). To speak to the Black lived experience, therefore, Black preaching must likewise be *political*, to address issues of fairness and human equality.

In describing what they categorize as *social activist preaching* – what I call *political preaching* or *prophetic preaching* – Simmons and Thomas write:

> Social activist preaching aims to induce social activism by providing the spiritual, political, and cultural underpinnings for liberation struggles, including the prophetic voice of social critique and redress. It is principally projected to a wider American culture and world, but also serves as an inner critique of the [B]lack church and [B]lack culture. The social activist preaching agenda includes poverty alleviation, racial and gender equality, and all peace, justice, and economic struggles.[25]

Political preaching is, therefore, *prophetic preaching* because it speaks to issues that are the root causes of the social problems faced by the Black community.[26]

In *When Prophets Preach*, I highlight Martin Luther King Jr.'s leadership in bringing the Black church into secular politics and allowing the church universal to follow. »As an ordained minister, King preached about salvation in the afterlife. Moreover, as a prophetic leader who was also a member of a marginalized social class, he also preached about social injustices in this life.«[27] King's political preaching – now widely associated with Black preaching – is consistent with scripture's political undertones and the realization that prophetic preachers treat social justice issues as independent of God, but as emanating from God's word.[28] Stated otherwise, »Prophetic preaching is designed to motivate

---

[24] Ibid.: 36.
[25] Simmons/Thomas 2010: 10.
[26] McMickle 2006: 17.
[27] Augustine 2023: 15f.
[28] Gilbert 2018: IX.

people to move beyond lifting up holy hands and begin to extend helping hands to those Jesus describes in Matthew 25 as ›the least of these.‹«[29]

Twentieth century Black preachers were political when they spoke out against lynching, Jim Crow segregation, and police violence, along with other moral ills in America.[30] It was King, however, who squarely brought the Black church and then the church universal into politics, with his activism in the Montgomery Bus Boycott. In King's first book, *Stride Toward Freedom*, he shares a political theology that undergirds Black preachers' political activism:

> But a religion true to its nature must also be concerned about man's social conditions. Religion deals with both earth and heaven and, both time and eternity. Religion operates not only on the vertical plane but also on the horizontal. It seeks not only to integrate men with God but to integrate men with men and each man with himself. This means, at bottom, that the Christian gospel is a two-way road. On the one hand, it seeks to change the souls of men, and thereby unite them with God; on the other hand[,] it seeks to change the environmental conditions of men so that the soul will have a chance after it is changed. Any religion that professes to be concerned with the souls of men and is not concerned with the slums that damn them, the economic conditions that strangle them, and the social conditions that cripple them is a dry-as-dust religion.[31]

Such political engagement, addressing both salvation in the »kingdom-to-come« *and* social injustices in the »kingdom-at-hand,« was historically associated with Black preaching in the nineteenth and twentieth centuries. Moreover, political engagement continues to shape Black preaching in the twenty-first century, because of necessity, as African Americans are continually marginalized by voter suppression laws, environmental *injustice* policies, and housing crises, created by gentrification in so many urban areas.

3. Conclusion

I return to the questions raised by Paul that are cited in the epigraph of this work: »But how can they call on one in whom they have not believed? And how are they to believe in one whom they have never heard? And how are they to hear without someone to proclaim him?« (Rom 10:14). I also answer them by indicating, in the American context – where the social construct of race has been and remains so influential – they need a preacher, specifically a *prophetic* preacher.

---

[29] McMickle 2006: 85.
[30] Ibid.: 339.
[31] King Jr. 2001: 63.

Prophetic preaching is a part of prophetic leadership, one of the three domains of the *munus triplex* doctrine, also called the threefold office. Jesus is an exemplar who was perfect in all three domains. No human being can do the same. In the Black church tradition, however, where there is a premium placed on prophetic leadership, there is a great importance placed on preaching. Indeed, what is commonly referred to as »Black preaching,« is often *prophetic* preaching.

Although there is no one style that characterizes Black preaching, it manifests through spirit speech centered on the connection between God's providence and the Black lived experience, along with a scripturally based perspective that sees God as on the side of the oppressed. Moreover, the performative aspect of Black preaching, that is often emotive, only creates an atmosphere for »participant proclamation« through the preacher's dependence on God and transcendence of God's Holy Spirit. Additionally, because of its prophetic nature, Black preaching is often *political* preaching, when it ethically addresses social justice issues that are viewed as emanating from God's word. These core elements emerged as historically characteristic of Black preaching and they remain present today.

Bibliography

Augustine, J. C., 2018. The Fiery Furnace, Civil Disobedience, & the Civil Rights Movement. A Biblical Exegesis on Daniel 3 & the Letter From Birmingham Jail. Richmond Public Interest Law Review 21 (3), 243–262.
Augustine, J. C., 2022. Called to Reconciliation. How the Church Can Model Justice, Diversity, and Inclusion. Grand Rapids.
Augustine, J. C., 2023. When Prophets Preach. Leadership and the Politics of the Pulpit. Minneapolis.
Augustine, J. C., 2024. Who's Searching for the Soul of Black Preaching? History Proves It's Never Been Lost. Theology Today 81 (1), 12–21.
Butler, A., 2022. What is White Christian Nationalism? BJC, Christian Nationalism and the January 6, 2021 Insurrection. https://bjconline.org/wp-content/uploads/2022/02/Christian_Nationalism_and_the_Jan6_Insurrection-2-9-22.pdf (11.04.25).
Crawford, E. E., 1995. The Hum. Call and Response in African American Preaching. Nashville.
Cone, J. H., 1999. God of the Oppressed, rev. ed. Maryknoll.
Francois, W. D., 2022. Silencing White Noise. Six Practices to Overcome Our Inaction on Race. Grand Rapids.
Gilbert, K. R., 2018. Exodus Preaching. Crafting Sermons About Justice and Hope. Nashville.

Glaude Jr., E. S., 2000. Exodus. Religion, Race, and Nation in Early Nineteenth-Century Black America. Chicago.

Hendricks, O. M., 2006. The Politics of Jesus. Rediscovering the True Revolutionary Nature of Jesus' Teaching and How they Have Been Corrupted. New York.

Kendi, I. X., 2016. Stamped From the Beginning. The Definitive History of Racist Ideas in America. New York.

King Jr., M. L., 2001. Stride Toward Freedom. The Montgomery Story. Eugene.

LaRue, C. J., 2000. The Heart of Black Preaching. Louisville.

LaRue, C. J., 2002. »Introduction«. C. J. LaRue, Power in the Pulpit. How America's Most Effective Black Preachers Prepare Their Sermons. Louisville, 1–11.

LaRue, C. J., 2012. I Believe I'll Testify. The Art of African American Preaching. Louisville.

Lipman-Blumen, J., 2000. Connective Leadership. Managing a Changing World. New York.

Lischer, R., 1995. The Preacher King. Martin Luther King Jr. and the Word That Moved America. New York.

McMickle, M. A., 2006. Where Have All the Prophets Gone? Reclaiming Prophetic Preaching in America. Cleveland.

New Revised Standard Version of the Holy Bible.

Nutt, M. J., 2022. Down Deep in My Soul. An African American Catholic Theology of Preaching. Maryknoll.

Powery, L. A., 2009. Spirit Speech. Lament and Celebration in Preaching. Nashville.

Simmons, M./Thomas, F. A., 2010. Preaching with Sacred Fire. An Anthology of African American Sermons. 1750 to the Present. New York.

Von Natur aus queer

Biologie, Naturrecht und Schöpfung

Andreas Krebs

Zusammenfassung

Geschlechtervielfalt, Homosexualität und nicht-reproduktive Sexualität überhaupt sind in der Tierwelt weit verbreitet und können eine wichtige Rolle etwa bei der Förderung sozialer Bindungen, der Kooperation und der Resilienz einer Gruppe spielen. Dieser Befund untergräbt die weitverbreitete Vorstellung, Heteronormativität sei das natürliche Ordnungsprinzip der Welt. Im menschlichen Leben trägt die Akzeptanz von Queerness sowohl zu individuellem Wohlergehen als auch zum gesellschaftlichen Gedeihen bei, indem sie Beziehungen bereichert, das Verständnis von Identität erweitert und ein gerechteres und vielfältigeres Gemeinwesen fördert. Queerfeindliche Traditionen im biologistischen wie im naturrechtlichen Denken müssen deshalb innerhalb ihrer eigenen Logik scheitern. Die Theologie wiederum ist herausgefordert, ihren Schöpfungsbegriff neu zu durchdenken: Schöpfung ist kein starres, in sich geschlossenes System, sondern entsteht als Zusammenspiel von Struktur und kreativer Dynamik. In dieser Perspektive erscheint Natur als offener, vielschichtiger Prozess, in dem Queerness keine Anomalie, sondern ein Ausdruck der reichen Generativität der Schöpfung ist.

Abstract

Gender diversity, homosexuality and non-reproductive sexuality in general are widespread in the animal world and can play a vital role e.g. in fostering social bonds, cooperation, and group resilience. This observation undermines the widespread idea that heteronormativity would be the natural organising principle of the world. In human life, the acceptance of queerness contributes to both individual well-being and social flourishing by enriching relationships, expanding understandings of identity, and fostering more inclusive and diverse communities. Therefore, queerphobic traditions in biologism and natural law must collapse under their own logic. Theology, in turn, is challenged to rethink its concept of creation: rather than a rigid, self-contained system, creation emerges as an interplay of structure and creative dynamism. This perspective discovers nature as an open, multifaceted process, where queerness is not an anomaly but an expression of the rich generativity of creation.

1. Queere Tiere

»Sie sagen, es sei widernatürlich / doch sie liegen falsch«, rappt die queerfeministische Künstlerin Sookee in ihrem Song »Queere Tiere«.[1] »Sex dient nicht nur der Fortpflanzung / Sex macht Spaß, das wirft deren Ordnung um / – Suprise! – Es gibt doch mehr als zwei Geschlechter / Wirf' ein' Blick in die Natur und du weißt, wer Recht hat / Männchen vögeln Männchen, Weibchen lieben Weibchen / Lasst uns die Menschen öfter mit Tieren vergleichen!«

Sookee gehört zu den prägenden Stimmen des deutschsprachigen Conscious-Rap – eines Genres, das ironisch, provokativ und reflexiv in politische Auseinandersetzungen eingreift. Für die »Musikerin, Antifaschistin und Mutter«[2] signalisiert das Wort »queer« die »Abkehr vom Heterosexismus«. Das englische Wort ist mit dem deutschen »quer« verwandt und stand zunächst für alles Abweichende, Fragwürdige und Zweifelhafte, dann als Schmähwort auch für männliche Homosexualität. Von sexuellen Emanzipationsbewegungen als Selbstbezeichnung positiv angeeignet, entwickelte es sich während der letzten Jahrzehnte zu einem Sammelbegriff für lesbische, schwule, bisexuelle, trans- und intergeschlechtliche Personen sowie alle Menschen, die außerhalb heteronormativer Muster leben (LGBTIQ+) – was auch »straighte«, also heterosexuelle Menschen einschließen kann. Männliche und weibliche Homosexualität ist, wie Sookee sagt, »nur ein Ton unter vielen, die zum queeren Sound beitragen. Allein schon weil die Überwindung von binären Logiken ebenso dazugehört.«[3] Gemeint sind Denkformen und Verhaltensweisen, die starre, einander ausschließende Gegensätze herbeiführen, etwa zwischen männlich und weiblich, hetero und homo, cis und trans... Die emanzipatorische Dynamik, die mit dem Konzept »queer« verbunden ist, weist für Sookee über jede Festlegung hinaus: »Schubladen sind bestenfalls strategische Essentialismen auf dem Weg zu einer befreiten Gesellschaft. Wir brauchen sie hier und da, um realpolitisch handlungsfähig zu sein. Aber immer nur für den Moment.«[4]

In »Queere Tiere« nimmt Sookee die hartnäckige Behauptung auseinander, Heteronormativität sei das natürliche Ordnungsprinzip der Welt. Musikalisch bewegt sich der Song zwischen eingängigem Pop und klarem Rap-Flow. Die Instrumentierung ist bewusst verspielt, fast kinderliedartig, und die ani-

---

[1] Die Lyrics sind nachzulesen auf https://genius.com/Sookee-queere-tiere-lyrics (18.02.2025); das Musikvideo findet man auf https://www.youtube.com/watch?v=E1zaKaP6i4o (18.02.2025).
[2] http://sookee.de (18.02.2025).
[3] Juliane Rump, Mit Hip Hop gegen Rassismus und Sexismus. Interview mit Sookee, Libertine Magazin, 5. September 2016, https://libertine-mag.com/magazin/macherinnen/quing-of-berlin (18.02.2025).
[4] Ebd. Eine hilfreiche Unterscheidung von vier Verwendungsweisen des Begriffes »queer« und eine theologische Deutung, die an sein identitätskritisches Potenzial anknüpft, findet man bei Ruth Heß, GOTT ‹queer›?, Zeitzeichen, 26. April 2023, https://zeitzeichen.net/node/10533 (18.02.2025).

mierten Tier-Zeichnungen des Musikvideos erinnern an Kinderbücher. Humor und Leichtigkeit funktionieren auch als rhetorische Strategie: Die fröhlich-unbeschwerte Welt der »gechillte[n] Tiere« steht im Kontrast zur beengten Menschenwelt. Letztere kommt, ironisch gebrochen, im Refrain zu Wort: »Ich sage Ihn'n ganz ehrlich / Ich tu' mich damit schwer / Sowas gäb es nicht / wenn ich Bundeskanzlerin wär / Wenn plötzlich alle schwul sind, dann stirbt die Menschheit aus / Sie müssen sich entscheiden – Männer oder Frauen«.

Im Gegensatz dazu erscheint das Leben der Tiere voller Diversität:

»In der Tierwelt wimmelt es nur so von Homos und Trans* / Delphinweibchen wissen was ne Flosse so kann / Walmännchen reiben ihre Prengel weil es schön ist / Nicht zu fassen, dass Menschen dagegen so blöd sind / Der halbe Meeresgrund ist Inter* oder wechselt sein Geschlecht / Ftm, mtf,[5] nicht binär, alles echt / Chromosomen sind nicht alles und Hormone im Wandel / Es gibt keine Behandlung, niemand wird doof behandelt / Sie haben One-Night-Stands oder leben monogam / Kein Tier hat im Schrank je seine Lebenszeit vertan / Schwule Schwäne adoptieren verlassene Eier / Und erziehen die geschlüpften Babys dann gemeinsam / Albatros-Lesben geben sich nen Abend hin / Und leben dann als Familie mit der Partnerin / Flamingos, Störche, Geier und Möwen / Es gibt viele queere Vögel die gern feiern und vögeln«.

Die Beispiele für tierliche Homosexualität und geschlechtliche Vielfalt, die Sookee nennt, sind nicht erfunden. Einige der anschaulichsten und überraschendsten Phänomene stellt der Wissenschaftsjournalist Josh L. Davis vor.[6] Bislang geht man bei etwa 1500 Tierarten vom Vorkommen homosexuellen Verhaltens aus. Oft kann man auch begründete Vermutungen darüber anstellen, inwiefern es jeweils einen evolutiven Vorteil bringt – etwa indem es soziale Bindungen stärkt und damit zur Resilienz der Gruppe beiträgt. Weil man Homosexualität bei Tieren aus ganz unterschiedlichen Bereichen des Tierreichs beobachtet, so Davis, dürfte die Zahl von 1500 Arten allerdings eine massive Unterschätzung sein. »Wenn man bedenkt, dass man diese Verhaltensweisen in fast jedem Zweig des phylogenetischen Baums findet, ist es höchst unwahrscheinlich, dass sie sich auf nur einige Hundert der ca. 2,13 Millionen Arten beschränken, die bis heute benannt sind. Die plausibelste Annahme ist, dass die meisten Tierarten wahrscheinlich queeres Verhalten in irgendeiner Form zeigen und eine rein heteronormative Art eher die Ausnahme darstellt«.[7]

Was bedeutet angesichts dieser Fakten Sookees Aufruf »Lasst uns die Menschen öfter mit Tieren vergleichen«? Warum soll man das tun? Was daran ist für Menschen interessant? Nach Davis geht es nicht »um den Versuch einer Rechtfertigung von Queerness – ob bei Tieren oder anderweitig –, da dies kei-

---

[5] Die Abkürzungen stehen für »female to male« bzw. »male to female«.
[6] Davis 2025.
[7] A. a. O. 5.

ner Rechtfertigung bedarf«.[8] Sehr wohl aber geht es um eine kritische Reflexion biologischer und ethologischer Forschung und ihres Verhältnisses zu menschlichen Normvorstellungen. Denn nicht nur in der Öffentlichkeit, auch in der Wissenschaft wurde die Welt der Tiere über lange Zeit durch Ignorieren und Verdrehen so zurechtgestutzt, dass sie zu heteronormativen Werten zu passen schien.[9] Offenbar ging man davon aus, dass etwas, das bei Menschen nicht *sein darf*, bei Tieren nicht *sein kann*. Dieser *hintergründige* Schluss von einem Sollen auf ein Sein ermöglichte einen *vordergründigen* Schluss von biologischem Sein auf menschliches Sollen: Man wollte glauben, nicht-heteronormatives Verhalten und geschlechtliche Vielfalt seien »unnatürlich« – schon bei Tieren und dann erst recht bei Menschen. Zumindest auf Tiere trifft das aber überhaupt nicht zu. Damit sind biologistische Begründungen der Heteronormativität erledigt.

»Kein Tier hat im Schrank je seine Lebenszeit vertan«: Sookee spielt hier mit der englischen Redewendung »being in the closet«, die das nicht-geoutete Leben queerer Menschen bezeichnet. Tiere folgen ihrer Natur. Menschen dagegen werden durch Druck und Gewalt in den »Schrank« gedrängt. Wieso nur, fragt man sich, tun Menschen das einander an?

2. Queere Menschen

Humorvoll feiert Sookee mit ihrem Song, dass man queerfeindliche biologistische Denkformen mit ihren eigenen Mitteln schlagen kann.[10] Trägt diese Strategie auch etwas aus, wenn man sich mit *naturrechtlichen* Argumenten auseinandersetzt? Sie sind vor allem in kirchlichen Räumen verbreitet – besonders in solchen römisch-katholischer, aber auch solchen anglikanischer und orthodoxer, mitunter auch protestantischer Prägung –, und oft wollen sie ebenfalls alles Queere als »widernatürlich« abwerten. Sie können sich dabei auf Paulus berufen, der meint, gleichgeschlechtliche Sexualität unter Männern wie Frauen sei »*parà phýsin*«, »außerhalb der Natur« (Röm 1,26f.). Was Paulus betrifft, ist festzuhalten: Er begründet seine Verdammung von Homosexualität nicht mit der Schrift, sondern greift mit dem Natur-Bezug auf einen Diskurs zurück, der von heidnischen Denkschulen wie der Stoa geprägt ist. Das tut Paulus vermutlich, um seine Position nicht-jüdischen Lesenden näherzubringen. Allerdings gibt er damit die Autorität seines Arguments auch ein Stück weit aus der

---

[8] Ebd.
[9] A.a.O. 5f. Einen wichtigen Anstoß zur selbstkritischen Reflexion der Evolutionsbiologie und Verhaltensforschung gab Roughgarden 2004. Joan Roughgarden stieß damit zugleich eine Debatte über Darwin und einige darwinistische Annahmen zur natürlichen Selektion an; siehe dazu u.a. Brooks 2021.
[10] Christoph Reimann, »Wir leben in einer hart umkämpften Zeit«. Interview mit der Berliner Rapperin Sookee, Deutschlandfunk 20. März 2017: https://www.deutschlandfunk.de/berliner-rapperin-sookee-wir-leben-in-einer-hart-100.html (18.02.2025).

Hand. Denn er billigt der säkularen Vernunft zu, sexualethische Normen beurteilen zu können. Der Moraltheologe Michael Rosenberger zieht daraus den Schluss: Auf Paulus' Verdikt kann man sich *nicht* mehr berufen, wenn die säkulare Vernunft zu *Neubeurteilungen* sexualethischer Normen kommt.[11] Umso relevanter also ist die philosophische Naturrechts-Diskussion auch für Debatten in Theologie und Kirche.

Zwischen biologistischen und naturrechtlichen Begründungsmustern gibt es eine strukturelle Ähnlichkeit: Auch letztere beziehen sich auf die Natur – im Unterschied zum Biologismus allerdings auf die spezifisch *menschliche* Natur –, um daraus Verhaltensnormen abzuleiten. Nach Meinung einiger Naturrechtler:innen ist zudem die Rede von der menschlichen Natur durchaus biologisch zu verstehen: Menschen hätten eine natürliche »Lebensform«, wie etwa auch Bienen oder Wölfe eine natürliche »Lebensform« besäßen.[12] Den Einwand, aus einem Sein dürfe kein Sollen abgeleitet werden, weist man im Naturrechtsdenken zurück. Menschliches Verderben einerseits, ein der menschlichen Natur entsprechendes Gedeihen andererseits seien *unmittelbar* werthaft: Das eine sei zu meiden, das andere anzustreben. Zwecke (gr. *téle*, Singular *télos*) wie Wissen, Gemeinschaft oder Gesundheit seien gut, weil sie menschliches Gedeihen ermöglichten; die Potenziale und Fähigkeiten des Menschen seien natürlicherweise auf solche Zwecke ausgerichtet.

Weil es, wie im biologistischen, so auch im naturrechtlichen Denken eine starke queerfeindliche Tradition gibt, meinen viele, es sei für progressive Perspektiven unbrauchbar. Doch tatsächlich kann man das Naturrechtsdenken an dessen eigenen Maßstäben messen und kritisieren. So haben manche *innerhalb* seiner Paradigmen queerfreundliche Positionen entwickelt.[13] Und nicht nur das: Je offener Gesellschaft und Wissenschaft für die Wahrnehmung werden, auf welch vielfältige Weisen menschliches Leben »gedeihen« kann, desto schwerer fällt es selbst konservativen Naturrechtsdenker:innen, an der Verurteilung queerer Sexualitäten und Identitäten festzuhalten.

Das zeigt etwa ein jüngerer Beitrag des römisch-katholischen Moralphilosophen Anselm Winfried Müller. Er will die traditionelle naturrechtliche Position des Lehramts seiner Kirche gegen den »Druck einer gesellschaftlichen Forderung« verteidigen, »endlich eine liberalisierte Sexualmoral zu akzeptieren«.[14] Wie sich herausstellt, kann Müller sich hierbei im Letzten jedoch nur auf die »Glaubensgewissheit« eines römischen Katholiken berufen.[15] Denn er gesteht

---

[11] Rosenberger 2020: 108.
[12] Foot 2001: 35, in Anlehnung an Thompson 1995.
[13] Zwei Beispiele aus dem deutschsprachigen Raum, auf die ich mich im Folgenden beziehen werde: Rosenberger 2020 und Schneider 2020; ein international einschlägiges Beispiel für ein queer-freundliches, feministisches und zugleich dem aristotelischen (wenn auch nicht klassisch naturrechtlichen) Paradigma verpflichtetes Denken: Nussbaum 2000.
[14] Müller 2023: 576.
[15] Müller stellt die Frage: »Kann ich als Katholik sagen: ›Auch wenn ich die Argumente für die Erlaubtheit homosexueller Betätigung unwiderleglich finde: sie erreichen nicht

selbst ein, dass ein von solcher Glaubensgewissheit *unabhängiges* naturrechtliches Argument etwa gegen die Erlaubtheit homosexueller Handlungen gar nicht leicht zu führen ist.

Er benennt in diesem Zusammenhang folgendes Problem: Zwar ist »Fortpflanzung das inhärente *telos*, auf das wir bestimmte Organe und Funktionen *ihrem Begriff nach* beziehen müssen, um sie überhaupt als ›geschlechtlich‹ zu klassifizieren«.[16] Vorausgesetzt ist hierbei, dass Sexualität deshalb auf den Zweck der Fortpflanzung ausgerichtet ist, weil diese zum Gedeihen des Menschen beiträgt. Aber daraus, so Müller weiter, folgt *nicht* automatisch, dass »im Bereich der Sexualität *ausschließlich* Handlungen erlaubt sein sollen, die [...] auf Nachkommenschaft bezogen sind«.[17] Müller verdeutlicht dies am Beispiel des Sprechens. Dessen »inhärente Teleologie« diene etwa der Mitteilung von Absichten, Orientierungen, Urteilen und Gefühlen. Man kann aber auch in menschenleerer Umgebung zu sich selber sprechen. »Ist das nun pervertierter und somit sündiger Gebrauch der Sprachfähigkeit? Oder auch: Ist Kopfstand ›wider die Natur‹? Frustriert der absichtliche Fehler im scherzhaften ›Beweis‹, dass 0 = 1 die Teleologie des Rechnens?« Auch wenn man von einer »naturgegebene[n] Teleologie« des Sprechens, des Gebrauchs der Arme und Hände oder des Rechnens ausgeht, ergibt sich daraus nicht, dass eine Abweichung davon stets als moralische Normverletzung zu werten ist. Warum sollte das bei sexuellen Handlungen anders sein? Wer die These vertreten will, dass beim Gebrauch der Sexualität – im Unterschied zu vielen anderen Handlungen – *jegliche* Abweichung von der »naturgegebenen Teleologie« verwerflich sei, muss dafür zusätzliche Gründe anführen. Entsprechende Versuche, so Müller weiter, seien aber eher selten, »und sie gelangen kaum zu unanfechtbaren Ergebnissen«.[18]

Dass ein Verteidiger des lehramtlich römisch-katholischen Standpunkts zu diesem Eingeständnis kommt, ist bemerkenswert. An Müllers Beispielen lässt sich zudem ein weiteres, von ihm nicht benanntes Problem aufzeigen. Die Schwierigkeit liegt nicht bloß im Mangel triftiger Gründe dafür, warum spielerische Ausdrucksformen von Sexualität nicht ähnlich harmlos und erfreulich sein können wie ein Handstand, auch wenn sie nicht auf Fortpflanzung bezogen sind. Darüber hinaus ist nicht einmal klar, warum Sexualität überhaupt nur ein *einziges* natürliches *télos* haben soll. Offensichtlich können Sprechen und Rechnen, aber auch der Gebrauch von Armen und Händen ihrer Natur nach höchst

---

die Gewissheit, mit der ich der kirchlichen Lehre zustimme, dass solche Betätigung unerlaubt ist; also schließe ich aus dieser Unerlaubtheit vernünftigerweise, dass an den Argumenten etwas nicht stimmt‹?« Müller *bejaht* diese Frage mit dem Hinweis, dass »für Katholik*innen diesen Argumenten nicht lediglich das Ja zur kirchlichen Missbilligung homosexueller Praxis gegenüber[steht], sondern die Orientierung ihres ganzen Denkens, Handelns und Lebens an einer Glaubenslehre, von der jene Missbilligung ein fester, aber bescheidener Bestandteil ist« (Müller 2023: 575).

[16] Müller 2023: 579.
[17] A.a.O.: 580.
[18] Ebd.

unterschiedlichen Gütern dienen. Menschliche Arme und Hände zeichnen sich gerade dadurch aus, dass sie außergewöhnlich flexibel und vielseitig sind. Auch im Fall der Sexualität versteht sich keineswegs von selbst, dass ihre natürliche Bestimmung auf Fortpflanzung *beschränkt* sein soll. Wie die aktuelle Biologie und Verhaltensforschung zeigt, zielt Geschlechtlichkeit bei zahlreichen Tierarten nicht bloß auf Reproduktion; hetero- wie homosexuelles Verhalten kann Beziehungen stabilisieren, soziale Bindungen herstellen oder dem Stressabbau und der Entspannung dienen. Ausdrücklicher in teleologischen Begriffen gesprochen: In der »Lebensform« etlicher Tierarten erfüllt Sexualität *mehrere* Funktionen. Warum sollte sie dann ausgerechnet in der »Lebensform« des Menschen nur *eine einzige* Funktion besitzen?

Nun könnte man zugestehen, dass auch menschliche Sexualität mehr als einen Zweck hat – etwa den, Bindung und Beziehung herzustellen –, aber immer noch behaupten: Eine sexuelle Handlung, die nicht *auch* auf den Zweck der Fortpflanzung ausgerichtet sei, weise ein *Defizit* auf; denn sie bringe nicht *alle* natürlichen Zwecke der Sexualität ins Spiel. Doch überzeugt dieses Argument? Wenn es um den Gebrauch der Hände geht, verlangt niemand, dass stets alle Zwecke im Spiel sein müssen, die dabei von Natur aus möglich sind. Der Vortrag einer Pianistin ist nicht defizitär, weil er nichts zur Reparatur einer Leitung beiträgt. Mehr noch: Niemand fordert von der Pianistin, zugleich eine gute Klempnerin zu sein. Weder muss ein einzelner Gebrauch der Hand alle natürlichen Möglichkeiten der menschlichen Hand ausschöpfen, noch muss ein einzelner Mensch in seinem Leben alles mit Händen irgendwie Erstrebenswerte tun können oder auch nur wollen. Was für Hände richtig ist, sollte auch für Geschlechtsorgane gelten: Eine sexuelle Handlung, die sich nicht auf *alle* möglichen Zwecke der Sexualität zugleich ausrichtet, ist nicht deshalb schon defizitär. Und nicht jeder Mensch muss in seinem Leben *alle* lebensdienlichen Möglichkeiten der Sexualität ausschöpfen können oder auch nur wollen.[19]

Wie Ruben Schneider zeigt, verliert das Defizit-Argument weiter an Plausibilität, sobald man menschliche Sexualität ganzheitlich begreift. Menschen handeln als Personen: Das heißt, sie wollen sich in ihrem Tun *ausdrücken*, dabei wechselseitig *anerkennen* und nicht bloß Zwecke, sondern einen *Sinn* verwirklichen – etwas, das über jede Verzweckung hinaus bedeutsam ist. Das fügt auch der Bewertung sexueller Handlungen eine weitere Dimension hinzu. Man denke an einen Mann, der sich nach einer sexuellen und romantischen Beziehung mit einem Mann sehnt. Er hat mit einer Frau Geschlechtsverkehr, und damit das gelingt, täuscht er sie und spielt ihr vor, sie zu begehren, aber denkt an etwas anderes. Was dieser Handlung fehlt, ist der authentische Selbstausdruck, der zugleich den Bedürfnissen der Partnerin gerecht wird. Und auch wenn der Fortpflanzungszweck den Geschlechtsakt motivieren sollte, erfüllt er ihn noch lange nicht mit Sinn. Mit einem männlichen Partner hingegen könnte der Mann

---

[19] Hier versuche ich, ein Argument mit Beispielen auszuführen, das bei Rosenberger 2020: 114f. angedeutet ist.

Authentizität, Wechselseitigkeit und Sinn erfahren. In seinem Fall ist es der *heterosexuelle* Geschlechtsakt, dem etwas Wesentliches fehlt. Das Begehren dieses Mannes ist kein Begehren mit Defiziten, das ohne Defizite ein heterosexuelles Begehren wäre – er begehrt *etwas anderes*.[20]

Wie beim Biologismus ist es also auch beim Naturrechtsdenken: Man kann es mit seinen eigenen Mitteln schlagen – und sofern sich Paulus mit dem Natur-Bezug auf die säkulare Vernunft beruft, ist er widerlegbar. Je vorurteilsloser die Wahrnehmung menschlicher Wirklichkeiten und der vielfältigen Facetten von Sexualität, desto unhaltbarer werden queerfeindliche Positionen. Zwar gibt es auch Vertreter:innen des Naturrechts, die eine menschliche Natur herbeiphantasieren, die zu vorgefassten Normen passt: Dann können aus ihr eben diese Normen selbstverständlich wieder abgeleitet werden. Aber dieses Spiel, vom Sollen auf ein Sein und von diesem Sein dann wieder auf ein Sollen zu schließen – ein Spiel, auf das wir auch beim Biologismus schon gestoßen sind –, ist offenkundig zirkulär. Sich so in sich selbst zu verkapseln, kann zumindest für ein Naturrechtsdenken, das gesprächsfähig sein will, keine Option sein. Irgendwie muss es die Empirie zur Kenntnis nehmen. Was trägt *tatsächlich* zu menschlichem Gedeihen bei – und was nicht? Homosexuelle Menschen in heterosexuelle Beziehungen oder zur Enthaltsamkeit zu nötigen, trägt nachweislich zu niemandes Gedeihen bei – im Gegenteil. Ähnliches gilt für Menschen, die in eine Geschlechtsidentität gezwungen werden sollen, die nicht zu ihnen passt: Einen Gewinn hat auch davon niemand. Stattdessen erzeugt man vermeidbares Leid. Positiv gewendet: Es gehört zu einem erfüllten Leben dazu, dass Menschen ihren Geschlechtsidentitäten ebenso nachgehen wie ihren sexuellen und romantischen Wünschen – mit zustimmungsfähigen Personen, in respektvollem Einvernehmen und mit Blick auf das, was auch über den Moment hinaus gut für einen selbst und gut für die anderen beteiligten Personen ist.[21] So fügt Queerness menschlichen Beziehungen diverse bunte Facetten hinzu und erweitert das Verständnis von Identität. Sie fördert ein integratives, vielfältiges Gemeinwesen, und indem sie Raum für die Anerkennung und den Ausdruck

---

[20] Ich versuche hier, Ruben Schneiders auf hohem theoretischen Niveau entfaltete Argumentation konzentriert und in alltagsnaher Sprache zusammenzufassen. Er selbst drückt das Ergebnis seiner Überlegungen in traditioneller aristotelischer Begrifflichkeit aus: Es gelte, »dass der Sinn eines Geschlechtsorgans und seiner Aktivität vom ganzheitlichen Strebevermögen der Person in der Einheit all ihrer Seelenvermögen abhängt und dass das ganzheitliche Strebevermögen von Homosexuellen daher ein anderes ist als das von Heterosexuellen (daher kann der homosexuelle Akt auch nicht einfach im Sinne einer *causa deficiens* als bloßer Defekt in der natürlichen Ordnung interpretiert werden)« (Schneider 2020: 281).

[21] Zu Grundsätzen queerer Ethik siehe meine (Ideen Judith Butlers mit Lev 19,18b.34a verbindende) Skizze in Krebs 2023: 41-55. Gegen den anti-sozialen Impuls eines bestimmten Strangs queerer Theorie, der mit dem Namen Lee Edelman verbunden ist, siehe die an Lévinas anschließende kritisch-konstruktive »Rehabilitation« queerer Ethik bei Fleischer 2022.

verschiedenster Lebensrealitäten schafft, macht sie das Zusammenleben nicht nur gerechter, sondern auch bereichernder für alle.

3. Queere Schöpfung

In der christlichen Theologie wird die Gesamtheit der nicht-menschlichen wie der menschlichen Natur im Begriff der Schöpfung umfasst. Eine unbefangene Wahrnehmung zeigt: Die nicht-menschliche Natur sprengt die Enge heteronormativer Muster – und die menschliche Natur tut das ebenfalls. Dies wiederum theologisch ernst zu nehmen, impliziert den Schluss: Queerness ist im Ganzen der Schöpfung eingeschlossen.

Was ist dann aber mit der biblischen Schöpfungstradition anzufangen? Nach der Erzählung des Ersten Schöpfungsberichtes (Gen 1,1–2.4a) hat Gottes Schaffen etwas mit Trennen und Ordnen zu tun – also mit Tätigkeiten, die dem Unterlaufen aller Trennungen, dem Schillernden und Fließenden des Queeren doch zu widersprechen scheinen. Allerdings ist Gott mit dem Trennen und Ordnen nur bedingt erfolgreich.[22] Gott trennt das Licht von der Finsternis, den Tag von der Nacht. Doch wie wir wissen, hat auch die Dämmerung ihre Zeit. Gott trennt die Wasser des Himmels von den Wassern des Meeres. Allerdings gibt es auch Nebel und Regen; sie verbinden die oberen und unteren Wasser wieder miteinander. Gott trennt das Wasser vom Land. Dennoch beanspruchen der Strand und das Watt ihren Raum. Gott lässt auf der Erde Gräser und Bäume wachsen, je »nach ihrer Art«. Trotzdem wachsen auf der Erde Sträucher. Gott schafft die Vögel des Himmels, die Fische des Meeres und die Tiere des Landes – was einige Fische nicht daran hindert, zumindest manchmal zu fliegen, und einige Vögel nicht daran, im Wasser zu schwimmen; es gibt Krokodile, die an Land *und* im Wasser leben, und den Vogel Strauß, der das Land dem Himmel vorzieht. Gott schafft Tiere wie Menschen »männlich und weiblich« und ermöglicht damit unter anderem eine bestimmte Form der Fortpflanzung.[23] Aber Tiere wie Menschen genießen ihre Sexualität auch schlicht um des Genusses willen. Sie masturbieren oder experimentieren oder haben gleichgeschlechtlichen Verkehr. Es gibt Inter- und Transgeschlechtlichkeit, und zumindest Menschen wollen und können auch mit kulturellen Ausdrucksformen irgendwo zwischen oder jenseits von »männlich und weiblich« leben.

---

[22] Siehe zum Folgenden die Nacherzählung des Ersten Schöpfungsberichts von Juliane Link, Männlich und weiblich und alles dazwischen, feinschwarz 01.01.2024, https://www.feinschwarz.net/maennlich-und-weiblich-und-alles-dazwischen (18.02.2025).
[23] Die männlich-weibliche Fortpflanzung ist im Tierreich nicht universal, siehe dazu die Beispiele bei Davis 2025. Ist es ein Ausdruck von Wirklichkeitskenntnis, dass der Erste Schöpfungsbericht zwar von tierlicher Prokreation (Gen 1,22), aber anders als bei Menschen *nicht* ausdrücklich davon spricht, dass Tiere »männlich und weiblich« geschaffen seien? Vgl. dagegen Gen 7,2f.16.

Es ist, als besäße die Schöpfung ihre eigene nicht-binäre Energie[24] – und darin eine Autonomie, die immer wieder das göttliche Teilen und Ordnen untergräbt. Und eine genaue Lektüre zeigt: Die Schöpfungserzählung erkennt diese Dialektik an! Von einer Schöpfung aus dem Nichts ist darin nicht die Rede – in Vers 2, mit dem die Geschichte beginnt,[25] ist die Erde bereits da. Für Leben, das wir kennen, ist sie aber noch unbewohnbar. Eine Ursuppe brodelt auf ihr, sie ist *tohu wa-bohu*, wüstes Chaos, *tehom*, unergründliche Tiefe (Gen 1,2). In vielen Geschichten des Nahen Ostens führt der Schöpfergott Krieg gegen dieses Chaos und unterwirft es mit Gewalt. Die biblische Gottheit ist anders. Ihr Atem (*ruach*) spielt mit dem Chaos wie ein Wind, der über aufgewühltes Wasser fegt. Gott *inter-agiert* mit dem Chaos, wie Catherine Keller aufzeigt: Im *Zusammen-Spiel* mit ihm entsteht die Welt.[26] Teilen, Ordnen, Verschmelzen, Durcheinanderwirbeln, all das gehört zusammen. Schöpfung ist Struktur – und chaotische Kreativität.

Das Thema von Schöpfung als Inter-Aktion variiert der Text auch an weiteren Stellen. Der jüdischen Auslegung ist früher aufgefallen als der christlichen,[27] dass Gott die Erde in Gen 1,11 das Grün sprießen »lässt«. Ebenso in Gen 1,24: Gott »lässt« die Erde Lebewesen aller Art hervorbringen (in beiden Fällen steht im Hebräischen eine Hifil-Form). Gott zieht die eigene Initiative zurück und lädt die Erde ein, selbsttätige Mitschöpferin zu sein. Und wer ist das »Wir«, wenn Gott sagt: »Lasst uns Menschen machen als unser Abbild, uns ähnlich« (Gen 1,26)? Laut historisch-kritischer Exegese begegnet hier ein polytheistisches Relikt. Man kann auch an einen himmlischen Hofstaat denken. Die christliche Tradition entdeckt im »Wir« die Personen der Trinität. Von einer weiteren Möglichkeit spricht Nachmanides, ein berühmter jüdischer Gelehrter des Mittelalters: Gott redet auch hier die Erde als Mitschöpferin an.[28] Gott und die Erde beschließen *gemeinsam*, Menschen zu machen. Als »Bilder« Gottes (Gen 1,27) werden diese ihrerseits zu eigen-mächtigen Mitschöpfer:innen einer sich entwickelnden Welt.

Am Ende bejaht Gott das Schöpfungswerk. Damit begrüßt und umarmt Gott zugleich das *tohu wa-bohu*, die Mitschöpferschaft der Erde, die menschliche Autonomie. Schöpfung ist Ordnung und Chaos, Struktur und Originalität, Inter-Aktivität, Ko-Kreativität, sie ist straight und queer. Und genau so ist alles *tow meod*, »sehr gut« (Gen 1,31).

---

[24] Siehe dazu Sandilands/Erickson 2010; Baumann 2018.
[25] Vers 1 ist als Überschrift für das Folgende zu verstehen.
[26] Keller 2003.
[27] Jacob 2000: 44–46.
[28] Plaut 2006: 21.

Bibliographie

Baumann, W. A., 2018. Meaningful Flesh. Reflections on Religion and Nature for a Queer Planet. Santa Barbara.

Brooks, R., 2021. Darwin's closet. The queer sides of The descent of man (1871). Zoological Journal of the Linnean Society 191, 323–346.

Davis, J. L., 2025. Queer. Sex und Geschlecht in der Welt der Tiere und Pflanzen. Übers. von M. Niehaus. Bern.

Fleischer, A., 2022. Anders werden. Zum Begriff der Diachronie im Werk von Emmanuel Lévinas und seiner Relevanz im Kontext des antisocial turn in den Queer Studies. Leiden.

Foot, P., 2001. Natural Goodness. Oxford.

Hess, R., 2023. GOTT: ‹queer›? Ist GOTT ‹queer›? Wie ist GOTT ‹queer›? Wie ‹queer› ist GOTT? – Variationen über einen (hoffentlich nachhaltigen) theologischen Aufreger. Zeitzeichen. https://zeitzeichen.net/node/10533 (18.02.2025).

Jacob, B., 2000. Das Buch Genesis. Stuttgart. [1. Aufl. Berlin 1934].

Keller, C., 2003. The Face of the Deep. A Theology of Becoming. London.

Krebs, A., 2023. Gott queer gedacht. Würzburg.

Link, J., 2024. Männlich und weiblich und alles dazwischen. feinschwarz. https://www.feinschwarz.net/maennlich-und-weiblich-und-alles-dazwischen (18.02.2025).

Müller, A. W., 2023. Kirchliche Lehre und natürliche Vernunft in Sachen Sex. ZTP 145, 571–597.

Nussbaum, M., 2000. Sex and Social Justice. Oxford.

Plaut, W. G., 2006. The Torah. A Modern Commentary. Revised Edition. New York.

Roughgarden, J., 2004. Evolution's Rainbow. Diversity, Gender, and Sexuality in Nature and People. Berkeley.

Rosenberger, M., 2020. »Natur« – ein Konzept in Entwicklung. Von der Relevanz moderner naturwissenschaftlicher Erkenntnisse für die ethische Bewertung gleichgeschlechtlicher Partnerschaften. E. Volgger/F. Wegscheider. Benediktion von gleichgeschlechtlichen Partnerschaften. Regensburg, 106–115.

Sandilands, C./Erickson, B., 2010. Queer Ecologies. Sex, Nature, Politics, Desire. Bloomington.

Schneider, R., 2020. Gender-Metaphysik und Ontologie der Homosexualität. Zur kirchenpolitischen Neutralität der aristotelischen Substanzmetaphysik. B. P. Göcke/T. Schärtl. Freiheit ohne Wirklichkeit? Anfragen an eine Denkform. Münster.

Sookee/Reiman, C., 2017. »Wir leben in einer hart umkämpften Zeit«, Deutschlandfunk, https://www.deutschlandfunk.de/berliner-rapperin-sookee-wir-leben-in-einer-hart-100.html (18.02.2025).

Sookee/Rump, J., 2016. Sookee: Mit Hip Hop gegen Rassismus und Sexismus. Libertine Magazin. https://libertine-mag.com/magazin/macherinnen/quing-of-berlin (18.02.2025).

Thompson, M., 1995. The Representation of Life. R. Hursthouse/G. Lawrence/W. Quinn. Virtues and Reasons. Philippa Foot and Moral Theory. Oxford, 247–296.

https://genius.com/Sookee-queere-tiere-lyrics (18.02.2025).

https://sookee.de (18.02.2025).

https://www.youtube.com/watch?v=E1zaKaP6i4o (18.02.2025).

Von barmherzigen Samariterinnen und verwundeten Heilern

Eine Spurensuche zum Verhältnis von Spiritualität und Seelsorge

Annette Daniela Haußmann

Zusammenfassung

Poimenik und Homiletik stehen in einer eigentümlichen Nähe-Distanz-Relation. Als Hauptfelder der Praktischen Theologie sind sie untrennbar miteinander verbunden, und doch ist das Verhältnis von Seelsorge und Predigt auch historisch bedingt als spannungsvoll zu beschreiben. Interessant ist dabei nicht nur, wie beide Disziplinen und Praktiken kirchlichen Lebens zueinander stehen, sondern welcher Ort und welche Bedeutung der christlichen Spiritualität insgesamt in der Seelsorge zugemessen wird – und welche Rolle biblische Texte und theologische Exegese dabei spielen. Diesen Spuren geht der Beitrag nach und fragt nach dem Verhältnis von Spiritualität und Seelsorge auf mehreren Ebenen. Neben einer theoriegeleiteten poimenischen Perspektive kommt in zentraler Weise in den Blick, wie Seelsorgende ihr Handeln im Rekurs auf religiös-spirituelle Motive, Werte und Einstellungen beschreiben und wie sich dies zwischen interaktioneller und seelsorglicher Ebene niederschlägt. Anhand von drei Beispielen aus der empirischen Forschung rekonstruiert der Beitrag individuelle spirituelle Deutungen des (seel)- sorgenden Handelns, die theologisch entfaltet werden, und zieht daraus Erkenntnisse für den praktisch-theologischen Diskurs.

Abstract

Poimenics and homiletics have a peculiar relationship of proximity and distance. As central subdisciplines of practical theology, pastoral care and preaching are inextricably linked and yet the relationship between both can also be described as tense for historical reasons. What is interesting here is not only how the two disciplines and practices of church life are related to each other, but also the place and significance that is attributed to Christian spirituality as a whole in pastoral care – and the role of biblical texts and theological exegesis. The article follows these traces and examines the relationship between spirituality and pastoral care on several levels. In addition to a theory-based perspective, it focuses on empirical research and how pastoral caregivers describe their actions with reference to religious-spiritual motives, values and attitudes and how this is reflected on an interactional level. Using three examples of empirical research, the article reconstructs individual spiritual interpretations of (pastoral) caring actions, which are interpreted theologically, and draws insights for the discourse in practical theology.

1. Christus predigen in Wort und Tat – seelsorgliche Perspektiven

Auch wenn schon längere Zeit die Konzentration auf das gesprochene Wort bzw. das seelsorgliche Gespräch im poimenischen Diskurs wiederkehrend kritisch angemerkt wird, bleibt es relevant, auf die Vielgestaltigkeit seelsorglicher Interaktion abzuheben. Versteht man Seelsorge als eine Dimension, die das gesamte kirchliche Handeln durchzieht, so kommen auch Praxisformen wie Predigt oder diakonisches Handeln in den Blick. Die zwischenleibliche Zuwendung in sorgender, fürsorglicher, begleitender Absicht steht im Zentrum der Seelsorge und damit auch die Frage nach der konkreten Ausgestaltung seelsorglicher Praxis.

Was kann das bedeuten für die Seelsorge und ihre Theoriebildung und Praxisreflexion? Was impliziert es für die Praktische Theologie als Disziplin? Und wie können in dieser Weise – einem zentralen Anliegen von Helmut Schwier verpflichtet – biblische Schriften, Exegese und Praktische Theologie bzw. genauer die Reflexion seelsorglichen Handelns miteinander in Dialog treten? Fasst man Seelsorge weit, so mag auch die seelsorgliche Predigt inkludiert sein, und damit würde selbstverständlich Christus seelsorglich gepredigt werden.[1] Dennoch dominiert in der gegenwärtigen Seelsorgediskussion eine intensive Zuwendung zur aktuellen Lebenswelt, wodurch ein Rekurs auf Christuspredigt nicht unmittelbar selbstverständlich ist.

Eine lange Skepsis gegenüber der Verkündigung und dem Einbezug biblischer Texte in der Historie der Poimenik hat zum aktuell vorherrschenden poimenischen Pluralismus geführt. Es gab Phasen intensiven Streits, die sich im Wesentlichen darum drehten, wie viel Bibelbezug und wie viel Menschenzuwendung sein dürfen und sollen. Es war ein vorwiegend normativ und theoretisch geführter Streit, währenddessen bei aller betonten Praxisrelevanz doch die konkreten Praxen des Sorgens nur indirekt und am Rande der Auseinandersetzungen eine Rolle spielten. Vielmehr wurde die Praxis als legitimierendes Argument zur Untermauerung der eigenen Position für oder gegen Verkündigungsaspekte ins Feld geführt. Besonders in der Auseinandersetzung zwischen Vertreter:innen der therapeutischen und der kerygmatischen Seelsorgelehre schlugen die Wellen mitunter hoch. Ohne diese Auseinandersetzungen nochmals ausführlich zusammenzufassen, lässt sich mit Peter Bukowski, der sich um Versöhnung zwischen den Extremen der Seelsorgetheorie in den 1990er-Jahren bemühte, ebenso pointiert wie überspitzt zusammenfassen: »In der heißen Phase der Auseinandersetzung konnte man bisweilen den Eindruck gewinnen, als stritten hier bibelfreundliche Menschenfeinde mit menschenfreundlichen Bibelfeinden.«[2]

---

[1] Vgl. Überlegungen von Helmut Schwier zur seelsorglichen Predigt bzw. zu Predigt und Seelsorge: Schwier 2021 und Schwier 2014/2019.
[2] Bukowsi 1994: 11.

Fast unnötig scheint es zu erwähnen, dass sich bei beiden Seiten, kerygmatisch wie therapeutisch geprägt, eine differenzierte theologische Verortung nachzeichnen lässt, die ohne die Exegese und biblische Fundierung nicht auskam. Die Nähe zur Schrift lässt sich in der Seelsorgebewegung durchaus wahrnehmen, etwa wenn Anton Boisen, Mitbegründer der Seelsorgebewegung in den USA, der die Clinical Pastoral Education (CPE) initiierte, von Menschen als »living human documents« sprach, deren (auch theologische!) Äußerungen es zu beleuchten gelte.[3] Resultierend daraus hat das biblische Zeugnis bis heute – abhängig davon, welchen poimenischen Traditionen und Kulturen man dabei folgt – einen ambivalenten Status.

Mittlerweile sind die Strömungen miteinander weitgehend befriedet, große Streitereien gibt es zumindest im protestantischen Spektrum des Diskurses kaum, vielmehr ist die einstige Polarität einer Landschaft der Vielseitigkeit und Pluralität poimenischer Ansätze gewichen. Ein Dschungel, der zuweilen ein undurchdringliches Dickicht an Zugängen schafft, die sich in der Ausdifferenzierung in einzelne Seelsorgefelder zwischen Telefonseelsorge und Männerseelsorge, zwischen Militär und Social Media oder in Zielgruppenperspektiven zwischen Jugend und Alter, queeren Perspektiven oder Menschen mit Demenz zu verlieren drohen. All diese Perspektiven haben in jedem Fall ihre Berechtigung, denn sie widmen sich jeweils der Seelsorge kontextuell, d. h. in einer bestimmten Hinsicht, passend zur pluralen Gesellschaft.[4] Dabei erhebt kaum mehr eine Publikation holistische Ansprüche im Blick auf die zugrundeliegenden theologischen Grundannahmen, geschweige denn auf eine Anthropologie, die umfassend christlich begründet wird. Etwas anders sieht die Gemengelage aus, blickt man in den internationalen poimenischen Diskurs. Hier ist sowohl der Mut zur Generalisierung als auch zum Bibelgebrauch bzw. zur spirituellen Verortung der Seelsorge deutlich ausgeprägter. Natürlich sind es auch kulturell geprägte Argumentationsmuster und andere Kontexte, die eine westlich orientierte, durch Säkularisierung und Pluralisierung gekennzeichnete Welt von anders religiös-spirituell gefärbten Kontexten unterscheiden lassen. Umso relevanter scheint es, auch in der Poimenik vermehrt postkoloniale, befreiungstheologische, feministische oder interkulturelle Stimmen zu hören und aufzugreifen.

Auf diese aktuelle Gemengelage zwischen Tradition und Transformation will ich also eingehen. Dabei lassen sich zunächst drei Ebenen von Spiritualität ausmachen, die in der Seelsorge schematisch voneinander zu unterscheiden sind und die ich hier christologisch zuspitzen will:

Auf einer ersten theoretisch-normativen Ebene lässt sich über die theologische Begründung der Seelsorgepraxis nachdenken. In christologischer Perspektive lässt sich das in Christus begründete Rechtfertigungsgeschehen nennen, auf dessen Basis sich die Seelsorgebegegnung ereignet und die daher befreit

---

[3] Vgl. Asquith 1982; zur Theologie der Seelsorgebewegung vgl. Haußmann 2018.
[4] Vgl. Haußmann/Noth 2023.

ist vom Gelingensdruck menschlichen Handelns.⁵ Zudem kann die Kreuzestheologie als Explikation und Voraussetzung eines helfenden Handelns dienen, worin zugleich eine unbedingte Zuwendung zu leidenden Menschen als auch eine Betonung eigener Verletzlichkeit begründet liegt.⁶ Diesen Zugang hat auch Helmut Schwier stark gemacht, jedoch in der ihm eigentümlichen kritisch-konstruktiven Weise – worauf ich später noch zu sprechen komme.⁷

Eine zweite Ebene eröffnet sich, fragt man danach, wie Spiritualität in der seelsorglichen Interaktion selbst explizit oder implizit vorkommt. Konzentriert auf biblische Überlieferungen und Texte könnte man diesbezüglich pointiert fragen, wie sie ins Gespräch eingebracht werden könnten – eine Spur, der etwa der oben genannte Peter Bukowski in seinem Werk »Die Bibel ins Gespräch bringen« prominent nachgegangen ist. Er intendierte, kerygmatische und therapeutische Traditionen einander wieder anzunähern und die Ressource christlichen Glaubens fruchtbar zu machen. Neuere Ansätze betonen an dieser Stelle eine Offenheit für die individuellen Theologien der Subjekte in Verbindung mit deren lebensgeschichtlichem Erleben, die mehr auf eine Interpretation christlichen Glaubens aus der Perspektive des Anderen zielen und weniger darauf, dass eine seelsorgende Person christlich-biblische Interpretationen und Deutungsmuster gewissermaßen von außen heranträgt.⁸

Eine dritte Ebene lässt sich auf Seiten der seelsorgenden Person lokalisieren, indem danach gefragt wird, wie sie ihre seelsorgliche Praxis, das sorgende Handeln begründet. Hierbei sind christlich grundierte Motive besonders interessant, die auf unterschiedlichste Traditionen und Textbestände zurückgreifen können, welche die individuelle Religiosität und gelebte Theologie formieren.⁹ Wirkmächtig sind hier insbesondere Begründungsfiguren von jesuanischer Nachfolge, christlicher Nächstenliebe oder einzelne biblische Texte wie der barmherzige Samariter geworden.

Alle drei Dimensionen sind dabei aufs Engste miteinander verflochten und lassen sich dynamisch aufeinander beziehen. Das seelsorgliche Geschehen selbst lebt von dieser Dynamik und rekonstruiert und konkretisiert dadurch Seelsorge immer wieder neu. Nun wäre es sicherlich lohnend, allen drei Ebenen im Einzelnen nachzugehen – wofür in diesem Rahmen kaum ausreichend Raum

---

5   Vgl. hierzu Wolfgang Drechsels Ansatz zur Gemeindeseelsorge, der sich scharf gegen eine seelsorgliche Deutung von Rechtfertigung als Ziel seelsorglicher Interaktion wendet. Diese theologische Perspektive warf er der therapeutischen Seelsorge vor, die mitunter zu pathologisch orientiert sei. Für Drechsel liegt der Ausgangspunkt der Seelsorge in der Rechtfertigung jedes Menschen, insofern die Seelsorgeperson beim Gegenüber nichts zu ändern oder anzustreben habe, sondern auf dieser Grundlage erst einmal wahrnehmen und begegnen könne, ohne einem Impuls der Veränderung folgen zu müssen. Vgl. Drechsel 2016: 46–57.
6   Vgl. Nouwen 1972.
7   Vgl. Schwier 2014/2019.
8   Etwa Doehring 2015; Klessmann 2022.
9   Auch hier Doehring 2015.

wäre. Besonders die erste Dimension theologischer Begründung ist nahezu ein bodenloses Unterfangen, begründet doch jedes Seelsorgekonzept ausführlich theologische Grundlagen und greift dabei in beinahe selbstverständlicher Manier auf biblisches Textgut zurück. Zudem findet sich in beinahe jeder kirchlichen Verlautbarung, Denkschrift oder Handreichung zur Seelsorge in großer Selbstverständlichkeit der Rekurs auf einschlägige Bibeltexte, interessanterweise häufig ohne sich die Mühe zu machen, deren Tiefendimensionen oder Feinheiten zu erfassen.[10] So werden biblische Begründungen der Seelsorge oftmals schablonenhaft herangezogen, als genüge bereits die Nennung des Doppelgebotes der Liebe, um einen Common Sense zum helfenden Ethos oder zum seelsorglichen Handeln herzustellen.[11]

Der Beitrag soll nun trotz dieser angedeuteten spannenden poimenischen Theorieelemente einige Linien ziehen, die sich vorwiegend auf die zuletzt benannte dritte Relation von Spiritualität und Seelsorge, die individuellen religiösen Motive für sorgendes Handeln, beziehen werden. Gerade diese ist bislang zwar häufig als Voraussetzung für Seelsorge proklamiert worden, indem auf die Relevanz der seelsorglichen Haltung, der persönlichen Spiritualität und ihrer individuellen theologischen Begründung für seelsorgliches Handeln abgehoben wurde, wird aber selten explizit im Blick auf einzelne Motive durchbuchstabiert und noch seltener empirisch fundiert.[12]

Diese Spurensuche in der Verbindung von biblischem Traditionsgut und Begründungsmustern im individuellen seelsorglichen Handeln dient einer doppelten Perspektive auf Theorie und Praxis: Zum ersten wird die mehrheitlich theoretisch gefasste erste Dimension theologischer Begründungsmuster in der Poimenik auf eine Übereinstimmung mit dem empirischen Niederschlag in der individuellen Aneignung solcher Theoriekonzepte hin beleuchtet. Sind die theoretisch benannten Bezüge, insbesondere in ihrer christologischen Zuspitzung, aus Perspektive der einzelnen Seelsorgenden tragfähig und praxistauglich? Und wenn ja, in welcher Weise spezifizieren sie den Zusammenhang von Spiritualität und Seelsorge selbst in qualitativen Äußerungen? Zweitens kann durch solche Forschung auch ergründet werden, wie die Theologie der Seelsorge in die pluralen Ausbildungskontexte von Universitäten und Hochschulen, in praxisbezogene Ausbildungsphasen z. B. im Predigerseminar sowie in theologisch-poimenische Fortbildung in unterschiedlichen Phasen der Seelsorgepraxis im Haupt- und Ehrenamt Eingang finden kann. Diesbezüglich bedarf es dringend des lebendigen Dialogs von Theoriebildung und Praxisreflexion, den auch Helmut Schwier in seinem akademischen Wirken stets betont hat.[13]

---

[10] Hinsichtlich der Christuspredigt reflektiert dieses Phänomen der Beitrag von Hoffmann im vorliegenden Band.
[11] Vgl. dazu auch den Beitrag von Hentschel im vorliegenden Band.
[12] Vgl. Klessmann 2022: 452. Klessmann rekurriert hier auf den Begriff des »persönlichkeitsspezifischen Credos«, der ursprünglich von Klaus Winkler eingebracht wurde.
[13] Vgl. Schwier 2019: 13. Empirische Studien finden sich bei Helmut Schwier z. B. zur

Mit diesem Vorgehen reiht sich der Beitrag in das produktive Spannungsfeld der Praktischen Theologie ein, indem es letztlich auch darum geht, der Poimenik eine empirische Fundierung zu verleihen, um zur Konzepterweiterung beizutragen und bezüglich der Praxis zu einem selbstverantworteten theologisch begründeten Seelsorgehandeln im Spannungsfeld zwischen Verletzlichkeit und Heilung beizutragen.

2. Empirische Zuspitzungen: Religiöse Selbstdeutungen von Seelsorgenden

Die empirische Forschung verhilft in der Praktischen Theologie zum genauen Hinsehen und Wahrnehmen dessen, was ist. Ein genauer Blick auf das Vorfindliche, mit Neugier und Interesse an religiöser Praxis und religiösen Subjekten sowie ihrer Selbst- und Weltdeutung hinsichtlich der biblischen Tradition, die mit der theologischen Reflexion in Zusammenhang gebracht wird, ist spätestens seit der zweiten empirischen Wende unabdingbar für Praktische Theologie. Für die Seelsorge ist an dieser Stelle u. a. spannend, wie Seelsorgende ihre Seelsorgepraxis religiös und theologisch begründen. Dieser Fragestellung gehe ich anhand von drei Forschungskontexten nach, wobei die empirischen Beispiele immer in Ausschnitten zur Sprache kommen und illustrativen Charakter für die Grundthematik haben.

2.1 Caring Communities – und ihre christliche Grundlage zwischen Tradition und Transformation

Das Gleichnis vom barmherzigen Samariter ist als Grundmotiv nicht nur für diakonische und seelsorgliche Begründungen in Handreichungen,[14] sondern auch für die theologische Selbstdeutung von Seelsorgenden offensichtlich attraktiv. Dazu gebe ich nun ein Beispiel aus einem Fokusgruppeninterview, in dem Menschen einer Caring Community, einer Sorgenden Gemeinschaft, die zwischen Kommune und Kirche im Sozialraum neue Möglichkeiten der Partizipation schaffen will, miteinander über die Motive ihres sorgenden Engagements ins Gespräch kommen.[15]

Angesprochen auf die Gründe für das Engagement in einer Sorgenden Gemeinschaft und deren spirituell-religiöse Verortung äußert sich zunächst spontan der Bürgermeister und sagt an die kirchlichen Akteur:innen gewandt: »In

---

Predigtrezeption, Schwier/Gall 2008.
[14] Beispielhaft verweise ich auf die Gesamtkonzeption der Seelsorge in der Evangelischen Kirche in Baden, EKIBA 2013, und die Erklärungen zur Diakonie auf der Homepage der EKD, https://www.ekd.de/Diakonie-Basiswissen-Glauben-11055.htm (26.08.2024).
[15] Die Passage wurde – mit anderen Interpretationsakzenten – bereits anderweitig publiziert, vgl. Haußmann 2024a; Haussmann et al. 2024.

eurer DNA steht das.«[16] Sorge wird hier als Kernmerkmal christlichen Glaubens verstanden, das zur motivationalen Grundlage allen sorgenden Handelns wird.

Nun holt als nächstes der am Interview ebenfalls teilnehmende Pfarrer aus und verweist auf Nächstenliebe als zentrales Motiv: »Nächstenliebe ist einfach eins der Kerndinge. Also, dass wir als Kirchengemeinde auf andere achten, auf andere zugehen, das ist eigentlich völlig klar. Und es ist klug, Dinge zu tun und sich zu vernetzen, wo Leute Ähnliches tun.« Der Pfarrer greift die biologische Metapher der »DNA« auf und spitzt diese Aussage auf Nächstenliebe als »eines der Kerndinge« religiös zu. Sorge wird verstanden als »sich um andere kümmern« und »auf andere zugehen«, als ein intrinsisch und religiös motiviertes zuvorkommendes und selbstverständliches Verhalten – interessanterweise nicht nur als einzelne Seelsorgeperson, sondern als im Wir personifizierte Kirche. Sorgende Gemeinschaft ist Kirche. Kirche ist Sorgegemeinschaft. Der unmittelbare Rekurs auf die religiöse Selbstverständlichkeit von Sorge wird dann durch den Hinweis ergänzt, dass es letztlich auf die Zusammenarbeit, ungeachtet des religiösen oder spirituellen Hintergrunds, ankomme. Somit wird den konkreten und praxisnahen Ergebnissen der Sorge die Priorität gegeben – ein pragmatisches Argument steht so über etwaigen religiösen Differenzen.

Der Bürgermeister greift diese Gedanken dann in zweifacher Weise auf:

> Das war ein wenig flapsig jetzt gesagt ja, aber. Aber wenn ich dann, wie gesagt, das Evangelium des Samariters nehme, egal wie jetzt: Caritas, die ist ja auch da vorne, dann ist es viel näher wie bei uns. Nur bei uns kommt natürlich jetzt das Thema. Also ich erlebe das ganz viel und das ist ja eben die totale Abgrenzung zu dem Thema, dass wir dann sagen, wir kümmern uns um etwas, was vielleicht auch nicht in unserer örtlichen, sachlichen Zuständigkeit liegt. Also es gibt ja Kollegen, die haben einen automatischen Reflex: ›Also bin ich örtlich zuständig. Okay, ja das ist nicht bei mir, sachlich schon gar nicht.‹ Also. Und so kannst du dich vor allem abgrenzen. Also von dem her glaube ich schon deutlich eine ganz andere Verbindung als auch die Aufgabe, eine Aufgabe oder ein Auftrag.

Er verweist nun explizit auf biblisches Textgut und nennt das »Evangelium des Samariters«, bezieht sich also mit Lk 10 auf das Gleichnis vom barmherzigen Samariter, das als Explikation des Doppelgebots der Liebe folgt (Lk 10,25–37). Darin versorgt der Samariter das notleidende Opfer, indem er Erste Hilfe und Akutpflege leistet und anschließend die weitere institutionelle Langzeitpflege in die Wege leitet. Betrachten wir den biblischen Bezug und die Aussagen des Bürgermeisters genauer, so scheint er sich möglicherweise sogar mit dem Samariter zu identifizieren: Während die Anderen (der Priester, der Levit resp. andere Kolleg:innen oder die Caritas – unklar bleibt, ob andere Verantwortliche

---

[16] Alle genannten Zitate sind bereits im gleichnamigen Beitrag zu finden: Haußmann 2024a.

in der Gemeinde oder Bürgermeisterkolleg:innen anderswo) die sorgende Verantwortung von sich weisen, nimmt sich der Samariter resp. der Bürgermeister der Sorge an, fühlt sich für die Etablierung einer Sorgenden Gemeinschaft verantwortlich und macht sie zu seinem eigenen Projekt, das er gemeinsam mit Kirche realisiert. Die Schlussfolgerung aus der ersten Aussage, dass er die Kirche verantwortlich für Sorge hält (»eure DNA«), muss daher revidiert werden: Kommune und Kirche sind in den Augen des Bürgermeisters gemeinsam verantwortlich, und es wird zur Aufgabe, zum Auftrag, eine Sorgende Gemeinschaft zu implementieren.

Blicken wir nun exegetisch auf den zugrundeliegenden Bibeltext in Lk 10 und denken das Argument des Bürgermeisters weiter, so findet sich hierin auch kritisches Potenzial, das über den reinen Appell an das helfende Ethos des Einzelnen hinausreicht.[17] Zum Stichwort Caring Community könnte das vom Bürgermeister gewählte biblische Bild nicht besser gewählt sein, aber das erst auf den zweiten exegetischen Blick: Die Erste Hilfe, die Notfallseelsorge nach einem traumatischen Ereignis, leistet der Samariter selbst. Er verbindet die Wunden, er enthebt das Opfer dem drohenden Tod am Straßenrand und sichert seine weitere Versorgung. Die tatkräftige langfristige und aufwändige Pflege jedoch wird delegiert an andere, für die der Samariter aber bereit ist, finanziell aufzukommen. Das Helfen des Samariters ist also ein begrenztes, das sich weitere Helfende hinzuzieht: »Beim Helfen müssen viele mitwirken.«[18] Es gibt tatsächlich eine unsichtbare Seite dieser Care-Geschichte.[19] Erzählt wird üblicherweise von Wahrnehmung des Anderen, von Erster Hilfe, mitleidender Barmherzigkeit, leiblicher Grundversorgung und der Relevanz von Notfallseelsorge. Was aber passiert im Wirtshaus, nachdem der Samariter weitergezogen ist? Wie wird mit dem hinterlassenen Geld umgegangen, wofür wird es investiert? Wer übernimmt das Waschen der Wunden, das kräftezehrende Verbändewechseln, Körperhygiene, Umkleiden, Füttern, Windelwechseln? Wer sitzt in der Nacht am Bett, hält die Hand und hört zu, wenn die traumatischen Bilder des Überfalls wiederkommen und den Verletzten zu überwältigen drohen? Wer trocknet die Tränen angesichts physischer und seelischer Schmerzen? In der Realität von Sorgenden Gemeinschaften und unserer Gesellschaft sind es zahlreiche einzelne Sorgende, die sowohl die körperlichen als auch psychischen und sozialen Aspekte der Sorge übernehmen – aber wie oft bleiben sie unsichtbar und wenig gewürdigt! Wie oft ist Seelsorge als unsichtbares Geschehen an die Ränder der kirchlichen und gesellschaftlichen Wahrnehmung gedrängt – wie auch andere Care-Bereiche, insbesondere häusliche Pflege. So ist das Gleichnis auch eine

---

[17] Vgl. zum Folgenden auch die Ausführungen in Haußmann 2022a.
[18] Vgl. Theißen 1990: 97.
[19] Vgl. zur Vielzahl der Helfenden und der Ökonomisierung des Helfens auch Moos 2017: 37f.

Delegationsgeschichte, die um die Langfristigkeit von Sorge weiß und deren Konkretion doch im Dunkeln lässt.

Nun ist auch bei der Rückkehr zum empirischen Beispiel ebendiese Spannung zu beobachten: Weder Pfarrer noch Bürgermeister, die die biblischen Begründungsmuster einbringen, sind diejenigen, die in der Sorgenden Gemeinschaft tatsächlich faktische Sorgefunktionen übernehmen. Sie organisieren, ermöglichen, strukturieren und planen. Sicherlich ist auch der Pfarrer für seelsorgliche Anliegen ansprechbar. Und der Bürgermeister hat ein offenes Ohr für die Sorgen und Nöte seiner Bürger:innen. Jedoch: Es braucht die Vielen, die Unsichtbaren, die der Sichtbarkeit bedürfen, die zusammen erst die Sorgende Gemeinschaft bilden. In dieser Weise ist auch Seelsorge eine Aufgabe von vielen.

Der Bibeltext wird zur Interpretationsfolie eigenen Sorgehandelns, einer Solidaritätspraxis und Verantwortlichkeit für andere, die Hilfe und Unterstützung brauchen, die durchaus auch im säkularen Kontext einer Kommune Anwendung findet. Alles beginnt entsprechend bei einer Wahrnehmung derjenigen, die der Sorge bedürfen, die bis ins Leibliche hinein affizieren[20] – so lassen sich flankierend zu dieser Einzelaussage auch zahlreiche andere Hinweise auf Nächstenliebe in den qualitativ-empirischen Daten unserer Studie zu Sorgenden Gemeinschaften finden. Sorge wird von den Akteur:innen qualifiziert als zuvorkommend, auf Nächstenliebe basierend und als weitgehend selbstlos verstanden – und dennoch halten die Befragten fest, dass Nächstenliebe kein rein spirituell-religiöses Motiv mehr ist, sondern auch säkular verstanden werden kann.[21] Spiritualität spielt als machtvolles Motiv eine wichtige Rolle, die aber von der Pragmatik der Akteur:innen durchaus auch gebrochen werden kann: Auf der Basis eines gemeinsam ausgehandelten Sorgeverständnisses, das aber durchaus von unterschiedlichen spirituellen oder säkularen Motiven getragen sein kann, wird dann pragmatisch überlegt, wer auf welche Weise der Sorge bedarf und wer sie faktisch leisten kann.[22]

2.2 Seelsorgende in Krisenzeiten: Pandemische Abbrüche, Neuorientierungen und religiöse Selbstvergewisserungen

Nun ein zweiter Themenkreis zur gestellten Grundfrage der Relevanz von Spiritualität der Seelsorgenden. Die COVID-19-Pandemie liegt gefühlt schon lange hinter uns. Wir verdrängen diese bedrängende und belastende Zeit mittlerweile gerne – und dennoch möchte ich heute daran erinnern, weil insbesondere der Topos von Seelsorge in Krisenzeiten ein neues Licht auf die bleibende Relevanz

---

[20] Vgl. Lienhard/Bölle 2013: 49–53.
[21] Vgl. Haussmann et al. 2024.
[22] Vgl. hierzu auch die Überlegungen von Christine Wenona Hoffmann, die diesen Fragen anhand von Sorgenden Gemeinschaften in Vesperkirchen nachgeht und hier diakonische und seelsorgliche Aspekte auch spirituell reflektiert. Vgl. Hoffmann 2023; Hoffmann 2024.

von Verletzbarkeit und Bedürftigkeit der Seelsorgenden geworfen hat.[23] In den Daten einer quantitativen Studie während der Pandemie wurde ein korrelativer Zusammenhang zwischen spirituellen Konflikten und der Wahrnehmung von belastenden spirituellen Themen bei anderen Menschen erkennbar.[24] Man könnte es so deuten, dass die Erfahrung eigener Verletzlichkeit und Nöte möglicherweise eine Aufmerksamkeit für die Nöte bei anderen begünstigt. Auch wenn man hier empirisch nicht von Kausalitäten sprechen kann, so lässt sich an den qualitativen Antworten die Belastung der Seelsorgenden gut nachvollziehen. Hier nun drei Zitate aus der Wahrnehmung der Seelsorgenden, in denen sie ihre theologische Selbstdeutung in der Krisensituation artikulieren:

> Ich bin nicht unverletzbar. Gesund bleiben ist Grund, dankbar zu sein. Dankbarkeit. Gottvertrauen. (I1640, Krankenhausseelsorgerin)

> Ich konnte regelmäßiger die Stille und das Gebet alleine praktizieren. Die Gemeinschaft von Glaubenden ist mir wichtiger geworden, weil sie nicht mehr so selbstverständlich vorhanden war. Die Kraft des Gebetes füreinander möchte ich gern mehr nutzen/erfahren. (I689, Diakonin in der Altenheimseelsorge)

> Wir sind als Lebewesen verletzlich. Das ist trotz aller Vergänglichkeit, des Schmerzes und des Leides dennoch auch unsere Stärke, weil Teil unseres Lebens/Lebendig-Sein. ›Meine Kraft ist im Schwachen mächtig.‹ (I1368, Pfarrerin in der Gemeindeseelsorge)

Insgesamt erfahren viele ihren Glauben als tragende Kraft und reflektieren auch intensiver die theologischen Grundlagen der Seelsorge. Krisen lassen durchlässiger werden für die Nöte des Menschseins und die Bedürftigkeit menschlichen Seins. Jedoch erfahren sich die Seelsorgenden auch selbst als belastet und von der Krise angegriffen. In spiritueller Hinsicht wird ihnen die eigene religiös-spirituelle Verortung, die sie im Gebet suchen, teils wichtiger, teils erfahren sie die Grenzen spirituellen Lebens, wenn es um Gottesdienste und gelebte Gemeinschaft geht, die während der Pandemie nicht mehr möglich waren. Die eigene Fragmentarität wird aus der Erfahrung heraus theologisch reflektiert. Und eben darin eignet diesen Erfahrungen ein transformatives Element. Manche Seelsorgende äußern ein Sendungsbewusstsein, das sie wiederum aus ihrem Glauben schöpfen:

> Es ist mehr im Bewusstsein und wird wertgeschätzt, dass wir ›da‹ sind, auch wenn man uns nicht in Anspruch nimmt. Es wird positiv bewertet, dass wir für Menschen,

---

[23] Vgl. Haussmann 2022b; Haussmann/Fritz 2021; Haußmann/Fritz 2022. Die folgenden Zitate werden nach den in den jeweiligen Artikel zugrunde gelegten Kategorisierungen zitiert.
[24] Vgl. Haussmann 2022b.

das Umfeld, die Gemeinde, die Welt beten, selbst wenn man keine persönlichen Anliegen äußert oder selbst Gebet nicht praktiziert. Es wird als positiv bewertet, dass es uns als ›Vertreter:innen‹ von Glaube und Gottvertrauen gibt. So eine Art ›Hoffnungsträger:innen‹ für alle. (S66, Gemeindepfarrerin)

2.3 Ehrenamtlich Seelsorgende und ihre religiösen Selbstdeutungen: Gelebte Theologie mit Brüchen und Zweifeln

Die nun folgenden Beobachtungen stammen aus einem aktuell von mir und meinem Team durchgeführten Projekt zur empirischen Erforschung von Seelsorge im Ehrenamt.[25] Wir haben insgesamt 17 ehrenamtlich tätige Seelsorgende befragt, die im Zentrum für Seelsorge ihre Ausbildung zur ehrenamtlichen Seelsorge absolviert haben und nun ihre Erfahrungen in qualitativen Interviews reflektieren. Exemplarisch greife ich eine Person heraus, die ihre Motivation so beschreibt:

Also, ich habe einfach das Gefühl, dass ich Menschen was Gutes tun kann. Und ich habe das Gefühl, dass ich da ein bisschen in Jesu Nachfolge bin. Also, der hohe Anspruch ist ja, leben wie Jesus, ihm nachfolgen und seinem Vorbild folgen. Und das ist ja ein Ding der Unmöglichkeit, sage ich jetzt eigentlich mal so, ja, in unserem menschlichen, wie sagt man, Versagen und einfach in unserem Mensch-Sein. Wir sind so. Also, Jesus gleich zu sein und zu werden, ist von jeher ein hoher Anspruch, der nirgends passt. Aber so ein bisschen, so seine Wege versuchen zu folgen und, ja, auch bisschen: ›Ihr sollt meine Jünger sein und ihr sollt Menschenfischer sein‹, und all diese Dinge, die bewegen mich natürlich schon. Und irgendwo habe ich gedacht: ›Wo kann ich was finden, wo ich ihm ein Stück genügen kann?‹ Und mit der Seelsorge, das war auch so, also, die Menschen sind immer schon zu mir gekommen.(E03, 27)

Die Befragte formuliert ihre Motivation zur Seelsorge aus ihrer individuellen Theologie heraus, indem sie sich in die direkte Jesusnachfolge stellt, die sie zugleich mehrfach abschwächt (»bisschen«) und ergänzt, dies sei »von jeher ein hoher Anspruch«. Dennoch begründet sie dieses Anliegen mit dem Rekurs auf Lk 5,11 und verortet sich in der Tradition des zum Menschenfischen berufenen Petrus. Als Seelsorgeperson findet sie eine Möglichkeit, den im Gefühl verorteten Nachfolgegedanken zu realisieren, den sie zugleich als Anspruch an sich selbst wahrnimmt (»ihm ein Stück genügen«). Dabei weist sie die Verantwortung für individuelle Glaubensentwicklung mit dem Verweis auf Gottes Wirken klar von sich:

Die Freiheit, dass der andere sich auch selber entscheiden darf und dass ich nicht verantwortlich für den anderen bin. Ich gehe zu ihm. Ich rede mit ihm. Ich versuche, ihm auch von Jesus zu erzählen, aber letztendlich bin ich nicht verantwortlich, dass

---

[25] Vgl. https://www.theologie.uni-heidelberg.de/de/projekt (04.09.2024).

er jetzt zum Glauben kommt. Das ist immer noch Gottes Thema und immer noch der Heilige Geist. (E03, 49)

Dennoch finden sich auch Ratlosigkeit und Ohnmacht angesichts des Leidens von Menschen, die parallel zum Gefühl des Getragenseins im eigenen Glauben erlebt werden können. Die seelsorgende Person schildert, wie sie zwischen eigener Situation in tiefem christlichem Glauben und der Situation anderer, die mit Verlusten und schweren Schicksalsschlägen ringen, zuweilen in inneren Konflikt gerät, besonders in Bezug auf das Sagbare in den Begegnungen. Sie schildert, wie sie mit Kindern, die ihre Mutter verloren haben, um Worte ringt und von der Vertröstung auf ein Wiedersehen im Himmel absieht. Ihr persönlicher Glaube und das Gebet unterstützen sie im seelsorglichen Tun:

> Und ich glaube, ich persönlich kann das nur, wenn ich bete und wenn ich mit Jesus bin und wenn ich weiß, er unterstützt mich und er ist bei mir und er trägt mich durch. Aber ich kann das halt für mich sagen und weiß nicht, wie ich das dann am besten diesen Kindern vermitteln kann, die ja eigentlich in dem totalen Schmerz sind und in der Gemeinheit, dass ihnen die Mama weggenommen wird. Also, das ist ja wirklich was, das können wir ja auch nicht verstehen und auch nicht erklären. Und das sind so Erfahrungen in der Seelsorge, was jetzt noch nicht die offizielle Seelsorge war, aber mir immer, immer nachhängen, auch immer in so Situationen, wo es dann zum Thema Tod kommt. (E03, 23)

Hier wird ersichtlich, dass die individuelle Theologie zur Grundlage seelsorglichen Tuns wird, eine explizite Christuspredigt selbst aber im Gespräch als durchaus ambivalent empfunden wird. Es bleibt seitens der Seelsorgeperson die Frage, wie Glaubensüberzeugungen jenseits von platten Vertröstungen in konkrete Worte im Gespräch einfließen können:

> Und dem anderen eben dann in der Seelsorge quasi nicht die Hoffnung und die Zuversicht geben kann im Glauben. Da denke ich immer, wie mache ich das, ohne dass es sich so leer anhört? Also, ich glaube ja da wirklich dran. Aber wenn man nicht in der Situation ist und jemand verloren hat, ganz direkt, dann ist das für mich unheimlich schwierig zu sagen. (E03, 23)

Die Differenzierung, in der diese Person die sprachlichen Möglichkeiten in der seelsorglichen Intervention einschätzt, ist bemerkenswert. Sie trennt klar zwischen eigenen theologischen Grundlagen und Glaubensüberzeugungen – eine wirklich professionelle Vorgehensweise, die die unterschiedlichen Voraussetzungen der Beteiligten genau im Blick hat und reflektiert, was jetzt gut und angemessen wäre. Das ruminierende Beschäftigen mit den seelsorglichen Inhalten und Begegnungen (»*immer, immer nachhängen*«) ist wiederum ein Zeichen der Affizierbarkeit, des Berührtwerdens vom Lebensschicksal und Leiden anderer Menschen – bei der gleichzeitigen Erfahrung, dass das eigene Helfen- und Lindernwollen durch Worte an Grenzen stößt. Eine weitere ehrenamtliche Seelsorgerin schildert, wie sie sich durch entlastende Worte durch Andere im Kurs ansprechen ließ, die von überzogenen Selbstansprüchen und Idealen der Glaubensnachfolge entlassen wollten:

> Ja, also der eine Satz hat mich sehr angesprochen, wo es geheißen hat: ›Grundsätzlich stehen seelsorgerliche Begegnungen immer unter einer Verheißung. Es sind Begegnungen in der Gegenwart Gottes.‹ Also dass Gott eigentlich immer dabei ist, wenn ich Gespräche, seelsorgerliches Gespräch habe, dass Gott eigentlich die Liebe ist. (E09, 49)

Dass die Seelsorgenden mit der aktiven Präsenz Gottes im seelsorglichen Geschehen rechnen, kommt deutlich zur Sprache. Diese Ehrenamtliche deutet dies als Begegnungen »unter einer Verheißung«. Eine solche Sichtweise entlastet merklich von der Bürde, helfen zu müssen, verantwortlich zu sein für das Wohlergehen eines anderen Menschen. Das wesentliche Wirken diesbezüglich wird Gott selbst zugeschrieben, so dass das eigene Handeln von zu erreichenden Zielen und menschengemachter Heilsamkeit entlastet ist.

3. Theologische Differenzierungen: Von fragmentarischen Begrenzungen und verletzlicher Heilsamkeit

Im letzten Teil will ich nochmals drei Aspekte der gelebten Verschränkung von Spiritualität und Seelsorge hervorheben, welche die Empirie auf grundlegende theologische Erkenntnisse zur Christusverkündigung durch Seelsorge hin weiterführen.

3.1 Gelebte Theologie – veränderte Perspektiven auf Empirie in der Praktischen Theologie

Das Konzept der gelebten Theologie macht Ernst mit der Theologizität der subjektiven religiösen Deutungen als theologischer, nicht nur religiöser Produktivität. Insbesondere gelesen im Spiegel postkolonialer Deutungen ist dies eine wichtige aktuelle Stimme, die im poimenischen Diskurs außerhalb von Deutschland schon deutlich vernehmbarer ist, aber auch im deutschsprachigen Kontext zunehmend aufgegriffen wird.[26] Dabei genügt es nicht, postkoloniale Perspektiven aufzunehmen, vielmehr bringt die darin liegende Kritik auch zum

---
[26] Vgl. etwa den Ansatz von Carrie Doehring, die zwischen »intentional theologies« und »lived theologies« unterscheidet, vgl. Doehring 2015. Für den deutschsprachigen Kontext vgl. im Blick auf religiöse Erfahrung Müller 2023 sowie für die Poimenik Roleder/Abdallah 2024.

Ausdruck, wo bislang blinde Flecken in der Wahrnehmung spiritueller und religiöser Deutungs- und Verstehenspraktiken innerhalb der (Praktischen) Theologie liegen. Das in der Praktischen Theologie breit vertretene Konzept der gelebten Religion legt den Schwerpunkt auf Religion als vielschichtiges Phänomen, dessen theologische Deutung aber weiterhin den Forschenden selbst obliegt, die religiöse Aussagen in einen Zusammenhang und in eine theologische Reflexion bringen und damit ihre Deutungsmacht im Vordergrund steht. Hingegen argumentieren andere für die Wahrnehmung religiöser Deutungen als gelebte Theologie: »Gelebte Theologie bezeichnet die individuell konstruierte, persönlich verifizierte und rhythmisierte Theologie der individualisierten Person, die in das Alltagsleben integriert ist.«[27] Der Unterschied zur gelebten Religion besteht nun darin, dass gelebte Theologie nicht nur auf religiös-spiritueller Erfahrung beruht, sondern diese transzendiert, indem sie offen ist für Diskurs und kritische Reflexion.[28] Die Pointe gelebter Theologie lässt sich so formulieren: Es sind die Subjekte selbst, die ihre individuellen Theologien entwickeln und wiederum den Anspruch erheben können, ihre Praktiken theologisch reflektiert zu gestalten. Keinesfalls also sind es nur theologisch akademisch gebildete Subjekte, z. B. Pfarrer:innen, die als Seelsorgende theologisch reflektiert agieren, sondern eben auch Ehrenamtliche.[29] Gerade im Blick auf die Forschung mit ehrenamtlich Seelsorgenden dürfte die Intensität solcher Selbstdeutungen und ihrer Rückwirkungen auf seelsorgliche Praxis deutlich geworden sein. Und diese Beobachtungen machen ein Aufgreifen und Diskutieren von Formen gelebter Theologie in den vielfältigen theologischen Ausbildungstexten umso wichtiger.

3.2 Die Transformation von Tradition

Spirituell-religiöse Selbstdeutungen sind kein Selbstläufer innerhalb der Seelsorge. Sie stehen im Kontext religiöser Sozialisation und werden in Seelsorgeausbildungen – auch bei Ehrenamtlichen – aufgegriffen. So sind die Ausbildungszusammenhänge von Seelsorge immer auch damit befasst, Selbsterfahrung im spirituellen Sinn zu ermöglichen und die Teilnehmenden dazu anzuregen, ihre persönliche religiöse Prägung und ihre spirituelle Praxis zu benennen und in und mit einer Gruppe zu reflektieren. Dass diese Selbstverständlichkeiten bereits für das kirchliche Engagement in den Sozialraum hinein wesentliche Veränderungen erfahren, wird nicht nur daran deutlich, dass etwa für den diakonischen Bereich religiöse Selbstdeutungen und spirituelle Erfahrungen mitunter eine wesentlich kleinere Rolle spielen können. So ist eine (christlich-) religiöse Motivation von Mitarbeitenden in der Diakonie längst nicht mehr selbstverständlich.[30] Die ausgewählten Empiriebezüge zeigen jedoch, dass das biblische Erbe bis in die konkreten Motive und Wortlaute hin-

---

[27] Müller 2023: 211.
[28] Vgl. a. a. O.: 212.
[29] Vgl. Müller 2019; Haußmann 2024b.
[30] Vgl. Braune-Krickau 2016.

ein lebendig ist und in den individuellen Theologien ein Echo und eine Transformation erhält. Seelsorgende verbinden ihr Tun mit konkreten theologischen und biblischen Prinzipien und Personen, sei es der barmherzige Samariter oder Petrus als Menschenfischer. In der religiösen Gemeinschaft bzw. Binnenkultur dienen solche Bezüge auf das Christentum und die christliche Kultur als Mittel der Anerkennung, des Beziehungsaufbaus und der Entwicklung gemeinsamer Überzeugungen, die den sozialen Zusammenhalt als gemeinsame Basis stärken und diesen christlichen Gemeinschaften wiederum von außen zugeschrieben werden. Solche Bezüge auf christliche Theologie und biblische Sprache sind jedoch nicht in allen Kontexten aus sich heraus verständlich – in der gesellschaftlichen Pluralität werden sie künftig vermehrt der Erklärung und der Verständigung bedürfen. So ist bemerkenswert, dass christliche Bezüge nicht nur individuell angeeignet sind, sondern anderen Menschen – auch in säkularen Bezügen, wie wir sie in Sorgenden Gemeinschaften im Sozialraum beobachtet haben – vermittelt werden und hierdurch sowohl aktualisiert als auch durch die neuen Kontexte transformiert werden. Im Großen und Ganzen ist dies eine als produktiv zu lesende Folge des Wandels hin zu einer postsäkularen und pluralistischen Gesellschaft zu deuten. Christentum und christlicher Glaube sind nicht mehr selbstverständlich, sie müssen erklärt und gedeutet werden, was sie wiederum auch stärken und produktiv bereichern kann.

Gerade in interkulturellen, interprofessionellen Beziehungen zwischen Kirchengemeinden, der Kommune und anderen Pflegefachkräften werden die Bilder und Grundlagen der eigenen religiösen Tradition erklärt oder in andere Narrative eingebettet. Darüber hinaus werden christliche Werte auch in säkularer Weise verwendet, wie dies beispielsweise bei der Nächstenliebe der Fall ist. Diese Säkularisierung ehemals christlicher Narrative ist in den Interviews deutlich spürbar und wird in den Sorgenden Gemeinschaften auch thematisiert.[31] Christlicher Glaube steht im Kontakt mit anderen Sinnversprechen und Deutungsangeboten. So ist es trotz der Verwurzelung in der eigenen Glaubenstradition hilfreich, über andere religiöse oder spirituelle Traditionen informiert zu sein und Offenheit und Respekt gegenüber anderen spirituellen Orientierungen zu pflegen. Spiritualität und Religion sind in säkularisierten Kontexten Europas weitgehend Privatsache. Gerade deshalb ist es erstaunlich, dass in den empirischen Interviews auch christliche Perspektiven mit Verweisen auf die Bibel und die Glaubensgrundlagen so explizit zur Sprache kommen. Das Gespräch über die spirituellen Grundlagen des individuellen und kollektiven helfenden Tuns scheint eine enorme transformative und motivationale Kraft zu haben.

---

[31] Vgl. Haussmann et al. 2024.

3.3 Verletzlichkeit und Fragmentarität – Fröhlich seelsorgen angesichts von Grenzen und Verheißung

Verletzlichkeit und Kreuzestheologie lassen die subjektiven religiösen Selbstdeutungen von Seelsorgenden im Licht von Endlichkeit und solidarischem Handeln erscheinen. Insofern bieten – mit Helmut Schwier gesprochen –

> Kreuzestheologie und Leidenschristologie Orientierung für solches Handeln, indem das Leiden und die Ohnmacht des Gekreuzigten als Grundlagen solidarischen Helfens und der diakonischen Zuwendung zu den Geringsten und Schwächsten verstanden werden; dadurch sollen nicht zuletzt patriarchale Strukturen und Verhaltensweisen einer solidarischen und partizipationsorientierten Ausrichtung weichen.[32]

Seit den 1980er-Jahren ist in der Rede von den verwundeten Heilenden immer wieder die positiv akzentuierte Eigenschaft der Verletzlichkeit von Helfenden herangezogen worden. Prominent vertreten von Henri Nouwen, wurde Vulnerabilität als Grundkonstitution des Menschseins ausgehend vom Leiden Christi für Seelsorge dergestalt fruchtbar gemacht, dass sie zur Voraussetzung des Anteilnehmens am Leben des Anderen gemacht wurde.[33] Als Kontrapunkt zu anderen Perspektiven betont er die Asymmetrie der Helfenden gegenüber den Hilfebedürftigen. Wenn jedoch alle an der Seelsorge Beteiligten nur als Leidende begriffen werden, droht Verletzlichkeit schnell zur gegenseitigen Verletzung zu werden.

Kritisch an einer schwachen Christologie, die seelsorgliche Orientierung allein auf die Verletzlichkeit menschlichen Seins gründet, lässt sich – wiederum mit Helmut Schwier – warnend auf vereinseitigende Tendenzen verweisen: So kann eine Konzentration auf Vulnerabilität »ein übersteigertes Leidensverständnis im spirituellen oder ein grenzenloses Helferpathos im diakonisch-seelsorglichen Feld«[34] hervorrufen. Das Ideal der jesuanischen Nachfolge und das Gefühl des Mitleidens, wie wir es bei ehrenamtlichen Seelsorgenden empirisch beobachteten,[35] kann zu intensiven Ohnmachtsgefühlen führen und damit seelsorgliches Handeln erschweren und wird von Seelsorgenden als belastend erfahren.

Solchen Vereinseitigungen könnte wiederum durch Anregungen aus dem exegetischen Raum gewehrt werden. Helmut Schwier verweist auf die Tragkraft der Rede von *munus regium*, dem königlichen Amt, der Königsherrschaft Christi, die schon vorösterlich anbricht und im Leben Jesu seelsorgliches Handeln im Sein als »Bruder und Freund«, »Armer und Ausgestoßener«[36] in der Zuwendung zu anderen mündet. Folgt man Helmut Schwiers Gedanken zur Nachfolge, lässt

---

[32] Schwier 2014: 254f.
[33] Vgl. Nouwen 1972.
[34] Schwier 2014: 255.
[35] Siehe 2.3.
[36] Schwier 2014: 255.

sich aus der niedrigen und hohen Christologie, aus der Gleichzeitigkeit von Erhöhung und Erlösung Christi und der Inkarnation in unsere weltlichen Verhältnisse ableiten:

> Nicht der Imperativ des Helfen-Müssens steht am Anfang, sondern die dankbare, auch weisheitlich geprägte Einsicht, mit und von der freien Selbstbegrenzung und Selbstzurücknahme anderer zu leben, die auch Diakonie und Seelsorge prägen soll.[37]

Helfen und Dienen sind hochkomplexe Dynamiken, deren Relationen und gelebte Realitäten es aus beiden Perspektiven – exegetisch und empirisch – wahrzunehmen, zu deuten und sichtbar zu machen gilt, damit sie wiederum hineinwirken können in Lebenswirklichkeiten und Verkündigungssituationen. Insofern können christliche Symbole als Orientierung für das Helfen dienen:

> Es sind die religiösen Symbole der Nächstenliebe, der Barmherzigkeit, der Gotteskindschaft, es sind die großen diakonischen Narrative vom Weltgericht, vom barmherzigen Samariter, die eine solche Einheit des Helfens sowie die personale Ganzheit derer, die helfen, und derer, die Hilfe empfangen, präsent halten. Wo diese Symbole lebendig gehalten sind, tragen sie dazu bei, dass die Einheit des Helfens erfahrbar bleibt.[38]

Drei in der Christologie gründende theologische Haltungen können Helmut Schwier folgend als wesentliche Orientierungen für Helfende angesehen werden:

> Im konkreten diakonischen Handeln vor Ort und als Haltung der Christen sind Demut als Annehmen eigener Schwäche und Gebrechlichkeit, Gemeinschaft als auf Gegenseitigkeit beruhende Unterstützung und Sachlichkeit, die auf die Not des anderen, nicht auf religiöse oder ethische Forderungen, reagiert, wesentliche christologisch begründete Leitlinien.[39]

Demut, Gemeinschaft und an Nöten orientierte Sachlichkeit geben der seelsorglichen Interaktion eine Richtung vor, die Realismus und Begrenztheit menschlichen Handelns, aber auch seine heilsamen Möglichkeiten hervorhebt. Brüchig sind wir alle angesichts des Leides, das uns in der Welt begegnet. Je nach Situation brechen die Risse in und um uns mal ganz fein, mal groß wie Gräben auf. Aufgrund unserer ontologisch angelegten Verletzlichkeit bedürfen wir alle der Zuwendung.[40] Und mitunter sind die Brüche und Risse in der Welt so groß,

---

[37] Ebd.
[38] Moos 2017: 38.
[39] Schwier 2014: 256.
[40] Vgl. zur Unterscheidung von ontologischer und situativer Verletzlichkeit Springhart 2021.

dass sie nicht durch ein gutes Wort wieder geschlossen oder verbunden werden können. Es braucht sichtbare Zeichen unserer Verwundungen und doch deren Transformation, damit Heilung geschehen kann. So auch angesichts des unfassbaren Einbruchs von Gewalt in die friedliche Wissenschaftsgemeinschaft beim Amoklauf im Neuenheimer Feld am 24. Januar 2022. Helmut Schwier hat mit anderen Menschen Räume und Gelegenheiten für die seelsorgliche und liturgische Bearbeitung dieses Ereignisses bereitgestellt. Während der in der Peterskirche gehaltenen Gedenkfeier wurden in die Lücken einer Backsteinmauer weiße Rosen gesteckt. Viele reihten sich ein, um ein sichtbares Zeichen des Blühens und Wachsens in die Risse des Fragens und der Ohnmacht zu setzen. Und gerade in der sichtbaren kollektiven Ohnmacht wurde Gemeinschaft erfahrbar.

Und so geht es am Ende nicht nur darum, anderen zu helfen, andere zu unterstützen, sondern gemeinsam miteinander füreinander zu sorgen und darin Gottes Menschenfreundlichkeit zu erfahren.[41] Immerhin sind es auch frohe Momente, die auf der Klaviatur von Seelsorge ihren Platz finden: »Weint mit den Weinenden und freut euch mit den Fröhlichen« (Röm 12,15), so ist die Seelsorge-Gesamtkonzeption der evangelischen Landeskirche in Baden überschrieben und greift darin die Tiefen und Höhen des menschlichen Lebens auf.[42] Das entlastet die Seelsorgenden vom Selbstanspruch einer Machbarkeit von Hilfe und Heilung. Gott handelt am Menschen, und Christus ist das soteriologische Zentrum von Seelsorge.

Schließlich sind biblischer Text und menschliches Leben in seelsorglicher Verkündigung und verkündigungsorientierter Seelsorge ineinander verflochten: Einerseits legt die Bibel unsere Erfahrungen aus, sie bereichert sie um neue Deutungsebenen oder verleiht Worte für spracharme oder sprachlose Lebenszusammenhänge: »Analog zu möglichen Funktionen der Bibel im seelsorglichen Gespräch können die gepredigten biblischen Geschichten, Bilder, Metaphern und Gedanken als vertraute Fremdheit stärkend, orientierend, in Frage stellend oder vergewissernd wirken.«[43] Andererseits legen wir die Bibel mit unserem Leben aus: Christus wird gepredigt durch die Tat der seelsorglichen Zuwendung bereits allein dadurch, wie Menschen ihre christliche Spiritualität in ihrem seelsorglichen Tun wahrnehmen und dieses spirituell begründen – und zwar ganz gleich, ob religiöse Themen oder explizite Spiritualität in der konkreten seelsorglichen Interaktion aufscheint oder auch nicht.

---

[41] Vgl. den Titel der Publikation »Gottes Menschenfreundlichkeit und das Fest des Lebens«, Schwier 2019.
[42] Vgl. EKIBA 2013.
[43] Schwier 2021: 272.

4. Ein Abschluss: Werdet Bedürftige!

Den Schluss möchte ich mit Henning Luther wagen, der zum betenden Handeln anregt, in welchem Tun und Spiritualität eng verknüpft sind. Darin spiegelt sich eine prinzipielle seelsorgliche Haltung gegenüber uns selbst und gegenüber anderen Menschen:

> Betend handeln – das heißt also – seufzend handeln: Mit dem Seufzer der Ratlosigkeit – gegen die Panzer der Selbstsicherheit; mit dem Seufzer der Klage gegen die Mitleidlosigkeit; mit dem Seufzer der Begierde – gegen die hoffnungslose Bescheidenheit. Bleibt beharrlich im Gebet, betet ohne Unterlaß – wir können das, wenn wir uns einander als Seufzende begegnen; wir können das, wenn wir unsere falsche Selbstsicherheit ablegen; wir können das, wenn wir die Klagenden hören und ihren Schmerz, auch die Klage in uns; wir können das, wenn wir die Verheißung beim Wort nehmen und unsere Sehnsucht entfachen. Bleibt beharrlich im Gebet – werdet Bedürftige! Im Klagen, Loben, Bitten sagen wir eigentlich immer nur dies: So soll's nicht bleiben. Wir wollen mehr: Dein Reich komme, dein Wille geschehe.[44]

Bibliographie

Asquith, G. H., 1982. Anton T. Boisen and the Study of Living Human Documents. JPH 60 (3), 244–65.

Braune-Krickau, T., 2016. Die gelebte Religion der Diakonie. Praktisch-theologische Perspektiven auf diakonisches Handeln. ZThK 113 (4), 384–406.

Bukowski, P., 1994. Die Bibel ins Gespräch bringen. Erwägungen zu einer Grundfrage der Seelsorge. Neukirchen.

Doehring, C., 2015. The Practice of Pastoral Care. A Postmodern Approach. Revised and expanded edition. Louisville.

Drechsel, W., ²2016. Gemeindeseelsorge. Leipzig.

Evangelische Landeskirche in Baden, 2013. Freut euch mit den Fröhlichen und weint mit den Weinenden. Seelsorge in der Evangelischen Landeskirche in Baden. Gesamtkonzeption. Heidelberg/Karlsruhe.

Evangelische Kirche in Deutschland, https://www.ekd.de/Diakonie-Basiswissen-Glauben-11055.htm (26.08.2024).

Haussmann, A. D./Odrasil, O. L./Wiloth, S./Hinz, E./Kerl, P./Mylius, J./Ackermann, K., 2024. Tradition and Transformation. Spirituality in Church-Related Caring Communities in a Pluralistic Society. Religions 15 (3), 363. https://doi.org/10.3390/rel15030363 (05.09.2024).

---

[44] Luther 2008: 57.

Haußmann, A., 2024a. In eurer DNA steht das. Miteinander füreinander (Seel)sorgen. Jahresbericht des Fördervereins der Theologischen Fakultät Heidelberg, 61-78.

Haußmann, A., 2024b. Seelsorge – auch im Ehrenamt! C. Dahlgrün, Auf dem Weg zu einer seelsorglichen Kirche? Wissenschaftliche Auswertung der bischöflichen Seelsorgevisitation in der Evangelischen Kirche in Mitteldeutschland (EKM) 2020-2024. Studien zur Theologie der Spiritualität 9, 196-218, https://theologie-der-spiritualitaet.de/publikationen/studien/ (12.04.2025).

Haußmann, A./Noth, I., Pastoral and Spiritual Care in Pluralistic Societies. Special Issue, Religions 2023, https://www.mdpi.com/journal/religions/special_issues/Pastoral_Spiritual_Care

Haußmann, A./Fritz, B., 2022. Challenges for Pastoral Care in Times of COVID-19. Encounters, Contexts, Topics and Professional Needs – A Cross-Sectional Study. HSCC 10 (2), 141-164.

Haußmann, A., 2022a. Who Cares? Von religiösen Vorbildern und neuen Held*innen. KuKi 85 (3), 10-15.

Haußmann, A., 2022b. Spirituality of Professional Pastoral Caregivers during the COVID-19 Pandemic. Distress, Resources, and Consequences. J. Empir. Theol. 35 (2), 139-59.

Haußmann, A./Fritz B. 2021. Was stärkt Seelsorge in Krisenzeiten? PTh 110 (10), 397-415.

Haußmann, A., 2018. Seelsorge auf dem Weg zum Menschen. Professionelle Praxis und interdisziplinäre Theorie. J. Greifenstein, Praxisrelevanz und Theoriefähigkeit. Transformationen der Praktischen Theologie um 1968. PThGG 27. Tübingen, 147-81.

Hoffmann, C. W., 2024. Gemeinsam (seel)sorgen. Zum inklusiven und transformativen Impetus von Caring Communities als seelsorglichem Handlungsfeld. A. Haußmann/C. W. Hoffmann, Miteinander füreinander sorgen. Sorgende Gemeinschaften als Aufgabe von Seelsorge und Diakonie. PTHe 202. Stuttgart, 93-121.

Hoffmann, C. W., 2023. Seelsorglich wirksam. Seelsorge in Sorgenden Gemeinschaften und seelsorgliche Sorgende Gemeinschaften konkretisiert an der Arbeit einer Vesperkirche. Spiritual Care, aop, https://doi.org/10.1515/spircare-2022-0076 (12.10.2023).

Klessmann, M., ^{6}2022. Seelsorge. Begleitung, Begegnung, Lebensdeutung im Horizont des christlichen Glaubens. Ein Lehrbuch. Göttingen.

Lienhard, F./Bölle, A., 2013. Zur Sprache befreit – diakonische Christologie. Theologischer Umgang mit dem Leiden. ThAn 5. Neukirchen.

Luther, H., 2008 [1988]. Werdet Bedürftige. U. Baltz-Otto/K. Fechtner, Frech achtet die Liebe das Kleine. Biblische Texte in Szene setzen. Spätmoderne Predigten. Erweiterte Neuausgabe. Stuttgart, 52-57.

Moos, T., 2017. Ökonomisierung der Nächstenliebe. Was hat die Diakonie auf dem sozialen Markt verloren? ZEE 61 (1), 26–39.

Müller, S., 2019. Gelebte Theologie. Impulse für eine Pastoraltheologie des Empowerments. Theologische Studien NF 14. Zürich.

Müller, S., 2023. Religiöse Erfahrung und ihre transformative Kraft. Qualitative und hermeneutische Zugänge zu einem praktisch-theologischen Grundbegriff. PThW 29. Berlin/Boston.

Nouwen, H. J. M., 1972. The Wounded Healer. Ministry in Contemporary Society. New York.

Projekt zur empirischen Erforschung von Seelsorge im Ehrenamt, https://www.theologie.uni-heidelberg.de/de/projekt (04.09.2024).

Roleder, F./Abdallah, M., 2024. Poimenik der Alterität. Postkoloniale Perspektiven zur Bearbeitung von Differenz in der Seelsorge. K. Merle/M. Stetter, Prekäres Wissen. Praktische Theologie im Horizont Postkolonialer Theorien. Festschrift für Birgit Weyel. APrTh 94. Leipzig, 91–111.

Schwier, H., 2021. Distanzierung, Aneignung und Perspektivenwechsel. Predigt und Seelsorge im Miteinander von Bibel, Person und Hörenden. A. Haußmann/S. Kast-Streib, Seelsorge lernen, stärken und reflektieren. Das Zentrum für Seelsorge als Schnittstelle von Aus- und Fortbildung, Praxis und Wissenschaft. Leipzig, 271–280.

Schwier, H., 2019. Wer ist Jesus Christus für uns heute? M. Hauger et al., Gottes Menschenfreundlichkeit und das Fest des Lebens. Beiträge zur liturgischen und homiletischen Kommunikation des Evangeliums. Leipzig, 23–42.

Schwier, H., 2014. Wer ist Jesus Christus für uns heute? J. Schröter, Jesus Christus. ThTh 9. Tübingen, 243–66.

Schwier, H./Gall, S., 2008. Predigt hören. Befunde und Ergebnisse der Heidelberger Umfrage zur Predigtrezeption. Heidelberger Studien zur Predigtforschung 1. Berlin/Münster.

Springhart, H., 2021. Vulnerabilität als Kernkategorie einer realistischen Anthropologie. Grundsätzliche Erwägungen aus Sicht der evangelischen Theologie. H. Keul, Theologische Vulnerabilitätsforschung. Gesellschaftsrelevant und interdisziplinär. Stuttgart, 199–218.

Theißen, G., 1990. Die Legitimitätskrise des Helfens und der barmherzige Samariter. Ein Versuch, die Bibel diakonisch zu lesen. G. Röckle, Diakonische Kirche. Sendung – Dienst – Leitung. Versuche einer theologischen Orientierung. Neukirchen, 46–76.

Theologische Begründungsansätze sozialen Handelns im Neuen Testament

Anni Hentschel

Zusammenfassung

Jesus Christus wird im Neuen Testament als der Messias und *diakonos* verstanden, der im Auftrag Gottes dessen Herrschaft aufrichtet und darin Gerechtigkeit und Barmherzigkeit verwirklicht. Er erfüllt als Beauftragter die Verheißungen Gottes an sein Volk Israel, und die Völker partizipieren an dem Heil, das Gott schenkt (Röm 15,8). Jesu Wunder sind Zeichen der anbrechenden Gottesherrschaft und zugleich eine Aufforderung, das eigene Handeln entsprechend zu ändern. Die Weisungen Gottes, wie sie in der Tora überliefert sind, zielen darauf, dass die Menschen in Gerechtigkeit und Frieden leben können. Alle Menschen sind aufgefordert, sich für soziale Gerechtigkeit einzusetzen und ihren Mitmenschen zu helfen. Auf diese Weise erfüllen sie den Willen Gottes, wie er im Gebot, den Nächsten zu lieben, und auch in der Goldenen Regel zusammengefasst wird.

Abstract

In the New Testament, Jesus Christ is understood as the Messiah and *diakonos*, who establishes God's reign in his name and brings about justice and mercy. As the one commissioned to do this, he fulfils God's promises to his people Israel, and the nations share in the salvation that God offers (Rom 15:8). Jesus' miracles are signs of this incipient reign of God and at the same time an invitation to change our own behaviour accordingly. God's instructions, as handed down in the Torah, are designed to enable people to live in justice and peace. All people are called to work for social justice and to help their fellow human beings. In this way, they fulfil God's will, which is summarised in the commandment to love one's neighbour and in the Golden Rule.

1. Ein Gott der Barmherzigkeit und Gerechtigkeit[1]

Jesus spricht: »Glücklich, die sich erbarmen: Ihrer wird sich erbarmt werden« (Mt 5,7). Hinter dem Passiv steht Gott als Subjekt. Gott selbst sorgt sogar dafür, dass diejenigen, die Gutes tun, auch selbst vom Guten profitieren. Denen, die um der Gerechtigkeit willen Nachteile in Kauf nehmen, wird die Teilhabe am Reich Gottes zugesagt (Mt 5,10). Jesus verheißt seinen Jünger:innen Segen in ihrem irdischen Leben und einen großen Lohn im Himmel, wenn sie sich für Frieden, Gerechtigkeit und Teilhabe aller Menschen am Lebens-Notwendigen einsetzen (Mt 5,3–12). Die Verheißungen Jesu sind weitreichend, um nicht zu sagen universal (Mt 5,15f.): Die Nachfolgegemeinschaft wird als Licht der Welt bezeichnet, ihre guten Werke sollen ausstrahlen, so dass alle Menschen sie sehen und Gott deshalb gelobt wird. Die guten Werke der Gemeinde geben Zeugnis von der Liebe Gottes, die allen Menschen gilt (Mt 5,45).

Jesus selbst wird als das Licht der Welt bezeichnet, das die Menschen in der Finsternis sehen (Mt 4,16; Joh 12,46). Es ist das Licht des Messias, der in alttestamentlichen Texten verheißen wird (vgl. Jes 9,1) und der die Herrschaft Gottes aufrichten soll. Mit dieser Messiasvorstellung wird das Leben und Wirken Jesu im Neuen Testament interpretiert. Und so beginnt Jesus seine Predigt mit den Worten, die seinen Auftrag sichtbar werden lassen: »Kehrt um. Das Himmelreich ist nahe herbeigekommen« (Mt 4,17b).

Jesus predigt also keine neue Religion, keinen anderen, unbekannten Gott, sondern er verkündet die Herrschaft des einen Gottes, der nicht nur sein Vater ist, sondern auch der Vater Abrahams, Isaaks und Jakobs. Die Vorstellung, dass im Alten Testament ein unbarmherziger Richtergott beschrieben werde, während Jesus einen gnädigen Gott der Liebe predigen würde, ist zutiefst unbiblisch.[2] Weder ist der jüdische Gott ein Rachegott, noch verkündigt Jesus einen Gott, der Gnade vor Recht ergehen lässt. Die biblischen Texte kennen nur einen Gott, der Gnade und Gerechtigkeit gleichzeitig walten lässt.[3] Und dieser Gott des Judentums und des Christentums ist ein Gott, der sich der Armen und Notleidenden erbarmt und auch durch sein Gericht dafür sorgt, dass ihnen Gerechtigkeit zuteilwird und sie so seine Barmherzigkeit erfahren. Wenn Gott sein endzeitliches Königreich aufrichten wird, werden Gottes Gerechtigkeit und Barmherzigkeit sich gegen alles Leid und Unrecht durchsetzen (v. a. Jes 25,8f.; 65,17–25; Apk 21).

Die Frage nach dem karitativen Engagement der Christ:innen, die Frage nach der Diakonie Jesu, muss auf dem Hintergrund des jüdischen Gottesbildes und der Reich-Gottes-Verkündigung Jesu gestellt werden. Erst wenn wir nach der Gerechtigkeit Gottes, nach der Gottesherrschaft fragen, können wir das

---

[1] Dies ist die gekürzte und leicht überarbeitete Fassung von Hentschel 2014: 15–42. Ich danke dem Theologischen Verlag Zürich für die Genehmigung zum Wiederabdruck.
[2] Sie geht zurück auf Markion. Vgl. Moll 2010.
[3] Vgl. Jüngel 2003: 37–73; vgl. auch Müller 2006; Weth 2006.

Liebeshandeln und die Liebesforderung Jesu richtig verstehen. Wenn wir den Kontext der Gottesherrschaft, den Zusammenhang von Gericht und Gnade nicht beachten, machen wir aus Gott einen ohnmächtigen Gott der Liebe, für den jedes Verhalten der Menschen *gleich gültig* ist, egal, ob sie sich an das Gebot der Nächstenliebe halten oder ständig auf Kosten der anderen Menschen leben, und aus Jesus das liebe Jesulein, das Armen und Notleidenden geholfen hat, ohne weitergehende, die Gesellschaft und das Wirklichkeitsverständnis betreffende Forderungen zu stellen.[4]

Im jüdischen Gottesbild und in den Weisungen, die Gott seinem Volk Israel als Orientierung für sein Handeln gegeben hat, liegen die Grundlagen der neutestamentlichen Nächstenliebe. In Mt 5,17 sagt Jesus explizit, dass er das Gesetz nicht auflösen, sondern erfüllen will. Im Neuen Testament wird der gute Wille Gottes, der in der Tora offenbart wurde, auf dem Hintergrund der Sendung Jesu neu reflektiert, aber nicht aufgehoben. Für die neutestamentlichen Texte ist zu beachten, dass sie in unterschiedlichen historischen Situationen und aus verschiedenen Perspektiven den Willen und die Offenbarung Gottes zu verstehen versuchen und auslegen. Die Situationsbedingtheit der einzelnen Schriften ist zu berücksichtigen, wenn man aus den vielstimmigen Glaubenszeugnissen nicht ein für alle Mal gültige dogmatische Wahrheiten ableiten will.

Gerechtigkeit und Barmherzigkeit Gottes gehören zusammen. Gerechtigkeit ist im Alten Israel genauso wie in anderen altorientalischen Kulturen ein Begriff, der rechtliche, wirtschaftliche und politisch-soziale Aspekte des Lebens umfasst.[5] Die hebräischen bzw. altorientalischen Begriffe für Recht und Gerechtigkeit können »immer auch ›Weltordnung‹ bedeuten, insofern gerechtes Handeln ein Handeln in Übereinstimmung mit dem der Welt inhärenten Sinn ist.«[6] Arme, gesellschaftlich benachteiligte und behinderte Menschen sind im Judentum keine Bittsteller, die um Almosen betteln müssten, sondern Menschen mit Rechten, die in den Gesetzen festgeschrieben und mit der Gerechtigkeit und Barmherzigkeit Gottes begründet sind.[7] Wer auf Kosten anderer lebt, wer rücksichtslos gegenüber Armen und Benachteiligten sein eigenes Leben führt, wird schuldig gegenüber Gott selbst, der alle Menschen geschaffen hat (z. B. Spr 14,31; 17,5) und der als barmherziger Richter bleibend dafür sorgt, dass ein Leben in Gerechtigkeit für alle möglich ist (Ex 22,26; Ps 76,9f.; 82). Die Verheißung, dass es den Menschen gut geht, wenn sie die Gebote Gottes bewahren (u. a. Dtn 6,2f.18; Lev 18,5), ist nicht im Sinne einer Werkgerechtigkeit zu verstehen, auch nicht im Sinne eines jenseitigen Lohns aufgrund des Endgerichts. Es geht vielmehr konkret darum, dass im Sinne des Tun-Ergehen-Zusammenhangs das Leben nach dem Willen Gottes ein Leben ist, das der Gerechtigkeit entspricht und die Menschen auch selbst in gerechten Verhältnissen leben lässt

---

[4] Vgl. Theißen 2006: 90f.
[5] Vgl. Janowski 1999: 35.
[6] Ebd.
[7] Vgl. Bar Ephraim 2010: 45f.

(Dtn 6,24f.).[8] Doch immer wieder machen die Menschen die Erfahrung, dass der Tun-Ergehen-Zusammenhang sich nicht bestätigt (z. B. Ps 73,3-16; Weisheit 2,10-20; Hiob). Gegen diese Erfahrung wird in einigen späten biblischen Texten die Hoffnung gesetzt, dass Gott noch nach dem Tod der Menschen für Gerechtigkeit sorgen werde (Ps 73,18.24; vgl. auch Ps 49,16; Dan 12,2f.; vgl. Weish 3,1-10; 4,10-5,5).[9] Das Vertrauen auf die Gerechtigkeit Gottes führt schließlich zu der Hoffnung, dass Gott am Ende der Zeit eine universale Gottesherrschaft aufrichten wird. Gottes Gericht, seine zurechtbringende Gerechtigkeit, ist auch im Hinblick auf das Endgericht nicht primär Anlass für Angst, sondern Grund zur Vorfreude, denn Güte und Barmherzigkeit sind Grundlage seines richtenden Handelns (vgl. z. B. Ps 96,10-13; Ps 145).[10] Die alttestamentlichen Texte »enthalten mithin die frohe Botschaft, dass ›es im Gericht um die Gerechtigkeit geht, vor allem für die, denen Unrecht widerfahren ist, und dass es bei diesem Gericht darum geht, alles wieder ins ›Richtige‹ zu stellen – und sogar die Verbrecher so mit ihrem Unrecht zu konfrontieren, dass sie dem Recht durch Umkehr die Ehre geben‹«.[11]

2. Die Sendung (διακονία) Jesu und das Kommen der Gottesherrschaft

Die Hoffnung auf das Kommen der Gottesherrschaft erfüllt sich für die neutestamentlichen Texte mit Jesus Christus (Mk 1,15; vgl. Mt 4,13-17; 12,16-21; Lk 4,16-30). Wie bereits in den alttestamentlichen Texten sichtbar wird, zeigt sich Gottes Gerechtigkeit als zurechtbringende Gerechtigkeit und Barmherzigkeit gerade denen gegenüber, die Not leiden und benachteiligt sind. Jesu Botschaft vom Kommen der Gottesherrschaft richtet sich als frohe Botschaft deshalb primär an die Armen und sozial Benachteiligten. Aus diesem Grund kann Jesus auch die Armen seligpreisen, ohne darin die Armut zu idealisieren: Jetzt können die Armen glücklich sein, weil jetzt das Reich Gottes anbricht, das ihnen Leben in Fülle ermöglicht (vgl. Lk 1,46-55; 68-79).[12] Denen jedoch, die nicht nach Gottes Willen leben, verkündet Jesus Christus das Kommen der Gottesherrschaft als Aufruf zur Umkehr und als Gericht (vgl. v. a. Mt 7,1f.21-23; 11,20-24; 12,31-37; 23,33; Mk 12,40; Lk 10,11-15; 11,31f.; 20,47; Joh 5,22-30).[13]

---

[8] Vgl. Freuling 2008, http://www.bibelwissenschaft.de/stichwort/36298/ (20.09.2024).
[9] Vgl. Dietrich 2008, http://www.bibelwissenschaft.de/stichwort/19328/ (20.09.2024).
[10] Vgl. Janowski 1999: 36f. Benedict 2008: 14.
[11] Janowski 1999: 79; vgl. Jüngel 2003: 52-71.
[12] Von daher ist es nicht überraschend, dass Jesus nun – anders als die jüdische Tradition – die Armen explizit glücklich nennen kann; vgl. Reiser 2011: 118.
[13] Zu den Gerichtsworten Jesu vgl. Reiser 2011: 138-141. Zu Paulus vgl. Konradt 2003.

Jesu Verkündigung geschieht in Worten und in Taten.[14] Die Wunder, die Jesus wirkt, sind Zeichen der anbrechenden Herrschaft Gottes und beinhalten den doppelten Aspekt von Gerechtigkeit und Barmherzigkeit. Für die Notleidenden realisiert sich in ihnen die Liebe Gottes, die sich als zurechtbringende Gerechtigkeit äußert. An seinem Tun kann Jesus deshalb als der Messias, als ein von Gott gesalbter Bote erkannt werden, der beauftragt ist, Gottes Herrschaft aufzurichten (Mt 11,5; Lk 7,22; vgl. Jes 35,5f.). Den bösen Mächten gegenüber, die das Leben der Menschen bedrohen, äußert sich die Gerechtigkeit Gottes, die Jesus vermittelt, als eine strafende bzw. zerstörende (vgl. Mt 12,28 par Lk 11,20). Wer in den Worten und Taten Jesu die Gerechtigkeit Gottes erkennt, wird daran erinnert, dass Gott von den Menschen ein Leben in Übereinstimmung mit Gottes Willen erwartet (v. a. Mt 7,21; 12,50; 19,16–26; Mt 22,35–40 par Mk 12,28–34 par Lk 10,25–37; Mk 3,35; Lk 11,28). Gottes Liebe, seine Barmherzigkeit und Gerechtigkeit dienen als Begründung und Maßstab für das Handeln der Menschen (v. a. Mt 5,45.48; 6,25–33; Lk 6,36).

Der Auftrag Jesu besteht folglich nicht primär im nächstenliebenden Dienst an den Menschen, sondern im Aufrichten der endzeitlichen Gottesherrschaft. Für diesen Auftrag ist Jesus mit göttlicher Vollmacht ausgestattet. Dieser Auftrag Jesu kann im Griechischen u. a. mit dem Begriff διακονία/*diakonia* bezeichnet werden.[15] Jesus ist der διάκονος/*diakonos* Gottes, d. h. der von Gott zu den Menschen gesandte Bote oder Vermittler, der mit einer delegierten Autorität Gottes Auftrag ausführen soll. Entsprechend erklärt Paulus im Römerbrief: Weil Gott treu zu seinen eigenen Verheißungen steht, sendet er Jesus Christus als seinen *diakonos* zu dem Volk der Beschneidung, um durch ihn die Verheißungen an sein Volk zu erfüllen (Röm 15,8). Gegenüber den nichtjüdischen Völkern ist Gott nicht durch eine Verheißung gebunden, ihnen gegenüber ist die Sendung Jesu Zeichen der Barmherzigkeit und Gerechtigkeit Gottes, die von diesen gelobt wird (Röm 15,9). Doch Jesus ist nicht der nächstenliebende Diakon, der sich zum Sklaven der Menschen macht, um den Menschen zu helfen. Dieses Verständnis von *diakonia* hat sich zwar zutiefst in der exegetischen und kirchlichen Literatur festgesetzt, aber es ist semantisch falsch und führt zu einer unzutreffenden Vorstellung der Sendung Christi.[16] Jesus ist als *diakonos* der Repräsentant Gottes, der beauftragt ist, Gottes Herrschaft aufzurichten. Die Herrschaft Gottes ist geprägt von seiner Liebe, aber sie geht eben nicht in

---

[14] Vgl. auch Böckmann/Hoffmann/Imwalle im vorliegenden Band.
[15] Die Wortgruppe ist nicht im Sinne niedriger Dienste, des alltäglichen Tischdienstes oder neutestamentlich als Nächstenliebe zu verstehen, sondern sie beschreibt unterschiedliche Tätigkeiten, die in der Regel im Auftrag einer Person ausgeführt werden und oft mit einer Vermittlungsfunktion verbunden sind; vgl. Collins 1990, Hentschel 2007.
[16] Wirkungsgeschichtlich prägend ist hier der problematische Artikel von H.-W. Beyer im Theologischen Wörterbuch zum Neuen Testament von 1935, der die neutestamentliche Wortverwendung im Sinne eines selbstlosen Dienens ideologisiert, während er die griechisch-römische Antike und das zeitgenössische Judentum als Negativfolie darstellt; vgl. Beyer 1935.

einem liebenden Dienst der Nächstenliebe auf. Wenn wir an das jüdisch-biblische Gottesbild denken, besteht die Herrschaft Gottes darin, Gerechtigkeit und Barmherzigkeit walten zu lassen. Genau diese Vorstellung steht auch hinter der Sendungsvorstellung des Paulus in Röm 15, wenn er zur Beschreibung der Rolle Jesu als *diakonos* Gottes Jesaja zitiert: »Ausschlagen wird die Wurzel Isais, und der aufstehen wird, um über die Völker zu herrschen; auf ihn werden die Völker hoffen« (Röm 15,12; vgl. Jes 11,1).

Überraschend ist jedoch, wie dieser Messias die Gottesherrschaft aufrichtet. Sein Weg führt ihn nicht auf einen irdischen Thron, sondern an das Kreuz. Er verzichtet auf weltliche Herrschaft (vgl. Mt 4,8-10; 26,51f.; Mk 10,42-45 par), und er verzichtet auch darauf, sich mit göttlicher Macht, mit Hilfe der Heerscharen des Himmels dem Leiden und Sterben zu entziehen (Mt 26,53). Jesus ist also nicht ohnmächtig, er ist der von Gott gesandte, geliebte und mit aller Vollmacht ausgestattete Sohn und Repräsentant Gottes, der in dessen Namen das Gottesreich aufrichten soll. Aber Jesus geht trotz seiner Vollmacht bewusst den Weg des Gewaltverzichts, der Gerechtigkeit und der Liebe. Er vertraut darauf, dass Gott ihm trotz des bevorstehenden Todes Gerechtigkeit zuteilwerden lässt und ihn in seine herrschaftliche Position zur Rechten Gottes einsetzt. Gott offenbart in Jesus Christus auf radikale Weise seine Barmherzigkeit, indem er sich nicht nur anrühren lässt von der Not der Leidenden, sondern diesen Weg selbst geht, und er offenbart seine Gerechtigkeit, indem er Jesus auferweckt und als den endzeitlichen Herrscher einsetzt. Durch Tod und Auferstehung Jesu sind alle lebensfeindlichen Mächte besiegt, welche der Gerechtigkeit Gottes widerstreiten.

Auch die Rede von der *diakonia* Jesu in den Evangelien ist in diesem Zusammenhang zu betrachten (Mk 10,42-45 par).[17] Zwei der Jünger Jesu tragen eine besondere Bitte an Jesus heran: Sie würden im Reich Gottes gerne auf Ehrenplätzen sitzen und an der Herrschaft Jesu beteiligt werden (Mk 10,35-37). Jesus lehnt diese Bitte nicht grundsätzlich ab, sondern er fragt sie nach ihren Kompetenzen. Wer mit Gott und Jesus herrschen will, muss auch bereit sein, Leid auszuhalten und sich darin an die Seite der gesellschaftlich Benachteiligten zu stellen (Mk 10,38f.). Ehre, Macht und auch hierarchische Unterschiede werden nicht grundsätzlich verboten, aber der richtige Umgang mit ihnen wird angemahnt.[18] Deshalb belehrt Jesus seine Nachfolgegemeinschaft über die Unterschiede zwischen menschlicher und göttlicher Herrschaft: Die Könige und Herrscher dieser Welt nutzen ihre Macht aus, um auf Kosten anderer Menschen zu leben, d. h. sie missbrauchen ihre Macht zur Ungerechtigkeit (Mk 10,42). In der Nachfolge Jesu soll es anders sein: die »Großen« und »Ersten« unter ihnen, d. h. Personen mit Leitungsverantwortung und besonderem

---

[17] Vgl. Hentschel 2013: 179-191.
[18] A. a. O.: 37-47.

Ansehen,[19] sollen »Beauftragte (*diakonoi*)« und »Sklaven« sein (Mk 10,43f.). Als Beauftragte können sie nicht nach eigenen Vorstellungen schalten und walten, sondern sie haben pflichtgemäß ihre Aufträge auszuführen, als Sklaven kommt ihnen keine besondere Ehre zu, sondern ein niederer Status, der sie trotz ihrer hervorgehobenen Rolle als Erste auf eine Stufe mit den Niedrigen, nicht mit den Mächtigen stellt. Als Vorbild wird den Jünger:innen schließlich Jesus vor Augen gezeichnet: Er ist gekommen, um seinen Auftrag auszuführen (*diakoneo*), und nicht, um andere für sich Aufträge ausführen zu lassen (*diakoneo*) und auf diese Weise zu herrschen (Mk 10,45). D. h. obwohl Jesus als *diakonos* Gottes mit einer delegierten Vollmacht ausgestattet ist und darin im Hinblick auf seine Machtposition deutlich über den Herrschern und Königen der Welt steht (Mk 1,1.7.11.15; 8,29; 9,7; 15,2.39), nutzt er seine Macht nicht, um sich selbst zu bereichern und andere für sich arbeiten zu lassen, sondern er setzt seine Vollmacht ein, um treu gegenüber Gott seinen Auftrag auszuführen. Dieser Auftrag besteht darin, sein Leben als Lösegeld zu geben. Jesus soll, im Bild gesprochen, also die freikaufen, die in Sklaverei – der Ungerechtigkeit, der Armut, der Sünde und des Leidens – leben (vgl. v. a. Mk 2,1-12.17). Als Auftraggeber steht hinter Mk 10,43-45 Gott selbst, der sein Reich aufrichten will.

Diese Interpretation bestätigt auch ein Vergleich mit der thematisch verwandten Stelle in Mk 9,33-37: Jesus stellt ein Kind in die Mitte, als die Jünger:innen darum streiten, wer unter ihnen der Größte sei. Das Kind wird jedoch nicht als Vorbild für Niedrigkeit gezeichnet,[20] sondern im Zusammenhang einer Sendungsvorstellung als Repräsentant Jesu und Gottes vorgestellt: Wer das Kind aufnimmt – das anders als die Jünger:innen nicht nach Macht und Ehre strebt – nimmt Jesus Christus auf und zugleich den, der ihn sendet, nämlich Gott. Ein vollmächtig beauftragter Bote repräsentiert seinen Sender, das gilt für Jesus, das gilt auch für die ausgesandten Jünger:innen (Mk 6,7.12f.). Doch so wie Jesus seine Sendung ganz im Sinne Gottes ausführt, d. h., dass er Gottes Gerechtigkeit verkündigt und sich bis hin zum Tod auf die Seite der Leidenden und Unterdrückten stellt, so sollen auch seine Nachfolger:innen bereit sein, ihre Aufträge auszuführen.[21] Es geht also bei diesen Stellen nicht um eine von Selbsterniedrigung geprägte Sklavenmoral der Jünger:innen, die sich wie Jesus im Dienst für andere aufopfern sollen, sondern es geht nach wie vor um Gesandte Gottes, die im Auftrag Gottes bzw. Christi Gottes Gerechtigkeit und Barmherzigkeit vermitteln sollen.

---

[19] Der lukanische Jesus spricht explizit von »Größten« und »Führenden« im Jüngerkreis, die er nur dazu auffordert, wie die »Jüngsten« und »Beauftragten«, aber nicht wie Sklaven zu werden (Lk 22,26).
[20] So jedoch in Mt 18,1-5, wo allerdings der Begriff *diakonos* fehlt.
[21] D. h. *diakoneo* beschreibt auch in den Evangelien keine »existentielle Grundhaltung der Selbstzurückhaltung und des Lebenseinsatzes, die in der paradoxen Existenz Christi begründet ist (Mk 10,45 par; Joh 12,26)«, so Benedict 2008: 132.

Allerdings ist dieses Geschehen mittlerweile 2000 Jahre her. Obwohl Jesus Christus angekündigt hat, dass die Herrschaft Gottes nahe herbeigekommen ist, ist sie doch nicht endgültig erschienen. D. h. auch wir warten – genau wie alle, die dem irdischen Jesus nachgefolgt sind und wie alle, die die biblischen Texte geschrieben haben – nach wie vor darauf, dass Gott sein Reich aufrichten und dass für alle Menschen seine Gerechtigkeit und Barmherzigkeit sichtbar und erfahrbar werden wird. Doch während dieses Wartens sollen wir unsere Hände nicht in den Schoß legen. Jesus Christus hat seine Jünger:innen gesandt, Gottes Liebe und Gerechtigkeit in Wort und Tat zu verkündigen (Mt 5,13–16; 6,33).

3. Nachfolge als Verpflichtung zu Gerechtigkeit und Barmherzigkeit

Vor dem Hintergrund des biblisch-jüdischen Gottesbildes und des neutestamentlichen Verständnisses der Sendung Jesu ist nun danach zu fragen, wie die Verpflichtung der Gläubigen zu karitativem Engagement, zum aktiven Einsatz für Liebe und Gerechtigkeit im Neuen Testament begründet wird.

a) Karitatives Handeln ist selbstverständlich begründet im Willen Gottes.
Die Untersuchung der neutestamentlichen Texte zeigt: Karitatives Engagement für Arme und sozial Benachteiligte ist für Jesus und die, die ihm nachfolgen, selbstverständlich. Deshalb wird es häufig nicht explizit gefordert. Jesus Christus verkündigt den Willen Gottes neu für eine neue Situation. Aber der Wille Gottes, wie er auch in der Tora durch Mose offenbart wurde, ist durch Jesus nicht aufgehoben, sondern bestätigt worden (v. a. Mt 5,17; 7,12; 22,35–40; Mk 12,28–42; Lk 10,25–28).[22]

Dies zeigt sich z. B. in den johanneischen Schriften. Dem Johannesevangelium wird immer wieder vorgeworfen, dass Jesus abgesehen von dem Gebot der Geschwisterliebe (Joh 13,34f.) keine ethischen Weisungen für die Nachfolge verkündigen würde.[23] Zwar fordert der johanneische Jesus wiederholt dazu auf, seine Gebote und Worte zu bewahren (v. a. Joh 14,15.21.23f.; 15,10), doch diese Gebote werden im Johannesevangelium nicht inhaltlich konkretisiert. Oft wird dieser Befund dahingehend interpretiert, dass der johanneische Jesus an die Stelle der vielen Weisungen Gottes in der Tora das Liebesgebot gesetzt habe. Diese Interpretation geht davon aus, dass die Tora und Jesus Christus den Willen Gottes unterschiedlich formulieren und dass die Tora durch Jesu Kommen abgelöst wurde. Doch das Johannesevangelium geht selbstverständlich davon aus, dass die Tora von Gott als gute Gabe, als Geschenk seiner Gnade, gege-

---

[22] Gesetz und Evangelium können neutestamentlich nicht als Gegensätze betrachtet werden.
[23] Vgl. zur Problematik Popkes 2005: 40–49.

ben wurde, und nicht als ein Gesetz, an dessen Befolgung die Menschen von vorneherein scheitern müssen.[24] Die Fürsorge für die Armen, die im Judentum zu den zentralen Glaubenspflichten gehört, ist hier offensichtlich so selbstverständlich vorausgesetzt, dass sie nicht einmal eigens gefordert werden muss (u. a. Joh 3,18-21; 12,5-8; 13,29).

Die Verpflichtung zum karitativen Handeln ist in den neutestamentlichen Texten – wie in der Tora – in Gott selbst begründet. »Werdet barmherzig, wie auch euer Vater barmherzig ist«, fordert Jesus von denen, die ihm nachfolgen (Lk 6,36; vgl. Mt 5,45-48). Und auch Paulus sieht in der Nächstenliebe selbstverständlich die Erfüllung der Tora, zu der er die Gläubigen immer wieder aufruft (Röm 13,8.10; Gal 5,14.23; auch 1 Kor 13; Gal 5,6).

b) Am karitativen Handeln zeigt sich der Glaube.
Die Liebe zu Gott realisiert sich in den Taten der Nächstenliebe, wie insbesondere die Zusammenstellung von Gottesliebe- und Nächstenliebegebot zeigt (Mk 12,28-34 par). Dies ist so selbstverständlich, dass in manchen neutestamentlichen Texten die Aussage auch aus der anderen Perspektive formuliert werden kann: An den Taten der Nächstenliebe zeigt sich die Liebe zu Gott, d. h., dass an den Werken sogar abgelesen werden kann, ob jemand zu Gott gehört oder nicht (u. a. Jak 2).

Im ersten Johannesbrief wird die Zusammengehörigkeit von Glaube und Tun von allen Seiten betrachtet. Jeder, der Liebe lebt, ist ein Kind Gottes (1 Joh 4,7).[25] Wer nicht der Gerechtigkeit entsprechend handelt, ist ein Kind des Teufels (1 Joh 3,10). Der johanneische Verfasser wählt eine deutliche Sprache und nimmt kein Blatt vor den Mund: Wer seine Glaubensgeschwister hasst, ist ein Mörder (1 Joh 3,15). Der so umschriebene Hass äußert sich offensichtlich in einem konkreten Fall darin, dass ein Gemeindeglied Not leidet und eine andere Person es materiell nicht unterstützt, obwohl sie über genügend Besitz verfügt (1 Joh 3,17)! Mangelnde materielle Solidarität angesichts eigenen Wohlstands wird hier nicht verharmlost, sondern als Hass und Ermordung dramatisiert, als fehlende Liebe und fehlende Gerechtigkeit gebrandmarkt. Aus der Liebe, welche die Gläubigen zunächst durch Gott und durch Jesus Christus erfahren haben, resultiert für sie die Verpflichtung, selbst zu lieben und alles, wenn es sein muss, auch das eigene Leben für die Glaubensgeschwister einzusetzen (1 Joh 3,10.16; vgl. 2,29; 3,7). Die fehlende Bereitschaft zur konkret gelebten Liebe verweist auf den Verlust des ewigen Lebens, d. h. der heilvollen Beziehung zu Gott (1 Joh 3,15.17). Diese enge Verknüpfung von Glaube und glaubensgemäßen Taten klammert das Wissen um die Sünde der Menschen nicht aus, sondern schließt es ein (1 Joh 1,5-7). Dass die Menschen immer wieder auch sündigen und den Geboten Gottes nicht immer gerecht werden, führt al-

---

[24] Vgl. Thyen 2005: 103-109.
[25] Zur Interdependenz von Gotteskindschaft und dem Leben/Handeln als Kinder Gottes in der rabbinischen Tradition vgl. Wengst 2010: 50f.; vgl. auch Mk 3,35 par.

lerdings nicht dazu, dass sie sich einzig und allein auf die Sündenvergebung berufen und in eine fromme Innerlichkeit zurückziehen dürfen; sie sind nicht davon befreit, den Willen Gottes zu leben. Der auf Liebe zielende Wille Gottes kann auch in den johanneischen Schriften mit dem Gerechtigkeitsbegriff ausgedrückt werden (1 Joh 2,29; 3,7). Wer tut, was der Gerechtigkeit Gottes entspricht, liebt Gott und wird deshalb auch seinen Bruder – zu ergänzen ist die Schwester – lieben (1 Joh 3,10-18; 4,7-5,3; vgl. 1 Joh 2,18f.). Die Bezeichnung »Bruder« darf hier ruhig weit gefasst werden, auch wenn der Verfasser des ersten Johannesbriefs möglicherweise zunächst an seine eigene Gemeinde gedacht hat, deren Gemeindeglieder zerstritten waren und gerade keine Solidarität lebten.[26]

Die Liebe wird auch dadurch zum kritischen Prinzip, inwiefern das Handeln, Glauben und Hoffen der Gläubigen dem Willen Gottes entsprechen: Sowohl die Verkündigungstätigkeit als auch die prophetische Rede, ja sogar der Glaube und die konkrete karitative Liebestätigkeit müssen sich von Paulus fragen lassen, ob in ihnen die Liebe Gottes zum Ausdruck kommt (1 Kor 13,1-3). Die neutestamentlichen Texte gehen also nicht davon aus, dass das (Liebes-)Handeln der Nachfolger:innen Christi aufgrund ihres Glaubens grundsätzlich dem Willen Gottes entspricht, sondern auch ein christlich motiviertes karitatives Engagement muss im Rahmen der menschlichen und damit begrenzten Erkenntnisfähigkeit (1 Kor 13,9-12) immer wieder auf seine Übereinstimmung mit Gottes Willen geprüft werden (vgl. v. a. Röm 12,2; 1 Kor 13,3; 2 Kor 13,5; 1 Thess 5,21). Andererseits wird eine Verkündigung, die nicht von einem verkündigungsgemäßen Verhalten begleitet wird, als unglaubwürdig angesehen (vgl. z. B. Mt 7,15-23; 1 Kor 3,11-15; 2 Kor 11,15.20-23; Apg 20,33-35), da der Glaube an Gott und Jesus auch das glaubensgemäße Verhalten einschließt. Eine Unterscheidung in eine höherwertige Verkündigungstätigkeit und die der Lehre nachgeordnete Verpflichtung zu guten Werken ist deshalb nicht biblisch, sondern eine falsche Schwerpunktsetzung zugunsten der Verkündigung als Wortgeschehen, das darauf zielt, intakte Glaubensbeziehungen zwischen dem einzelnen Menschen und Gott herzustellen.[27] Dieses auf den individuellen Glauben der Menschen ausgerichtete Verständnis der Gottesherrschaft greift jedoch zu kurz, da es das umfassende, alle Menschen und die gesamte Schöpfung betreffende Anliegen der Gerechtigkeit Gottes ausblendet. Gottes Wille lässt sich weder auf die Beziehung zwischen Gott und Mensch begrenzen, noch zielt er ausschließlich auf das jenseitige Heil. Eine übermäßige Betonung der Jenseits-

---

[26] Vgl. Popkes 2005: 136-138.
[27] Auch Apg 6,1-6 lässt keine Unterordnung der Beauftragung (*diakonia*) mit der karitativen Versorgung der Witwen unter die Beauftragung (*diakonia*) mit dem Wort zu: Einerseits werden die Sieben nicht in ein Amt der Armenpfleger eingesetzt, sondern sie wirken wie die zwölf Apostel als Missionare und Armenpfleger (vgl. Apg 6,8-8,40); vgl. Hentschel 2007: 318-337. Andererseits gehört auch zur apostolischen Verantwortung die Fürsorge (vgl. Apg 4,33-37; 20,31-35).

orientierung der christlichen Lehre, insbesondere der Erlösungslehre, führt dazu, dass die biblisch bezeugte gegenwärtige Liebe Gottes zu seiner gesamten Schöpfung übersehen oder marginalisiert wird, aus der sich der Anspruch an die Glaubenden ableitet, sich auch selbst für Gerechtigkeit und Liebe in dieser Welt zu engagieren.

c) Karitatives Handeln ist menschlich.
In den biblischen Texten wird ein von Nächstenliebe bestimmtes Handeln sehr hoch bewertet. Wer Liebe übt, erfüllt den Willen Gottes. Eine besondere Motivation, ein besonders christusgemäßes Verhalten werden dabei nicht grundsätzlich gefordert. Das »ganz normale« barmherzige, auf gerechte Lebensverhältnisse zielende Verhalten der Menschen erfüllt den Willen Gottes.

Dies zeigt sich deutlich in der Beispielerzählung vom barmherzigen Samaritaner (Lk 10,25-37): Weder der Priester noch der Levit als kultisch-religiöses Fachpersonal reagieren angemessen auf die Notlage des von den Räubern verletzten Mitmenschen, sondern ausgerechnet ein wegen seines Glaubens verachteter Samaritaner tut, was der Tora, was dem Willen Gottes entspricht, und wird dadurch von Jesus als nachahmenswertes Vorbild für die Erfüllung des Nächstenliebegebots dargestellt.[28]

Auch in der Erzählung Jesu vom Endgericht (Mt 25,31-46) werden die Menschen ausschließlich am Maßstab der Taten der Nächstenliebe gemessen, ohne dass nach deren Motivation gefragt wird. Das Leid der Mitmenschen verpflichtet zur Hilfe. Nachdem der Menschensohn diejenigen angeklagt hat, die nicht barmherzig waren (Mt 25,42f.), fragen diese zurück: »Herr, wann haben wir dich hungrig oder durstig oder als Fremdling oder nackt oder krank oder gefangen gesehen und haben die Aufträge für dich nicht ausgeführt (*diakoneo*)?« (Mt 25,44). Durch die Verwendung von *diakoneo* wird an der vorliegenden Stelle der Verpflichtungscharakter des von den Menschen erwarteten Verhaltens im Angesicht der Not besonders betont. Die Hilfe gegenüber den Notleidenden wird hier verstanden als Erfüllung der Weisungen Jesu. Da Jesus Christus sich selbst mit den Notleidenden identifiziert, erweist ein Mensch Jesus Christus seine Liebe, wenn er barmherzig gegenüber seinen Nächsten handelt (vgl. auch Mt 18,5). Dies entspricht – nun bezogen auf Christus – der in der Tora bezeugten Vorstellung, dass sich die Liebe zu Gott in der Erfüllung seiner Weisungen zeigt: Wer Gott liebt, liebt seine Mitmenschen (Dtn 6,4f.; vgl. Lev 19; vgl. Mk 12,28-34 par). Oder: »Wer Erbarmen hat mit dem Armen, leiht dem Herrn; der wird ihm seine Wohltat vergelten« (Spr 19,17). Die Darstellung im Matthäusevangelium legt eine universale Deutung der Erzählung nahe.[29] Vor dem Menschensohn müssen sich alle Völker, alle Menschen im Hinblick auf ihr karitatives Handeln oder Unterlassen verantworten (Mt 25,32). Auch die, die an Christus glauben, werden von diesem Gericht nach Werken nicht ausgenommen! Eine Beschrän-

---

[28] Grundlegend Theißen 2006: 94f. Vgl. hierzu Haußmann im vorliegenden Band.
[29] Vgl. die Argumente bei Frankemölle 1997: 421-430.

kung der zur Hilfe Verpflichteten auf Nicht-Gläubige[30] nimmt der Erzählung von Mt 25,31–46 die provokante Spitze, die ihr im Gesamtkontext des Matthäusevangeliums zukommt und die zeigt, wie grundsätzlich Gottes Forderung nach Nächstenliebe gilt (vgl. Mt 5,44-48) und wie diese von allen Menschen unabhängig von ihrem Glauben erfüllt bzw. nicht erfüllt werden kann. Schließlich betont Jesus v. a. im Matthäusevangelium immer wieder, dass zum Glauben das glaubensgemäße Handeln gehört (v. a. Mt 12,46-50). Er warnt Leitungspersonen und Gemeindeglieder, dass sie sich für ihr Verhalten im Gericht verantworten müssen und fordert deshalb wiederholt ein Tun der Gerechtigkeit (Mt 7,2.21-23; 10,15; 11,22; 12,36.41f.; 23,23.33). Nicht einmal die vollmächtige, von Wundern begleitete Verkündigungstätigkeit genügt, um in das Reich Gottes zu gelangen (Mt 7,12-22; vgl. 24,11f.). Es entspricht der Darstellung des Matthäusevangeliums, dass bei diesem Gericht alle Menschen, ohne Ausnahme, sich nach den realisierten oder unterlassenen Taten der Nächstenliebe fragen lassen müssen. Der Glaube an Christus oder Gott spielt dabei keine Rolle in der Bewertung der Taten, jeder Mensch kann unabhängig von seinem Glauben in der Ausübung der Barmherzigkeit den Willen Gottes bzw. Christi erfüllen oder auch verfehlen (s. auch Mt 12,50). »Durch Unterlassen des Guten verfehlt der Mensch sich selbst (in 41–45 werden den Leser:innen Menschen vor Augen gestellt, die nie aktiv etwas Böses getan haben!), durch das Tun der Barmherzigkeit hingegen kann er sein Heil finden. Ein wahrhaft menschlicher Maßstab für alle Menschen!«[31]

d) Karitatives Handeln ist weder Selbstaufopferung noch Selbsterniedrigung.
Die Verpflichtung zum karitativen Handeln wird in den neutestamentlichen Texten jedoch nicht als ein sich selbst aufopfernder, niedriger Dienst nach dem Vorbild Jesu beschrieben. Der Auftrag Jesu besteht darin, die Herrschaft Gottes aufzurichten und in diesem Rahmen sein Leben als Lösegeld zu geben (Mk 10,45 par). Jesus Christus ist der *diakonos* Gottes, aber nicht ein Sklave der Menschen. Mit seinem Leben und Sterben erfüllt Jesus den Willen Gottes, da Gott für die Menschen Gerechtigkeit und Liebe, die endgültige Erlösung der Menschen von allem Bösen will (Joh 3,16; Röm 5,8; 1 Joh 4,8-14). Gottes Liebe zu den Menschen, die sich in Jesus Christus zeigt, verpflichtet die Menschen zur Liebe (1 Joh 4,11.19-21). Doch der Auftrag Jesu ist einmalig, so dass kein direkter Weg von der *diakonia* Christi zum karitativen Engagement der Christ:innen führt.[32] Christus ist gesandt, das Reich Gottes aufzurichten und die Menschen zu erlösen. Die Menschen jedoch sind nicht beauftragt, die Welt zu retten, sondern Gottes Willen im Rahmen ihrer Handlungsmöglichkeiten zu

---

[30] Vgl. Luz 1997: 522-530.
[31] Frankemölle 1997: 430.
[32] Das karitative Engagement, die Diakonie der Gläubigen, hat ihren Grund nicht im erlösenden Handeln Jesu. Vgl. z. B. Merk 1998: 150f. Diese Begründung der Diakonie beruht auf einem semantisch falschen Verständnis des griechischen Begriffs *diakonia*.

erfüllen. Weil Jesus Christus vollmächtig den Willen Gottes verkündet, sind seine Worte und Gebote verbindlich (Joh 14,10-24). Weil Jesus Christus in seinem Leben den Willen Gottes vorbildlich erfüllt, wird er auch zum Vorbild für die Gläubigen (vgl. Joh 15,10.13; 1 Joh 2,29; 3,16f.; Röm 5,5-8).

Dies lässt sich am deutlichsten im Johannesevangelium zeigen. Die Fußwaschungserzählung wird immer wieder als Hinweis auf Jesu Selbsterniedrigung verstanden, die durch eine demütige, sich selbst aufopfernde Liebe motiviert sei. Diese Interpretation beachtet jedoch nicht, dass gerade im Johannesevangelium Jesus als der Sohn und Gesandte Gottes beschrieben wird, der in aller Vollmacht den Auftrag Gottes erfüllt und seinen Weg geht, um Gottes Willen und Gottes Liebe zu offenbaren.[33] Jesus ist bereit, aus Liebe für die Seinen zu sterben, und er erweist diesen damit die größte Liebe, die man Freund:innen erweisen kann (Joh 15,13).[34] Durch diese zuvorkommende und radikale Liebe Jesu, die in der Fußwaschung symbolisiert, in der Kreuzigung realisiert wird, bekommen die Gläubigen Anteil an ihm und damit zugleich Anteil an der Gemeinschaft mit Gott, d. h. Jesus stiftet Gemeinschaft. Die Fußwaschung ist ein überraschender, den Nachfolgekreis zunächst irritierender Ausdruck der Liebe Jesu. Indem Jesus beim letzten Mahl den Seinen die Füße wäscht, erweist er ihnen seine Liebe und erfüllt darin seine Sendung (Joh 13,1). In der Lehrer-Schüler-Beziehung ist eine Fußwaschung ein Liebes- und Ehrerweis, den die Schüler:innen ihrem Lehrer erweisen.[35] Der johanneische Jesus kehrt diese Rollen um, aber er macht sich nicht zum Sklaven der Jünger:innen, sondern er bleibt ihr »Lehrer und Herr« (Joh 13,6.13f.). Trotz der Kreuzigung wird Jesus nicht zum demütigen Diener der Menschen, er bleibt der souveräne Sohn Gottes und der endzeitliche König, der unabhängig vom Wirken der Menschen die Vollmacht hat, sein Leben zu geben und es wieder zu nehmen (Joh 10,17f.; 15,13; 19,11.30). Dieser Herr und Lehrer, Sohn und König setzt alles, sogar sein Leben dafür ein, dass Liebe unter den Menschen realisiert wird. Darin ist Jesus Vorbild. Alle, die ihm nachfolgen, werden entsprechend von Jesus seine Freund:innen, nicht seine Sklav:innen genannt, und sie werden darauf verpflichtet, die erfahrene Liebe in gegenseitiger Liebe zu realisieren (Joh 13,34f.; 15,10-17).

e) Karitatives Handeln lohnt sich.
Gute Werke gelten sogar dann als Erfüllung des göttlichen Willens, wenn dadurch ein persönlicher Gewinn erreicht wird. Das gute Tun darf auch zur eigenen Ehre und zu einem guten Leben für die Subjekte selbst beitragen (vgl. Mt

---

[33] Vgl. Frey 2013.
[34] Zu diesem Topos der antiken Freundschaftsethik vgl. Scholtissek 2004: 413-439.
[35] In der ursprünglichen Fassung des Aufsatzes habe ich die Fußwaschung noch als Sklavendienst gedeutet, vgl. Hentschel 2014: 36. Meine Forschungen zur Praxis der Fußwaschung zeigen, dass Joh 13,1-20, ausgehend von der Fußwaschung in der Lehrer-Schüler-Beziehung, als Ehr- und Liebeserweis zu betrachten ist, der üblicherweise von den Schüler:innen geleistet wird; vgl. Hentschel 2022: 150ff.376-387.

5,3-11; Lk 6,20-23; Röm 2,7.10). Gott selbst sagt denen seinen Segen zu, die nach seinem Willen leben (z. B. Mt 5,7; 1 Kor 3,8; Gal 6,16).[36] Ein Verhalten entspricht erst dann nicht dem Willen Gottes, wenn es nur der eigenen Ehre dient und/oder auf Kosten anderer geht und deshalb zum Unrecht wird (vgl. z. B. Mt 6,2; Röm 2,8). Dem Verhalten, das sich nach den Weisungen Gottes richtet, ohne dass von den Adressat:innen eine Gegenleistung erwartet wird bzw. werden kann, wird der besondere Segen Gottes verheißen (Mt 6,3f.; Lk 6,35-38; 12,33). Wichtig ist, dass bei allem Lohndenken stets ein Überhang der Gnade Gottes festgehalten wird (Lk 6,35; vgl. z. B. auch Mt 20,1-16; Röm 9,22).

In vielen neutestamentlichen Texten wird selbstverständlich ein Gericht nach Werken vorausgesetzt. Es ist Gott nicht gleichgültig, ob die Menschen nach seinem Willen leben oder Unrecht tun. Von jedem unnützen Wort werden die Menschen nach Matthäus vor Gott Rechenschaft ablegen müssen (Mt 12,36). Paulus warnt alle, die in der Gemeinde mitarbeiten, dass die Qualität ihres Wirkens von Gott in seinem Gericht geprüft werden wird (1 Kor 3,13-15). Doch das Gericht nach Werken schließt für Paulus nicht aus, dass der Betroffene das ewige Leben erhält (vgl. auch Röm 2,1-4). Es geht hier offensichtlich nicht um Werkgerechtigkeit, nicht um die Frage, ob man sich durch gute Taten das ewige Heil verdienen kann. Im Zentrum steht vielmehr der verbindliche Wille Gottes, der erwartet, dass die Menschen nach seiner Gerechtigkeit leben sollen, und die Treue Gottes, so dass die Menschen andererseits auch Gottes Gerechtigkeit erfahren. Dazu gehört nicht nur die Verurteilung des Unrechts, sondern auch das Lob und die Wertschätzung des Guten (1 Kor 3,5).

f) Karitative Aufgaben werden im Gemeindeleben verankert.
Bereits die ältesten neutestamentlichen Zeugnisse belegen, dass in den entstehenden christlichen Gemeinden eine karitative Verantwortung wahrgenommen und dabei zum Teil bereits institutionalisiert wurde.[37] Die Fürsorge für Menschen in Not gehörte sowohl in den Verantwortungsbereich der Leitungspersonen als auch zu den Aufgaben der Gemeindeglieder (vgl. z. B. Röm 13,8; 2 Kor 8-9; Apg 2,42-46; 4,32-35; 6,1-6; 1 Joh 3,15-24).

In 1 Kor 12 beschreibt Paulus mit dem Bild eines funktionierenden Organismus das Gemeindeleben, wie es seinen Vorstellungen entspricht. Gott selbst hat den Gemeindegliedern unterschiedliche Gaben zugeteilt, die von Paulus als Charismen bzw. Gnadengeschenke (*charisma*) Gottes, als Beauftragungen (*diakonia*) durch den Herrn Jesus und als Energien bzw. Kraftwirkungen (*energema*) des Heiligen Geistes beschrieben werden (1 Kor 12,4-6).[38] Sowohl die Begabung selbst als auch die Wirksamkeit der Gaben gehen also allein von Gott aus. Mit dem griechischen Begriff *diakonia* wird der Auftrags- bzw. Verpflichtungs-

---

[36] Vgl. zum Tun-Ergehen-Zusammenhang Freuling 2008: https://bibelwissenschaft.de/stichwort/36298/ (20.10.2024).
[37] Vgl. auch den Tagungsband von Müller 2021.
[38] Zu 1 Kor 12-14 und Röm 12,3-8 vgl. Hentschel 2013: 115-125.

charakter der Gaben ergänzt: Alle Begabungen sind zugleich offizielle Beauftragungen durch Jesus Christus, diese Gabe in das Gemeindeleben einzubringen. Mit ihren individuellen Gaben sollen alle Gemeindeglieder *zur Auferbauung* der Gemeinde beitragen (1 Kor 12,7). Hier wird von Paulus folglich, wenn man dies entsprechend formulieren will, der diakonische Charakter der unterschiedlichen Aufgaben ausgedrückt, der jedoch nicht mit einem Dienstbegriff, sondern als gegenseitige Auferbauung bezeichnet wird. Kein Gemeindeglied wird aufgefordert, dem anderen zu dienen, sondern es geht um ein kollegiales und gleichberechtigtes Zusammenwirken, wie auch das Bild des Körpers illustriert.

Alle Glieder eines Körpers sind mit ihrem Beitrag für die Lebensfähigkeit gleich wichtig und müssen ihre Gaben einbringen, damit der Organismus funktionieren kann. Keines der Glieder, auch nicht eines mit mehr (Leitungs-) Verantwortung, kann für sich eine höhere Ehre oder Bedeutung beanspruchen, denn ein Körper, der nur aus Augen oder Händen bestehen würde, wäre nicht überlebensfähig (1 Kor 12,15-17). Dies kann durchaus als Kritik des Paulus an Leitungspersonen der Gemeinde gesehen werden, die für sich eine besonders hohe Bedeutung für das Gemeindeleben beanspruchen bzw. von Gemeindegliedern übermäßig hochgeschätzt werden (vgl. 1 Kor 3,4-4,7; 12,28f.). Paulus betont, dass Gott selbst alle (Gemeinde-)Glieder offiziell mit ihrer Aufgabe beauftragt hat, also nicht nur die Apostel:innen, Prophet:innen und Lehrer:innen (1 Kor 12,18.24; vgl. 12,5).[39] Dabei hat Gott den Mitarbeitenden, die weniger angesehen sind, sogar mehr Ehre verliehen als den anderen (1 Kor 12,24f.). Paulus ist sich bewusst, dass es in der korinthischen Gemeinde zu Streitigkeiten kam, wer in der Gemeinde die wichtigste Rolle innehabe und wer deshalb die meiste Ehre verdiene (vgl. 1 Kor 3,4ff.). Darauf antwortet Paulus jedoch nicht mit der Forderung, dass Gemeindeglieder auf jegliches Streben nach Ehre verzichten müssten. Er betont vielmehr die Gleichwertigkeit aller Gaben für das Funktionieren des Leibes und gesteht sogar denen mehr Ehre zu, die mit ihrem Beitrag zum Gemeindeleben eher geringgeschätzt werden (1 Kor 12,11.29-31). Paulus stellt somit alle Mitarbeiter:innen in der Gemeinde auf eine Stufe, aber nicht, indem er die mit mehr Autorität und Ehre verbundenen Leitungspositionen zu »Diener:innen« erniedrigt, sondern indem er alle Gemeindeglieder als von Christus selbst offiziell beauftragte Mitarbeitende, gewissermaßen als Amtsträger:innen,[40] beschreibt, sie auf die gleiche Stufe mit den angesehenen Leitungspersonen (1 Kor 12,28f.) stellt und sie dadurch erhöht.

---

[39] Paulus verwendet hier Begriffe, die eine offizielle Einsetzung in Ämter bezeichnen; vgl. Hentschel 2013: 121f. Dies entspricht der Verwendung von διακονία in 1 Kor 12,5.
[40] In den neutestamentlichen Texten werden mit *diakonia* v. a. offizielle Beauftragungen bezeichnet, u. a. zur missionarischen Evangeliumsverkündigung, die heute als Apostolat bezeichnet wird (vgl. Apg 1,17.25; 20,24; 21,19; Röm 11,13; 12,7; 2 Kor 4,1; 5,18). Das Amtsverständnis hat sich heute im Verhältnis zur Zeit der Entstehung der neutestamentlichen Zeit zwar gewandelt, doch ein Vergleich mit Ämtern in Vereinen und Städten

Maßstab für die Ausübung aller Beauftragungen in der Gemeinde ist die Liebe, die von Paulus als die höhere Gnadengabe bezeichnet wird (1 Kor 12,31-13,13). Er führt hier erneut die Charismen in exemplarischer Auswahl an, bemerkenswert ist aber, dass sowohl wortbezogene Aufgaben, pneumatische Begabungen und sogar die Wohltätigkeit eigens genannt werden und alle der Liebe bedürfen (1 Kor 13,1-3). Paulus ist sich offensichtlich bewusst, dass auch das Handeln der Gläubigen einer kritischen Überprüfung am Maßstab der Liebe bedarf. Zwar sind die Gläubigen getauft und von Christus grundsätzlich von der Macht der Sünde erlöst (Röm 3,21-28; 6,17-23), doch die erwartete Gottesherrschaft ist noch nicht vollendet, so dass auch die Gläubigen als Menschen in ihrer Erkenntnisfähigkeit und in ihrem Handeln begrenzt und keineswegs vollkommen sind (Röm 8,19-28; 12,1-3.8-21; 14,10-23; 1 Kor 13,8-13). Die Liebe ist der kritische Maßstab, an dem sich alle Mitarbeitenden in den unterschiedlichsten Aufgabenbereichen des Gemeindelebens messen lassen müssen.

4. Abschließende Thesen

1. Gerechtigkeit und Barmherzigkeit Gottes gehören zusammen wie zwei Seiten einer Medaille. Weil Gott barmherzig ist und darauf achtet, dass alle Menschen zu ihrem Lebensrecht kommen, ist seine Liebe nur in Verbindung mit seiner Gerechtigkeit vorstellbar.
2. Gottes Liebe als unverdiente, aber doch verlässliche Zuwendung Gottes zum Menschen zeigt sich nicht erst in Jesus Christus, sondern bestimmt das Gottsein Gottes in allen biblischen Texten.
3. Die zuvorkommende Liebe Gottes beeinflusst die Menschen. Gott ermöglicht und erwartet, dass sie in ihrer Lebensweise und in ihrem Handeln seinen guten Willen befolgen, d. h. dass ihre Beziehungen von Gerechtigkeit und Liebe bestimmt werden. Die Beachtung der göttlichen Weisungen zielt darauf, dass alle Menschen gut leben können, in Gerechtigkeit, Frieden und Freude.
4. Die Erfahrung, dass Unrecht ungestraft bleibt und das gottgemäße Verhalten der Gerechten ohne Segen bleibt, führt zu der Hoffnung, dass Gott in einem endzeitlichen Gericht Gerechtigkeit herstellen und in seinem Gottesreich ein Leben in Gerechtigkeit für alle ermöglichen wird, v. a. für die, die unter Unrecht und Krankheit leiden.
5. Jesus wird im Neuen Testament als der Messias und *diakonos* verstanden, der im Auftrag Gottes dessen Herrschaft aufrichten und darin Gerechtigkeit und Barmherzigkeit verwirklichen soll.

---

bzw. auf der Ebene der Römischen Reichsverwaltung zeigt, dass Paulus hier durchaus die offiziell-amtliche Rolle der unterschiedlich Mitarbeitenden in der Gemeinde im Blick hat; vgl. Hentschel 2013: 20-47. Zur Rolle der Diakon:innen in den entstehenden christlichen Gemeinden vgl. Koet et al. 2018.

6. Jesu Wunder sind Zeichen der anbrechenden Gottesherrschaft, in der Blinde sehen und Lahme gehen, Aussätzige rein werden und Taube hören, Tote auferstehen und Armen eine frohe Botschaft verkündet wird. Da sich in den Wundern Jesu nicht nur Gottes Barmherzigkeit, sondern auch seine Gerechtigkeit realisiert, sind sie zugleich Zeichen, die zur Umkehr mahnen, für alle, die Unrecht tun und Gottes Willen missachten.
7. Die Gläubigen leben nach der Auferstehung Jesu in der Situation, dass mit Jesu Leben, Sterben und Auferstehung das Böse zwar endgültig besiegt und Gottes Gerechtigkeit aufgerichtet wurde, die von Jesus angekündigte Gottesherrschaft jedoch noch nicht endgültig eingetreten ist. Deshalb sind alle, die an Jesus als den Messias Gottes glauben, nach wie vor aufgerufen, in einer Welt, in der es Unrecht und Ungerechtigkeit gibt, selbst nach dem Willen Gottes zu leben und solidarisch in Wort und Tat Partei zu ergreifen für die, die sozial benachteiligt, behindert oder krank sind. Die Weisungen der Tora, u. a. die sozialpolitisch und wirtschaftlich relevanten Gebote, können auch für uns Christ:innen wichtige Hinweise auf die lebenspraktische individuelle und institutionalisierte Umsetzung von Gerechtigkeit und Barmherzigkeit sein.
8. Der gute Wille Gottes für die Menschen, der auf ein von Gerechtigkeit und Barmherzigkeit geprägtes Zusammenleben auf der Erde zielt, kann im Liebesgebot, ja sogar in der Goldenen Regel zusammengefasst werden. Diesen Willen Gottes können grundsätzlich alle Menschen in gleicher Weise erfüllen, auch die, die den christlichen Glauben nicht teilen.
9. Vor einer christlichen Überheblichkeit im Hinblick auf das karitative Handeln sollten die zahlreichen neutestamentlichen Hinweise auf ein Gericht Gottes warnen, nach denen Gott die Taten aller Menschen in Gerechtigkeit richten wird. Unabhängig davon gilt zugleich, dass das ewige Leben genauso wie das irdische Leben letzten Endes ein unverdientes Geschenk der allem menschlichen Tun zuvorkommenden göttlichen Liebe ist.
10. Die Botschaft der mit Jesus Christus anbrechenden Gottesherrschaft lässt die Gläubigen zuversichtlich in die Zukunft schauen und entlastet sie von allen Versuchen, die Welt durch ihr eigenes Handeln retten zu wollen: Gott selbst wird das Unrecht endgültig besiegen, so dass Gottes Barmherzigkeit und Gottes Gerechtigkeit für alle Menschen gelten werden.

Bibliographie

Bar Ephraim, R., 2010. Mitmenschliche Solidarität im Judentum. C. Sigrist/H. Rüegger, Helfendes Handeln im Spannungsfeld theologischer Begründungsansätze. Zürich, 43–49.

Benedict, H.-J., 2008. Barmherzigkeit und Diakonie. Stuttgart.

Beyer, H.-W., 1935. διακονέω κτλ. ThWNT II. 81–93.

Collins, J. N., 1990. Diakonia. Re-interpreting the Ancient Sources. New York/Oxford.

Crüsemann, F., 2006. Das Alte Testament als Grundlage der Diakonie. V. Hermann/M. Horstmann, Studienbuch Diakonik Band 1. Biblische, historische und theologische Zugänge zur Diakonie. Neukirchen-Vluyn, 58–87.

Dietrich, W., 2008. Gericht Gottes (AT). Wibilex. http://www.bibelwissenschaft.de/stichwort/19328/ (20.09.2024).

Frankemölle, H., 1997. Matthäus: Kommentar Band 2. Düsseldorf.

Freuling, G., 2008. Tun-Ergehen-Zusammenhang. WiBiLex. https://bibelwissenschaft.de/stichwort/36298/ (20.10.2024).

Frey, J., 2013. Die »theologia crucifixi« des Johannesevangeliums. J. Schlegel, Die Herrlichkeit des Gekreuzigten. WUNT I 307. Tübingen, 485–554.

Hentschel, A., 2007. Diakonia im Neuen Testament. WUNT II 226. Tübingen.

Hentschel, A., 2013. Gemeinde, Ämter, Dienste. Perspektiven zur neutestamentlichen Ekklesiologie. BThST 136. Neukirchen-Vluyn.

Hentschel, A., 2014. Theologische Begründungsansätze sozialen Handelns im Neuen Testament. C. Sigrist/H. Rüegger, Helfendes Handeln im Spannungsfeld theologischer Begründungsansätze. Zürich, 15–42.

Hentschel, A., 2022. Die Fußwaschungserzählung im Johannesevangelium. Ein Beitrag zur johanneischen Ekklesiologie. WUNT I 493. Tübingen.

Janowski, B., 1999. Der barmherzige Richter. R. Scoralick, Das Drama der Barmherzigkeit Gottes. SBS 183. Stuttgart, 33–91.

Jüngel, E., 2003. Anfänger. Herkunft und Zukunft christlicher Existenz. Stuttgart.

Koet, B. J./Murphy, E./Ryökäs, E. 2018. Deacons and Diakonia in Early Christianity. WUNT II 479. Tübingen.

Konradt, M., 2003. Gericht und Gemeinde. BZNW 117. Berlin/New York.

Luz, U., 1997. Das Evangelium nach Matthäus. EKK I/3. Zürich/Neukirchen-Vluyn.

Merk, O., 1998. Aspekte zur diakonischen Relevanz von Gerechtigkeit, Barmherzigkeit und Liebe. G. Schäfer/T. Strohm, Diakonie – biblische Grundlagen und Orientierungen. Heidelberg, 144–157.

Moll, S., 2010. The Arch-Heretic Marcion. WUNT I 250. Tübingen.

Müller, K., 2006. Grundlagen der Diakonie in der Perspektive gesamtbiblischer Schriften. V. Hermann/M. Horstmann, Studienbuch Diakonik 1. Neukirchen-Vluyn, 26–41.

Müller, A., 2021. Wohltätigkeit im antiken und spätantiken Christentum. Leuven/Paris/Bristol.

Popkes, E., 2005. Die Theologie der Liebe Gottes in den johanneischen Schriften. WUNT II 197. Tübingen.

Reiser, M., 2011. Der unbequeme Jesus. BThSt 122. Neukirchen-Vluyn.

Scholtissek, K., 2004. »Eine größere Liebe als diese hat niemand, als wenn er sein Leben hingibt für seine Freunde« (Joh 15,13). Die hellenistische Freundschaftsethik und das Johannesevangelium. J. Frey/U. Schnelle, Kontexte des Johannesevangeliums. WUNT I 175. Tübingen, 413–439.

Theißen, G., 2006. Die Bibel diakonisch lesen. Die Legitimitätskrise des Helfens und der Barmherzige Samariter. V. Hermann/M. Horstmann, Studienbuch Diakonik 1. Neukirchen-Vluyn, 88–116.

Thyen, H., 2005. Das Johannesevangelium. HNT 6. Tübingen 2005.

Wengst, K., 2010. Das Regierungsprogramm des Himmelreichs. Eine Auslegung der Bergpredigt in ihrem jüdischen Kontext. Stuttgart.

Weth, R., 2006. Der eine Gott der Diakonie. Diakonik als Problem und Aufgabe Biblischer Theologie. V. Hermann/M. Horstmann, Studienbuch Diakonik 1. Neukirchen-Vluyn, 42–57.

Christologie in der Schule

Theologische Einsichten aus einem empirischen Projekt

Martin Hailer

Zusammenfassung

In den meisten deutschen Bundesländern kann Christus in der Schule »gepredigt« werden, da der Religionsunterricht dort inhaltlich von den Kirchen mitverantwortet wird. Über die christologischen Vorstellungen aktiver Religionslehrer:innen ist jedoch wenig bekannt. Der Beitrag stellt zentrale Erkenntnisse auf diesem Gebiet aus über 20 Interviews mit Religionslehrkräften vor und zieht einige Schlussfolgerungen, wie Christologie im Lehramtsstudium vermittelt werden sollte.

Abstract

In most Federal States in Germany Christ can be »preached« in schools, since religion classes take place under the guidance of both the state and the church. But quite little is known about the »ordinary« religion teacher's christological concepts. The paper presents core insights in this field from over 20 interviews with religion teachers and draws some conclusions on how to teach christology in teacher training.

Einleitung

Der Untertitel ist methodisch unkorrekt: Aus empirischen Daten folgen keine theologischen Einsichten, genauso wie es eine mitunter beschworene empirische Theologie nicht gibt und nicht geben kann.[1] Wohl verdankt sich die Theologie einer Tatsache, und zwar, um mit Karl Barth zu sprechen, der alles »real verändernden Tatsache, daß Gott ist.«[2] Eine Tatsache also schon, aber eine Tatsache, die sich von den Ding- und Vorhandenheitsbehauptungen in der Welt präzise unterscheidet. Gott ist keine Tatsache in der Welt, wohl aber gerät alles und geraten alle in ein neues und veränderndes Licht, wo diese Tatsache Geltung erlangt. Gregor Etzelmüller hat das deutlich formuliert: »Weil Gott ist, ist nichts so, wie es scheint, ist unserer Welt, unserer Todeswelt, ist auch der Kirche, ist jedem einzelnen Menschen, auch jedem verzagten Christenmenschen immer schon geholfen.«[3]

Im Rahmen dieser alles verändernden Tatsache kann an den Schulen in den meisten deutschen Bundesländern Religionsunterricht erteilt werden: Von einer oder mehreren Konfessionen verantwortet, bekenntnisorientiert und also der Wahrheit des eben zitierten Satzes verpflichtet. Auch die Neuerungen in Sachen der Zusammenarbeit im Religionsunterricht ändern daran nichts, also der seit Jahren etablierte konfessionell-kooperative Religionsunterricht unter anderem in Baden-Württemberg oder das für das Schuljahr 2025/26 geplante Fach Christliche Religion nach evangelischen und katholischen Grundsätzen in Niedersachsen.[4] Letzteres wird gemeinsam von den römisch-katholischen Bistümern einerseits und den evangelischen Landeskirchen andererseits durchgeführt. Die Bekenntnisorientierung dieses Religionsunterrichts wird also von einem gemeinsam handelnden Subjekt verantwortet, das so zuvor noch nicht aufgetreten ist.[5] An der Bekenntnisorientierung ändert das aber nichts, und deswegen ist auch der Christliche Religionsunterricht eben Religionsunterricht und damit Verkündigung unter schulischen Bedingungen, zu unterscheiden vom multireligiösen Fach »Religion für alle« in Hamburg oder dem explizit nicht bekenntnisorientierten Fach »Lebensgestaltung, Ethik, Religionskunde« in Brandenburg. Auch in Berlin bleibt es wohl einstweilen dabei, dass Religion kein ordentliches schulisches Unterrichtsfach ist.

---

[1] Gennerich 2010 unterscheidet trotz des Haupttitels zurecht zwischen Empirie und Religionsdidaktik. Unschärfer ist die Begriffsverwendung in Dinter u.a. 2010. Der zum Programm erklärte »Primat der Wahrnehmung« (79) macht Theologie noch nicht empirisch, so gerechtfertigt der Bezug auf alltäglich gelebte Religiosität als Gegenstandsfeld in der Praktischen Theologie auch sein mag.
[2] Barth 1958: 289.
[3] Etzelmüller 2022: 416. Dort auch der Hinweis auf das Zitat von Anm. 2.
[4] Vgl. Gemeinsam verantworteter Christlicher Religionsunterricht. Der konfessionell-kooperative Religionsunterricht im deutschen Südwesten wurde relativ bald nach seiner Einführung im Jahr 2005 evaluiert, vgl. Kuld et al. 2009.
[5] Vgl. Hailer 2024.

Das heißt, und damit zum Thema: Die Verkündigung Christi in der Schule – die zielgruppenspezifische, religionspädagogisch und religionsdidaktisch entsprechend reflektierte Verkündigung Christi in der Schule – ist in der großen Mehrheit der deutschen Bundesländer möglich. Dass das bereits innerhalb Europas eine Besonderheit darstellt, ist immer wieder gesehen worden.[6] Diese Besonderheit ist, stricte theologisch gesprochen, der Kirche im Rahmen ihres Verkündigungsauftrags auch geboten und nichts, worauf sie aus eigenem Entschluss verzichten könnte. Was mit dieser Feststellung aber noch nicht thematisiert wurde, ist das »wie«. Gewiss also soll Christus in der Schule gepredigt werden. Aber welche christologischen Grundentscheidungen, welche Interpretationsschemata sind denn schulgeeignet? Die Verkündigungssituation namens Schule ist von der angestammten gemeindlichen nicht völlig verschieden, wohl aber durch alles, was mit der Adressatenorientierung zusammenhängt, eben doch signifikant zu unterscheiden. Religionspädagogische Einsichten dazu und fachdidaktische Einzelentscheidungen sind hier nicht das Thema. Ich will vielmehr zum einen wissen, welche theologischen Regeln aus dem Feld der Christologie vorrangig zum Einsatz kommen, und zum anderen, welche theologischen Regeln aus dem Feld der Christologie vorrangig zum Einsatz kommen *sollen*, wenn der Verkündigungsort die Schule ist.[7]

1. Die Frage nach der aktiven Christologie aktiver Lehrkräfte

Danach, welche theologischen Regeln aus der Christologie denn de facto zum Einsatz kommen, fragt ein Team an den Pädagogischen Hochschulen in Schwäbisch-Gmünd und in Heidelberg im Forschungsprojekt »Systematische Theologie für die Schule«.[8] Im Kern handelt es sich um 24 Erzählinterviews mit Lehrkräften von Grundschulen und der Sekundarstufe I. Die Probandinnen und Probanden[9] sind unterschiedlich lang im Beruf und hälftig auf die Bundesländer Bayern und Baden-Württemberg verteilt, um sowohl zeitliche Veränderungen über die Dienstdauer als auch regionale Unterschiede beobachten zu können. Wir haben sie vor allem gebeten zu erzählen: Wie sind Sie zum Studium der lehramtlichen Theologie gekommen? Was hat Sie daran gereizt? An welche

---

[6] Vgl. die Überblicksbeiträge von Erna Zonne-Gätjens für die Niederlande, L. Philip Barnes/Penny Thompson für England, Martin Ubani für Finnland und Renate W. Banschbach Eggen für Norwegen, in Hailer 2023: 421–473.
[7] Zum Verständnis von Dogmen und theologischen Sätzen als Regeln vgl. klassischerweise Sauter 1973; Ritschl/Jones 1976; Lindbeck 1984. Neueres: Hailer 2009, Hailer 2015, Dirscherl/Hailer 2021.
[8] Ausführliche Projektdarstellung: Paluca/Ekert/Hailer/Kreschel/Weiß 2023.
[9] Der vorliegende Beitrag verzichtet auf Wunsch des Autors auf eine inklusive Schreibweise und verwendet alternierend eine binäre Schreibweise der Geschlechter [Anm. d. Herausgeber:innen].

Themen aus Ihrem Studium erinnern Sie sich jetzt, im Licht der schulischen Paxis, noch gern? Wo fühlen Sie sich vom Studium auch eher nicht gut auf den Religionsunterricht vorbereitet? Und vor allem haben wir gebeten zu erzählen: Was tut sich inhaltlich in Ihrem Religionsunterricht? Zu welchem theologischen Nachdenken werden Sie durch die Unterrichtsvorbereitung und durch das Gespräch mit Ihren Schülerinnen und Schülern angeregt? Da, wo es gutging, begannen die Lehrer und Lehrerinnen tatsächlich zu erzählen: Von unterrichtlichen Begebenheiten, von Randgesprächen mit Schülerinnen oder auch von einsamen theologischen Erwägungen, die vom Religionsunterricht ausgelöst wurden. Einmal übrigens fand die Erwägung beim Joggen statt, das als Quelle theologischen Raisonnements also nicht vernachlässigt werden sollte. 24 Gespräche von etwa 45 Minuten bis zu fast drei Stunden Dauer. Insgesamt sind es fast 40 Stunden Erzählmaterial. Ein faszinierendes Kaleidoskop von aktiver Theologie in den Köpfen aktiver Religionslehrkräfte. Die Auswertung – größerenteils, aber noch nicht komplett abgeschlossen – erfolgt mit den Mitteln der Narrationsanalyse.

Ein weiteres Teilprojekt befragt Studentinnen und Studenten des Religionslehramts. Wir wollen von ihnen nach Absolvieren des Basismoduls wissen, welche Erwartungen sie an das Studium der Systematischen Theologie haben. Diese Befragung wollen wir dann mit den Ergebnissen der Interviewstudie mit den aktiven Lehrkräften korrelieren, um Schlüsse aus dem Verhältnis von Erwartungen an die Systematische Theologie und der gleichsam tatsächlichen Systematischen Theologie in den Köpfen aktiver Lehrkräfte ziehen zu können. Dieses Teilprojekt ist aber noch unabgeschlossen und zugleich für die hier zu verfolgende Fragestellung weniger relevant, denn es geht ja darum, welche christologischen Leitmotive in der Schule tatsächlich zum Einsatz kommen. Und das beschreibt den Schnittbereich eines empirischen Projekts innerhalb der Theologie hin zu materialdogmatischen Entscheidungen. Die Fragestellung lautet: Wenn diese und jene Elemente von Christologie im Raisonnement aktiver Lehrkräfte angeboten werden, was lässt sich mit Hinblick auf die Schulsituation bekräftigen? Wo würde ich Erweiterungen vorschlagen? Und wo ist, bei aller Ehrerbietung gegenüber dem anspruchsvollen Beruf der Religionslehrerin, auch Widerspruch angezeigt? Hier zeigt sich zugleich, warum es wohl einen Dialog zwischen Empirie und Theologie, aber keine empirische Theologie geben kann: Theologische Sätze behaupten keine Daten, sie behaupten etwas über Daten. Bei allem Recht beschreibender Sprachspiele im theologischen Raisonnement: In ihrem Kern ist sie wahrheitswertsetzend, nicht nur wahrheitswertbeobachtend. Man kann allenfalls sagen, dass sie mit dem eingangs zitierten Satz von der alles »real verändernden Tatsache, daß Gott ist«, ihr extern vorliegende Wahrheitswerte beobachtet und zu verstehen trachtet.[10] Für alle anderen Player

---

[10] In der neueren evangelischen Debatte zur Christologie wird diskutiert, ob sie ein gänzlich bewusstseinsinternes Phänomen behandelt oder es mit ihr zugespielten Themen zu tun hat. Christian Danz schlägt vor, Christologie als Ausdruck der Selbstex-

und Perspektiven geht sie damit aber setzend und konfessorisch vor, nie nur beobachtend. Es folgen einige vorläufige Beobachtungen aus dem Aufeinandertreffen von Beobachtung und Wahrheitswertsetzung.

2. Empirische Funde und erste theologische Einordnungen

Zunächst: Christologische Erwägungen sind nicht gerade die Mitte oder der Dauerbrenner in den gut 20 Interviews, die im Projekt geführt wurden. Es ist nicht wenig von Schöpfung die Rede, nachgerade jedes Interview benennt die Theodizeefrage als etwas, womit die Probandinnen und Probanden sich selbst herumschlagen oder worauf sie im Gespräch mit ihrer Schulklasse gestoßen wurden. Und auffallend häufig kommen die Interviewpartner auf die Theologie des Heiligen Geistes zu sprechen, dies allermeist aber in Form der Frage: Es sei schwer zu bestimmen, wer oder was der Heilige Geist ist, so dass entsprechende Unterrichtseinheiten oder Schülerfragen mehr Sorge als Freude bereiten.

> Die von 2021 bis 2024 im Projekt angestellte wissenschaftliche Mitarbeiterin, Anna E. Paluca M. Ed., hat aus diesen Beobachtungen eine interessante Konsequenz gezogen: Was ergibt sich, so fragt sie, wenn diese beiden Themenbereiche nicht zufällig mit- und nebeneinander auftreten? Könnte die Theodizeefrage zurecht in der Pneumatologie verortet werden? Wie sieht die Theodizeeproblematik also aus, wenn sie nicht wie üblich im Rahmen der Gottes- oder Schöpfungslehre verortet, sondern der Theologie des Heiligen Geistes zugespielt wird? Sinnloses Leid ist dann nicht primär als eine Rückfrage an Wesen und Willen des Schöpfers zu verstehen, wie Gottfried Wilhelm Leibniz und die gewaltige Tradition, die sich auf ihn beruft, es auffassten. Es muss vielmehr im Rahmen von Gottes rettendem und heilendem Handeln verstanden werden. Nicht: Was dachte sich eigentlich der Schöpfer, als er die Welt so und nicht anders einrichtete, sondern: Was spielt Gott zu, und wie begegnet er, wenn doch seine Gegenwart als Heiliger Geist die Erneuerung der ganzen Schöpfung zusagt? Diese Zuordnung der Theodizeefrage verspricht interessanten argumentativen Gewinn. Es handelt sich im Kern um die Wiederaufnahme von Immanuel Kants Unterscheidung von doktrinaler und authentischer Theodizee. Eine bei der Schöpfungslehre ansetzende Theodizee verlockt nachgerade dazu, im Modus von Erklärung und Begriffsbestimmung vorzugehen, etwa in Leibniz'scher Tradition Übelklassifikationen vorzunehmen oder dies, wie neuerdings in der analytischen Theologie, durch die free will defense und die natural law defense vorzunehmen. Authentische Theodizee hieße dagegen, dass Gott »selbst der Ausleger seines durch

---

plikation des christlich-religiösen Bewusstseins zu verstehen und dafür keine externe Referenz nötig zu haben, vgl. Danz 2020. Einspruch, das extra nos des Heilszuspruchs betonend, kommt von mehreren Seiten, vgl. z. B. Evers 2018 und Hailer 2020.

die Schöpfung verkündigten Willens« ist.[11] Bildet die Theologie des Heiligen Geistes den Erklärungsrahmen, so legt sich dieser Zugang bedeutend näher: Sie wird nicht auf eine begriffliche Erklärung des So-Seins der Welt hinauslaufen, wohl aber auf die Frage, wie Gott im Leid und bei leidenden Menschen präsent ist.

Damit aber zur, wie gesagt, merklich dürftiger behandelten Christologie. Ich stelle zwei besonders sprechende Zitate, sogenannte Ankerbeispiele vor, die die Bandbreite der vertretenen Meinungen deutlich machen. Das erste stammt von einem Mann, der zum Interviewzeitpunkt seit sieben Jahren Lehrer an einer Grundschule in Baden-Württemberg ist. Alle weiteren Informationen zur Person werden durch unser Codierungssystem herausgefiltert, um die Anonymität der Auswertung zu garantieren. Der Proband beschreibt seine Sicht auf Christus:

> Puh, also er ist für mich mehr Mensch als Gott. Also ich sehe ihn irgendwie als ein *(ein unverständliches Wort)* sehr, sehr begeisterungsfähigen, charismatischen Menschen, der sehr, sehr, sehr viele schlaue Lehren uns mitgegeben hat, wie wir mit unseren Mitmenschen umgehen sollen, und dass wir, wenn wir so danach leben, dann erst wirklich einen, ja ein das was dieses Paradies, was wir uns im Leben, äh im Tod wünschen auch auf Erden hinbekommen, so. Und ich kann auch damit mitgehen, dass er auch Gott als Vater anspricht, aber genauso wie wir Vater unser im Himmel ihn auch als, es, ihn, wie auch immer, als großes väterliches Wesen, Kraft wahrnehmen können. Dass er so wirklich der Sohn, Sohn, der biologische Sohn sein oder wie definiert man dann in dem Fall Sohn. Also für mich ist Sohn etwas Biologisches, und das kann Gott einfach nicht sein, weil da war nichts Biologisches dabei, zumindest nur zu fünfzig Prozent. Dementsprechend tue ich mich da einfach sehr schwer. Und diese Diskussion musste ich mit den Kindern Gott sei Dank auch noch nicht führen.[12]

Beim ersten Hören oder Lesen klingt das nach einer matten Vorbildjesulogie, die geneigt macht, mit einem Stoßseufzer darüber hinwegzugehen. Aber ein genauerer Blick lohnt. Eine erste Einordnung: In diesem Zitat sind zwei mehrfach miteinander verknüpfte Überlegungen am Werk, eine kritische und eine, die das von der kritischen Erwägung aufgeworfene Problem ansatzweise zu lösen versucht. (1) Das Ankerbeispiel problematisiert die vom christologischen Dogma her bekannte Rede, Christus sei wahrer Mensch und wahrer Gott zugleich. Es versteht diese Verhältnissetzung offenbar als Quantifizierung und als durch biologische Metaphorik grundgelegt: Gottes biologischer Sohn müsste zumindest für den göttlichen Anteil am Zeugungsvorgang von göttlicher Natur sein. Dem gilt die Skepsis, und zwar zumindest auch, weil es Gott nicht zuzukommen

---

[11] Kant 1983: 116.
[12] R07EM10AR: 464–477. Lautäußerungen der Interviewerin wurden gestrichen, eine redaktionelle Bemerkung erscheint kursiv.

scheint, sich unter Weltbedingungen biologisch fortzupflanzen. Enthalten ist in dieser vornehmlich kritischen Wendung also auch ein positives Stück Gotteslehre, ein Plädoyer für die Geistigkeit und Weltjenseitigkeit Gottes. Und (2), die positive Wendung, also die materiale Christologie des Abschnitts. Jesus wird in dreifacher Weise vorgestellt: Einmal als Charismatiker, als selbst begeisterter und zugleich begeisterungsfähiger Mensch. Jesus ist zweitens Lehrer, und zwar Lehrer auch und gerade für die Gegenwart. Der Gegenstand seiner Lehre ist soteriologisch qualifiziert: Sie bringt das nachtodlich erhoffte Leben als Möglichkeit bereits für die Jetztzeit vor aller Augen. Das ist nichts weniger als die Heilszusage des Hörens auf den Lehrer Jesus. Und schließlich die Vateranrede, die Jesus für Gott gebraucht. Seine Vateranrede Gottes ist von der Art, dass sie die unsre auch möglich macht und uns einlädt – zweites Element einer Gotteslehre in diesen wenigen Sätzen –, Gott als väterliches Wesen und Kraft wahrzunehmen.

Was beim ersten Lesen als ziemlich schlichte Vorbild-Jesulogie erscheinen mag, wird auf den zweiten Blick durchaus reicher. Darauf ist zurückzukommen. Zunächst aber soll ein veritables Kontrastbild vorgestellt werden. Eine badenwürttembergische Grundschullehrerin, drei Jahre im Beruf, bündelt ihre Christologie wie folgt:

> weil Jesus der der Mittelpunkt und des essentielle, der essentiale, der essentielle Punkt des Glaubens ist, des Christentums ist, weil das ist, wo wir uns auch in der Ökumene einig sind und sicher sind grad in der ersten, zweiten Klasse habn wir halt Koko (= *Konfessionell-kooperativer Religionsunterricht)*, weil ich denke, es gibt so viele so viele Geschichten, die so viele Facetten von Jesus zeigen wenn ich denke, dass Jesus Sohn Gottes ist und ähm die beiden einfach viel gemeinsam haben und ich durch die Geschichten, die von Jesus erzählt werden auch Gottes Herz kennenlernen kann ja grad durch die Gleichnisse [...].[13]

Auch hier zunächst einige einordnende Beobachtungen: (1) Die Wortmeldung deutet eine christozentrische Theologie an. Ist Jesus »der essentielle Punkt des Glaubens«, dann können substantielle theologische Aussagen nicht getroffen werden, ohne sie christologisch zu durchprüfen oder abzusichern. Die vom ersten Ankerbeispiel problematisierte Verbindung von Gott und Jesus wird hier als grundlegend statuiert: Jesus ist der Sohn Gottes, zudem haben Sohn und Vater »einfach viel gemeinsam«. Klassisch gesprochen: Mit dem ὁμοούσιος des Nicaeno-Constantinopolitanums[14] dürfte diese Position kein Problem haben, wobei die Formulierung, »viel gemeinsam zu haben«, noch einige Interpretationsspielräume offen lässt. Die Position ist auch deshalb bemerkenswert, weil sie (2) hermeneutische Aspekte gleich mit erwähnt: Evangelientexte und besonders die Gleichnisse ermöglichen es, weil ja die beschriebene Verbindung

---

[13] R06MW3AR: 479–485.
[14] Vgl. auch den Beitrag von Hoffmann im vorliegenden Band.

aus Gott und Jesus besteht, Wissen über Gott zu erlangen, weil es Wissen über Jesus geben kann. Dass es erwartbar konsensuelles Wissen ist, ist angesichts des konfessionell-kooperativen Religionsunterrichts, der im Bundesland der Probandin erteilt wird, für die Lehrerin eine beruhigende Erkenntnis.

Was also haben wir: Einerseits eine Lehre vom Verkünder heilvoller Lebensmöglichkeiten, der in sein Vatervertrauen zu Gott nimmt, andererseits den als Sohn Gottes Bekannten, der nichts weniger als Kenntnis Gottes verspricht. Es ist nicht nur aufschlussreich, dass offenbar in solcher Diversität an baden-württembergischen Grundschulen unterrichtet wird. Aufschlussreich ist außerdem, dass es sich nicht um gleichsam private theologische Versatzstücke von Menschen handelt, die vor einiger Zeit und sicherlich, gemessen an der fachlichen Herausforderung ihres Berufes, zu wenig Theologie studiert haben. Die Ankerbeispiele rufen vielmehr veritable Debatten aus der klassischen Theologie auf und spiegeln auch gegenwärtige Positionssuchen und -findungen in erstaunlicher Treffsicherheit. Ihre Stärken und Schwächen haben also keinesfalls mit ihrer Skizzenhaftigkeit oder der fachlich wenig ausgewiesenen Sprachgestalt zu tun. Sie sind nichts weniger als ein Anlass zur theologischen Selbstprüfung. Damit bin ich beim Aspekt (b) meiner eingangs skizzierten Frage, also dabei, welche theologischen Regeln aus dem Feld der Christologie vorrangig zum Einsatz kommen *sollen*, wenn der Verkündigungsort die Schule ist.

3. Vergewisserungen im Kontext christologischer Debatten

Ankerbeispiel 1 führt ohne viele Umschweife in die Tradition der Liberalen Theologie. Steht eher das Vaterbewusstsein Jesu im Mittelpunkt als die Behauptung, in ihm habe sich der ewige Sohn Gottes inkarniert, so legt sich das nahe. Die Anknüpfung ist nun eher nicht bei Friedrich Schleiermachers Rede von der Kräftigkeit des Gottesbewusstseins des Erlösers zu suchen, weil der Proband auf die Botschaft Jesu, nicht aber seine Person fokussiert – und zumal Schleiermacher, wie bei anderer Gelegenheit zu zeigen wäre, wohl als ein Stichwort- und Motivgeber Liberaler Theologie gelten kann, ihr selbst aber durchaus nicht angehört.[15] Viel direkter verbunden sind wir hier mit Adolf von Harnacks Vorlesungsreihe über das Wesen des Christentums von 1899 und 1900. In aller Deutlichkeit ordnet von Harnack die Verkündigung Jesu und den Vaterglauben Jesu vor den Glauben an Christus. Die sogenannte hohe Christologie ist spätere, dem Geist des Hellenismus zuzuschlagende Ergänzung, geeignet, den einfachen pa-

---

[15] Einschlägig sind die §§ 100f. aus Schleiermacher 1960: 90–105. Ein Plädoyer dafür, Schleiermachers Glaubenslehre als kirchliche Dogmatik mit dem Schwerpunkt in der Christologie und entsprechend die für Religionstheorien liberaltheologischer Prägung häufig herangezogenen Einleitungsparagraphen nicht isoliert zu lesen, findet sich bei Hailer 2018: 49–74.

lästinischen Wahrheitskern des Evangeliums zu verstellen. Auch verkündigt der Harnack'sche Jesus das für uns heute soteriologisch relevante Evangelium. Dessen wohlbekannte Formel ist: »Erstlich, das Reich Gottes und sein Kommen, Zweitens, Gott der Vater und der unendliche Wert der Menschenseele, Drittens, die bessere Gerechtigkeit und das Gebot der Liebe.«[16]

Nach der Auslegung dieser Sätze als Kern des Evangeliums Jesu hält von Harnack deutlich fest, dass damit das Entscheidende gesagt sei. Eine Relativierung der Botschaft Jesu kommt nicht infrage. Vielmehr:

> Es ist eine verzweifelte Annahme, zu behaupten, im Sinne Jesu sei seine ganze Predigt nur etwas Vorläufiges gewesen, alles in ihr müsse nach seinem Tode und seiner Auferstehung anders verstanden, ja einiges gleichsam als ungültig beseitigt werden. Nein – diese Verkündigung ist einfacher, als die Kirchen es wahr haben wollten, einfacher, aber darum auch universaler und ernster. [...] In dem Ring dieser Fragen ist alles beschlossen; der einzelne soll die frohe Botschaft von der Barmherzigkeit und der Kindschaft hören und sich entscheiden, ob er auf die Seite Gottes und der Ewigkeit tritt oder auf die Seite der Welt und der Zeit. Es ist keine Paradoxie und wiederum auch nicht ›Rationalismus‹, sondern der einfache Ausdruck des Thatbestandes, wie er in den Evangelien vorliegt: Nicht der Sohn, sondern allein der Vater gehört in das Evangelium, wie es Jesus verkündigt hat, hinein.[17]

Hier lässt sich das erste Ankerbeispiel gut wiedererkennen, die beiden Zitate aus Adolf von Harnacks Wesensschrift sind gleichsam seine theologisch-hochsprachliche Vollgestalt. Zumal, da das Ankerbeispiel die – wohl nicht allzu geschickt verstandene – Gottessohnschaft Jesu als Problem markiert, Harnack sie aber deutlich weniger skrupulös als sekundäre Zutat der Dogmengeschichte aus der Wesensbeschreibung des Christlichen auszusortieren vorschlägt. Der Konnex aus Zurücknahme der Person Jesu auf die Verkünderrolle einschließlich des Vorbildseins im Vertrauen in den Vater und die einprägsame Formulierung des Kerns der evangelischen Botschaft gehört offenbar zum Rückgrat liberaltheologischer Christologie – womit jedoch nicht gesagt ist, dass alle Konzeptionen, die sich hier zuordnen, genau diesem Muster folgen. Wiedererkennen lassen sie sich dennoch. So etwa in der programmatisch kulturprotestantischen Dogmatik unserer Tage, der »Lebenslehre« von Klaas Huizing. Der Jesus dieser Dogmatik ist Weisheitslehrer. Er ist die verkörperte Botschaft des von Gott her gelingenden Lebens. Er verlockt im besten Sinne zur Nachahmung und zum Wirklichwerden-lassen dessen, was ihn erfüllte. Mit einer den Entwurf durchgängig bestimmenden an Hermann Schmitz orientierten Raum- und Leibmetaphorik nennt Huizing Jesus eine »eingeleibte Liebesatmosphäre«, in deren atmosphärischen Bereich einzutreten das Verheißungspotential seines

---

[16] Harnack 2007: 37, vgl. a. a. O.: 46.
[17] Harnack 2007: 85.

Lebens für uns umfasst.[18] Klaas Huizing legt eine an Metaphoriken biblischer Weisheitsrede gewonnene Vorbildchristologie vor, deren faktischer Output vor allem appellativen Charakter hat: Lebe so, es wird sich lohnen.

Dass er damit die von dem Lehrer, aus dessen Interview ich zitierte, gemeinte Konzeption genau trifft, wird nicht behauptet. Wohl aber, dass dieser Religionsdidaktiker im Feld liberaltheologischer Konzeptionen vermutlich Ansprechpartner findet, mit denen er mit Aussicht auf Gewinn an der eigenen Konzeption zu arbeiten vermag. Und das wäre schon einmal ziemlich viel. Die Rückfrage, die sich gleichwohl anschließt, ist diese: Was verliert, wer zwar den vorösterlichen Jesus und seine Verkündigung kennt, aber das, worauf die Evangelien doch zulaufen, zugleich abblendet? Es ist ja nicht nur die so oder so zu diskutierende Christologie der formativen Periode der Alten Kirche, um die es geht. Auch die Evangelien lassen doch eine Trennung zwischen der Predigt Jesu und der Verkündigung – genitivus objectivus – Christi so gar nicht zu. Der Blick auf die Leidensankündigungen und die Verklärungserzählungen in den Synoptikern und bei Johannes (nicht nur im Prolog) machen das doch sofort deutlich. Man muss kein Pauliniker sein, der den Christus nach dem Fleische nicht mehr kennen mag (2 Kor 5,16), um zu sehen, dass es kupiert ist, ihn nur nach dem zu kennen, was vom vorösterlichen Jesus ins Bild zu passen scheint.

Das Ankerbeispiel fremdelt mit der Vorstellung der Gottessohnschaft Christi und nimmt ihn auf den Verkünder der Lehren gelingenden Lebens zurück. In ausführlicher Auseinandersetzung wäre zu zeigen, dass die Rede von der Gottessohnschaft letztlich funktional auf soteriologische Aussagen ausgerichtet ist: Christus ereignet Gott selbst unter Weltbedingungen. Auf diese Aussagezusammenhänge zu verzichten ist ein zu hoher Preis, zumindest in dieser modernitätsoffenen Reformulierung der Glaubensüberlieferung einschließlich »kritischer Revision des überkommenen konfessionellen Bekenntnisstandes«, wie Friedrich-Wilhelm Graf das Anliegen Liberaler Theologie summierte.[19] Die biologistischen Annahmen in Sachen der Rede von der Sohnschaft im Ankerbeispiel lassen sich bei dieser Gelegenheit leicht als Missverständnis ausmachen.

Wo sind wir mit Blick auf das zweite Ankerbeispiel? Zunächst: Die Zuordnung ist um einiges weniger eindeutig. Sicher aber bewegen wir uns im Kontext von Christologien, die mit der Zweinaturenlehre des Chalcedonense kein Problem haben und vielmehr in seine Auslegungs- und Weiterschreibungsgeschichte gehören. Die Kombination aus dem Satz hoher Christologie, »dass Jesus Gottes Sohn ist«, und der Hermeneutik, vorrangig seine Gleichnisse eröffneten den Kenntnisweg von Jesus zu Gott, lässt durchaus an das Werk Eberhard Jüngels denken. In der Trinitätslehre seines nach wie vor epochalen Werks »Gott als Geheimnis der Welt« fasst Jüngel den ersten Aspekt in aller wünschenswerten Deutlichkeit:

---

[18] Vgl. Huizing 2022: 361.
[19] Graf 1992: 88.

Gott kommt zwar nur zu sich selbst, insofern er von sich selbst kommt. Er ist sich selbst Ziel, weil er sich selber Ursprung ist. Doch als Ziel ist er von sich selber als Ursprung unterschieden. Er *kommt* wirklich zu sich selbst. Er ist nicht nur Ursprung. Er zeugt nicht nur. Er ist auch der ewig gezeugte Sohn und gerade so seinerseits ganz wie Gott der Vater: noch einmal derselbe und doch als Ziel seiner selbst vom Ursprung seiner selbst unterschieden – repetitio aeternitatis in aeternitate. [...] Wer mit Jesus [dem Gekreuzigten, der die repetitio aeternitatis in tempore ist, M. H.], an Gott glaubt, glaubt mit ihm an Gott den ewigen Vater. Wer an Jesus als Gott glaubt, glaubt an Gott den ewigen Sohn.[20]

So weit so deutlich, und hier könnte die Sprecherin des zweiten Ankerbeispiels gewiss anknüpfen. Sie kann es ebenso für ihre Intuition, die Gleichnisse als herausragende Sprechhandlungen in diesem Zusammenhang anzuführen. In der Phase seiner Zusammenarbeit mit und Rezeption von Paul Ricœur hat Jüngel genau dies behauptet:[21] Gleichnisse sind Sprachhandlungen nicht als Beispielgeschichten, sondern so, dass Gott in ihnen als Gleichnis zur Welt kommt. Und deswegen sind sie nicht – oder nicht nur, komplett sollte man sich im Blick auf das Corpus der Gleichnis- und Bildreden in den Evangelien nicht von der Möglichkeit von Beispielerzählungen verabschieden – lediglich Illustrationen, sondern auf ihre Weise Ereignisse der Gegenwart Gottes in der Welt selbst. Bestimmungen wie diese von Eberhard Jüngel zeigen eine hohe Christologie einerseits, die andererseits bemüht ist, Auskunft über ihre biblisch-theologische Hermeneutik zu geben. Dass die Sprecherin des zweiten Ankerbeispiels sich hier verstanden fühlen müsste, ist eine halbwegs plausible Vermutung.

Das erste Ankerbeispiel kennt gleichsam nur eine niedrige Christologie in Gestalt des vorösterlichen, predigenden Jesus. Das zweite hingegen funktioniert im Rahmen der Logik der hohen Christologie, mit einer zur Einseitigkeit tendierenden Betonung: Jesus ist Gottes Sohn, seine Gleichnisse sind Fenster zum Leben und zur Wahrheit Gottes. Was hier, trotz der bei Eberhard Jüngel ganz fraglos durchgeführten Kreuzestheologie, in den Hintergrund tritt, ist das, was Gerd Theißen das Positionswechselmotiv nennt und was die theologische Tradition als Motiv der *Kenosis* kennt:[22] In Christus erniedrigt Gott sich selbst zu unseren Gunsten. Der Gedanke ist die gewaltige Nachgeschichte nicht nur, aber doch an erster Stelle des Philipperhymnus. Alttestamentliche und dann in beeindruckender Stringenz die rabbinisch-jüdische Tradition nennt dasselbe Motiv die Herabneigung Gottes, *Schechinah*.[23]

In Jüngels Werk spielt die Kreuzestheologie eine hervorgehobene Rolle und wird zur Grundlegung einer Gotteslehre eingeführt, die theistische Konzeptionen in überzeugender Weise ihrer Schwäche überführt. Freilich ist diese inner-

---

[20] Jüngel 1978: 525.
[21] Zum Klassiker wurde Ricœur/Jüngel 1974.
[22] Vgl. Theißen 2001: 369f., 379.
[23] Vgl. Janowski/Popkes 2014.

trinitarisch so abgesichert, dass es sich bei Gottes Selbstpreisgabe, die Jüngel betont, um eine von Ewigkeit her abgesicherte Selbstpreisgabe handelt: Wohl ist Christi Werk Gottes Preisgabe unter Weltbedingungen, dies aber so, vgl. das petit gegebene Zitat, dass es in der Zeit wiederholt, was von Ewigkeit her Gottes eigene Identität ist. In der postchalcedonensischen und altprotestantischen Terminologie gesprochen: Jüngel kennt das *genus maiestaticum*, nach dem die Wesenseigenschaften der göttlichen Natur Christi auf die menschliche übergehen. Aber er hat offenbar Reserven gegen das *genus tapeinoticum*, nach dem die göttliche Natur von den Erfahrungen der menschlichen affiziert wird. Mit den Worten des zweiten Ankerbeispiels: Die Einschärfung, Jesus sei Gottes Sohn, ist als Korrektur auf die im ersten Ankerbeispiel sich zeigende Christologie richtig. Aber sie sichert sich in der hohen Christologie ab, ohne die Provokation des *genus tapeinoticum* für eben diese voll mitzugehen.

Genau dem widmen sich in jüngerer Zeit bemerkenswerte Beiträge zur Christologie, so etwa das von Marco Hofheinz beworbene Motiv vom Christus peregrinus, dem grenzgängerischen, grenzüberscheitenden Christus auf Wanderschaft. Sprechender Untertitel seines Buches ist, zugleich die gedankliche Herkunft aus Karl Barths Versöhnungslehre verratend, »Christologie auf dem Weg in die Fremde«.[24] Auch im – um nur noch diesen zu nennen – christologischen Entwurf von Bruce McCormack sowie jüngst in der Diskussionen um ihn ist zurecht daran erinnert worden.[25] Theologiegeschichtliche Untersuchungen haben zudem mehr als wahrscheinlich gemacht, dass Martin Luther selbst sehr wohl der Sache nach die wechselseitige *communicatio idiomatum* lehrt, was in den Systematisierungsversuchen der Jahrzehnte nach ihm in durchaus folgenreicher Weise allerdings verstellt wurde.[26] Dass Gott selbst mit Israel und in Christus zum Anderen seiner selbst geht und genau dort heimatlos beheimatet sein will, ist doch ein unverzichtbares christologisches Motiv; vertretbar quer durch die Lager und das auch ohne diesbezüglich konfessionelle Sonderlehren vermuten zu müssen, als könne das Luthertum nur mit dem *genus maiestaticum* und die reformierte Theologie nur mit dem *genus tapeinoticum*.

4. Ein religionspädagogisches caveat zum Schluss

Wer einem liberaltheologisch getönten Modell nahelegt, die hohe Christologie nicht zu vergessen und wer dem Gegenstück den Gedanken von *Kenosis* und *Schechinah* empfiehlt – geht der nicht an der Vermittlungswirklichkeit der Schule vorbei? Volltönend Inhalte einzufordern, ist ja vielleicht eine Art »Dogmatikerkrankheit«. Aber ist das noch schulkompatibel, religionspädagogisch

---

[24] Hofheinz 2022.
[25] Vgl. McCormack 2021; Assel/McCormack 2023: 259–312.
[26] Vgl. Małysz 2023: bes. 304.

und religionsdidaktisch durchdenkbar?[27] Das erste Ankerbeispiel hat Vermittlungsprobleme ja angedeutet oder zumindest befürchtet. Die hier vorgeschlagenen Ergänzungen folgen einer Logik, mit der sie das Christuszeugnis nicht plausibel und möglichst leicht fasslich machen, sondern vielmehr seine Fremdheit und Unwahrscheinlichkeit betonen: Gott handelt in Christus gegen jede Erwartbarkeit und Berechnung, jedenfalls gegen jede Erwartbarkeit außerhalb des biblischen Story-Geflechts.

Darin spiegelt sich die nach wie vor vorhandene Sonderstellung des schulischen Religionsunterrichts im Konzert der anderen Schulfächer. Wohl ist er ordentliches Schulfach, mitunter versetzungsrelevant, und unter anderem deshalb findet in ihm auch Leistungsmessung statt. Inhaltlich aber geht es um den vom Menschen aus unwahrscheinlichen und unverdienten Zuspruch von Lebensmöglichkeiten. Das müsste eingerechnet werden, wenn etwa die Position des verstorbenen Frankfurter Religionspädagogen David Käbisch gehört wird. Er hat bei mehr als einer Gelegenheit dafür plädiert, eben nicht auf der Sonderrolle des Religionsunterrichts zu bestehen: Eine »kategoriale Andersheit von Theologie bzw. des konfessionellen Religionsunterrichts« ist für ihn präzise das nicht Wünschenswerte.[28] Mein Plädoyer lautete, präzise diese kategoriale Andersheit nicht zu vergessen. Bei aller Eingebundenheit des Religionsunterrichts in den Fächerkanon macht er doch mit der Gegengeschichte Gottes zum Lauf der Welt vertraut und ist entsprechend auch ein Ort des Anders-Sein- und Anders-Werden-Könnens derer, die ihn besuchen und derer, die ihn halten.

Bibliographie

Assel, H./McCormack, B., 2023. Christology Revised. Kreuz, Auferweckung, Menschwerdung, »Jesus Remembered«. TBT 209. Berlin u. a.
Barth, K., 1958. Die Kirchliche Dogmatik II/1. Zürich.
Danz, C., 2020. Jesus zwischen Judentum und Christentum. Eine christologische und religionstheologische Skizze. Tübingen.
Dinter, A. et al., 2010. Einführung in die Empirische Theologie. UTB 2888. Göttingen.
Dirscherl, E./Hailer, M., 2021. Nach Ausdrucksformen christlicher Religion fragen. B. Schröder/J. Woppowa, Theologie für den konfessionell-kooperativen Religionsunterricht. UTB 5759. Tübingen, 107–137.
Etzelmüller, G., 2022. Biblisch-theologischer Realismus. Vom Zutrauen der Systematischen Theologie zu den biblischen Überlieferungen. K. Schmid, Heilige Schriften in der Kritik. XVII. Europäischer Kongress für Theologie (5.–8. September 2021 in Zürich). VWGTh 68. Leipzig, 415–430.

---

[27] Erwägungen dazu bei Pemsel-Maier 2016: 142f.
[28] Käbisch 2023: 89.

Evers, D., 2018. Das Kreuz Jesu Christi als Wende. Hermeneutische Überlegungen zu Jesu Leiden und Sterben. J. Frey/J. Herzer/A. Käfer, Die Rede von Jesus Christus als Glaubensaussage. Der zweite Artikel des Apostolischen Glaubensbekenntnisses im Gespräch zwischen Bibelwissenschaft und Dogmatik. UTB 4903. Tübingen, 211–236.

Gemeinsam verantworteter Christlicher Religionsunterricht. Ein Positionspapier der Schulreferentinnen und Schulreferenten der evangelischen Kirchen und katholischen Bistümer in Niedersachsen, pdf-Dokument Hannover 2021, https://www.religionsunterricht-in-niedersachsen.de/christlicherRU/papiere (28.03.2025).

Gennerich, C., 2010. Empirische Dogmatik des Jugendalters. Werte und Einstellungen Heranwachsender als Bezugsgrößen für religionsdidaktische Reflexionen. PThe 108. Stuttgart.

Graf, F.-W., 1992. Art. Liberale Theologie. EKL Bd. 3. Göttingen, 86–98.

Hailer, M., 2009. Grammatik II. Systematisch-theologisch. LBH. Berlin, 235f.

Hailer, M., 2015. Art. Dogmatik. WiReLex, www.bibelwissenschaft.de/stichwort/100058/ (28.03.2025).

Hailer, M., 2018. Stellvertretung. Studien zur theologischen Anthropologie, FSÖTh 153. Göttingen.

Hailer, M., 2020. Rezension von C. Danz, Jesus zwischen Judentum und Christentum. Eine christologische und religionstheologische Skizze. ThLZ 145. Tübingen 2020, 1178f.

Hailer, M., 2024. Der Christliche Religionsunterricht und die Ökumene zwischen Konsens und Differenz. Evangelisch-theologische Einordnungen. H. M. Heinig et al., Christlicher Religionsunterricht (CRU). Rechtswissenschaftliche und theologisch-religionspädagogische Perspektiven auf ein Reformmodell in Niedersachsen. PThGG 44. Tübingen, 143–158.

Hailer, M. et al., 2023. Religionslehrer:in im 21. Jahrhundert. Transformationsprozesse in Beruf und religionspädagogisch-theologischer Bildung in Studium, Referendariat und Fortbildung. VWGTh 74. Leipzig.

Harnack, A. v., 2007. Das Wesen des Christentums. Sechzehn Vorlesungen vor Studierenden aller Fakultäten im Wintersemester 1899/1900 an der Universität Berlin gehalten von Adolf v. Harnack, hg. von C.-D. Osthövener. Tübingen.

Hofheinz, M., 2022. Christus peregrinus. Christologie auf dem Weg in die Fremde. Leipzig.

Huizing, K., 2022. Lebenslehre. Eine Theologie für das 21. Jahrhundert. Gütersloh.

Janowski, B./Popkes, E. E., 2014. Das Geheimnis der Gegenwart Gottes. Zur Schechina-Vorstellung in Judentum und Christentum. WUNT I 318. Tübingen.

Jüngel, E., ³1978. Gott als Geheimnis der Welt. Zur Begründung der Theologie des Gekreuzigten im Streit zwischen Theismus und Atheismus. Tübingen.

Käbisch, D., 2023. Leitideen theologisch-religionspädagogischer Bildung auf dem Prüfstand. Ausgangspunkt – Probleme – Lösungsoptionen. M. Hailer et al., Religionslehrer:in im 21. Jahrhundert. Transformationsprozesse in Beruf und religionspädagogisch-theologischer Bildung in Studium, Referendariat und Fortbildung. VWGTh 74. Leipzig, 77–91.

Kant, I., 1983. Über das Mißlingen aller philosophischen Versuche in der Theodizee, Werke VI. Darmstadt, 103–124.

Kuld, L. et al., 2009. Im Religionsunterricht zusammenarbeiten. Evaluation des konfessionell-kooperativen Religionsunterrichts in Baden-Württemberg. Stuttgart.

Małysz, P., 2023. *Communicatio Idiomatum* and the Lutheran Quest for Christological Agency. NZSTh 65, 280–306.

McCormack, B., 2021. The Humility of the Eternal Son. Cambridge.

Lindbeck, G., 1984. The Nature of Doctrine. Religion and Theology in a Postliberal Age. Louisville KT (dt. 1994. Christliche Lehre als Grammatik des Glaubens. Religion und Theologie im postliberalen Zeitalter, übers. von Markus Müller. Gütersloh).

Paluca, A. E./Ekert, J./Hailer, M./Kreschel, J./Weiß, Th., 2023. Systematische Theologie für die Schule. Einblicke in ein empirisches Forschungsprojekt in den Ländern Baden-Württemberg und Bayern. Österreichisches Religionspädagogisches Forum 31.2, 49–70, DOI: 10.25364/10.31:2023.2.4.

Pemsel-Maier, S., 2016. Gott und Jesus Christus. Orientierungswissen Christologie. Stuttgart.

Ricœur, P./Jüngel, E., 1974. Metapher. Zur Hermeneutik religiöser Sprache. München.

Ritschl, D./Jones, H. O., 1976. »Story« als Rohmaterial der Theologie. TEH 192. München.

Sauter, G., 1973. Grundzüge einer Wissenschaftstheorie der Theologie. Ders. et al., Wissenschaftstheoretische Kritik der Theologie. München, 211–332.

Schleiermacher, F. D. E., ⁷1960. Der christliche Glaube nach den Grundsätzen der evangelischen Kirche im Zusammenhange dargestellt, Bd. 2. Berlin.

Theißen, G., ²2001. Die Religion der ersten Christen. Eine Theorie des Urchristentums. Gütersloh.

From Eurocentrism to Multiperspectivity

On the Decentering of Religious Norms in Images of Christ – A Thought Experiment in Religious Education

Maike Maria Domsel

Abstract

This article explores how traditional depictions of Jesus Christ, particularly those rooted in Eurocentric contexts, shape perceptions of faith and inclusion. It critically examines how these normative images construct historical, cultural, and theological perspectives while systematically marginalizing alternative voices. The analysis centers on three religious educational approaches: the integration of diverse perspectives, the deliberate disruption of established norms through perturbation and thought experiments, and the historical-critical examination of traditional portrayals of Jesus. Special attention is given to African Christologies, which serve as a theological enrichment and reveal significant didactic potential to inspire students toward a multi-perspectival engagement with religious themes. This article aims to critically deconstruct normative structures and provide an impetus for a theological education that embraces diversity and justice.

Zusammenfassung

Dieser Beitrag untersucht, wie traditionelle Darstellungen von Jesus Christus, insbesondere jene aus einem eurozentrischen Kontext, die Wahrnehmung von Glauben und Inklusion prägen. Dabei wird aufgezeigt, wie diese normativen Bilder historische, kulturelle und theologische Perspektiven gestalten, während sie gleichzeitig marginalisierte Stimmen systematisch ausschließen. Im Fokus stehen drei religionspädagogische Ansätze: die Integration pluraler Perspektiven, die gezielte Irritation durch Perturbation und Gedankenexperimente sowie die historisch-kritische Überprüfung tradierter Jesusbilder. Besonderes Augenmerk gilt afrikanischen Christologien, die nicht nur eine theologische Bereicherung darstellen, sondern auch didaktisches Potenzial entfalten, um Schüler:innen zu einer multiperspektivischen Auseinandersetzung mit religiösen Themen anzuregen. Der Beitrag verfolgt das Ziel, normative Strukturen kritisch zu dekonstruieren und Impulse für eine theologische Bildung zu geben, die Diversität und Gerechtigkeit gleichermaßen berücksichtigt.

1. Introductory Words

1.1 Problem Statement and Thematic Introduction

A few days before Easter, during a discussion of the Passion and Resurrection of Jesus Christ in my first-grade religious education class, a seven-year-old student named Rosa posed a question that profoundly impacted me[1]: »Jesus was a man and he rose from the dead. Does this mean that women cannot be resurrected?« Rosa's innocent yet penetrating question struck at the heart of theological and pedagogical concerns surrounding traditional images of Christ. Her query not only prompted me to reflect on gender but also to explore broader issues such as race and idealized physicality in religious narratives. This realization became the catalyst for the topic of this paper.

Rosa's question encapsulates complex theological and socio-cultural dimensions. Central to this discussion is the incarnation of Jesus Christ as a man within a patriarchal society. This historical context has significantly shaped gender roles and divine representations in Christian theology. In many cultural depictions, particularly in Europe and the so-called Western world, Jesus is often portrayed as a light-skinned, healthy, and idealized figure – an infant in the manger or a powerful, flawless man during his ministry. These images are not only religious symbols but also cultural artifacts that reinforce specific worldviews.[2]

The deeply embedded Eurocentric depictions of Jesus have far-reaching implications. They perpetuate a narrow understanding of religion that aligns with colonial histories, often marginalizing non-Western perspectives.[3] Additionally, these portrayals can inadvertently promote exclusionary practices, especially regarding gender and disability.[4] The assumption that divinity is synonymous with male and able-bodied attributes challenges the inclusivity of religious teachings. For instance, how does a young girl like Rosa reconcile the idea of a male savior with her own identity? Does the image of a flawless Christ exclude those who do not conform to societal ideals of physical perfection?

These considerations underline the importance of critically examining the interplay between religious beliefs, theological narratives, and sociocultural perspectives. The way Jesus is portrayed in religious art and teaching materi-

---

[1] This discussion took place in a first-grade religious education class at a school in St. Augustin near Bonn, Germany. While traditional European depictions of Jesus deeply influence many students, the degree to which these images inform their theological understanding varies, particularly given the presence of both religiously socialized and secularized students. The author, who serves as a class teacher and an adjunct professor at a university, reflects on this exchange from her dual perspective as an educator and scholar.
[2] Conrad 2013.
[3] Brunner 2020: 100f.
[4] Wendel 2023: 100f.

als has a significant impact on a child's understanding of faith and their place within the spiritual community.[5] For this reason, it is crucial to question these depictions and explore alternative representations that are more inclusive and reflective of diverse human experiences. This reflection underscores the need for a deeper exploration of how traditional religious norms influence our understanding of key theological figures such as Jesus Christ, particularly in a pedagogical context.

1.2 Aim and Scope of the Inquiry

In this article, I will critically explore how traditional norms have shaped the depiction of Jesus in various cultural contexts and examine their theological significance within Christology. Specifically, this inquiry seeks to address several key questions:

1) Influence on the perception and understanding of faith: How do conventional depictions of Christ shape the perception and understanding of faith and spirituality? Are these images merely reflections of their cultural contexts, or do they actively contribute to the creation of normative structures that define religious experiences and beliefs? By exploring this, we can understand the power of these images in shaping not only religious thought but also the lived experiences of believers.

2) Cultural context and normative structures: What role do these culturally bound depictions play in reinforcing traditional religious norms? How have they contributed to shaping a specific, often Eurocentric, understanding of Christ, and in what ways do they marginalize or exclude other cultural and theological perspectives? These questions are central for understanding the intersection between religious imagery, cultural identity, and power dynamics.

3) Contemporary values and inclusivity: How do traditional norms, deeply rooted in historical and cultural traditions, align or conflict with contemporary values of freedom, justice, and inclusivity? Is it possible for these images, particularly within the European or German context, to maintain their theological relevance while being reinterpreted to resonate with modern sensibilities? Or do they need to be deconstructed to foster a more inclusive and diverse understanding of Christ across different cultural and theological contexts? This exploration considers whether these depictions can still play a meaningful role in religious education and worship today.

4) Educational implications and decentering traditional norms: How can religious education engage critically with traditional norms to foster a deeper understanding of diverse religious experiences and perspectives, while also encouraging students to question and reflect on societal assumptions about faith? What pedagogical strategies can be employed to decenter conventional depictions of Christ, particularly those rooted in traditional Western or European images, while encouraging students to explore and appreciate the richness of

---

[5] Boyer/Walker 2000: 130–156.

global theological traditions? This focus on education is essential for cultivating a more dynamic and just representation of Christ that meaningfully engages contemporary believers and encourages a robust, dialogical approach to faith.

The article explores how traditional Western depictions of Jesus, deeply embedded in European Christian iconography, function both as a source of continuity and as a potential challenge to fostering a more inclusive expression of faith. By examining the limitations and influence of these images, the discussion proposes pathways for integrating diverse perspectives into Christological thought, thereby enriching the Christian faith in alignment with contemporary values and societal transformations.

2. Images of Christ

2.1 Projections and Cultural Norms

In the first place, however, it is crucial to examine how images of Jesus and Christological concepts are formed. This inquiry is essential for understanding their influence and theological significance. Jesus of Nazareth, though central to the Christian faith, remains enveloped in historical ambiguity. Our knowledge of him is limited and filtered through theological and intentional lenses. Rather than being straightforward historical accounts, the Gospels are testimonies of faith and theological interpretations shaped by the communities that produced them. This lack of definitive historical data, especially concerning Jesus' physical appearance, leaves much room for interpretation and imagination.[6]

We know that Jesus is classified as »male«, a designation derived from key traditions in the Christian narrative. These include the angelic announcement of his birth to Mary,[7] the account of his nativity in Bethlehem, and the ritual of his circumcision. These elements contribute to the construction of his gender, but beyond that, little is known about his physical characteristics.[8]

Saskia Wendel aptly describes Jesus of Nazareth as an enigmatic figure – an entity that is ultimately indeterminate, abstract, and unrepresentable. This indeterminacy creates a space where various cultural and theological projections take place. Because we lack concrete information about Jesus' appearance, our perceptions and discourses about corporeality fill this enigmatic figure with meaning. Over time, a multitude of images has emerged to make the unrepresentable representable, yet none of these images can claim to be definitive. This indeterminacy opens a space for diverse cultural and theological projections, culminating in the creation of a new reality: the imagined body of Jesus, the personalized corpus Christi.[9]

---

[6] Wendel 2023: 99.
[7] Hoffmann 2016: 394. Cf. on this phenomenon Hoffmann in this volume.
[8] Wendel 2023: 99.
[9] Ibid.

For instance, through the influence of the visual arts and Orthodox iconography, a specific and enduring image of Jesus has developed. This image often depicts a long-haired, »white«[10] man with a beard, sandals, and a long robe – an iconic figure that has come to dominate Western representations of Christ. Alongside this portrayal of the adult Jesus, there are also depictions of the »Christ Child«, inspired by the Gospel narratives of his childhood. These images often show a wise, serene infant wrapped in swaddling clothes, embodying both innocence and divine wisdom from an early age.[11]

While the physical representations of Jesus are often shaped by specific cultural and theological perspectives, they also reflect the complex ways in which different cultures have attempted to represent him. However, in the context of Western depictions, these images are often homogenized, largely reflecting Eurocentric, »white« interpretations. These representations intersect with ideals of beauty, perfection, and holiness, while also engaging with themes of vulnerability, suffering, and mortality. Rather than being mere artistic choices, they carry significant cultural and social implications, reflecting and reinforcing societal codes, symbolic orders, and normative structures. Such depictions touch on issues of gender identity, race, and even political interests.[12]

Analyzing these representations illuminates how they not only shape theological concepts and influence religious beliefs, but are also simultaneously informed and reshaped by theological ideas and convictions. This exploration also invites us to question how these images might reinforce or challenge existing power structures and norms within religious communities. In doing so, we can begin to unravel the deeper implications of how Jesus has historically been portrayed and critically examine how these portrayals, shaped predominantly by »white« cultural norms, have often excluded diverse representations of Christ.

2.2 The Idealized Body of Jesus: Cultural, Theological, and Social Narratives

A specific ideal of beauty, rooted in Western, classical notions of aesthetics, has long been projected onto the figure of Jesus, to achieve an aesthetically harmonious and proportioned depiction. According to this understanding, the sinless »God-man« is expected to possess a flawless body. This idealization implies that the perfect embodiment of divine nature would necessarily align with the classical standards of physical perfection prevalent in Western art and

---

[10] »White« is placed in quotation marks to emphasize that it is a culturally and historically constructed category, subject to varying interpretations depending on context. The use of »white« here reflects the racial identity construction shaped by Western, Eurocentric perspectives. In contemporary discussions on racism and social justice, the capitalization of »Black« is often used to recognize the cultural and political significance of this identity, while »white« is usually written in lowercase to underscore the constructed nature of this category.

[11] Wendel 2023: 99f.

[12] Ibid.: 100; Crenshaw 2021: 304–327.

theology. Thus, Jesus is often envisioned as having a lean, ascetic physique, corresponding to a particular ideal of both beauty and spirituality. This ideal reflects an understanding of purity and divine favor associated with physical aesthetics.[13]

It is nearly inconceivable within this framework that Jesus might have had a body that deviated from these classical ideals – such as being overweight or physically impaired.[14] The absence of such deviations underscores a broader theological and cultural narrative where so-called physical imperfection is seen as incompatible with divine or spiritual perfection. This projection aligns with the historical context in which idealized images of Jesus were reinforced, particularly from the perspective of ecclesiastical traditions and artistic representations.[15]

The notion of a physically perfect Jesus has served a legitimizing function in various theological discourses. Historically, this idealization played a significant role within ecclesiastical circles, influencing the standards and regulations for ordination and clerical roles well into the 20th century. The physical perfection attributed to Jesus was often used to underscore the sanctity and authority of religious figures, thereby reinforcing hierarchical structures within the Church. This emphasis on physical idealization contrasts sharply with other representations of Jesus, such as the image of the wounded Christ on the cross.[16] This depiction embodies both vulnerability and sovereignty, highlighting the profound contradictions inherent in traditional representations of Jesus.[17]

Idealized portrayals of Jesus continue to influence theological discussions and mystical traditions today, particularly within certain ecclesiastical and cultural contexts. From the perspective of these traditions, these representations shape how believers understand and internalize religious narratives. They both reflect and reinforce specific cultural and social values, underscoring the necessity of critically engaging with these portrayals.[18]

Jesus as a figure embodies apparent contradictions: On the one hand, he is celebrated as a charismatic leader, embodying both heavenly authority and royal attributes. His portrayal as a regal and authoritative figure aligns with traditional views of his divine nature and mission. On the other hand, Jesus is also depicted as a social outsider, standing in solidarity with the marginalized and oppressed. His origins from a working-class family in Nazareth and his life as an itinerant preacher suggest a social position that diverges from the idealized image of a divine ruler.[19]

---

[13] Wendel 2023: 100.
[14] Isherwood 2007; Küster 2011.
[15] Wendel 2023: 100f.
[16] Schnelle 2003: 569f.
[17] Wendel 2023: 102f.
[18] Sanders 2016.
[19] Wendel 2023: 103ff.

These dual aspects of Jesus – both as »Lord« and as a figure who experiences and endures suffering – are critically examined in various feminist and postcolonial Christologies.[20] Such scrutiny arises from the observation that these concepts have frequently been used to justify the passive endurance of injustices rather than promoting active resistance against them. Feminist and postcolonial critiques highlight how traditional Christological interpretations, particularly those shaped by ecclesiastical and theological authorities from the medieval and early modern periods, have sometimes reinforced existing power structures and social hierarchies rather than challenging them.[21] This critical examination underscores the need to re-evaluate the theological narratives surrounding Jesus, considering how they might be reinterpreted to promote justice, equality, and a broader, more encompassing understanding of faith.

In summary, the idealized portrayal of Jesus' physical appearance not only reflects aesthetic and cultural ideals but also carries significant theological implications. The contrast between the idealized and wounded representations of Jesus reveals underlying tensions and contradictions in religious discourse. By critically engaging with these representations, we can gain a deeper insight into how they shape our perceptions of faith, authority, and social justice.

2.3 Power and Social Attributions

According to Wendel, the depiction of Jesus' body has long been subject to racialized attributions. Historically, the image of Jesus as light-skinned dominated Western religious art, rooted in European cultural and racial biases. While this portrayal continues to be challenged in contemporary discussions, it remains dominant in many cultural and religious contexts. Its dominance faced significant challenges only in more recent times.[22] A notable example of this shift is the Hunger Cloth produced by the Catholic aid organization Misereor[23] in 1982, which marks a departure from traditional, often Eurocentric depictions of Jesus.

---

[20] Beattie 2006.
[21] Wendel 2023: 105.
[22] This dominant portrayal of Jesus as light-skinned is increasingly contested in both theological discourse and visual art, yet it remains pervasive, especially in Western religious traditions and popular media.
[23] Misereor and Missio are Catholic aid organizations that focus on global justice and development. They make efforts to incorporate diverse cultural representations of Jesus in their work to support marginalized communities. https://www.misereor.de/ (11.09.2024); https://www.missio-hilft.de/ (11.09.2024).

This depiction shows Jesus as an indigenous person, symbolizing the suffering and penance associated with Christ's passion.[24]

Misereor's Hunger Cloth, designed annually by artists from various countries, raises awareness about social justice, global challenges, and the international dimension of Christianity. The portrayal of Jesus in this manner signifies a broader recognition that, given his historical and geographical context, Jesus was likely not »white« and may have had a physique reflective of his work as a carpenter. This representation challenges the long-standing ethnocentric depiction of Jesus and highlights a growing awareness of the racial and cultural contexts of his historical identity.[25]

Michel Foucault's analysis of the body and power relations underscores that discourses about Jesus' physical appearance are imbued with hegemonic power dynamics.[26] The racial categorization of Jesus as »white« is an overdetermination that imposes a specific cultural identity upon his figure. This racialization has historically facilitated the legitimization of colonial and racist ideologies, particularly by European Christian colonizers. During National Socialism, for instance, the notion of a »white savior« was used to support racist and exclusionary ideologies. Additionally, the depiction of Jesus within certain class structures – often as a figure of noble, elite, or divine status – reinforces social hierarchies, contrasting with his historical position as a poor, working-class individual from Nazareth. This intersection of race and class in the depiction of Jesus underscores the political and cultural implications of such representations, contrasting sharply with the idea of a universal »God-man« who transcends both racial and social boundaries.[27]

Gender norms also play a critical role in shaping perceptions of Jesus. Historically, masculinity has been privileged over femininity, a bias reflected in theological interpretations and religious doctrines.[28] One of the most prominent interpretations of the biblical narrative in Genesis 3 associates sin with the feminine, reinforcing this gender hierarchy. Moreover, the incarnation of God as male has been justified by the perception of God as inherently masculine, necessitating that the incarnate form must also be male to align with divine archetypes. This ontologization of gender differences reinforces the notion that divine incarnation is inherently male, projecting prevailing gender norms onto theological constructs.[29]

---

[24] However, it is important to note that such representations continue to persist in many contexts, such as in schoolbooks, children's Bibles, parish newsletters, and artwork used during Lent in Catholic churches.
[25] Wendel 2023: 106–108; Tiénou 1990: 73–77.
[26] Foucault 1983.
[27] Wendel 2023: 106.
[28] De Beauvoir: 1989.
[29] Wendel 2023: 108f.

Therefore, the portrayal of Jesus Christ is deeply influenced by normative structures related to gender, race, and cultural identity.[30] These representations have historically been used to legitimize social hierarchies and reinforce existing power structures. By critically examining these influences, we can better understand how traditional depictions of Jesus have been shaped by and contributed to broader socio-political dynamics. This awareness prompts a reevaluation of these portrayals to foster a more inclusive and equitable understanding of religious and theological concepts.

3. Deconstructing Religious Norms Through Religious Education Approaches

To address the issue of how normative structures can be deconstructed within religious education, it is essential to foster an awareness of these norms and their potential for transformation. According to Pierre Bourdieu, schools reflect the broader society, meaning that students bring their worldviews into the educational setting.[31] This dynamic necessitates a pedagogical approach that encourages critical engagement with religious content. In alignment with Hans Mendl's concept of aesthetic education, this involves not only observing religious symbols and narratives but also critically reflecting on them and actively reshaping our understanding of reality.[32]

Here are three educational approaches that can aid in the critical reflection and decentering of established religious norms:

1) Integration of diverse perspectives: Integrating diverse perspectives involves introducing alternative viewpoints to illuminate the variety of theological interpretations. For example, exploring African interpretations of Jesus' depictions can reveal the richness of global theological discourse.[33] This approach supports the Beutelsbach Consensus,[34] which prohibits bias, promotes controversy, and demands multiperspectivity[35]. By introducing students, particularly in Germany (or Europe), to a range of perspectives on Jesus – especially those from non-Western and non-Eurocentric traditions – educators can encourage them to view religious narratives from multiple angles and recognize that di-

---

[30] Butler 2009.
[31] Bourdieu 2016; Domsel 2023: 227–280.
[32] Mendl ^{9}2022: 191–195.
[33] Simojoki 2017: 220–231.
[34] The Beutelsbach Consensus is a key principle in political education in Germany, encompassing three main guidelines: It demands that educators maintain ideological neutrality, present controversial issues in a way that allows students to form their own opinions, and promote multiperspectivity, ensuring a variety of viewpoints are considered on complex topics. The goal is to foster critical thinking and democratic participation by preventing any single perspective from being imposed.
[35] Eis 2016: 131–139.

verse cultural contexts shape theological interpretations. This exposure fosters an intercultural dimension of theological education and challenges students to question and broaden their understanding of established beliefs.[36]

2) Perturbation and thought experiments: Perturbation involves disrupting conventional thinking by employing thought experiments and perspective shifts. By posing »What if?« scenarios – such as imagining Jesus as a person of color, a woman, or an individual with a disability – students can critically examine and challenge traditional assumptions rooted in Western, Eurocentric, or patriarchal depictions of Jesus, which have historically shaped theological and cultural narratives. These thought experiments encourage students to explore how different characteristics and identities might affect theological interpretations and religious practices.[37] This approach helps students to understand that traditional depictions of Jesus are not fixed and can be reimagined in ways that foreground issues of representation, equity, and diversity. Students can develop a more nuanced and empathetic understanding of how different identities influence religious narratives by engaging in these exercises.

3) Reality-based verification: Reality-based verification involves thoroughly examining historical and cultural realities to question traditional depictions of religious figures. This approach includes analyzing the historical Jesus in light of his likely socio-cultural background, which does not align with the idealized, fair-skinned images often portrayed in Western art, a perspective shaped by European and colonial biases. By studying the historical context of Jesus' life and the postcolonial impacts of cultural representations, students can critically assess Eurocentric assumptions and understand how historical distortions can influence religious perceptions. This method encourages students to question the validity of traditional images and recognize the importance of historical and cultural accuracy in shaping our understanding of religious figures.[38]

These approaches collectively foster a more critical and reflective religious education. By integrating diverse perspectives, engaging in thought experiments, and pursuing evidence-based verification, educators can guide students in deconstructing normative structures and cultivating a more nuanced understanding of religious beliefs and practices. This framework aligns with contemporary demands for diversity and critical reflection in theological discourse.

3.1 Integration of Different Perspectives: African Christologies

To explore the integration of diverse perspectives in religious education, particularly focusing on African Christologies as a key example,[39] it is important

---

[36] Simojoki 2017: 221.
[37] Ibid., 222; Freudenberger-Lötz 2007: 12–20.
[38] Theißen/Merz 2023.
[39] While African Christologies serve as an example in this discussion, other contexts, such as South American Christologies, could also be explored to further illustrate the integration of diverse perspectives in religious education. Akper 2007: 224–243.

to examine how these perspectives can challenge and enrich conventional or dominant understandings of Jesus.[40]

As Christianity's focus has increasingly shifted to the Global South over the past century, this shift has not been fully reflected in Western theological discourse, which continues to be dominated by Eurocentric perspectives. Contextual, intercultural, and postcolonial approaches have emerged to address Christianity's global and polycentric reality, offering valuable insights into this discussion.[41]

African perspectives on Jesus often differ significantly from the depictions familiar to students in Germany. For many students, these perspectives may seem distant and unfamiliar, necessitating intentional pedagogical strategies to introduce and explore them effectively.[42] According to Henrik Simojoki, African Christologies offer valuable insights that enrich theological debates, positioning them as equal partners in theological discourse. Their potential as didactic tools further highlights their significance beyond merely serving educational purposes. They challenge students' established viewpoints, particularly those shaped by Western or Eurocentric perspectives, and introduce fresh approaches to traditional religious topics, which may be perceived as provocative within this context.[43]

3.1.1 Challenging Established Images and Introducing New Perspectives

The contrast between prevalent African Christologies and traditional German[44] images of Jesus may initially appear subtle, yet it offers significant pedagogical value. For students with limited or no prior exposure to religious depictions of Jesus, often due to secularization, introducing African portrayals – such as Jesus as a healer or liberator – offers a new starting point for engaging with these perspectives and critically exploring traditional representations. These images can highlight underrepresented viewpoints in German religious education and encourage students to reflect on how they address contemporary issues, such as mental health and personal crises.[45] This diverse approach is particularly valuable as it provides an opportunity to fill gaps in understanding for some students. For instance, African Christologies often portray Jesus as a healer, emphasizing holistic and corporeal experiences of healing that resonate with bib-

---

[40] Ozankom 2011.
[41] Simojoki 2017: 220ff.
[42] Bediako 2004.
[43] Simojoki 2017: 220–229; Mbogu 2012.
[44] »German« here refers to traditional Christian depictions of Jesus that are prevalent in the German-speaking context, particularly within German religious education and theological reflection. It encompasses historically established representations in art, literature, and religious discourse, as well as dominant theological perspectives often linked to a European or Western Christian tradition.
[45] Simojoki 2017: 229; Magezi/Magezi 2017.

lical narratives. Similarly, the image of Jesus as a liberator challenges students to critically evaluate political systems and their autonomy,[46] drawing parallels with historical instances such as the resistance of the Confessing Church during National Socialism in Germany. By incorporating these diverse representations, educators can enrich students' religious and cultural education by offering a broader perspective that may be particularly impactful for those with limited prior exposure to traditional images of Jesus, as it allows them to engage with a wider range of cultural and theological narratives, fostering a deeper understanding of faith and its diverse expressions.[47]

3.1.2 Incorporating African perspectives into the classroom can involve several approaches

1) Project-Based Exploration: A project-based approach can facilitate a deeper exploration of African Christologies. Students could research and present different cultural representations of Jesus, examining how these images have evolved and impacted theological discourse. Projects might include investigating the role of aid organizations like Misereor and Missio, which incorporate diverse representations of Jesus in their work.[48]

2) Critical reflection on historical contexts: Students can explore how historical realities, such as the socio-economic and cultural background of Jesus, challenge traditional Eurocentric depictions. Analyzing the historical Jesus in light of his likely non-Western appearance allows students to question and critique prevailing assumptions.[49]

3) Enhancing understanding through media and projects: The use of media and projects can further enrich students' engagement with diverse Christologies. For example, the Netflix series »Sex Education«[50] features a character who dreams of a Black female Jesus, and Wim Wenders' film »A Black Jesus« explores the veneration of a Black Jesus figure in the context of societal prejudices. Analyzing these and similar representations can provoke meaningful discussions and critical reflections among students.[51]

Creating projects or exhibitions that trace the evolution of images of Jesus explore various cultural representations, and critically examines the influence of missionary activities can offer students a creative, comprehensive, and

---

[46] Cf. on this phenomenon Augustine in this volume.
[47] Simojoki 2017: 220–231.
[48] Ibid.: 229. The selection of Jesus images by organizations like Misereor and Missio is often influenced by Western perspectives, as the production and selection of images are typically made by »white« staff members. This can result in portrayals of Jesus, such as the healer or liberator, which may resonate positively within the affected cultures but are filtered through Western norms, potentially failing to fully capture the diversity and authenticity of African perspectives.
[49] Wendel 2023: 99.
[50] https://www.netflix.com/de/title/80197526 (02.08.2024).
[51] Lonny-Platzbecker 2022: 115–121.

thought-provoking understanding of the figure of Jesus. This approach allows students to actively engage with the subject matter and appreciate the diversity of interpretations across cultures.

3.1.3 Common Elements and Relational Faith

While emphasizing differences is crucial, it is also important to recognize common elements in African Christologies and traditional theological concepts in Germany. Many African perspectives highlight Jesus' connection to daily life and personal experiences, inviting reflection on how these views resonate with students' contexts. This approach can bridge themes of sustainability and respect for all forms of existence, as some African contexts emphasize the relational nature of faith in Christ, including his role as a friend.[52]

Empirical studies, such as those by Friedrich Schweitzer, reveal that some concepts present in African Christologies are also found among adolescents in Germany. Recognizing these shared elements can provide additional points of connection and enhance students' understanding of traditional theological concepts in Germany.[53]

In summary, integrating African perspectives on Jesus into religious education offers valuable opportunities for critical reflection and broadening students' understanding of diverse theological viewpoints. By examining various representations, engaging with media, and exploring common elements, educators can foster a more inclusive[54] and reflective approach to religious education.

3.2 Perturbation and Thought Experiments

The second religious educational approach, perturbation, and thought experiments, invites students to critically reflect on and reimagine traditional religious concepts. By challenging established norms and envisioning alternative scenarios, this approach encourages a deeper understanding of faith and its implications for diverse perspectives.

3.2.1 Case Study: »Madonna with Child« by Madeleine Dietz[55]

A compelling example of this approach is the artwork »Madonna with Child« by Madeleine Dietz, created in 2000 and exhibited at the Religio Museum in Telgte, Germany. Dietz' piece is a reinterpretation of a classic devotional image by Joos van Cleve from the 16th century. In Dietz' version, the infant Jesus is replaced

---

[52] Simojoki 2017: 226. Ziegler 2006.
[53] Schweitzer et al. 2020; Simojoki 2017: 225; Ziegler 2006.
[54] By »inclusive«, I refer to an approach that takes into account a wide range of religious, cultural, and historical perspectives, fostering an environment where all voices are heard and respected, and where diverse worldviews can coexist in meaningful dialogue.
[55] https://westfalen.museum-digital.de/object/9926 (09.09.2024).

by a girl with Down syndrome. This choice sparked significant controversy, as some critics felt it was inappropriate to depict the Son of God in this manner, arguing that it was disrespectful to traditional religious representations.[56] In contrast, Dietz, who is also a mother of five children (two of whom have disabilities), uses the artwork to advocate for the intrinsic value of all human life. Her addition of the plea »Protect the imperfect life« underscores a message of inclusivity and reverence for all individuals, regardless of their physical or cognitive abilities.[57]

3.2.2 Controversy and Critical Reflection

The controversy surrounding Dietz' painting highlights deeper questions about the appropriateness and boundaries of religious imagery. It challenges us to consider who determines what is acceptable in religious representations and how different portrayals can influence our understanding of faith. The thought experiment of imagining Jesus as a person of color, a woman, or someone with a disability prompts us to reflect on how such changes might alter our perceptions of religious symbolism and societal values. These scenarios encourage us to question the historical and cultural constructs that have shaped our understanding of Jesus and to explore the significance of diversity and inclusion within religious contexts.

3.2.3 Practical Implementation in Religious Education

To incorporate perturbation and thought experiments into religious education, educators can employ several methods:

1) Role-playing and digital storytelling: Students can engage in role-playing exercises or create digital stories to explore how historical and religious narratives might shift if Jesus were portrayed differently – such as a woman or a person of color. These activities encourage students to engage empathetically with alternative perspectives and critically examine the implications of diverse representations.[58]

2) Creative expression: Students can create their representations of Jesus through various media, including physical artwork and digital designs. This hands-on approach allows students to express their interpretations and engage with religious narratives from new perspectives. By experimenting with different portrayals, students can better appreciate the impact of representation on religious understanding.

3) Discussion and reflection: Facilitating discussions about artworks like Dietz' and other representations that challenge conventional religious imagery can help students articulate their thoughts and feelings about religious sym-

---

[56] Eiesland 1994.
[57] https://www.kirche-im-swr.de/beitraege/?id=34501 (11.09.2024).
[58] Reich 2012: 295ff.; Neyer 2021; https://www.rpi-ekkw-ekhn.de/home/bereiche/rpi-impulse/2018/318/ (07.09.2024).

bolism. Discussions can focus on the impact of such images on faith, societal values, and inclusivity. Reflecting on these conversations can deepen students' understanding of how religious symbols and narratives shape and are shaped by cultural contexts.

4) Exploring diversity and inclusion: These thought experiments and perturbations highlight the importance of diversity and inclusion in religious education. By considering how different representations of Jesus might influence our understanding of faith, students can gain insights into the broader implications of religious symbolism. This approach encourages a more inclusive and critical engagement with religious narratives, fostering an environment where diverse perspectives are valued and explored.

In summary, perturbation and thought experiments offer a valuable method for reexamining religious concepts that have been traditionally understood within a specific cultural or doctrinal framework. By challenging established norms and exploring alternative scenarios, students can develop a deeper and more nuanced understanding of faith, diversity, and inclusion. Engaging with artworks and creative exercises that challenge conventional religious norms allows for meaningful exploration of these themes and encourages critical reflection on the role of representation in religious education.

3.3 Reality-Based Verification

Reality-based verification involves examining historical and biblical sources to assess how traditional European or German portrayals of Jesus align with historical facts. This approach challenges the often idealized and culturally constructed images of Jesus, promoting a more accurate understanding of his historical context.[59]

3.3.1 Historical and Biblical Context

Based on biblical and historical sources, the traditional Western portrayal of Jesus – often depicted as a light-skinned man with European features – likely does not reflect historical reality. The lack of physical remains and forensic evidence makes any reconstruction of Jesus' appearance speculative. However, scholars like Joan E. Taylor argue that the idealized representations seen in Western art are cultural constructs that distort the historical truth of Jesus' appearance and context.[60]

Jesus' lifestyle as a wandering preacher in 1st-century Palestine suggests that his appearance would have been modest and practical. His background in a working-class Jewish family likely meant he had physical features typical of the region and era, contrasting with the often idealized and stylized images of Jesus in Western art. These idealized images reflect more about the cultural and

---

[59] Ebner 2007.
[60] Taylor 2018.

artistic norms of the societies that produced them, particularly in the European or Western context, than about historical reality.[61]

3.3.2 Educational Implementation

To effectively incorporate reality-based verification into religious education, students can engage in several practical activities:

1) Historical investigations: Students can undertake research projects to explore the historical Jesus versus the traditionally depicted Christ. This may involve comparing historical and biblical accounts with artistic representations. Such projects can reveal how historical contexts influence artistic depictions and provide a more nuanced understanding of Jesus' identity.

2) Project-based learning: A notable example of an engaging project is the »Who is Jesus?« initiative from the University of Exeter.[62] This project allows students to investigate the figure of Jesus from various cultural, historical, and religious perspectives. The project incorporates fictional scholars represented as comic characters, making it accessible and engaging, especially for students less interested in traditional historical studies. This approach also includes artistic, interreligious, and feminist viewpoints, as well as perspectives from visually impaired individuals, ensuring a diverse exploration of the topic.

3) Comparative analysis: Students can compare traditional Western images of Jesus with representations from different cultures and periods. This comparative analysis can help students understand how different cultural contexts shape religious imagery. For instance, they could examine how Jesus is portrayed in African, Asian, or Latin American art and compare these portrayals with Western depictions.

4) Discussion and reflection: Discussions can be facilitated to encourage students to think critically about the accuracy and implications of traditional images of Jesus. Reflecting on how these images have evolved and how they relate to historical and cultural contexts can deepen students' understanding of the role of artistic representation in shaping religious beliefs.

5) Interdisciplinary approaches: Incorporate insights from various disciplines, such as archaeology, anthropology, and theology, to provide a comprehensive view of Jesus' historical context. This interdisciplinary approach can help students appreciate the complexity of reconstructing historical figures and understand the broader implications of historical accuracy in religious education.

6) Encouraging critical engagement: By emphasizing reality-based verification, educators can encourage students to critically engage with the historical and cultural dimensions of religious imagery. This approach promotes a more accurate and nuanced understanding of Jesus, challenging Eurocentric and idealized representations and fostering a more inclusive view of religious history.

---

[61] Wendel 2023: 106.
[62] Freathy et al. 2018.

In summary, fact-based analysis provides a crucial framework for examining traditional portrayals of Jesus, particularly those shaped by European or Western cultural and religious contexts. Through historical investigations, project-based learning, comparative analysis, and interdisciplinary approaches, students can develop a deeper understanding of Jesus' historical context and how artistic representations reflect cultural and historical biases. This approach encourages critical reflection and promotes a more informed and inclusive perspective on religious imagery.[63]

4. Focused Summary: Deconstruction and Reflection on Images of Christ

In summary, perturbation serves to challenge established assumptions about Christological images, fostering critical reflection and encouraging individuals to question and reconsider familiar notions. By introducing depictions of Jesus from diverse cultural contexts, this approach initiates a reevaluation of conventional representations, particularly those shaped by European or Western religious traditions, and provides fresh perspectives on the figure of Christ, especially in an increasingly secular society.

This methodology fits within the broader framework of comparative theology, which aims to deepen the understanding of one's own beliefs through engagement with differing perspectives. By exploring various representations of Jesus, individuals can gain empathy for diverse religious viewpoints and develop a more nuanced comprehension of their faith. This enriched perspective not only broadens spiritual and intellectual horizons but also promotes a more comprehensive approach to religious education.[64]

In addition to cultural diversity, connecting these representations with students' lived experiences is crucial. For example, portraying Jesus as a friend,[65] mentor, or guide aligns with the Beutelsbach Consensus, which emphasizes the importance of multiperspectivity in education. This approach integrates a historical understanding of traditional Christological images, particularly those shaped by European and Western religious traditions, offering students a well-rounded grasp of the historical roots and evolving interpretations of Christianity. By bridging historical and personal perspectives, students can engage

---

[63] It is important to note that the aim is not to entirely dismiss the validity of traditional images of Jesus. Rather, the goal is to present a range of representations and to highlight that European perspectives are not the only authoritative ones. This approach seeks to broaden understanding by uncovering how historical and cultural biases have influenced traditional depictions.
[64] Von Stosch 2021.
[65] Ziegler 2006.

more deeply with the subject matter, fostering both empathy and critical thinking in their exploration of faith.

5. Conclusion and Outlook: Religious Norms in New Diversity

In concluding this exploration of religious norms and their implications, I return to the profound question posed by my student Rosa: whether only men have »access to the resurrection«. This inquiry not only challenges traditional theological perspectives but also underscores the need for more diverse representations within religious discourse. In response, I assured Rosa that her question was both crucial and reflective of a deeper, universal concern. I referred to Galatians 3:28: »There is neither Jew nor Greek, neither slave nor free, nor is there male and female; for you are all one in Christ Jesus.« This verse affirms the principle of equality before God, emphasizing that salvation and resurrection are accessible to all, regardless of gender, origin, or social status. It advocates a vision of inclusivity that transcends human-made distinctions.

Rosa's question highlights the need for emancipatory approaches in religious education and theology. It demonstrates that relying solely on traditional interpretations falls short of addressing contemporary concerns around equality and diversity. By decentering established norms and integrating multiperspective viewpoints, we can cultivate a more inclusive understanding of faith.

The goal thereby is not to invalidate traditional depictions of Jesus, particularly those shaped by European and Western religious traditions, but to view them through a broader lens that acknowledges their contextual nature. This multiperspective approach encourages a rethinking that integrates both secular and religious perspectives, fostering a richer dialogue about faith while respecting diverse worldviews.

A critical next step is deepening the dialogue between religious and secular perspectives. Such engagement offers valuable insights into the intersections between faith and contemporary thought, promoting mutual understanding. By embracing diversity and openness, we can explore new dimensions of faith and build bridges across worldviews.

Ultimately, promoting a diverse and inclusive approach to religious norms contributes to a more harmonious and just society. It enriches our understanding of faith while supporting the creation of a shared, peaceful, and equitable future. Through continued questioning and dialogue, we can deepen our collective grasp of faith's role in a diverse world.

In summary, engaging with religious norms through inclusive and emancipatory approaches not only enriches our faith but also aligns with broader goals of equality and justice, paving the way for a more harmonious global community.

Bibliography

Akper, G., 2007. The Person of Jesus Christ in Contemporary African Christological Discourse. Religion & Theology 14 (3/4), 224–243.
Beattie, T., 2006. New Catholic Feminism. Theology and Theory. London/New York.
De Beauvoir, S., 1989. Das andere Geschlecht. Sitte und Sexus der Frau. Hamburg.
Bediako, K., 2004. Jesus and the Gospel in Africa. History and Experience. New York.
Boyer, P./Walker, S., 2000. Intuitive Ontology and Cultural Input in the Acquisition of Religious Concepts. K. S. Rosengren/C. N. Johnson/P. L. Harris, Imagining the Impossible. Magical, Scientific and Religious Thinking in Children. Cambridge, 130–156.
Bourdieu, P., 2016. Die feinen Unterschiede. Kritik der gesellschaftlichen Urteilskraft. Frankfurt a. M. (Original work published 1979).
Brunner, C., 2020. Epistemische Gewalt. Wissen und Herrschaft in der kolonialen Moderne. Bielefeld.
Butler, J., 2009. Die Macht der Geschlechternormen und die Grenzen des Menschlichen. Frankfurt a. M.
Conrad, S., ²2013. Jenseits des Eurozentrismus. Postkoloniale Perspektiven in den Geschichts- und Kulturwissenschaften. Frankfurt a.M.
Crenshaw, K., 2021. Die Intersektion von race und Geschlecht vom Rand ins Zentrum bringen. Eine Schwarze feministische Kritik der Antidiskriminierungsdoktrin, feministischer Theorie und antirassistischer Politik. K. Lepold/M. Martinez Mateo, Critical Philosophy of Race. Ein Reader. Berlin, 304–327.
Domsel, M. M., 2023. Hinter dem Horizont. Zum spirituell-religiösen Selbstverständnis von Religionslehrkräften. Stuttgart, 227–280.
Eis, A., 2016. Vom Beutelsbacher Konsens zur ›Frankfurter Erklärung. Für eine kritisch-emanzipatorische Politische Bildung‹. B. Widmaier/P. Zorn, Brauchen wir den Beutelsbacher Konsens? Eine Debatte der politischen Bildung. Bonn, 131–139.
Ebner, M., 2007. Jesus von Nazareth. Was wir von ihm wissen können. Stuttgart.
Eiesland, N., 1994. The Disabled God. Towards a Liberatory Theology of Disability. Nashville.
Foucault, M., 1983. Sexualität und Wahrheit, Bd. 1. Der Wille zum Wissen. Frankfurt a. M.
Freathy, R., et al., 2018. Who is Jesus? Supplementary materials for Religious Education in the upper secondary school. Exeter.

Freudenberger-Lötz, P., 2007. Theologische Gespräche mit Kindern. Chancen und Herausforderungen für die Lehrer/innenausbildung. Theo-Web 6/1, 12–20.

Isherwood, L., 2007. The Fat Jesus. Feminist Explorations in Boundaries and Transgressions. London.

Hoffmann, C. W., 2016. Interpretazioni della nascita verginale nella prassi contemporanea della predicazione evangelica. Protestantesimo. Rivista trimestrale dalla Facoltà Valdese di Teologia 4, 385–411.

Küster, V., 2011. Einführung in die Interkulturelle Theologie. Stuttgart.

Lonny-Platzbecker, U., 2022. »A Black Jesus« im Religionsunterricht. Eulenfisch 28, 115–121.

Ozankom, C., 2011. Begegnungen mit Jesus in Afrika. Afrikanische Glaubenswirklichkeit in theologischer Perspektive. Paderborn.

Magezi, V./Magezi, C., 2017. Healing and Coping with Life within Challenges of Spiritual Insecurity. Juxtaposed Consideration of Christ's Sinlessness and African Ancestors in Pastoral Guidance. HTS Teologiese Studies/Theological Studies 73/3.

Mendl, H., ^{9}2022. Religionsdidaktik kompakt. Für Studium, Prüfung und Beruf. München, 191–195.

Mbogu, N. I., 2012. Jesus in Post-missionary Africa. Issues and Questions in African Contextual Christology. Enugu.

Neyer, A. E., 2021. Rollenspiel. wirelex, http://www.bibelwissenschaft.de/stichwort/200947/ (11.09.2024).

Reich, K., ^{4}2012. Konstruktivistische Didaktik. Das Lehr- und Studienbuch mit Online-Methodenpool. Weinheim/Basel.

Sanders, J., 2016. Theology in the Flesh. How Embodiment and Culture Shape the Way We Think about Truth, Morality, and God. Minneapolis.

Schnelle, U., 2003. Paulus. Leben und Denken. Berlin.

Schweitzer, F. et al., 2020. Jugend – Glaube – Religion II. Neue Befunde – Vertiefende Analysen – Didaktische Konsequenzen. Münster.

Simojoki, H., 2017. Christus in Afrika. Wie anderswo geglaubt wird. R. Englert/F. Schweitzer, Jesus als Christus im Religionsunterricht. Göttingen, 220–231.

Von Stosch, K., 2021. Einführung in die Komparative Theologie. Stuttgart.

Taylor, J. E., 2018. What Did Jesus Look Like? Bloomsbury.

Theißen, G./Merz, A., 2023. Wer war Jesus? Der erinnerte Jesus in historischer Sicht. Ein Lehrbuch. Stuttgart.

Tiénou, T., 1990. Indigenous African Christian Theologies. The Uphill Road. IBMR 14/2, 73–77.

Wendel, S., 2023. Die »Leib Christi«-Metapher. Kritik und Rekonstruktion aus gendertheoretischer Perspektive. Bielefeld.

Ziegler, T., 2006. Jesus als ›unnahbarer Übermensch‹ oder ›bester Freund‹? Elementare Zugänge Jugendlicher zur Christologie als Herausforderung für Religionspädagogik und Theologie. Neukirchen-Vluyn.

https://www.kirche-im-swr.de/beitraege/?id=34501 (11.09.2024).
https://www.misereor.de/ (11.09.2024).
https://www.missio-hilft.de/ (11.09.2024).
https://www.netflix.com/de/title/80197526 (02.08.2024).
https://westfalen.museum-digital.de/object/9926 (09.09.2024).
https://www.rpi-ekkw-ekhn.de/home/bereiche/rpi-impulse/2018/318/ (07.09.2024).

Segensfeiern in der katholischen Kirche

Liturgie und Theologie in Zeitgenossenschaft

Benedikt Kranemann

Zusammenfassung

Segnungen erfreuen sich in der liturgischen Praxis großer Beliebtheit. Dies gilt weit über den Binnenraum der Kirchen hinaus. Zugleich findet eine umfangreiche theologische Diskussion über verschiedene Aspekte traditioneller und neu entstandener Segnungen statt. Der Aufsatz beleuchtet kurz einige jüngere Segensfeiern (Lebenswendefeier als Jugendritual, Segnung von Paaren am Valentinstag, Segnung gleichgeschlechtlicher Paare), zeigt, dass deren Lebensnähe für die Menschen von zentraler Bedeutung ist, und macht auf die Spannung zwischen traditioneller Segnung und heutigen Erwartungen an Segnungen aufmerksam. Letztere haben weitreichende Folgen für die Kirche, weil sie das Verständnis von Liturgie, Ekklesiologie und Anthropologie betreffen.

Abstract

Blessings are very popular in liturgical practice. This applies far beyond the confines of the churches. At the same time, there is an extensive theological discussion about various aspects of traditional and newly emerging blessings. The essay briefly examines some recent blessing ceremonies (Lebenswendefeier as a rite of passage as a youth ritual, the blessing of couples on Valentine's Day, the blessing of same-sex couples), shows that their closeness to life is of central importance to people, and draws attention to the tension between traditional blessing and today's expectations of blessings. The latter have far-reaching consequences for the church because they affect the understanding of liturgy, ecclesiology and anthropology.

Einleitung

Die Situation von Kirche und Gottesdienst in Deutschland sieht derzeit kritisch aus. Die Mehrheit der Religionssoziolog:innen, aber offensichtlich auch Verantwortungs- und Leitungsträger:innen in den Kirchen geht von einem kontinuierlichen, erheblichen Rückgang der Zahlen aus: weniger Mitglieder in den Kirchen, weniger Menschen in den Gottesdiensten.[1] Schaut man sich insbesondere die Teilnahme an den Sonntagsgottesdiensten, aber ebenso an vielen anderen Gottesdiensten und an den Sakramentenliturgien an, stimmt dieser Eindruck. Die Situation darf nicht schöngeredet werden.

Allerdings gibt es auch andere Entwicklungen. Offensichtlich erbitten viele Menschen in besonderen Lebenssituationen oder für etwas, das ihnen in ihrem Leben wichtig ist, den Segen Gottes. Was »viele« konkret meint, lässt sich nicht genau quantifizieren. Segnungen werden nicht in Kirchenstatistiken erfasst. Es fällt aber auf, dass es immer wieder neue Formen und Anlässe für Segnungen gibt und dass einzelne von ihnen eine überdurchschnittliche Resonanz erfahren.[2] Im Folgenden werden Segnungen berücksichtigt, von denen gesagt werden kann, dass sie von vielen Menschen in Anspruch genommen werden.[3]

Der Begriff »viele« signalisiert, dass nicht »alle« in der deutschen Gesellschaft solche Rituale wünschen. Vor einigen Jahren hat die evangelische Praktische Theologin Emilia Handke darauf hingewiesen, dass es in Westdeutschland neben denen, die Firmung, Konfirmation oder Jugendweihe feiern, eine große Gruppe von Jugendlichen gibt, die an keinem derartigen Ritual teilnimmt.[4] Für eine zahlenmäßig nicht genau zu umreißende Bevölkerungsgruppe kommen Rituale wie Segnungen nicht in Betracht. Die vermutlich unterschiedlichen Gründe wären näher zu untersuchen.

---

[1] Aktuelle Zahlen für die katholische Kirche in: Sekretariat der Deutschen Bischofskonferenz 2024.
[2] Vgl. Knop/Kranemann 2020 u. a.
[3] Vgl. zu den Lebenswendefeiern die Zahl der teilnehmenden Jugendlichen für Halle/S. im Jahr 2023, https://www.bistum-magdeburg.de/das-waren-die-lebenswendefeiern-2023 (07.01.2025). 740 Jugendliche haben an den Feiern teilgenommen. Die Zahlen in dieser Stadt liegen allerdings weit über anderen Teilnahmezahlen für diese Feiern, die andernorts bekannt sind; vgl. zu den Segnungsfeiern von gleichgeschlechtlichen Paaren die zahlreichen Orte, an denen in der Vergangenheit solche Segnungen stattgefunden haben und die auf eine grundsätzliche Akzeptanz rückschließen lassen: https://www.liebegewinnt.de/gottesdienste/ (07.01.2025); zu den Segnungsfeiern am Valentinstag lässt sich zumindest sagen, dass entsprechende Gottesdienste quer durch das deutsche Sprachgebiet angeboten werden.
[4] Handke 2016b: 106, geht von ca. 25 (1991) bis 36 % (2010) der Jugendlichen aus. Dabei sind Jugendliche, die einer anderen Religionsgemeinschaft angehören, bereits herausgerechnet. Sie geht davon aus, dass in Ostdeutschland die Zahl ähnlich hoch sein wird.

Zugleich besitzt das Modell der *Multiple Modernities* Plausibilität, das Shmuel Eisenstadt entwickelt hat.[5] Es bedeutet, dass sehr unterschiedliche Säkularitäten und Religiositäten in modernen Gesellschaften im Nebeneinander existieren. Das wirkt sich auch auf ein Thema wie Segnungen aus, zu dem sich Säkulare wie Religiöse unterschiedlich positionieren können. Doch wenn auch für große Teile der Bevölkerung Segnungen keine Relevanz haben, trifft das für andere Teile nicht zu.

Die folgenden Überlegungen konzentrieren sich auf die katholische Kirche[6] in Deutschland. Viele Fragen des Gottesdienstes lassen sich nur für ein klar umrissenes kulturelles Umfeld formulieren und beantworten. Dennoch ist interessant, wie viele Schnittflächen es zu den Beobachtungen von Elsabé Kloppers gibt,[7] die aus Südafrika stammen. Die Veränderungen, die bei Segensfeiern zu beobachten sind, sprechen für tiefgreifende Umbrüche, und zwar nicht nur, was die Frage kirchlicher Autorität und Macht in Hinsicht auf den Gottesdienst angeht, sondern – und das ist die These dieses Aufsatzes – auch mit Blick auf das Verständnis von Liturgie, von Kirche und nicht zuletzt auf das Menschenbild des Gottesdienstes. Es geht nicht um beliebige Fragen der Praxis, sondern um eine zentrale Dimension heutigen Kircheseins. Die Kirche und ihr Bild in der Öffentlichkeit ändern sich.

1. Segen in einer veränderten Kirche und Gesellschaft

Für die katholische Kirche in Deutschland lassen sich im vergangenen halben Jahrhundert weitreichende Veränderungen auf dem Feld der Segnungen beobachten. Man übertreibt wohl nicht, wenn man feststellt, dass die Segensfeiern ein Spiegel für Veränderungen in der Kirche sind, aber auch ein Nebeneinander unterschiedlicher Glaubenspraktiken zeigen, in dem die Vielfalt des Katholizismus deutlich wird. 1978 hat die katholische Kirche für das deutsche Sprachgebiet als liturgisches Buch das »Benediktionale«[8] veröffentlicht. Es enthält Texte und Riten für Segnungen in ganz unterschiedlichen Kontexten. Die Überschriften der Kapitel zeigen, worum es inhaltlich geht. Segen ist nach diesem Buch etwas, das deutlich als traditionsgebunden verstanden wird und sich weitgehend entweder im innerkirchlichen Bereich abspielt oder zumindest volkskirchliche Verhältnisse voraussetzt. Folgt man diesem liturgischen Buch, finden Segnungen zunächst »im Leben der Pfarrgemeinde« statt. Konkret bedeutet das: Segnungen im Kirchenjahr; in unterschiedlichen Lebenssituationen von Gemeindemitgliedern wie der Gemeinde insgesamt; Segnungen religiöser

---

[5] Vgl. Eisenstadt 2000; Gabriel 2016.
[6] Mit »katholisch« ist im Folgenden immer »römisch-katholisch« gemeint.
[7] Vgl. Kloppers im vorliegenden Band.
[8] Vgl. Benediktionale 1978.

Zeichen und Bilder; Segnungen im Leben einer Familie. Schließlich findet man Beispiele für Segnungen in der Öffentlichkeit. Es werden öffentliche und soziale Einrichtungen genannt, Orte oder Gegenstände, die mit Arbeit und Beruf zusammenhängen, Bildungs- und Verkehrseinrichtungen usw. Solche Segnungen werden als »Tun der Kirche« bezeichnet, sie werden vor allem als Geschehen in einer Gemeinde interpretiert.[9] Letztlich steht hier noch das Bild einer Volkskirche im Hintergrund, von der die Öffentlichkeit, die selbst kirchlich geprägt ist, Segnungen erwarten kann. Das spiegelt auch der Kommentarband »Heute segnen« wider,[10] der bei seinem Erscheinen Aktualität besaß, dem man heute aber ablesen kann, wie sich das Feld der Praxis, aber auch der Forschung weiterentwickelt hat.[11] Dabei lässt sich auf ortskirchlicher Ebene beobachten, was auch weltkirchlich zu sehen ist: Es gibt im Nebeneinander unterschiedliche liturgische Praktiken, die ihren kulturell-sozialen Ort haben, für welchen sie plausibel sind, während sie an anderer Stelle kaum (mehr) verständlich sind. So ist z. B. die Kräuterweihe an Mariä Himmelfahrt bis heute mancherorts regional verankert, während sie andernorts unbekannt ist. Die Lebenswendefeier hat ihren Sitz im Leben dort, wo sie als Alternativangebot zur Jugendweihe entstanden ist, also insbesondere in der ostdeutschen Diaspora, während sie auf dem Gebiet der alten Bundesrepublik nicht praktiziert wird. Ein weltkirchlich unterschiedlich betrachtetes Beispiel sind die Segensfeiern für gleichgeschlechtliche Paare, die in Teilen der katholischen Kirche akzeptiert und gewünscht sind, in anderen Teilen kategorisch abgelehnt werden. Allein dieses Nebeneinander unterschiedlicher dynamischer Praktiken anzuerkennen, wäre ein Beispiel für die Akzeptanz von Vielfalt des Katholizismus.

Mit der deutschen Wiedervereinigung gab es eine aus heutiger theologischer Sicht wegweisende Veränderung in der kirchlichen Praxis Ostdeutschlands, die über Ostdeutschland hinaus Wirkung in ganz Deutschland entfaltet hat.[12] In der stark säkularisierten Gesellschaft Ostdeutschlands entstanden neue Feierformen und Rituale. Erstmals fand 1998 im Erfurter Dom eine sogenannte Lebenswendefeier statt.[13] Dieses Jugendritual richtet sich bis heute an konfessionslose Jugendliche, die weder an Firmung, Konfirmation oder Jugendweihe teilnehmen wollen oder können. Es handelt sich um einen Übergangsritus vom Jugendalter ins Alter der jungen Erwachsenen und um einen Segensritus. Explizit wird die konfessionslose Öffentlichkeit angesprochen, auf die hin diese Lebenswendefeier gestaltet wird. Die zum Teil sehr großen Teil-

---

[9] Vgl. Benediktionale 1978: Pastorale Einführung Nr. 17.
[10] Vgl. Heinz/Rennings 1987.
[11] Vgl. zur Geschichte insbesondere der jüngeren liturgischen Bücher für Segnungen Kluger 2011.
[12] Vgl. eine Zusammenstellung verschiedener Feiern bei Hauke 2009.
[13] Vgl. zur Entstehung dieser Feiern Hauke 1997; einen Überblick bis zum Jahr 2011 bietet Kranemann 2011; eine umfassende Analyse unter dem Aspekt »Jugendritual« findet sich bei Handke 2016.

nehmendenzahlen – pro Jahr allein in Halle an der Saale, wo die Feier ökumenisch begangen wird, einige Hundert Jugendliche[14] – zeigen, dass eine solche Feier auf Resonanz stößt. Sie besteht mehr aus einem Nachdenken über das eigene Leben als aus Gebeten. Bitten werden laut ausgesprochen, aber nicht explizit an Gott gerichtet. In Texten, die vorgelesen werden, aber nicht aus der Bibel stammen,[15] und Zeichenhandlungen, mit denen von der Kindheit Abschied genommen wird,[16] kommt der Charakter als Ritual am Übergang zum Erwachsenenalter zum Ausdruck. Am Ende der Feier stehen ein Gebet und ein Segen, die die:der Leiter:in der Feier stellvertretend für alle spricht. Das müssen nicht Ordinierte sein, sind es oftmals auch nicht. Die Feier der Lebenswende hat sich in Ost- und Mitteldeutschland heute breit etabliert. Sie steht für eine Kirche, für die die Grenze zwischen innen und außen zurücktritt.

Das belegt auch das zweite Beispiel: Im Herbst 1999 begannen eine evangelische Pfarrerin und ein katholischer Priester in Erfurt mit Planungen für eine Segensfeier am Valentinstag.[17] Anlass war der bereits säkular begangene Valentinstag als Tag der Verliebten. Obwohl der Name eines Heiligen verwendet wurde, besaß der Tag keinen im engeren Sinne religiösen Charakter. Die Mitinitiatorin, Pfarrerin Bianka Piontek, schrieb dazu: »Bevor der Heilige Valentin ganz den Floristen und Konfiseuren überlassen würde, wollten wir ihn wieder in die Kirche zurückholen und so seine ursprüngliche Bedeutung wieder bewusst machen.«[18] Und weiter: »Daraus wurde ein Segnungsgottesdienst für verheiratete und unverheiratete Paare am Valentinstag.«[19] Zu dieser Segensfeier sind bis heute Evangelische, Katholische und Konfessionslose eingeladen. Wie schon die Lebenswendefeier hat diese Liturgie eine breite Resonanz in der kirchlichen wie außerkirchlichen Öffentlichkeit erfahren und sich im ganzen deutschen Sprachgebiet etabliert. In ihrer Struktur weicht sie nicht von traditionellen Segensfeiern ab. Das heißt: Bibeltext, Predigt, Gebet, Segensritus sind strukturprägend und theologisch bestimmend. Es werden aber in solchen Gottesdiensten, mindestens fallweise, Zeugnisse oder Berichte von Paaren über ihre Liebesbeziehung gegeben. Der Segen nimmt das auf, was für das Leben von Paaren wesentlich ist.

Zwei Feiern also, die um weitere ergänzt werden könnten,[20] die konsequent nicht mehr im binnenkirchlichen Raum bleiben, sondern die säkulare Öffentlichkeit ansprechen. Eine wichtige Rolle spielen bei solchen gemeinschaftlichen Feiern Elemente, die von Teilnehmer:innen mit unterschiedlichem religiösem

---

[14] Vgl. o. Fußnote 3.
[15] So zumindest in den Feiern in Erfurt und Halle.
[16] So werden Dinge, die für die Kindheit stehen, beispielsweise Spielzeug, z. B. auf einem Tuch abgelegt. Die Distanz zur Kindheit und der Übergang in einen neuen Lebensabschnitt werden damit ausgedrückt.
[17] Vgl. Jeggle-Merz 2020.
[18] Piontek 2005: 165.
[19] Ebd.
[20] Vgl. die Beispiele in Knop/Kranemann 2020.

Hintergrund rezipiert werden können, insbesondere Musik (und Gesang), weil sie kommunizieren, was allein durch Worte kaum zu kommunizieren ist,[21] vor allem aber, weil sie für eine inhomogene Gruppe Feiernder Partizipationsmöglichkeiten eröffnen.[22]

2. Neue Herausforderungen für die theologische Reflexion

Aber der Weg von der volkskirchlichen Praxis des Segens zum Segen im öffentlichen Raum ging noch eine Etappe weiter. In den vergangenen Jahren haben sich sowohl die Praxis des Segens als auch der wissenschaftliche Diskurs darüber weiterentwickelt. Das ist eine Reaktion auf gesellschaftliche Säkularisierungsprozesse, in denen neue Handlungsfelder für die Liturgiepastoral entdeckt werden, zugleich auf neue theologische Erkenntnis, etwa in der theologischen Anthropologie,[23] reagiert und auf veränderte Anforderungen in der Praxis eingegangen wird. So ist u. a. eine veränderte liturgische Praxis von Menschen entstanden, denen es auf den Bezug der Liturgie zu ihrem Leben und auf gelingendes Leben aus dem Glauben ankommt, auch wenn dieses in Spannung steht zu kirchlich vorgeschriebenen Normen. Eine »Spannung zwischen gesellschaftlicher Erwartung und traditioneller Sakramententheologie«[24], wie sie Alexander Zerfaß beschrieben hat, ist bei dieser Liturgie deutlich zu beobachten.

Neue liturgische Formen haben sich nicht nur, aber insbesondere mit Blick auf Partnerschaft entwickelt. Dazu hat beigetragen, dass sich unter der COVID-19-Pandemie Selbstermächtigung und ein neues Selbstbewusstsein der Getauften in der Kirche entwickelt haben. Immer öfter nahmen Menschen die Entwicklung und Gestaltung, ebenso die Durchführung von Gottesdiensten selber in die Hand.[25] Das hat sich zum Teil durchgehalten, was insbesondere für die Segensfeiern von Menschen in gleichgeschlechtlichen Partnerschaften gilt. Die Entwicklung dieser Liturgien, die sich schon länger angebahnt hatte, verlief zu einem guten Teil »bottom up«.

---

[21] Vgl. dazu Kranemann 2024b.
[22] Vgl. dazu Kloppers im vorliegenden Band.
[23] Das verdeutlichen die Beiträge in Goertz 2015.
[24] So im Titel seines Beitrags Zerfaß 2021.
[25] Ein Beispiel für eine situativ entstandene Feier des österlichen Triduums findet sich in Laudage-Kleeberg 2023: 155–159. Über »Mahlfeiern [...], die jede Engführung auf die Eucharistiefeier gesprengt haben«, berichtet die Gruppe der »Ordensfrauen für Menschenwürde«: Ordensfrauen für Menschenwürde 2020; vgl. dazu Ordensfrauen für Menschenwürde 2021; zu einer kurzen zeichenhaften Liturgie, die 2023 in der Salzburger Kollegienkirche anlässlich der Salzburger Hochschulwochen gefeiert wurde, vgl. Kranemann/Stender 2024. Die Liste der Beispiele ließe sich weiterführen.

Das gilt auch für kirchenpolitische Stimmen, die sich für eine Neuausrichtung der Kirche im Umgang mit Menschen in einer solchen Partnerschaft, aber auch für wiederverheiratete Geschiedene eingesetzt haben. Hier ist das Memorandum »Kirche 2011: Ein notwendiger Aufbruch«,[26] ein vor allem von deutschsprachigen katholischen Theolog:innen getragenes Papier, das zu weitreichenden Kirchenreformen aufrief, zu nennen. 2013 haben wiederum deutsche Theolog:innen dann für den durch die Deutsche Bischofskonferenz initiierten »Gesprächsprozess«, der von 2011 bis 2015 stattfand, »Hinweise zu Dankgebet und Segensfeier anlässlich einer erneuten Eheschließung« vorgelegt.[27] Im Abschlussbericht des Prozesses wurden die Bischöfe aufgefordert, die Teilnahme wiederverheirateter Geschiedener am Leben der Kirche zu ermöglichen. In einer Fußnote wurde festgehalten, dass das auch für »eingetragene Lebenspartnerschaften Homosexueller« gelten solle.[28] Deutlich weiter ging dann der »Synodale Weg« von 2019 bis 2023, der »neue« Segensformate forderte. Das betraf die Segnung gleichgeschlechtlicher Paare und von Paaren, die nach einer Scheidung eine neue Beziehung segnen lassen wollten. Am bisherigen Ende dieses Diskussionsprozesses steht der Entwurf für eine Handreichung für Seelsorger:innen mit dem Titel »Segen gibt der Liebe Kraft. Segnungen für Paare, die sich lieben«.[29]

In der Praxis existieren, wie erwähnt, entsprechende Segnungen bereits, wobei es in Deutschland regionale Unterschiede gibt, die Akzeptanz bei Bistumsleitungen unterschiedlich ausfällt und solche Segensfeiern lange Zeit nicht öffentlich stattfinden konnten und zum Teil immer noch nicht ohne Gefahr der Maßregelung beteiligter hauptamtlicher Mitarbeiter:innen der Kirche durchgeführt werden können.

Nur am Rande sei erwähnt, dass neben den genannten Anlässen mittlerweile weitere Anlässe für Segnungen wahrgenommen werden. Das betrifft z. B. die Segnung von Neugeborenen bald nach der Geburt oder Segensfeiern in der Kategorialseelsorge, u. a. in Schule oder Krankenhaus, wofür in vielen Bistümern Angebote gemacht werden.[30]

Die katholische Theologie reflektiert sowohl die verschiedenen Lebenssituationen, in denen Menschen um Segen bitten, diskutiert, zum Teil schon länger, Fragen zu Homosexualität, Partnerschaft, Ehe und untersucht religiöse Praxis

---

[26] Vgl. Kirche 2011: Ein notwendiger Aufbruch 2011: 35f.; dazu Hilpert 2011.
[27] Vgl. Hinweise zu Dankgebet und Segensfeier anlässlich einer erneuten Eheschließung 2013.
[28] Vgl. Überdiözesaner Gesprächsprozess 2015: 26.
[29] Im November 2024 lag der Entwurf für dieses Papier vor, das auf Vorschlag und Beschluss des Synodalen Wegs durch die Deutsche Bischofskonferenz und das Zentralkomitee der deutschen Katholiken von einer Arbeitsgruppe verfasst worden ist. Es ist mittlerweile erschienen und hier abrufbar: https://www.dbk.de/fileadmin/redaktion/diverse_downloads/presse_2025/2025-065a-Gemeinsame-Konferenz-SW-Anlage-Segnung-fuer-Paare.pdf (26.06.2025).
[30] Vgl. Kühn 2020; Stockhoff 2020; Wahle 2020.

in einer zunehmend pluralen, aber auch säkularisierten Gesellschaft.[31] Obwohl Segen Thema der liturgiewissenschaftlichen Forschung ist, sind zeitgenössische Formate für Segensfeiern doch erst recht spät wissenschaftlich beachtet worden. Das gilt insbesondere für die Segnungen gleichgeschlechtlicher Paare[32] wie wiederverheirateter Geschiedener.[33]

Die letztgenannte Debatte hat inzwischen auch den Vatikan erreicht. Von Papst Franziskus sind Äußerungen bekannt, die zwar eine Diskriminierung Homosexueller ablehnen, aber nach wie vor die Segnung der Partnerschaften verwehren. Dennoch zeichnen sich Veränderungen ab. So ist anlässlich der römischen Synode, die 2024 endete, in einer für eine solche Versammlung seltenen Offenheit über den Umgang der Kirche mit LGBTQ+-Menschen gesprochen worden. Bereits zuvor hatte der Papst die Erklärung »Fiducia supplicans« veröffentlicht,[34] die unter sehr engen Vorgaben die Segnung Homosexueller – allerdings nur als Einzelpersonen, nicht als Paare, und nicht im Rahmen einer Liturgie – ermöglicht. Das Papier ist in Kirche und Theologie weltweit unterschiedlich aufgenommen worden.[35] Während insbesondere in Westeuropa beklagt wurde, es sei zu restriktiv, vorsichtig und theologisch nicht überzeugend, kamen aus einigen afrikanischen Ortskirchen kategorische Ablehnungen solcher Segnungen. Die 2024 beendete römische Synode hat in ihrem Abschlussdokument dieses Thema nicht aufgegriffen.

In der katholischen Theologie ist der Bedeutung des Segens, insbesondere jener Segnungen, die lange nicht im Zentrum der kirchlichen Praxis standen, mehr Aufmerksamkeit zuteilgeworden. In der theologischen Diskussion wird der Segen neu bewertet. Er ist ein grundlegendes Geschehen zwischen Gott und Mensch, in dem Anrufung Gottes, Anamnese, Doxologie und Bitte zusammenkommen. Grundhaltungen der Liturgie begegnen im Segen. Er ist »Urzelle christlich-liturgischen Handelns«[36] und bringt zur Erfahrung, dass der Mensch in unterschiedlichen Lebenssituationen von Gott ergriffen und umfangen ist. Gerade in Segensfeiern erhält die Liturgie eine lebensunmittelbare Relevanz, was zu ihrer Akzeptanz weit über den binnenkirchlichen Raum hinaus beitragen wird. Menschen erfahren und wollen zum Ausdruck bringen: »Etwas muss am Werk sein«.[37] Das kommt auch bei Elsabé Kloppers zur Sprache, die über Nkosi singende Menschen sagt: »Many could see a different world, a world of transcendence, a world where God is at work, where God is ›performing‹.«[38] Von dieser Transzendenz spricht jeder Segen. Die Feier des Segens Gottes ist

---

[31] Vgl. auch Krebs im vorliegenden Band.
[32] Vgl. aus der mittlerweile reichen liturgiewissenschaftlichen Literatur Bodenstein/Krebs 2020; Kranemann 2022; Volgger/Wegscheider 2020.
[33] Vgl. Odenthal 2020.
[34] Vgl. Papst Franziskus 2023.
[35] Vgl. dazu Goertz 2024; Knop 2024; Kranemann 2024; Quirin 2024; Volgger 2024.
[36] Ebenbauer 2019: 38.
[37] Joas 2017: 434.
[38] Kloppers im vorliegenden Band.

verbunden mit der Hoffnung auf das Wirken des Geistes und endzeitlicher Erwartung.[39]

Schon die oben genannten Segensfeiern für Konfessionslose waren nicht unumstritten. Manche fragten, ob sie überhaupt eine Aufgabe für die Kirche seien, andere befürchteten eine Konkurrenz insbesondere für die Konfirmation. Die Liturgiewissenschaft hat sie zunächst kaum wahrgenommen, weil sie, so die Vermutung, nicht zum Kernbestand katholischer Liturgie zählten und der Charakter als Liturgie zur Diskussion stand.[40] Insbesondere wurden von den kirchlichen Befürworter:innen solcher Feiern vor allem missionarische und diakonische Argumente angeführt. Das ist liturgiewissenschaftlich aufgegriffen worden. Es wurde deutlich: Mit solchen Feiern verändert sich etwas in Kirche und Liturgie. Andere Gruppen kommen in den Blick, die man bislang nicht wahrgenommen hat. Eine Suche nach neuen Formen, auch nach einer anderen Ästhetik, wird notwendig. Die Unterscheidung von drinnen und draußen, bezogen auf Kirchenmitglieder und andere, wird ein Stück weit obsolet.

Bei den gleichgeschlechtlichen Paaren ist die Morallehre der Kirche betroffen, umso heftiger verlaufen hier die Diskussionen. Sie sind auch längst nicht beendet. Die Details müssen hier nicht interessieren. Die in der katholischen Kirche heute praktizierten Paarsegnungen gelten Menschen, deren Lebensform in der Vergangenheit durch die Kirchenleitung abgelehnt worden war. Das gilt insbesondere für Menschen in einer gleichgeschlechtlichen Partnerschaft, aber auch für Geschiedene, die neu standesamtlich geheiratet haben. Gegenüber Stimmen, die aus theologischen oder spirituellen Gründen solche Segnungen ablehnen, wird die begründete Position vertreten, die biblischen Texte, die sich zur Gleichgeschlechtlichkeit äußern, hätten nicht das vor Augen, was heute mit Homosexualität und Partnerschaft Gleichgeschlechtlicher gemeint sei, Erkenntnisse der Humanwissenschaften seien für die kirchliche Morallehre zur Kenntnis zu nehmen und die entsprechenden Kapitel im Katechismus zu reformieren.[41] Die Segensfeiern verändern den innerkirchlichen Umgang mit Menschen, die nicht gemäß kirchlichen Normen leben. Sie gehen einher mit einer Diskussion über die Morallehre der Kirche, wobei gerade rituellem Handeln aufgrund seiner Performanz und seiner symbolischen Wirkung eine besondere Sprachkraft und performative Wirkung zukommt. Die Segensfeiern haben Einfluss auf das Selbstverständnis der Kirche, die sich nun zu Menschen bekennt, die sie lange in beschämender Weise diskriminiert hat.

Nicht zuletzt tragen die Feiern dazu bei, die kirchliche Rede über Segen zu präzisieren. Konnte in der Vergangenheit der Eindruck entstehen, Segen sei etwas, über das die Kirche gleichsam »verfüge«, hat die Diskussion der letzten

---

[39] Vgl. Winter 2020: 55.
[40] Vgl. Kranemann 2016: 83f., der die Lebenswendefeiern nicht als Liturgie im engeren Sinne betrachtet; anders optiert Jeggle-Merz 2013: 270. So oder so sind diese Feiern ein lohnendes Objekt liturgiewissenschaftlicher Forschung.
[41] Vgl. auch dazu die Beiträge in Goertz 2015.

Jahre verdeutlicht: Ein Segen für eine Beziehung ist nicht etwas, was die Kirche gewähren oder verweigern kann. Segen kommt dem Menschen von Gott aus zu. Die Kirche hat sich in den Dienst Gottes zu stellen und mit Menschen den Segen Gottes zu feiern. Die Praxis des Segnens bricht Denkmuster und Verhaltensformen in der Kirche auf. Sie trägt zu einer Veränderung von Kirche und Glaubensgemeinschaft bei, die sich neu in ihrer inneren Pluralität wahrnehmen und akzeptieren können. Was Elsabé Kloppers über das Singen sagt, lässt sich auf die Segnungen insgesamt anwenden. Sie funktionieren »as a *performative act* bringing about God's blessing, by uniting people from various backgrounds, cultures, languages, life situations, and histories.«[42]

Allerdings haben auch solche wissenschaftlichen Diskussionen ihre Einseitigkeiten. Hinter die genannten Segensfeiern für gleichgeschlechtliche Paare ist ein anderes Problemfeld mindestens zurückgetreten: die Segensfeier für wiederverheiratete Geschiedene. Es gibt dazu Studien und auch Vorschläge für die Praxis, aber das Thema ist kaum weiter beachtet worden. Dabei gibt es auch hier zahllose Verletzungen, die die Menschen, ihre Beziehungen und ihren Glauben betreffen. Ein wenig glaubwürdiges Agieren vieler in der Kirche ist zu kritisieren. Impulse von innen wie von außen, oftmals kaum wirklich zu trennen, drängen auch hier zu einem Umdenken. Es ist davon auszugehen, »dass der Theologie und der Kirche auch von außerhalb Erkenntnisse zukommen, die von großer theologischer Relevanz sind und eventuell auf das Vergessene oder Verdrängte der eigenen Tradition aufmerksam machen«.[43] Eine solche Fremdprophetie kann das einbringen, was die kirchliche Tradition schlicht verdrängt hat: ein Umdenken gegenüber den betroffenen Menschen. In vielen Arbeitshilfen wird zwischen den verschiedenen Segensfeiern nicht unterschieden, wird also die Segnung gleichgeschlechtlicher Paare mit der Segnung erneut Verheirateter gleichgesetzt. Das wird aber den unterschiedlichen pastoralen Situationen nicht gerecht. Im einen Fall ist durch das Handeln der Kirche menschliches Leben beschädigt worden, weil Homosexuelle und ihre Sexualität diskriminiert worden sind. Hier könnte eventuell in der Segensfeier zum Ausdruck gebracht werden, dass die Kirche oder die versammelten Gläubigen sich heute verpflichten, das Paar auf seinem Lebensweg zu unterstützen. Im anderen Fall geht es zunächst um eine gescheiterte Beziehung, was – gegebenenfalls – in der Segensfeier thematisiert werden müsste, und die Hoffnung in eine neue Beziehung.

Ein Weiteres ist in der Diskussion bislang weitgehend ausgeblendet worden. Es wird vorausgesetzt, dass heterosexuelle Paare heiraten wollen. Die sakramentale Trauung gilt als das normale Lebensmodell. Aber es gibt Menschen, die dies aus unterschiedlichen Gründen für sich ablehnen. Das kann für Alte und Junge gelten, kann mit Lebenssituationen, der Form des Zusammenlebens und Miteinanders, der Sorge vor (kirchen)rechtlichen Folgen usw. zusammenhängen. Doch manche wünschen für sich mehr als allein die standesamtliche

---

[42] Kloppers im vorliegenden Band.
[43] Odenthal 2020: 178, der von »Fremdprophetie« spricht.

Trauung oder irgendeinen anderen Rechtsakt. Damit ist nicht die Verlobung gemeint, also eine Liturgie auf dem Weg zur sakramentalen Trauung, sondern eine eigenständige Segnung. In liturgietheologischer wie -praktischer Hinsicht müssten solche Segensfeiern für Menschen, die nicht kirchlich heiraten wollen, diskutiert werden. Eine solche Diskussion existiert bislang nicht.

Festhalten lässt sich, wenn man die vorliegende Literatur und Praxisberichte sichtet: Menschen wollen ihre Beziehung unter den Segen Gottes stellen.[44] Aber es gibt so unterschiedliche Perspektiven, wie es unterschiedliche Menschen gibt. Und es gibt eine Vielzahl unterschiedlicher Glaubenswege. Dem entsprechen mittlerweile verschiedene Segensfeiern, die im gemeinsamen Gottes- und Christusbekenntnis ihre Mitte finden.

3. Konsequenzen für Liturgie, Kirchenverständnis und Menschenbild

Die bisherigen Überlegungen haben für Kirche und Theologie erhebliche Konsequenzen. Einige sollen abschließend genannt werden. Das Verständnis von Liturgie verändert sich in der Praxis wie in der Forschung. Während man sich in den späten 1970er-Jahren noch an einem recht enggefassten »Liturgie«-Begriff abarbeitete, der zwischen Zentralem (Sakrament) und Nachgeordnetem (Sakramentale) unterschied und Liturgie vorzugsweise mit dem verband, was in liturgischen Büchern fixiert war, wird innerhalb der katholischen Liturgiewissenschaft heute ein deutlich weitergefasstes Verständnis diskutiert. Das geschieht unter dem Einfluss der Ritual Studies so wie von Entwicklungen in der kirchlichen Praxis, aber auch der gesellschaftlichen Öffentlichkeit. Es wird diskutiert im Zusammenspiel verschiedener theologischer Disziplinen,[45] insbesondere der Liturgiewissenschaft, der Systematischen Theologie und der Pastoraltheologie, zum Teil unter Einbezug des Kirchenrechts.[46]

Der Innsbrucker Liturgiewissenschaftler Reinhard Meßner hat vorgeschlagen, unter ›Liturgie‹ »sowohl religiöse Hochrituale wie die Eucharistie wie nur schwach ritualisierte Handlungen wie gemeinsame Gebetsstunden usw.« zu

---

[44] Ähnlich wie es Handke 2016b für Jugendrituale gezeigt hat, wird man annehmen dürfen, dass Paare nicht grundsätzlich eine solche Segnung oder ein vergleichbares Ritual für sich wünschen. Vgl. dafür das Dokument des Synodalen Wegs Handlungstext. Segensfeiern für Paare, die sich lieben 2023: 285: »Menschen entscheiden sich, der Verbindlichkeit in ihrer Beziehung auf unterschiedliche Weise Ausdruck zu verleihen.« Dem Dokument ist zu entnehmen, dass die Delegierten des Synodalen Wegs diese unterschiedlichen Ausdrucksformen akzeptieren.
[45] Wichtige Impulse gibt ein interdisziplinärer Sammelband, der auf vielfältige theologische Folgefragen aufmerksam macht: Dirscherl/Weißer 2022.
[46] Hier ist insbesondere an Arbeiten von Judith Hahn zu denken, die Zusammenhänge von Liturgie und Normativität untersuchen, so in Hahn 2022.

fassen.⁴⁷ Meßner schreibt weiter: »Liturgie in diesem Sinn ist formal dadurch bestimmt, dass sich der Glaube in Formen ritueller Kommunikation realisiert, christliche Liturgie zusätzlich material dadurch, dass es nicht irgendwelche religiösen Vollzüge im weitesten Sinn sind, sondern dass es eben der christliche Glaube ist, der rituell kommuniziert wird.«⁴⁸ Meßner betont die rituelle Kommunikation von Glauben. Im Gottesdienst als Ritual geht es um gelebten Glauben und seine Artikulation. Der Frage nach dem christlichen Glauben entspricht ein spezifisches Profil der Riten.

Meßner verzichtet in seiner Begriffsbeschreibung auf jedwede Abstufung der Liturgie. Er betont, dass er den Ausgang nicht bei einer vorgängigen inhaltlichen Bestimmung und Normierung nimmt, sondern Vollzüge und Rituale analysiert und von daher zu einer theologischen Bestimmung von Gottesdienst gelangt.⁴⁹ Er geht von einem vielgestaltigen Verständnis von Glauben aus. Die gemeinsame und damit verbindende Mitte dessen, was man theologisch »Paschamysterium«⁵⁰ nennt, ist für ihn konstitutiv. Meßner löst sich aber von einer Normierung der Liturgie, die mit theologischen »Vorentscheidungen« beispielsweise über mehr oder weniger Bedeutung⁵¹ oder die Bindung des liturgischen Geschehens an Amtsträger verbunden wäre.

Dadurch kommt es zu einer Aufwertung von Feiern und religiösen Ritualen, die bislang in Kirche und Theologie, wenn überhaupt, eher randständig beachtet wurden. Ritual- und Feierkultur in Kirche und Gesellschaft und die Menschen, die in solcher Weise ihr Leben in Kommunikation mit Gott bringen, werden damit in all ihrer Vielfalt beachtet. Liturgie ist zeitgenössisch, ohne ihre theologische Mitte aufzugeben. Die Vielfalt, die lange Zeit für katholische Liturgie charakteristisch war, wird, auch wenn sie in neuer Form begegnet, wahrgenommen. Die Diskussion darüber, wie sich in dieser Vielfalt Kirche und ihre Liturgie weiterentwickeln will und soll, ist notwendig.

Ein neues Nachdenken über das Selbstbild der Kirche wie der Ekklesiologie ist gefordert.⁵² Ein verändertes kirchliches Selbstverständnis bildet sich heraus, das das Ungewohnte und vielleicht sogar Unbekannte in der Liturgie tolerieren, sich davon befragen und die eigenen eingefahrenen theologischen Perspektiven weiten lassen kann, ohne sich dadurch selber gefährdet zu sehen. Vielfalt und Komplexität werden zur Bereicherung. Spannungen, die damit verbunden sind, werden nicht ausgeblendet, sondern als Teil kirchlicher Realität wahrgenommen. Segensfeiern, wie die hier vorgestellten, tragen zu einer Veränderung von

---

47 Meßner 2022: 102.
48 Ebd.
49 So schon Meßner 1998.
50 Dazu umfassend Schrott 2014; dass auch das, was mit Paschamysterium verbunden wird, noch einmal durch das einzelne Glaubenssubjekt auf das eigene Leben und Glauben heruntergebrochen werden muss, hat Faber 2016 gezeigt.
51 Vgl. Meßner 2022: 103.
52 Vgl. die Beiträge in Kopp/Kranemann 2021.

Kirche auf Zukunft hin bei. Eine solche Kirche dient dem Menschen stärker, sie tut dies auch im gottesdienstlichen Ritual.

Wenn man sich auf den Zusammenhang von Liturgie und Ekklesiologie besinnt, erkennt man, dass mit Veränderungen in der Liturgie wie denen, die beschrieben worden sind, Kirche in Bewegung bleibt. Sie wird zu neuen innerkirchlichen und gesellschaftlichen Entwicklungen, zum Beispiel im Blick auf Paare, in Beziehung gesetzt. Damit sind Spannungen verbunden, die zum einen die Auseinandersetzung in der Kirche brauchen,[53] zum anderen das Eingeständnis, dass Strukturen, Erscheinungsformen, Liturgie und Gottesdienst in Bewegung bleiben. Das alte *semper reformanda*, auf Kirche und Liturgie bezogen, wird man heute mit Dynamik übersetzen können.

Die oben kurz skizzierten Entwicklungen in der Liturgie sind dafür ein Beispiel. Sie sind Ausdruck einer Kirche, in der unterschiedliche Weisen des Glaubens und Lebens im Nebeneinander ihren Platz haben, was übrigens historisch betrachtet nicht neu ist. Sie zeigen zudem, wie Unterschiedliches im Nebeneinander akzeptiert werden muss, also auch für die Liturgie Ambiguitätstoleranz notwendig ist.

Damit solche Feiern in der Kirche ihren Platz bekommen können und damit pastorale Situationen entdeckt werden können, in denen beispielsweise eine Segnungsfeier, aber ebenso andere Formen des Gottesdienstes ihren Platz erhalten, ist mehr Partizipation in der Kirche notwendig, insbesondere dann, wenn es um Liturgie geht. Menschen müssen einbringen können, wo Liturgie heute ihren Platz hat und was Gestaltungselemente einer solchen Liturgie sein könnten. Das erfordert eine intensivere Partizipation als bisher, um in der Kirche über solche Liturgie mehr und intensiver ins Gespräch zu kommen, als das in der Vergangenheit der Fall war.

Schließlich verändert sich mit den skizzierten Entwicklungen das Menschenbild der Liturgie. Die Liturgiewissenschaft muss »die Frage nach den *Bedingungen des Menschseins*, unter denen gottesdienstliches Handeln sich vollzieht«,[54] stellen. Damit ist die Anthropologie der Liturgie angesprochen. Zu den großen Veränderungen in der Anthropologie der katholischen Liturgie des vergangenen Jahrhunderts zählt die neue Wahrnehmung von Frauen im Gottesdienst. Bis weit in das 20. Jahrhundert ist eine deutliche Zurücksetzung von Frauen in der katholischen Liturgie zu konstatieren, die bis heute nicht umfassend überwunden ist.[55] Aber mit jedem Schritt in Richtung Geschlechter-

---

[53] Den Raum dafür könnten synodale Strukturen bieten. Auch wenn auf dem Synodalen Weg Liturgie nicht wirklich ein Thema war, sollte die Beratung über Liturgie Teil synodaler Prozesse werden. Was das näherhin bedeutet, ist noch zu diskutieren.
[54] Bieritz ³2003: 96.
[55] Immer noch relevant: Berger/Gerhards 1990; Berger 2018; ein besonders heftiges Beispiel für die Zurücksetzung von Frauen in der Liturgie ist die Reform der Äbtissinnenweihe nach dem Zweiten Vatikanischen Konzil, für die Röttger 2022 gezeigt hat, dass die Reform u. a. das Ziel verfolgt hat, eine möglichst deutliche Distanz dieser Weihe von Frauen zur Bischofsweihe herauszuarbeiten und den Ritus entsprechend zu verändern,

gerechtigkeit ist deutlicher geworden, dass sich mit der Rolle von Frauen, ihrer Wahrnehmung und ihrer Sichtbarkeit in der Liturgie das Menschenbild des Gottesdienstes verändert hat. Ob in Gebeten, Liedern, Predigten: Die Vielfalt der Geschlechter spielt eine Rolle und muss eine Rolle spielen, damit eine Liturgiefeier für alle Menschen möglich ist. Das ist eine Gelingensvoraussetzung von Liturgie. Wo hier nach wie vor Defizite bestehen, und diese Defizite sind gar nicht zu leugnen, fällt nicht nur die Kritik daran heute umso schärfer aus, sondern distanzieren sich Menschen von einer so gefeierten Liturgie und feiern nicht mehr mit.[56] An dem, was im Gottesdienst an Menschenbild erlebt wird, scheiden sich die Geister und entscheidet sich die Praxis der Liturgie.

Das gilt, und auch hier verändert sich das Menschenbild der Liturgie, ebenso für unterschiedliche Weisen der Geschlechtlichkeit. Das lässt sich gut an der Arbeitshilfe des Zentralkomitees der deutschen Katholiken »Segen schenken«[57] ablesen. Sie spricht mit Blick auf Segensfeiern gleichgeschlechtlicher Paare u. a. von einer »Neubesinnung auf das Wesen menschlicher Beziehungen«, von verantwortlich gelebter Liebe, die »ein Segen für uns als Kirche« sei, von der »Qualität einer Beziehung«.[58] Hier wandelt sich das Menschenbild, indem dort, wo lange solche Beziehungen diffamiert und Menschen als Sünder:in abqualifiziert wurden, in der Performativität der Liturgie nun der Wert einer solchen Beziehung sichtbar wird. »Wo Menschen nach der Bedeutung des Evangeliums für ihr Leben suchen und ihr Leben danach ausrichten, ereignet sich Kirche.«[59] Das Menschenbild der Liturgie wird nicht an eine einzige Beziehungsform gebunden, sondern an die Suche nach einem Leben im Sinne des Evangeliums. Das lässt der Vielfalt des Menschseins Raum, ohne in Beliebigkeit zu verfallen. Dieses Menschenbild hängt theologisch mit dem Nachdenken über Geschlechterfragen, über die Rolle des Menschen in der Schöpfung, mit Entwürfen einer Theologie der Freiheit usw. zusammen. Es geht mit einem differenzierten Bild des Menschen einher, das von der Freiheit des Menschen und der Würde des Individuums ausgeht. Der »Handlungstext Segensfeiern für Paare, die sich lieben« des Synodalen Wegs hat das so formuliert: »Die Kirche möchte die Botschaft der von Gott geschenkten Würde einer jeden Person in Wort und Tat verkünden. Diese Botschaft leitet sie in ihrem Umgang mit Menschen und deren Partnerschaft.«[60] Die kirchliche Verkündigung gilt allen Menschen, in diesem Fall allen »Paaren, die in Liebe verbunden sind, sich gegenseitig in vollem Respekt und in Würde begegnen und ihre Sexualität in Achtsamkeit für sich selbst,

---

was zu Differenzen zwischen der Weihe von Abt und Äbtissin führte (a. a. O.: 167-257). Vgl. a. a. O.: 284-296 aber zur neu gewonnenen Parität von Abt- und Äbtissinnenweihe im deutschen Pontifikale von 1994. Eine ausführliche Vorstellung und Rezension vgl. bei Winter 2024.

[56] Vgl. Hahn 2021: 188.
[57] Vgl. Zentralkomitee der deutschen Katholiken 2019.
[58] Zitate aus Zentralkomitee der deutschen Katholiken 2019: 14f.
[59] Zentralkomitee der deutschen Katholiken 2019: 14.
[60] Handlungstext Segensfeiern für Paare, die sich lieben 2023: 283.

füreinander und in sozialer Verantwortung auf Dauer zu leben bereit sind«.[61] Der Anspruch ist, dass die Kirche jenen Menschen vorurteilsfrei begegnet und diejenigen bei sich begrüßt, die sie lange diskriminiert hat. Der Handlungstext sieht in den unterschiedlichen Formen, Beziehung ernsthaft zu leben, »sittlich Gutes«.[62] Der Synodentext macht deutlich, dass die Unbarmherzigkeit der Kirche auf der einen Seite der »Menschenwürde und freie[n] Selbstbestimmung als Maxime moralischer Normierung« in der Gesellschaft auf der anderen Seite gegenübersteht.[63] Das werfe für die Gnadentheologie, den Glauben an den menschenfreundlichen Gott und das Doppelgebot der Gottes- und Nächstenliebe, also in theologischer Hinsicht, Fragen auf.[64]

Das sind durchaus bedeutsame Veränderungen, die in einem gemeinsamen Dokument von Bischofskonferenz und höchstem Laiengremium fixiert und in Handlungsanweisungen überführt worden sind. Verschiedene Realisierungen von menschlicher Partnerschaft, die aus dem Glauben heraus gelebt werden, nimmt die Kirche ernst. Menschen in einer für die Mehrheit in der Kirche nicht vertrauten Lebenskonstellation oder Menschen, die ihren Glauben anders leben, als es lange Zeit kirchlicher Norm entsprach, die sich aber zugleich als Teil dieser Kirche begreifen und diese Kirche lebendig halten, erfahren Akzeptanz. Sie werden als Gläubige, als Menschen in einer Gottesbeziehung wahrgenommen. Sie werden nicht mehr auf ein Dasein als »Sünder:in« reduziert, sondern begegnen wie jede:r als Menschen mit Stärken und Schwächen, wie sie in ihrer Widersprüchlichkeit bereits die Bibel kennt. Alles das zeigt Wirkung auch in der Liturgie, und die Liturgie wiederum beeinflusst die theologische Debatte – ein reziproker Prozess. Liturgie, die sich entgrenzt und über die Kirche hinaus öffnet, geht anders mit dem Menschen um und auf den Menschen ein.

Bibliographie

Benediktionale 1978. Studienausgabe für die katholischen Bistümer des deutschen Sprachgebietes. Erarbeitet von der Internationalen Arbeitsgemeinschaft der Liturgischen Kommissionen im deutschen Sprachgebiet. Hg. von den Liturgischen Instituten Salzburg, Trier, Zürich. Pastoralliturgische Reihe in Verbindung mit der Zeitschrift »Gottesdienst«. Einsiedeln u. a.

Berger, T., 2018. Gottesdienst und Geschlechterdifferenz im Wandel. Zu einer liturgiewissenschaftlichen Forschungsrichtung im 21. Jahrhundert. A. Gerhards/B. Kranemann, Dynamik und Diversität des Gottesdienstes. Liturgiegeschichte in neuem Licht. QD 289. Freiburg/Br. u. a., 126–151.

---

[61] Ebd.
[62] A. a. O.: 288.
[63] A. a. O.: 286.
[64] Ebd.

Berger, T./Gerhards, A., 1990. Liturgie und Frauenfrage. Ein Beitrag zur Frauenforschung aus liturgiewissenschaftlicher Sicht. PiLi 7. St. Ottilien.

Bieritz, K.-H., ³2003. Anthropologische Grundlegung. H. C. Schmidt-Lauber/M. Meyer-Blanck/K.-H. Bieritz, Handbuch der Liturgik. Liturgiewissenschaft in Theologie und Praxis der Kirche. Göttingen, 95–128.

Bodenstein, D./Krebs, A., 2020. Riten zur Segnung gleichgeschlechtlicher Partnerschaften. J. Knop/B. Kranemann, Segensfeiern in der offenen Kirche. Neue Gottesdienstformen in theologischer Reflexion. QD 305. Freiburg/Br. u. a., 195–210.

Dirscherl, E./Weißer, M., 2022. Wirksame Zeichen und Werkzeuge des Heils? Aktuelle Anfragen an die traditionelle Sakramententheologie. QD 321. Freiburg/Br. u. a.

Ebenbauer, P., 2019. Im Zuspruch der Güte und der Wahrheit. Der Segen als Ursprung und Ziel aller Liturgie. HlD 73, 31–41.

Eisenstadt, S. N., 2000. Die Vielfalt der Moderne. Heidelberger Max-Weber-Vorlesungen 1997. Weilerswist.

Faber, E.-M., 2016. Persönliches in Gemeinschaft. Liturgisches Beten in der Spannung von Intimität und öffentlich-sozialer Handlung. I. U. Dalferth/S. Peng-Keller. Beten als verleiblichtes Verstehen. Neue Zugänge zu einer Hermeneutik des Gebets. QD 275. Freiburg/Br. u. a., 197–229.

Gabriel, K., 2016. Säkularisierung, Wiederkehr der Religion oder multiple Modernen? Interpretationen der religiösen Entwicklung in (Ost-)Deutschland. B. Kranemann/P. Štica, Diaspora als Ort der Theologie. Perspektiven aus Tschechien und Ostdeutschland. EThS 48. Würzburg, 63–84.

Goertz, S., 2015. »Wer bin ich, ihn zu verurteilen?«. Homosexualität und katholische Kirche. Katholizismus im Umbruch 3. Freiburg/Br. u. a.

Goertz, S., 2024. Römische Schwellenängste. Ein moraltheologischer Kommentar zu »Fiducia Supplicans«. HerKorr 78, 22–24.

Hahn, J., 2021. Liturgische Normen – normierende Liturgien. Ritual- und normtheoretische Beobachtungen zum Zusammenhang von Liturgie, Hierarchie, Macht und Geschlecht. S. Böntert/W. Haunerland/J. Knop/M. Stuflesser, Gottesdienst und Macht. Klerikalismus in der Liturgie. Regensburg, 187–202.

Hahn, J., 2022. Die Ordnung der Liturgie, die Liturgie der Ordnung. Rollenbildung und -konflikt in kirchlichen Ritualen. ThG 65, 59–72.

Handke, E., 2016. Religiöse Jugendfeiern »zwischen Kirche und anderer Welt«. Eine historische, systematische und empirische Studie über kirchlich (mit)verantwortete Alternativen zur Jugendweihe. APrTh 65. Leipzig.

Handke, E., 2016b. Weder Jugendweihe noch Konfirmation. Erkundungen in einem unbekannten Feld. Pastoraltheologie 105, 105–120.

Handlungstext Segensfeiern für Paare, die sich lieben. 2023. Sekretariat des Synodalen Weges 2023. Beschlüsse des Synodalen Weges der katholischen Kirche in Deutschland. Der Synodale Weg 20. Bonn, 283–290.

Hauke, R., 1997. Feier zur Lebenswende. Eine christliche Hilfe zur Sinnfindung für Ungetaufte. A. Bilgri/B. Kirchgessner, Liturgia semper reformanda. Für Karl Schlemmer. Freiburg/Br. u. a., 86–103.

Hauke, R., 2009. Herzlich eingeladen zum Fest des Glaubens ... Projekte für Christen und Nicht-Christen. Leipzig.

Heimbach-Steins, M./Kruip, G./Wendel, S., 2011. Kirche 2011. Ein notwendiger Aufbruch. Argumente zum Memorandum. Freiburg/Br. u. a.

Heinz, A./Rennings, H., 1987. Heute segnen. Werkbuch zum Benediktionale. Pastoralliturgische Reihe in Verbindung mit der Zeitschrift »Gottesdienst«. Freiburg/Br.

Hilpert, K., 2011. Gelebte Liebe, Treue und Verantwortung. Gleichgeschlechtliche Partnerschaft. M. Heimbach-Steins/G. Kruip/S. Wendel, Kirche 2011. Ein notwendiger Aufbruch. Argumente zum Memorandum. Freiburg/Br. u. a., 277–282.

Hinweise zu Dankgebet und Segensfeier anlässlich einer erneuten Eheschließung 2013 (vorgelegt von den am Gesprächsprozess der Katholischen Kirche in Deutschland beteiligten Theologinnen und Theologen, Mai 2013). http://kthf.de/wp-content/uploads/2017/09/D3-Liturgische-Feier-Wiederverheiratung.pdf (09.11.2024).

Jeggle-Merz, B., 2013. Jugendrituale im Raum der Kirche. Ein liturgiewissenschaftlicher Blick auf neue Feierformen. ThG 56, 258–271.

Jeggle-Merz, B., 2020. Segnungsfeiern am Valentinstag. Eine Initiative aus dem Bistum Erfurt mit weitreichender Ausstrahlung. J. Knop/B. Kranemann, Segensfeiern in der offenen Kirche. Neue Gottesdienstformen in theologischer Reflexion. QD 305. Freiburg/Br. u. a., 149–176.

Joas, H., 2017. Die Macht des Heiligen. Eine Alternative zur Geschichte von der Entzauberung. Berlin.

Kirche 2011: Ein notwendiger Aufbruch. Memorandum von Theologieprofessorinnen und -professoren zur Krise der katholischen Kirche, 4. Februar 2011.

Kluger, F., 2011. Benediktionen. Studien zu kirchlichen Segensfeiern. StPaLi 31. Regensburg.

Knop, J., 2024. Segen to go. Ein Armutszeugnis. https://www.uni-erfurt.de/katholisch-theologische-fakultaet/fakultaet/aktuelles/theologie-aktuell/irritierend-enttaeuschend-und-bei-weitem-nicht-genug-zwei-reaktionen-auf-fiducia-supplicans#jump (09.11.2024).

Knop, J./Kranemann, B., 2020. Segensfeiern in der offenen Kirche. Neue Gottesdienstformen in theologischer Reflexion. QD 305. Freiburg/Br. u. a.

Kopp, S./Kranemann, B., 2021. Gottesdienst und Kirchenbilder. Theologische Neuakzentuierungen. QD 313. Freiburg/Br. u. a.

Kranemann, B., 2011. Rituale in Diasporasituationen. Neue Formen kirchlichen Handelns in säkularer Gesellschaft. S. Böntert, Objektive Feier und subjektiver Glaube? Beiträge zum Verhältnis von Liturgie und Spiritualität. StPaLi 32. Regensburg, 253–273.

Kranemann, B., 2016. Die Feier der Lebenswende und andere neue religiöse Feiern. Rituelle Innovationen in der katholischen Kirche Ostdeutschlands. M. Domsgen/E. Handke, Lebensübergänge begleiten. Was sich von Religiösen Jugendfeiern lernen lässt. Leipzig, 74-89.

Kranemann, B., 2022. Aus Respekt vor den Menschen. Segensfeiern für gleichgeschlechtliche Paare. Gottesdienst 56, 49-52.

Kranemann, B., 2024. Segen – eine »Angelegenheit von 10 oder 15 Sekunden«? (https://www.uni-erfurt.de/katholisch-theologische-fakultaet/fakultaet/aktuelles/theologie-aktuell/irritierend-enttaeuschend-und-bei-weitem-nicht-genug-zwei-reaktionen-auf-fiducia-supplicans#jump (09.11.2024)).

Kranemann, B., 2024b. Klage, Trost und Hoffnung in Klanggestalt. Musik und Gesang in Trauerfeiern nach Großkatastrophen. M. Lüestraten/C. Schäfer/A. Zerfaß, Erkundungen zum Kirchenlied. Festschrift für Ansgar Franz. PiLi 17. Tübingen.

Kranemann, B./Stender, C., 2024. Grundlagen und Laboratorium für eine in die Zukunft weisende Liturgie. M. Dürnberger, Reduktion! Warum wir mehr Weniger brauchen. Im Auftrag des Direktoriums der Salzburger Hochschulwochen als Jahrbuch. Salzburger Hochschulwochen 23. Innsbruck/Wien, 95-100.

Kühn, L., 2020. Segnungen in der Krankenhausseelsorge. Liturgische Vielfalt im öffentlichen Raum. J. Knop/B. Kranemann, Segensfeiern in der offenen Kirche. Neue Gottesdienstformen in theologischer Reflexion. QD 305. Freiburg/Br. u. a., 132-148.

Laudage-Kleeberg, R., 2023. Obdachlos katholisch. Auf dem Weg zu einer Kirche, die wieder ein Zuhause ist. München.

Meßner, R., 1998. Was ist systematische Liturgiewissenschaft? Ein Entwurf in sieben Thesen. ALW 40, 257-274.

Meßner, M., 2022. Zum Begriff »Liturgie«. M. Klöckener/R. Meßner, Wissenschaft der Liturgie I. Begriff, Geschichte, Konzepte. GDK 1.1. Regensburg, 69-103.

Odenthal, A., 2020. Segnungsfeiern für Wiederverheiratet-Geschiedene. Zu Möglichkeiten ritueller Erfahrung in einem schwierigen Lebenskontext. J. Knop/B. Kranemann, Segensfeiern in der offenen Kirche. Neue Gottesdienstformen in theologischer Reflexion. QD 305. Freiburg/Br. u. a., 177-194.

Ordensfrauen für Menschenwürde, 2020. Fülle in der Leere: Was die Ostererfahrungen 2020 uns sagen. 22. Juni 2020 (https://www.feinschwarz.net/fuelle-in-der-leere-was-die-ostererfahrungen-2020-uns-sagen/ (07.01.2025)).

Ordensfrauen für Menschenwürde (Schreier, H./Thiel S.), 2021. Liturgisch-rituelles Handeln unter Pandemiebedingungen. Der Text »Fülle in der verordneten Leere« der Gruppe Ordensfrauen für Menschenwürde und seine Wirkungsgeschichte. LJ 71, 51-63.

Papst Franziskus 2023. Erklärung Fiducia supplicans über die pastorale Sinngebung von Segnungen. 18. Dezember 2023 (https://press.vatican.va/content/salastampa/it/bollettino/pubblico/2023/12/18/0901/01963.html#DE (09.11.2024)).

Piontek, B., 2005. Valentinstag in Erfurt. Ein Heiliger kehrt zurück in die Kirche. I. Mildenberger/W. Ratzmann, Liturgie mit offenen Türen. Gottesdienst auf der Schwelle zwischen Kirche und Gesellschaft. BLSp 13. Leipzig, 165-170.

Quirin, F.-J., 2024. 15 Sekunden oder »bis der Tod euch scheidet«? Anmerkungen zur Unterscheidung von pastoralem und liturgischem Segen in Fiducia supplicans. Ordenskorrespondenz 65, 58-63.

Röttger, S., 2022. Eine unerträgliche Weihe von Frauen? Zur Geschichte der Äbtissinnenweihe. MKHS NF 11. Stuttgart.

Schrott, S. A., 2014. Pascha-Mysterium. Zum liturgietheologischen Leitbegriff des Zweiten Vatikanischen Konzils. Theologie der Liturgie 6. Regensburg.

Sekretariat der Deutschen Bischofskonferenz, 2024. Katholische Kirche in Deutschland. Zahlen und Fakten 2023/24. Bonn.

Stockhoff, N., 2020. Ein neuer Anfang für die Kleinen. Segnungen zur Einschulung. J. Knop/B. Kranemann, Segensfeiern in der offenen Kirche. Neue Gottesdienstformen in theologischer Reflexion. QD 305. Freiburg/Br. u. a., 95-112.

Überdiözesaner Gesprächsprozess »Im Heute glauben«. 2011-2015 - Abschlussbericht. Bonn o. J. (https://www.dbk.de/fileadmin/redaktion/diverse_downloads/dossiers_2015/Abschlussbericht_Gespraechsprozess_2015.pdf (09.11.2024)).

Volgger, E., 2024. Ermutigung zum Segen. Die Erklärung Fiducia supplicans zur Segnung von Paaren in »irregulären« Beziehungen hat kontroverse Reaktionen hervorgerufen. Gottesdienst 58, 81-84.

Volgger, E./Wegscheider, F., 2020. Benediktion von gleichgeschlechtlichen Partnerschaften. Schriften der Katholischen Privat-Universität Linz 8. Regensburg.

Wahle, S., 2020. Segensfeiern am Lebensanfang. Die Segnung von Neugeborenen. J. Knop/B. Kranemann, Segensfeiern in der offenen Kirche. Neue Gottesdienstformen in theologischer Reflexion. QD 305. Freiburg/Br. u. a., 73-94.

Winter, S., 2020. Theologie und Praxis des Segens. J. Knop/B. Kranemann, Segensfeiern in der offenen Kirche. Neue Gottesdienstformen in theologischer Reflexion. QD 305. Freiburg/Br. u. a., 37-55.

Winter, S., 2024. Sakramententheologische Fragen zur Äbtissinenweihe. Zu einer kirchenhistorischen Studie von Sarah Röttger. LJ 74, 36-41.

Zentralkomitee der deutschen Katholiken. 2019. Segen schenken. Segensfeiern für gleichgeschlechtliche Paare. Bonn.

Zerfaß, A., 2021. Hast du nicht andern Segen? Liturgietheologische Präliminarien zu Segenshandlungen in der Spannung zwischen gesellschaftlicher Erwartung und traditioneller Sakramententheologie. J. Bärsch/S. Kopp/C. Rentsch, Ecclesia de Liturgia. Zur Bedeutung des Gottesdienstes für Kirche und Gesellschaft. Festschrift für Winfried Haunerland. Regensburg, 415-426.

https://www.bistum-magdeburg.de/das-waren-die-lebenswendefeiern-2023 (07.01.2025).
https://www.liebegewinnt.de/gottesdienste/ (07.01.2025).

Singing for God's Blessing

Faith Embodied, Existence Shared, Hope Sounded

Elsabé Kloppers

Abstract

Two songs from different continents and contexts functioning as prayers for God's blessing, are discussed. The songs are performed communally in formal worship and in informal religious rituals. Through body and voice the sacramental, performative function of singing is activated, a symbolic sense of community created, faith shared existentially, and blessings experienced concretely. Hope is communicated, also to those watching, listening, and participating through digital media. This chapter is the expanded second part of a paper held with Benedikt Kranemann,[1] who concentrates on traditional and new forms of blessing, whereas the focus in this chapter is primarily on singing for God's blessing in the political and cultural public sphere.

Zusammenfassung

Zwei Lieder aus unterschiedlichen Kontinenten und Kontexten, die als Gebete um Gottes Segen fungieren, werden vorliegend besprochen. Die Lieder werden sowohl in formellen Gottesdiensten als auch bei informellen religiösen Ritualen gemeinschaftlich gesungen. Durch Körper und Stimme wird die sakramentale, performative Funktion des Singens aktiviert, Gemeinschaft symbolisch geschaffen, Glaube existentiell geteilt und Segen konkret erlebt. Hoffnung wird vermittelt, auch denjenigen, die über digitale Medien zuschauen, zuhören und teilnehmen. Dieses Kapitel ist der erweiterte zweite Teil eines Vortrags mit Benedikt Kranemann.[2] Während er sich auf traditionelle und neue Segensformen konzentriert, steht hier das Singen um Segen in verschiedenen politischen und kulturellen Kontexten der Öffentlichkeit im Vordergrund.

---

[1] See Kranemann in this volume.
[2] Siehe Kranemanns Beitrag in diesem Buch.

1. Introduction: Formal or informal acts of worship and rituals of faith

In Christian worship, space is created where people can meet God and one another, share their faith, their existence, their vulnerability, their hurt and hopelessness, but also their trust in God and one another: »To share one's faith is to share one's existence« [»Glaubensmitteilung ist Existenzmitteilung«].[3] Celebrated in the liturgical, public space of church buildings, Christian worship is lived and performed through actions, rituals, forms, elements, symbols, texts, body language, clothing, signs, sacral objects, presentations, interpretations, and offerings that have (among others) homiletical, kerygmatic, communal, pastoral, diaconal, formative, social, and political functions. Music and singing can deepen all these dimensions and bring them to life.[4]

Official and formal forms of worship and rituals are also performed in the wider cultural and political public sphere – usually meant for a diversity of people in a multi-religious and pluralist society to participate collectively in various ways, giving meaning in contexts of public trauma and loss. Kranemann refers to living forms of diaconia,[5] enacted by churches or chaplains and offered to Christians, people of other faiths, and those without religious attachments. These forms of worship communicate a message of hope for all people, whether they accept the message as hope connected to the Christian faith with the content of the Christian faith, or as a diaconal gesture: as hope offered by people adhering to the Christian faith. In these services, music and singing are essential to communicate across social origin and boundaries, providing a symbolic sense of community by expressing grief and mourning in a balanced act of worship, binding people together and providing hope.[6]

Apart from official and formal acts of worship, informal rituals of faith are performed spontaneously in the political and cultural public sphere, shared with people watching and hearing through digital media. What purposes do these rituals fulfill? What could they accomplish? On which levels do they communicate? What influence could they have when shared across the globe in other contexts? What methods and resources could be used to reflect on these rituals? What is the role of singing and music in these rituals of lived faith? Could these rituals show the ongoing influence of worship in the general public and socio-political sphere? Could they prove that a liturgical and hymnic memory is alive, also in a cultural environment often described as »secular«? These are questions addressed in this paper.

---

[3] Schleiermacher 1850: 71.
[4] See Kloppers 2017; 2015; 2000.
[5] See Kranemann 2018.
[6] See Kranemann 2024: 320.

2. The blessing: A performative act, a fragment of eschatological redemption

The blessing is embedded in the communication context of an encounter with God. Being a powerful encouragement, it can be seen as the origin and goal of all liturgical activity – the sacramental becoming real of the goodness of God and the love of God. It thus is the revelation of truth and sacredness to which God called God's creation from the beginning.[7] In the Old Testament, the blessing is seen as an event in which *a fragment* of eschatological redemption or healing is experienced.[8]

Carrying a communal hope for healing and protection amid the vulnerability and brokenness of all beings, the blessing or benediction is experienced as one of the strongest diaconal acts in worship and other rituals of faith. No conditions are set for receiving God's blessing, and receiving it does not force anyone to do something. »The blessing is probably the most dense part of the Christian-Jewish expression of faith, because it dramatizes what grace is« [»Vielleicht ist der Segen die dichteste Stelle der christlich-jüdischen Glaubensäußerung, weil dort dramatisiert wird, was Gnade ist«].[9] One can receive it and experience its resonance – the reason why many people accept the benediction, or ask for it, even if they do not have much contact with Christianity or the church.[10] People can pray for God's benediction and bless others, but they cannot activate the power of a blessing – only God brings the power of the blessing to life.[11] Extending a blessing to someone or something does not mean God can be manipulated – the boundaries of God's sovereignty are preserved.[12]

Two songs functioning as prayers for God's blessing that have been moving seamlessly between the sphere of public worship, and that of the wider socio-political and cultural public sphere, are now discussed. These songs are prayers for God's help, carried by trust in God's power, and thanksgiving for God's gifts. Depending on the context and circumstances, they are about God's protection, safeguard, and providence; about strength, healing, grace, communion, hope; personal and social transformation, renewal, political change, justice, and peace – issues related to the existence and well-being of people and groups.

---

[7] See Ebenbauer 2019.
[8] See Leuenberger 2015: 68.
[9] Steffensky 1993: 4.
[10] See Wagner-Rau 2020: 65.
[11] See Hieke 2020: 23, 35.
[12] See Schwier 2019: 405.

3. A prayer for God's blessing: »Komm, Herr, segne uns«

3.1 »Komm, Herr, segne uns« in the Prayers for Peace 1989

> Komm, Herr, segne uns, dass wir uns nicht trennen,
> sondern überall uns zu dir bekennen.
> Nie sind wir allein, stets sind wir die Deinen.
> Lachen oder Weinen wird gesegnet sein.[13]

> Bless, and keep us, God, in your love united,
> from your family never separated.
> You make all things new as we follow after;
> whether tears or laughter, we belong to you.[14]

»Komm, Herr, segne uns«, is a song in three stanzas, with the first stanza repeated after the third. It starts with a request for God's blessing, so people are not separated from God, God's family, one's own family and friends, or even separated from oneself in dire circumstances. Despite critique of the text, described as incoherent, ambiguous, etc., it was translated into many languages and became a key element of the prayers for peace [Friedensgebete/Montagsgebete], held Mondays at five in St. Nicholas, Leipzig (GDR) during the late 1980s.[15] (Prayers for peace were held in other cities,[16] but those in Leipzig were the most prominent.)

In the song God is requested to bless those who sing (»us«) and to extend God's blessing to others, because of God's abundant blessings. In the context of the East-West divide, where a wall had separated friends and families for years, the people certainly heard the layered meaning of »that we don't get separated«. The second stanza is about the fair sharing of gifts received through God's blessing – it means a strong diaconal dimension. Hieke emphasizes that God's blessing precedes human action. It enables and motivates people to act in solidarity with those in need, and to behave ethically overall. This in turn brings about rich blessings.[17] Peace as a continuing process, to which the individual singer can and should contribute, is the focus of the third stanza. The universal influence of the blessing is emphasized: God's blessing, that of the group, as well as the individual's blessing to others.

---

[13] Textwriter: Dieter Trautwein 1928–2002 (Date of text 1978).
[14] Translator: Fred Kaan 1929–2009, see 1999: 115.
[15] See Stalmann 2013: 9f.
[16] See Roscher 2019: 17f. and Brödel 2019: 61.
[17] See Hieke 2020: 26f.

The contemplative tune reflecting the essence of the text contributed to its popularity. Sung in the Church of St. Nicholas [Nikolaikirche], it was meant to foster spiritual community among the people present. It also drew strangers into the singing and transforming them (it is said that even members of the secret police [Stasi] were heard humming this song). The song, flowing from the liturgical-political sphere to the public-political sphere, played a diaconal role in empowering people, giving them hope, and making them experience God's blessing. It contributed to a changed social consciousness and may have contributed to the so-called peaceful revolution of 1989. In a joint declaration on the Day of German Unity [Tag der Deutschen Einheit] 2024, the four large churches in Baden-Württemberg reminded the people of the power of the peaceful revolution and the powers that kept and still keep the community together, namely openness, discussions, listening to one another, and the willingness to compromise. They emphasised that they still trust in the power that comes from small things – a strong theological statement.[18]

3.2 »Komm, Herr, segne uns« – sung against being separated 2020

Witness to a more recent part of the *Wirkungsgeschichte* of the song, »Komm Herr, segne uns«, came from within the liturgical space of the university service held in the *Neustädter Kirche* in Erlangen on May 17, 2020. It was sung as the closing hymn in the first service with a full congregation after the lockdown of the COVID-19 pandemic and was the only song sung by the full congregation after months of no communal singing. It touched people deeply.[19] It received diaconal and pastoral meaning for people singing and being together for the first time after an extended period of *being separated from one another*. The communal singing was the bodily expression of their prayers – it comforted them, strengthened their faith, and created the experience of being in the community of the holy, with God and with other people, believers, non-believers, or half-believers: »dass wir uns nicht trennen« – that we don't get separated. People who were about to leave the communion of the faithful experienced in the service, were asking for God's blessing when going out, entering the outside world with its ongoing dangers. Through singing they reminded themselves and the others to share God's blessing in ongoing worship and faith lived during the week. God gives generously, we thus don't need to save on giving – blessings can flourish where we share everything: »Weil du reichlich gibst, müssen wir nicht sparen. Segen kann gedeihn, wo wir alles teilen.«[20]

---

[18] EKIBA, 3 October 2024.
[19] See Klek 2020.
[20] In stanza 2 of »Komm Herr, segne uns«.

4. A sung prayer for God's blessing: »Nkosi Sikelel' iAfrika«

4.1 A symbol of political protest
»Nkosi Sikelel' iAfrika« [»God, bless Africa«], a hymn written in Xhosa by Enoch Sontonga (1873-1905) was meant to be sung in public worship and at school. Sung as a hymn in worship, it was a non-threatening prayer for God's blessing, but performed in the general public sphere during the years of the struggle, it became a prominent symbol of political protest.[21] Through singing, people asked for God's blessing – and freedom from an oppressive system. Ladysmith Black Mambazo's performance in Montreux, Switzerland 1989, touched the audience deeply. Just before the last song, Joseph Shabalala announced: »We'd like to pray with you now« and started singing »Nkosi Sikelel' iAfrika«. The rest of the group joined in.[22] Prayed and sung in the public space of the concert hall, the hymn worked ritually as a diaconal gesture offering hope to people, including those indifferent to the Christian faith. The authenticity of the singing convinced the listeners of the inhumanity of the system of apartheid, generating a strong political impact.[23]

4.2 Piercing the darkness, breaking the silence
In many countries during the lockdown of the COVID-19 pandemic, people sang hymns and other songs from their windows and balconies. Videos of these events were shared with people across the globe. In Cape Town, people sang »Nkosi Sikelel' iAfrika« at eight, with the sound entering the darkness outside. Voicing and experiencing their faith communally, the singing was also a diaconal gesture to foster resilience and bring hope. The bodily participation in a ritual act of communal singing in public, shared digitally with thousands of people praying for God's blessing and protection over Africa and her people, brought homes and people together, uniting people over divides of faith, status, and demographics. Carrying a strong message of comfort and healing, it confirmed that texts, music, and other forms of art could mirror something of the beauty and the truth of God amid the anguish of a difficult situation. The autonomous effect of beauty created a space for the resonance of the sacred, a sense of the infinite, opening possibilities for seeing new horizons.

---

[21] See Coplan/Jules-Rosette 2008: 185–208.
[22] Ladysmith Black Mambazo 1989. Nkosi Sikelel' iAfrika. *YouTube*, https://www.youtube.com/watch?v=288r0Mo1bFw (14.02.2025).
[23] See Coplan 2020.

4.3 »Nkosi Sikelel' iAfrika« at the World Cup Rugby match – October 2023

At international sports events, national anthems are sounded, played, and sung by individuals, bands, choirs, or spectators who participate in singing, listening, watching, and hearing. These national anthems open up intense emotions of patriotism and nationalism linked to the energies of religion. Kurzke argues that national anthems are secularized hymns,[24] which means that energies of religion are not lost, but meanings are attached that move constantly between the secular and the sacred. They are changing and adapting, and functioning in diverse ways according to power relations, fluctuating interests, and contexts. Religion should not be seen as the original, with secular processes developing only later. It is rather about relations of power and focus regarding religious and secular presentations, offerings, and performances that are constantly changing, with one or the other more prominent at different times, depending on the context. The processes of secularization cause ongoing, fragmentary changes in the energies of religion – secularization can not cause religion to disappear. »The secularization of something spiritual, is always also the spiritualization of something secular« [»Die Verweltlichung eines Geistlichen ist immer auch die Vergeistlichung eines Weltlichen«].[25]

From a postcolonial, sociological view of religion, it can be accepted that in Africa there are no strict divisions between sacred space and secular or political space. In the years of struggle in South Africa, hymns, songs, and choruses received (and still receive) meaning according to the context (religious or political) in which they were (and are) performed. Songs with political meaning could function in worship – and similarly, songs with spiritual meaning sung outside worship could be given political meaning and add a dimension of sacredness to the political context.[26] By blending Christian hymnody and isiZulu male polyphonic vocal traditions, and performing these hymns in the public sphere with Ladysmith Black Mambazo, Joseph Shabalala africanised the Christianity he practised.[27]

»Nkosi Sikelel' iAfrika« is a song with a religious dimension that has been moving seamlessly between contexts and borders of observed and experienced space, because of its textual content of a prayer, its political and cultural history, its *Wirkungsgeschichte* and many other reasons. The hymn was reworked with parts of the »Call of South Africa« added to it – thus textually and musically forming a hybrid. The patriotic sentiment added explicitly to the Christian or religious dimension, meant a move towards the secular.[28] Representing the five most common languages of the twelve official languages of South Africa – Xho-

---

[24] See Kurzke 2010.
[25] Kurzke 2010: 51.
[26] See Tutu 2000.
[27] See Coplan 2020.
[28] See Kurzke 2010: 53.

sa, Zulu, Sesotho, Afrikaans and English, the reworked version was accepted as the National Anthem of South Africa and became a symbol of national unity. Watching the videos and seeing how »Nkosi« is sung at international sports activities, one can accept that many people are conscious of the religious layers in the anthem – even if patriotic sentiments cannot be denied. The British musicologist, Nicholas Cook, interpreted the singing of the national anthem of South Africa within its context, arguing that it receives meaning through the act of performance:

> ›Nkosi Sikelel' iAfrika‹ has a meaning that emerges from the act of performing it. Like all choral performance, from singing a hymn to chanting at a football match, it involves communal participation and interaction. Everybody has to listen to everyone else and move forward together. It doesn't just symbolize unity, it enacts it. ... Through its block-like harmonic construction and regular phrasing, ›Nkosi Sikelel' iAfrika‹ creates a sense of stability and mutual dependence, with no one vocal part predominating over the others. ... [I]t lies audibly at the interface between European traditions of ›common-practice‹ harmony and African traditions of communal singing, which gives it an inclusive quality entirely appropriate to the aspirations of the new South Africa. ... Enlisting music's ability to shape personal identity, ›Nkosi Sikelel' iAfrika‹ actively contributes to the construction of the community that is the new South Africa. In this sense, singing it is a political act.[29]

Performed at the World Cup Rugby final played at the Stade de France in Saint-Denis, France, on 28 October 2023, »Nkosi« was not any national anthem being sung – it was the team and thousands of South Africans in the stadium and those spread across the globe, sincerely singing and asking for God's blessing over Africa, and more specifically over South Africa. It was not about asking only for winning the match and the World Cup, thus misusing the Christian religion for worldly aims. Patriotism was involved, but not religious nationalism, as was experienced in South Africa during the years of apartheid, when black people and people of color were not allowed to be part of international teams of sport. The situation in South Africa has changed since then. People from all walks of life, demographics, and histories are part of sports teams and work together. A black person now leads the (historically white) Springbok rugby team that comprises a wide cross-section of South African society. The country is plagued, however, by poverty, crime, corruption, fear, and divisions on many levels. The diversity of people and cultures in South Africa remains a challenge.

In this situation, it is not a country of unity, showing a nationalistic front threatening other countries and nations, but a complex context with many nations that constantly have to work and pray for reconciliation, justice, and unity. The communal singing at such an important sports event became an inclusive ritual of faith with possibilities for bringing people together and uniting them,

---

[29] Cook 2000: 79f.

so they would *not be separated* from one another anymore. Many of the players are outspoken adherents of the Christian faith. Recognizing the Giver of their gifts, they make it clear that they honor God also through their sport. Uniting people in South Africa and bringing a sense of community and hope is an outspoken aim – for many, community and hope that are connected to the Christian message of love and trust. Singing the National Anthem as a prayer for God's blessing meant that they (Christians, in unity with people of other faiths) were presenting an open *diaconal offer* to people to be united with each other, and, for those adhering to the Christian faith, be united in Christ.

Hieke argues that the concept of the blessing is only meaningful to people who are conscious of the idea that they owe their life and strength to a benevolent authority [wohlwollende Instanz] beyond themselves.[30] By trusting and believing in the power of the anthem, in the prayer for God's benediction, protection, and peace, people could be united through God's blessing, and experience hope.

Singing and praying for God's blessing could stimulate associations with personal memories and with the cultural memory of Christian religious practices of blessing in contexts in which these cultural actions are understood. Wagner-Rau argues that a connectedness of meaning [Sinnzusammenhang], that previously was relevant for the majority of people, was dissolved in favor of endless processes of searching for meaning, in an »often playful identification with different« interpretations and spiritual practices« [»oft spielerischen Identifizierung mit unterschiedlichen Deutungsangeboten und spirituellen Praxisformen«].[31] From the viewpoint of a practical-ritual theory, she emphasizes that understanding a ritual is linked to the social context in which it happens.[32] This specific event of ritual singing in sport can be seen as a dedicated liturgical or ritual moment within a surrounding playful context – a fragment of lived faith, with the presence of various religious elements, themes, and sentiments, that can be listed as follows:

- a text sung that carries a prayer, with words expressing faith, dependence, and a relationship with God;
- a melody sounded that has the elements of a traditional hymn, thus associated with a context of faith or religion;
- the sincerity of gestures and the players' body language of prayer, carrying the singing and showing reverence to an authority beyond themselves;
- the biographies of many of the players, present in the minds of their supporters;
- the body language of the spectators, showing that they honor the song as a prayer;

---

[30] See Hieke 2020: 15.
[31] Wagner-Rau 2020: 64.
[32] See ibid. For preaching and hearing sermons according to context, see also Lienhard in this volume.

– the sense of community, identity and belonging that is created and re-created by the singing, opening up a dimension of *diaconia*.

Those who sang with others could hear the sound of the voices and the music, feel the resonance in their bodies and the surrounding space, experience the physical and shared presence, observe the sung words, follow the meaning, see the others singing, follow their movements, breathing, and emotions, and experience an encompassing feeling of being part of a community – for many, also a community of faith.

Sharing the faith is not about providing information on the content of faith, it is the sharing of a personal religious feeling, a feeling of dependence, an inner relation of trust in God – sharing the faith is sharing one's existence.[33] Singing, as faith *sounded*, faith *embodied*[34] is indeed about sharing one's existence. The people (spectators/audience/participants) listening and participating bodily in the singing, experienced the authenticity of the players singing »Nkosi« – and heard the resonance of their hope and faith. Hearing the resonance of their (own) singing, breathing, and feeling the effect in their bodies,[35] the spectators also shared their existence. It changed their perspectives. Many could see a different world, a world of transcendence, a world where God is at work, where God is *performing*, thus experiencing a sense of faith presented by the diaconal gesture of ritual singing that opened up a proleptic, imagined, hoped-for reality.

Hans Joas[36] refers to the concept of sacramental experiences as experiences that stand out because of the dimension of being touched [Dimension des Ergriffenseins] and argues that something must be at work when individuals or collectives are ripped out beyond the previously stabilized boundaries of their self. The power of these sacramental experiences goes beyond everyday experiences and releases a potential for hope that opens possibilities for the communal sharing of life worlds.

The ritual of singing on the world stage or stadium, also at a sports event, can have a performative function making God present, symbolizing God's blessing, giving life. In the video, the team and their black captain, Siya Kolisi, can be seen singing and praying »Nkosi«, God, bless Africa – doing it together with South Africans over the globe.[37] In the section in the English language a clear

---

[33] See Schleiermacher 1850: 71.
[34] See Reich 1997 as a whole.
[35] See Reich 2004: 364.
[36] See Joas 2017: 432ff.
[37] https://www.youtube.com/watch?app=desktop&v=-0YyxReol5E (14.02.2025).
A short selection of comments reflecting aspects of lived faith posted on the web at this video and a few others where »Nkosi« is sung:
– This Anthem is a serious prayer and most people are taking it serious. It's helping a lot. You always see Siya Kolisi praying.
– We praise God. It looks like South Africans go to these matches just to sing along the

intention is stated: »... and united we shall stand.« The link between the prayer in the opening line and the »secular part« added later to the hymn, becomes clear. In this situation, asking for God's blessing can be interpreted as an action resonating with the Biblical story of Jacob, asking to be blessed when struggling at Pniel with an unknown power, with God – and receiving a blessing. The blessing bestowed upon him became visible in Esau's willingness to forgive him for the wounds and pain he caused, and that Esau wanted to be united with his brother after *being separated* from him for many years (Gen 32 and 33). There is a clear correspondence with the situation in South Africa, where people, also brothers and sisters in faith, were separated from one another for decades, and where the danger of separation remains. In this situation, the ritual singing connected to the Christian faith functioned as a diaconal offering in public, as a moment of beauty, a performative act bringing about God's blessing, by uniting people from various backgrounds, cultures, contexts, languages, life situations, and histories – even if only for a moment in time. It opened up new horizons for understanding others in their relation or non-relation to the transcendent.

The memory of a small *sacramental moment* of communal singing could live on, have a lasting effect, and become a memory giving life and sustaining people. Through bodily participation and perceiving each other, listening to each other, opening up for one another and themselves, seeing and touching each other, offering God's grace, and embodying God's presence and protection through their singing, the people who experienced this event could work for personal and social transformation, political change, justice, healing, peace, and hope.

5. Reflecting and interpreting

This chapter is the expanded second part of a lecture held with Benedikt Kranemann.[38] With the focus primarily (but not only) on the open and extended public space of the Catholic liturgy, he pleads for broader, more inclusive theological views on the liturgy and what constitutes worship. He also pleads for a changed anthropology, saying that liturgy that breaks down boundaries and opens up beyond the church, deals with and engages with people differently. Connecting

---

Anthem and hope of winning. And they get both. Now the world watch us singing our anthem with passion – all races.
- Goosebumps each time, especially by »Morena boloka setjhaba sa hesu« (Lord, please heal and fix our country). [Correct translation: Lord, save the people of Jesus].
- All Praise, Thanks and Glory be to God the Holy Trinity.
- It brings so much hope in our country which is South Africa when we listen to different races singing National Anthem in different languages. It is the symbol of unification.
- May God bless you.
- God is great halleluyah bokke win.

[38] See Kranemann in this volume.

to his thought, my focus is primarily (but not only) on the ritual of singing religious songs in the wider public sphere – at the same time, singing flowing from the official space of Christian worship, in rituals influenced by diverse forms of liturgy, and carried and offered to the outside world in acts of *diaconia*.

I did bracket my theological and liturgical principles[39] (as Kranemann recommends), focussing on the rituals themselves. I observed how rituals of singing with a spiritual dimension are performed in the public sphere, interpreted them hermeneutically, and searched for similarities linking various contexts. I observed these rituals through visual and other digital sources. I studied comments accompanying these videos, and interpreted the body language of people. I also examined the literature on historical and recent events. Observing, analyzing, and interpreting the material hermeneutically, it became clear that people express and articulate their lived faith through a variety of spontaneous ritualized actions, such as praying and singing, accompanied by bodily movements and body language that mirror the liturgy known from the church, but carried further beyond the church and its liturgy. These ritualized actions became moments of authenticity that influenced and transformed people, uniting them – *so they would not be separated.* A broader, more inclusive experience of community came about that could also point to being part of the community of the faithful.[40] I observed how the diaconal aspect of these ritual actions in public promoted a sense of being blessed and being reconciled with one another.

The various situations discussed from a postcolonial, diaconal perspective of lived faith prove that things could happen beyond expectation – the power that comes from small things.[41] In an inclusive theology of freedom, where the fragments of life, faith, and limits of knowledge are honored, the space is opened for people to express and live their faith in small moments and fragments that are meaningful to them. The fragments of faith that remain in the church building and the general public sphere, the moments of vulnerability and beauty, are the fragments that transform moments of the ordinary into sacramental moments that sustain and keep people in times of uncertainty.[42] Singing and praying for God's blessing is an aesthetic action that makes things happen concretely – a performative action activating the power of God's blessing in the presence. Moments of ritual singing create a complex phenomenon of the *resonance of the holy, embodying* God's presence, becoming a sacramental moment transcending the sphere of reason.

To be the friends and colleagues of Helmut Schwier, is an honor. By hearing, listening, interpreting, opening up space for others, offering *diaconia*, presenting hope and activating change, he has been communicating Christ through a

---

[39] My theological and liturgical principles are Dutch Reformed in Africa, yet ecumenically influenced by Reformed, Lutheran and Catholic scholars in Europe.
[40] See Krebs in this volume.
[41] EKIBA 2024, see reference 18 for context.
[42] See Kloppers 2020.

living theology that opens up a glimpse of a world yet to come. We (Benedikt Kranemann and I) ended our presentation in the *public sphere* of the conference with a blessing, thus making the theme of our presentation becoming something real, an action with performative power, an action through which God could work concretely. Together with the people present, we wished Helmut Schwier the beauty of God's creation – and that he hopefully will have more time to enjoy it. We wish him that earth and heaven may bloom for him, that joy may be more than pain, that there will be time for miracles, for wonders, and that he may have peace for soul and body:

> *Dass Erde und Himmel Dir blühen,*
> *dass Freude sei grösser als Mühen,*
> *dass Zeit auch für Wunder, für Wunder dir bleib'*
> *und Frieden für Seele und Leib.*[43]

Bibliography

Brödel, C., 2019. Kirchenlied in der DDR. Macht und Ohnmacht. Kirchenlied und Politik. LK 3-2019, 61–68.

Cook, N., 2000. Music. A Very Short Introduction. Oxford.

Coplan, D./Jules-Rosette, B., 2008. ›Nkosi Sikelel' iAfrika‹. Stories of an African Anthem. G. Baines/I. Byerly/C. Cockburn/D. Coplan, Composing Apartheid. Music for and against Apartheid. New York, 185–208.

Coplan, D., 2020. Dance Softly and Carry a Big Voice. Understanding Joseph Shabalala. The Conversation. 18 February, 2020, https://theconversation.com/dance-softly-and-carry-a-big-voice-understanding-joseph-shabalala-131939 (13.02.2025).

Ebenbauer, P., 2019. Im Zuspruch der Güte und Wahrheit. Der Segen als Ursprung und Ziel aller Liturgie, An Gottes Segen ist alles gelegen. Den Segen als Grundvollzug christlicher Liturgie entdecken. Dokumentation des 40. Symposions der Liturgischen Kommission für Österreich. HlD 1/2019, 31–41.

EKIBA Meldungen 2024. https://www.ekiba.de/meldungen/detail/nachricht/id/57093-gemeinsames-wort-der-kirchen-zum-3-oktober/?cb-id=176067&fbclid=IwY2xjawFsmIBleHRuA2FlbQIxMQABHahAxVUz-EcYdp3oypgI6wR-BnxWYAjSB0VixP45oJxO6EFT6ywLD0v3eCg_aem_gWbWH7ftut5DnSqpeVD7pw (04.10.2024).

---

[43] Text by Kurt Rose 1990.

Hieke, T., 2020. Segen. Kraftvermittlung und Eintritt in den Heilsraum Gottes. Zehn Thesen zu Segen/Segnen in der christlichen Bibel. J. Knop/B. Kranemann, Segensfeiern in der offenen Kirche. Neue Gottesdienstformen in theologischer Reflexion. QD 305. Freiburg/Basel/Wien,15–36.

Joas, H., 2017. Die Macht des Heiligen. Eine Alternative zur Geschichte von der Entzauberung. Berlin.

Kaan, F., 1999. The Only Earth We Know. London.

Klek, K., 2020. E-mail to author. 19 May, 2020.

Kloppers, E., 2020. Fragments of the Sacred. Sacramentally Sustained in Times of Uncertainty. Acta Theol. 20(2), 96–115, http://dx.doi.org/10.18820/23099089/actat.v40i2.06 (12.04.2025).

Kloppers, E., 2017. Klinkende ruimte. Reformasie deur die Kerklied. HTS 73(1), https://doi.org/10.4102/hts.v73i1.4561 (12.04.2025).

Kloppers, E., 2015. »Elkaar zijn wij gegeven« ... Die rol van sang in die vorming en opbou van die geloofsgemeenskap. HTS 71(3), https://doi.org/10.4102/hts.v71i3.3036 (12.04.2025).

Kloppers, E., 2000. Ubi caritas et amor deus ibi est. Die Pastorale Funksie van die Kerklied. PTSA 15(2), 99–111.

Knop, J./Kranemann, B., 2020. Segensfeiern in der offenen Kirche. Neue Gottesdienstformen in theologischer Reflexion. QD 305. Freiburg/Basel/Wien.

Kranemann, B., 2024. Klage, Trost und Hoffnung in Klanggestalt. Musik und Gesang in Trauerfeiern nach Großkatastrophen. M. Lüestraten/C. Schäfer/A. Zerfaß, Erkundungen zum Kirchenlied. Festschrift für Ansgar Franz. PiLi 17. Tübingen, 305–320.

Kranemann, B., 2018. In tiefer Not. Öffentliche Trauerfeiern, die Liturgie und die plurale Gesellschaft, https://www.uni-erfurt.de/en/katholisch-theologische-fakultaet/fakultaet/aktuelles/theologie-aktuell/in-tiefer-not-oeffentliche-trauerfeiern-die-liturgie-und-die-plurale-gesellschaft (26.10.2024).

Kurzke, H., 2010. Nationalhymnen sind säkularisierte Kirchenlieder. Ibid., Kirchenlied und Kultur. Tübingen, 50–67.

Leuenberger, M., 2015. Segen im Alten Testament. Ibid., Segen. ThTh 10. Tübingen, 49–75.

Meßner, R., 2022. Zum Begriff »Liturgie«. M. Klöckener/R. Meßner, Wissenschaft der Liturgie Band I. Begriff, Geschichte, Konzepte. GdK 1.1. Regensburg, 69–103.

Reich, C., 2004. Singen heute. Vermischte Bemerkungen zu einem komplexen Phänomen. I. Mildenberger/W. Ratzmann, Klage – Lob – Verkündigung. Gottesdienstliche Musik in einer pluralen Kultur. BLSp 11. Leipzig, 159–172.

Reich, C., 1997. Evangelium: klingendes Wort. Zur theologischen Bedeutung des Singens. Stuttgart.

Roscher, T., 2019. Liturgie – ein offenes Haus? Die Plauener Friedensgebete von 1989 und 1990. Leipzig.

Schleiermacher, F., 1850. Die Praktische Theologie nach den Grundsätzen der evangelischen Kirche im Zusammenhang dargestellt. J. Frerichs, Friedrich Schleiermachers sämtliche Werke 1, 1. Abt, Bd 13. Berlin.

Schwier, H., 2019. Sind evangelische Realbenediktionen möglich? Ibid., Gottes Menschenfreundlichkeit und das Fest des Lebens. Beiträge zur liturgischen und homiletischen Kommunikation des Evangeliums. Leipzig, 391-407.

Stalmann, J., 2013. 170. Komm, Herr, segne uns. W. Herbst/I. Seibt, Liederkunde zum Evangelischen Gesangbuch. Teil 18. Göttingen, 9-13.

Steffensky, F., 1993. Segnen. Gedanken zu einer Geste. PTh 82, 2-11.

Tutu, D., 2000. South African Freedom Songs. CD 1. CD booklet. Mayibuye Centre University of the Western Cape.

Wagner-Rau, U., 2020. Segen – ein offener Raum. Ritualtheoretische Überlegungen. J. Knop/ B. Kranemann, Segensfeiern in der offenen Kirche. Neue Gottesdienstformen in theologischer Reflexion. QD 305. Freiburg/Basel/ Wien, 56-69.

Videos in chronological order

Ladysmith Black Mambazo 1989. Nkosi Sikelel' iAfrika, https://www.youtube.com/watch?v=288r0Mo1bFw (18.04.2024).

World Rugby. 2023. FINAL Powerful South African national anthem, https://www.youtube.com/watch?v=-0YyxReol5E (18.04.2024).

South Africa brings the PASSION to Rugby World Cup 2023, https://www.youtube.com/watch?v=AjEE9s3GwfE (18.04.2024).

The Springboks perform a powerful rendition of the South African national anthem ahead of clash against Tonga at Rugby World Cup 2023, https://www.youtube.com/watch?v=XM2Dwp0cDv0 (18.04.2024).

Ein Friedensplädoyer aus den Schlesischen Kriegen

Johann Sebastian Bachs Gloria BWV 191

Stefan Menzel

Zusammenfassung

Helmut Schwiers Wirken in der Heidelberger Peterskirche hatte zahlreiche musikalische Facetten, zu denen u. a. Konzerte und Kantatengottesdienste zählten. Seiner Liebe für die Musik Johann Sebastian Bachs ist es zu verdanken, dass auch der Klang zahlreicher Werke des Leipziger Thomaskantors den Heidelberger Kirchenraum erfüllten. Und in der Tat: Auch im Leipzig der Bachzeit wurde Christus in Wort und Ton gepredigt, so etwa zu mehreren akademischen Festakten in der Paulinerkirche. In diesem Rahmen wurde auch Bachs *Gloria* BWV 191 erstmals aufgeführt, mit der am 23. Juni 2024 das Abschiedssymposium für Helmut Schwier beschlossen wurde. Vorliegender Beitrag erhellt die Hintergründe der Leipziger Uraufführung und versucht aufzuzeigen, warum Wort und Ton dieses Schwesterwerks der h-Moll-Messe auch heute noch zu uns sprechen.

Abstract

Helmut Schwier's commitment to St Peter's in Heidelberg had many musical facets, including concerts and cantata services. A Bach enthusiast he also made sure that the walls of St. Peter's regularly echoed with the sound of music written by Leipzig's most famous cantor. And indeed, Christ was preached in word and sound in Leipzig as well, for instance on the occasion of several academic ceremonies. Here Bach's Gloria BWV 191 was performed for the first time; it also concluded the farewell symposium for Helmut Schwier on June 23rd 2024. This paper sheds light on the background and circumstances of the Gloria's first performance in Leipzig and attempts to show why its words and sounds still resonate with us today.

1. Einleitung: Mit Pauken und Trompeten?

Seit 2015 ist die h-Moll-Messe, mit der das Gloria BWV 191 in enger Verwandtschaft steht, Teil des Weltdokumentenerbes in Deutschland.[1] D. h. unsere Gesellschaft schreibt diesem Schaffenskomplex Bachs einen Wert zu, der auf einer Stufe mit dem Nibelungenlied, der Goldenen Bulle, der Gutenberg-Bibel oder Goethes literarischem Nachlass steht. Doch trotz der enormen Wertschätzung, die wir dieser Musik entgegenbringen, wirft sie nicht unbeträchtliche Verständnisschwierigkeiten auf (siehe Notenbeispiel 1).

Notenbeispiel 1: J. S. Bach, Gloria BWV 191, 1. Satz, T. 1–6[2]

---

[1] Unesco. Weltdokumentenerbe in Deutschland, https://www.unesco.de/kultur-und-natur/weltdokumentenerbe/weltdokumentenerbe-deutschland (17.09.2024).
[2] Vgl. Dürr 1957: 173.

Der erste Höreindruck von BWV 191 ist nicht zwingend der eines geistlichen Vokalwerks oder einer Kantate, als die das Stück in der Neuen Bachausgabe kategorisiert wurde. Über dem Generalbass konzertieren Gruppen von Trompeten, Flöten und Streichern, eine Besetzung wie sie Bach auch in den Brandenburgischen Konzerten verwendet. Aufmerksame Hörer:innen werden jedoch feststellen, dass auch der konzertante Klangeindruck keinesfalls kohärent ist, denn diesen relativiert die Kombination von Pauken und Trompeten. Im musikalischen Alltag des 18. Jahrhunderts sind beide Instrumente zuvörderst aus der Militärmusik bekannt, die in dieser Zeit zwar als »heroisch-musikalische Trompeter und Pauker-Kunst« auch in anderen Bereichen der musikalischen Praxis Verwendung findet,[3] dabei jedoch stets zur Evokation von Militär- und Zeremonialmusik eingesetzt wird. Die Kombination von Pauken und Trompeten ist das musikalische Emblem von Herrschern und Feldherren. Häufiger als bei Hoftagen, Paraden und anderen öffentlichen Anlässen hören Menschen des 18. Jahrhunderts dieses Emblem allerdings in der Oper, beim Auftritt von königlichen und kriegerischen dramatis personae. Bereits in den ersten Takten enthält das Stück Referenzen, die über den Aufführungsort – im Falle von BWV 191 den Kirchenraum – hinausgehen. Die Hörenden werden damit ›gezwungen‹, Aufführungssituation und Klangeindruck in eins zu denken, d. h. sie sollen sich nicht einfach selbstvergessen am Klang berauschen, ihnen wird eine hermeneutische Leistung abverlangt.

24 Takte lässt Bach den Hörenden Zeit, dem tieferen Sinn des deplatziert wirkenden musikalischen Herrscheremblems nachzugrübeln, dann folgt der erste Hinweis: Die Melange aus konzertanten, zeremonialmusikalischen und opernhaften Elementen erhält mit dem Einsatz des Chores nicht nur eine weitere Zutat, sondern auch einen Text: »Gloria in excelsis Deo.« Nun ist offensichtlich, wer der Herrscher ist, den die Pauken und Trompeten ankündigen. Doch dieses hermeneutische Erfolgserlebnis wird spätestens zum Ende des 1. Satzes von neuen Fragen überschattet. Denn dann fällt auf, dass dieser eben nicht die vollständige große Doxologie vertont, sondern lediglich die Worte »Ehre sei Gott in der Höhe und Friede auf Erden bei den Menschen seines Wohlgefallens«. Ist das eine verkürzte Fassung der großen Doxologie oder eine Vertonung von Lk 2,14? Concerto, Zeremonialmusik, Oper, Doxologie- oder Evangelienvertonung? Insbesondere aus heutiger Perspektive erschweren die widersprüchlichen Elemente, die Bach hier zusammenbringt, das Etablieren einer kohärenten Lesart von BWV 191. Dies ist zum einen darauf zurückzuführen, dass BWV 191 als ›Kantate‹ bzw. Vertonung von Auszügen aus dem Text der Messe quer zu modernen Gattungsvorstellungen steht, andererseits höchstwahrscheinlich darauf, dass diese Musik ihr volles Bedeutungspotential in einer spezifischen historischen Situation entfaltete, die uns heute nicht mehr bekannt ist. Im Folgenden soll daher 1) versucht werden, die vermeintlichen gattungstypologischen

---

[3] Altenburg 1795.

Widersprüche vor dem Hintergrund von Gattungstraditionen des 17. und 18. Jahrhunderts aufzulösen sowie 2) zu klären, für welchen Anlass das Stück geschrieben wurde.

2. Die Kantate als Konvergenzzone multipler Gattungen

Wie bereits erwähnt, steht BWV 191 in engem Zusammenhang mit der Kyrie-Gloria-Messe, die Bach 1733 für den Dresdener Hof anfertigte, jenem Satzpaar also, das die Grundlage der h-Moll-Messe bilden würde. BWV 191 besteht aus drei Sätzen. Der erste ist eine Vertonung des Beginns des liturgischen Gloria: »Gloria in excelsis Deo et in terra pax hominibus bonae voluntatis«. Dieser Satz wurde ohne nennenswerte Änderungen aus der Missa von 1733 übernommen. Die übrigen beiden Sätze sind Parodien der Sätze *Domine Deus* und *Cum Sancto Spiritu* aus dem Gloria der Dresdner Messe, denen nun allerdings der lateinische Text der kleinen Doxologie unterlegt wurde.[4] Die 1733er Messe steht somit zwar im Hintergrund von BWV 191, doch die gängige Bezeichnung »Gloria« ist schon angesichts des Textbefundes irreführend. BWV 191 ist keine vollständige Vertonung der großen Doxologie, und auch wenn in der Musikforschung über eine liturgische Verwendung spekuliert wurde,[5] wäre eine Aufführung als Gloria der Messe damit nicht denkbar gewesen. Den Anlass für die Umarbeitung der Missa lieferte aller Wahrscheinlichkeit nach eine Leipziger Universitätsfeier an Weihnachten 1742. Hier wurde das Stück nicht als Messe, sondern als Rahmenmusik einer Oratio, also einer lateinischen akademischen Rede aufgeführt (s. u.).

Bleiben wir zunächst beim Textbefund: Die Kombination von großer und kleiner Doxologie hat keine liturgischen Vorbilder. Es gibt allerdings eine kirchenmusikalische Gattung, in der das Kombinieren verschiedener liturgischer Texte bzw. Textelemente seit dem 16. Jahrhundert häufig zu beobachten ist und die – da zumeist von zweiteiliger Anlage – vor und nach Predigten aufgeführt werden kann: die Motette.

Das landläufige Verständnis dessen, was eine Motette ist, wurde durch die Renaissance von Vokalpolyphonie des 16. Jahrhunderts im 19. Jahrhundert geprägt. Bachs Sicht der Motette formten die Repertoiretraditionen des 17. Jahrhunderts. In dieser Zeit koexistiert die Motette u. a. mit dem geistlichen Konzert, in dem Vokalsolisten über einer Generalbassbegleitung konzertieren, und der Choralbearbeitung, in der Kirchenliedstrophen mal chorisch, mal solistisch, mal polyphon, mal homophon, mal unterbrochen von Instrumentalritornellen vorgetragen werden. Bringt man all diese Elemente zusammen – und das taten viele Komponisten des 17. Jahrhunderts –, entstehen lange abwechslungsreiche musikalische Ereignisketten. Anfang des 18. Jahrhunderts absorbiert dieses

---

[4] Vgl. Dürr 1955: 157–161.
[5] Vgl. Küster 1999: 513.

musikalische mixtum compositum Elemente der italienischen Oper wie Rezitative und Arien, aber auch der Kammermusik wie Sonaten, Suiten und Concerti.[6]

Diese Konvergenzzone unterschiedlicher Stile und Gattungen nennt man noch heute Kantate, also Singstück – der Begriff drückt eher die terminologische Verlegenheit der Musikforschung aus, als dass er etwas Wesentliches bezeichnen würde. Das kompilatorische Kompositionsverfahren der Kantate wird im 18. Jahrhundert auf nahezu alle Bereiche der Kirchenmusik ausgedehnt. Noch Anfang des 17. Jahrhunderts hätte man das Gloria einer Messe als einteiligen, kohärenten Satz vertont. Bach disponiert den Text des Gloria in der 1733er Messe in acht Einzelsätzen, die als Chöre, Arien und Duette angelegt sind. Er legt also eine musikalische Ereigniskette an, in der unterschiedliche Gattungsregister aufeinander folgen. Dieses Reihungsprinzip ist relativ flexibel, weshalb es in Bachs Augen auch ohne Weiteres möglich war, aus den Sätzen eins, vier und acht ein neues Singstück, eine neue Kantate zu formen – das Gloria BWV 191.

Ebenso flexibel muss man sich nach dem Kantatenprinzip vertonter Musik analytisch nähern, denn jeder Abschnitt kann neue Stile und Gattungen evozieren. Auf den ersten Teil des Eingangschors wurde bereits eingegangen, doch auf den Worten »Et in terra pax« wechselt die musikalische Gangart spürbar (siehe Notenbeispiel 2, S. 228).

Die Pauken und Trompeten verstummen. Der geschwinde Dreiachteltakt weicht einem getragenen Viervierteltakt. Auch der rasche harmonische Rhythmus des ersten Teils wird spürbar entschleunigt, wie man an den lang ausgehaltenen Orgelpunkten sehen kann. Die Anklänge an Concerto und Zeremonialmusik sind verschwunden, Bach zieht ein neues Register und wieder bleibt es den Hörenden überlassen, zu erraten, welches. Auch der Chor tritt nun in ganz anderem Duktus auf. Nach der tour de force des ersten Teils voller Läufe und Sprünge quer durch den Ambitus der jeweiligen Stimmfächer folgt nun stufengängige Melodik in gemächlichen Notenwerten sowie in mittlerer Lage. Doch Bach geht es hier nicht um die Schonung seiner Sänger:innen, sondern um das Evozieren einer neuen Stilistik. Das »Et in terra pax« ist sehr viel kantabler als der erste Teil des Satzes, der – wie erwähnt – auch als Concerto oder Herrscherfanfare, also Instrumentalmusik, durchgehen könnte. Bach wechselt hier ohne Zweifel in den Bereich der Vokalgattungen. Da die Stimmen sich überwiegend homophon bewegen, muss man sich bei der Suche nach möglichen Modellen für diesen Satzabschnitt nicht unbedingt auf Chormusik beschränken. Stellt man sich diese Partie als solistisch vorgetragen vor, tritt ihr liedhaft-eingängiger Charakter sehr viel plastischer in Erscheinung.

Zurückhaltende melodische Bewegung, zurückgenommener harmonischer Rhythmus – zu Bachs Zeiten hört man dergleichen bisweilen in Opern und Kantaten. Die Rede ist vom Arioso bzw. ariosen Accompagnato. Das Arioso steht zwischen Rezitativ und Arie. Von ersterem hat es den ›erzählenden‹

---

[6] Vgl. Wollny 1995.

Notenbeispiel 2: J. S. Bach, Gloria BWV 191, 1. Satz, T. 101–106[7]

melodischen Duktus, der an den engen Intervallen und Tonwiederholungen festgemacht werden kann, von letzterer die liedhafte Periodik und das Wechselspiel mit den obligaten Instrumenten. Arientexte sind Vehikel der Affektdarstellung. Deshalb werden bei der Vertonung zahlreiche Wiederholungen von Strophen und Strophenzeilen eingeschaltet, um der musikalischen Darstellung der Affekte mehr Raum zu geben, aber auch um durch gezielte Redundanz des Textvortrags das Augenmerk von diesem auf die immer wieder neue musikalische Gestaltung des Textes zu lenken. Im Arioso steht demgegenüber nicht nur

---

[7] Vgl. Dürr 1957: 185.

der Textvortrag im Mittelpunkt; der ariose Vertonungsmodus gibt diesem Text überdies besonderes Gewicht.[8] Dies wird besonders deutlich, wenn man das Arioso mit dem Rezitativ vergleicht, das in der Oper handlungsentfaltender Dialog und in der Kantate biblischer Bericht ist. Hier wäre ein Arioso fehl am Platz. In der Oper werden etwa Monologszenen als Ariosi angelegt, in Kantaten sind es zumeist Bibelsentenzen von besonderem Gewicht. Warum nun, so ist zu fragen, kleidet Bach die Worte »Et in terra pax hominibus bonae voluntatis« in das musikalische Gewand eines Ariosos? Was unterscheidet diesen Textabschnitt vom vorangegangenen »Gloria in excelsis Deo«? Worin besteht die besondere Bedeutungsschwere dieser Zeile?

Fragen dieser Art standen im Zentrum eines gemeinsam mit Helmut Schwier im Sommersemester 2023 gehaltenen interdisziplinären (theologisch-musikwissenschaftlichen) Seminars, in dem deutlich wurde, dass musikwissenschaftliche Methoden wie die musikalische Analyse sich sehr gut eignen, um Fragen über die vertonten Texte aufzuwerfen – Fragen, die jedoch Theolog:innen i. d. R. sehr viel besser beantworten können. Zuvörderst aus pragmatischen Gründen wird der Autor sich hier als Musikwissenschaftler über etwaige theologische Implikationen der musikanalytischen Befunde äußern, doch bevor die o. g. Fragen näher erörtert werden sollen, ist noch auf einen weiteren analytischen Befund des 1. Satzes einzugehen.

In Takt 120 erfolgt ein neuerlicher Wechsel der musikalischen Gangart.[9] Offenkundig genügte es Bach nicht, den Text »Et in terra pax hominibus bonae voluntatis« auf nur eine musikalische Art und Weise darzustellen. Auf das Arioso folgt ein neues Stilregister, und im Vergleich mit jenem ist dieses ohne große Schwierigkeiten zu identifizieren: Es ist eine fünfstimmige Chorfuge.

Aber was bedeutet das? Zeremonialmusik und Arioso geben uns hermeneutisch recht dankbare Gattungskontexte an die Hand, aber die Fuge? Das Problem liegt nicht bei der Fuge selbst, sondern im modernen Verständnis der Fuge. Aus moderner Sicht repräsentiert die Fuge Repertoire wie das Wohltemperierte Klavier, welches den Gattungskontext der pädagogischen Klavierliteratur aufruft. Dass Bach diesen Kontext hier evozieren wollte, erscheint widersinnig, aber der pädagogische Kontext führt uns zum Kern des modernen Verständnisproblems. Im 18. Jahrhundert ist die Fuge keine Gattung, sondern eine Technik, die zwar zur kompositorischen Grundausbildung gehört, in der kompositorischen Praxis der Zeit – und hier stellt Bach eine große Ausnahme dar – aber keine große Rolle mehr spielt.[10] Deswegen fallen bei der Beschreibung von Bachs Fugen auch häufig Begriffe wie Gelahrtheit oder stylus antiquus,[11] weil das Fugieren einerseits nur noch Lernstoff und andererseits Teil einer vergangenen Musikkultur ist. Der Begriff der Fuge führt in der Tat in die Vergangenheit.

---

[8] Vgl. Krummacher 2018: 335–349, Bertling 1992: 241–253.
[9] Vgl. Dürr 1955: 188.
[10] Vgl. Eichert 2002: 130–150.
[11] Vgl. Oechsle 2000.

Als fuga bzw. fugae – der Plural ist gebräuchlicher – bezeichnet man seit dem 16. Jahrhundert polyphone Texturen, in denen Stimmen auf unterschiedlichen Tonstufen und mit versetzten Einsätzen identische oder ähnliche melodische Linien miteinander verweben. Und im 16. und 17. Jahrhundert wird diese Technik auch explizit mit einer Gattung in Verbindung gebracht: der Motette. Bachs Vorfahren zählen zu den letzten Meistern der mitteldeutschen Motettenkunst,[12] und er selbst musiziert in den Leipziger Gottesdiensten aus dem *Florilegium Portense*, einer 1618 publizierten Sammlung mit zahlreichen Motetten des späten 16. und frühen 17. Jahrhunderts.[13] Wenn Bach fugiert, dann beschwört er die Tradition, und man muss hinzufügen, dass diese Tradition, obschon sie im zeitgenössischen Komponieren kaum eine Rolle mehr spielt, alles andere als tot ist. Insbesondere im kleinstädtischen und ländlichen Raum bleibt das ältere Motettenrepertoire noch bis weit in das 19. Jahrhundert hinein in Übung.[14] In den Ohren vieler Zeitgenoss:innen ist dies vielleicht nicht die modernste Musik, aber es ist quintessentielle Kirchenmusik.

Im Rückgriff auf die Frage nach den theologischen Implikationen der unterschiedlichen hier gezogenen Stil- und Gattungsregister kann nun eine kleine Dramaturgie des 1. Satzes von BWV 191 skizziert werden: Bach beginnt mit Pauken und Trompeten – fürstliche Repräsentationsmusik beschwört vor dem inneren Auge der Zuhörenden Bilder von Hoftagen, Paraden und Auftritten königlicher dramatis personae in der Oper. Ganz im Sinne der großen Doxologie wird Gott in der Höhe als König verherrlicht. Erfolgt die Verherrlichung in Lk 2,14 durch himmlische Heerscharen – d. h. im Medium der musica coelestis –, so verweist die Verwendung irdischer Verherrlichungsmusik an dieser Stelle auf ein Grundprinzip lutherischer Kirchenmusikanschauung. Diesem zufolge vereinen sich musica mundana und musica coelestis in der Endzeit, weshalb die musica mundana, insbesondere aber die Kirchenmusik, dieser nachzueifern habe bzw. den Anspruch eines Anklangs an dieselbe erhebt.[15] Mit Erreichen der Textzeile »Et in terra pax hominibus bonae voluntatis« wechselt Bach in den musikalischen Duktus eines Ariosos bzw. ariosen Accompagnatos. Wie erwähnt wird dieses musiktheatralische Stilregister für gewöhnlich an dramatischen Schlüsselstellen der Oper eingesetzt, insbesondere wenn eine der handelnden Personen etwas Besonderes zu sagen hat. In der Tat erfüllt diese Textzeile eine ganz andere Funktion als das Gloria. Das »Et in terra pax« ist nicht Doxologie, sondern eher Kerygma und als solches an die Menschen bzw. das Publikum der Aufführung adressiert. Keinesfalls beiläufig, sondern gewissermaßen auf einer durch die ariose Stilistik geschaffenen virtuellen Bühne, wird hier ein Friedenswunsch oder ein Friedensversprechen artikuliert. Nach dem Arioso wird dieser Friedenswunsch in das Gewand einer fünfstimmigen Chorfuge gekleidet. Jetzt

---

[12] Vgl. Engel 1950: 13.
[13] Vgl. Jodry 2014.
[14] Vgl. Zielsdorf 2022: 127–173.
[15] Vgl. Küster 2016: 48–61.

erst, nach knapp 120 Takten Musik, erreicht das Klanggeschehen die stilistische Sphäre der Kirchenmusik. Da BWV 191 im Kirchenraum aufgeführt wurde, führt Bach den Hörenden von virtuellen Hoftagen und Opernbühnen ins Hier und Jetzt der Aufführungssituation. Es hat den Anschein, als ob dem durch die Worte »Et in terra pax« vermittelten Friedenswunsch in dieser Aufführungssituation eine besondere Bedeutung zukam. Daher sollen abschließend noch einige Überlegungen zum Hier und Jetzt der Uraufführung, d. h. zum historischen Kontext des Jahres 1742 angestellt werden.

3. Salomon Deyling, die Schlesischen Kriege und die Pax Augusta

Helmut Schwier ist der Heidelberger Universitätsgemeinde nicht zuletzt als Initiator, Veranstalter und Organisator der Akademischen Mittagspause bekannt, in deren Rahmen Fachvorträge aus allen Disziplinen der Universität in der Peterskirche zu hören waren. Eine Art Akademische Mittagspause plant auch der Leipziger Superintendent Salomon Deyling am 25. Dezember 1742. Um zwölf Uhr lädt er die Leipziger Universitätsgemeinde zu einer »Oratio solemnis [...] in templo academico«, also in die Leipziger Paulinerkirche ein. Er selbst wird die Oratio – der Begriff bezeichnet keine Predigt, sondern einen akademischen Vortrag – nicht halten, die in diesem Jahr den Titel »De erroribus veterum circa Natalem Christi« trägt. Der Redner, der verspricht, mit verschiedenen älteren Irrtümern bzgl. der Geburt Christi aufzuräumen, ist ein Altphilologe; sein Name ist Johann Heinrich Leich.[16] Deyling lässt es sich jedoch nicht nehmen, der Einladungsschrift für den Festakt eine eigene gelehrte Betrachtung beizufügen. Gegenstand dieser Betrachtung ist, wie der handschriftliche Eintrag auf dem Deckblatt der Einladungsschrift verrät, Lk 2,14: »Gloria in excelsis Deo, et in terra pax hominibus bonae voluntatis.«[17] Musik gibt es auch. Die Oratio Leichs rahmt Bachs Gloria BWV 191.

Ob es einen konkreten Bezug zwischen BWV 191 und Leichs Oratio gab, lässt sich nicht sagen, denn diese hat sich nicht erhalten. So kann hier lediglich nach Bezügen zwischen Deylings Erörterung von Lk 2,14 und Bachs Musik gefragt werden.

Ausgangspunkt von Deylings Überlegungen sind aktuelle Ereignisse: »Quatitur dissensionibus Germania [Zwietracht erschüttert Deutschland]. In einem grausamen und tödlichen Krieg brennen die fruchtbarsten Provinzen, die blühendsten Regionen sind verheert, Städte und Felder verwüstet und weiteres Unheil dräut im Verborgenen, an den Grenzen unseres Landes.«[18] Deyling spielt auf die Schlesischen Kriege an, die im Juli des Jahres mit dem Frieden von Ber-

---

[16] Vgl. Rathey 2013: 326.
[17] Deyling 1742: [I].
[18] A. a. O.: [II].

lin eine erste Zäsur erreicht hatten. »Die dreijährige Zerstörung Deutschlands«, fährt Deyling fort, »begann und endete in Prag, der edlen Hauptstadt Böhmens, ausgezeichnet durch ihre Lage, Größe und ihre schönen und verzierten Gebäude.« Das sind interessante Worte für einen Leipziger Professor und Beamten der sächsischen Krone, denn die sächsische Armee war am Sturm auf Prag am 26. November 1741 beteiligt gewesen. Dass Sachsen an der Seite Preußens in den ersten Schlesischen Krieg zog, hatte komplexe Ursachen.

Als Preußen Ansprüche auf Schlesien erhebt, versucht die sächsische Regierung unter Heinrich von Brühl zunächst, den preußischen Nachbarn außenpolitisch zu isolieren. Ein Gewinn Schlesiens hätte bedeutet, dass ein preußischer Keil zwischen Sachsen und die polnisch-litauischen Gebiete der sächsischen Krone im Osten getrieben worden wäre. Aus diesem Grund schließt Sachsen 1741 mit Österreich und Russland eine Allianz. Sowohl Sachsen als auch Österreich bauen auf Russland, denn die Armeen beider Länder allein bilden kein nennenswertes Gegengewicht zu den Truppen Friedrichs II. Als Russland infolge des Todes der Zarin Anna aus dem Bündnis ausscheidet, tritt Sachsen im September 1742 der Nymphenburger Allianz unter Führung Preußens bei.[19]

Glücklich ist man in Sachsen mit dem Ausgang des ersten Schlesischen Krieges also nicht. Zwar ist man auf der Seite der Sieger, doch Preußen erhält Ober- und Niederschlesien, d. h. nicht nur im Norden, sondern auch im Osten der sächsischen Kernlande rasseln nun preußische Säbel. Wie die Geschichte zeigen soll, ist Friedrichs Konflikt mit Österreich noch lange nicht ausgetragen, und die verschlungene europäische Bündnispolitik verhindert, dass Sachsen sich aus den Geschehnissen heraushalten kann. An den preußischen Expansionsbestrebungen in Schlesien entzündet sich schließlich der Siebenjährige Krieg. »Quatitur dissensionibus Germania« – Deylings ominöse Einschätzung der politischen Großwetterlage ist mehr als zutreffend. Nicht nur die deutschen Reichsstände verstricken sich tiefer und tiefer in diesen ursprünglich habsburgisch-preußischen Konflikt; in den Siebenjährigen Krieg werden alle europäischen Großmächte und sogar die Kolonien hineingezogen.

Dieser sich abzeichnenden Katastrophe hält Deyling ein Bild aus der Vergangenheit entgegen: »Auf römischen Münzen«, schreibt er, »sieht man oft den Begriff des Augusteischen Friedens, jenes Friedens, den Tiberius und Claudius der römischen Welt versprochen hatten und den Galba, Vespasian und andere Fürsten aufrechterhielten. Die Erinnerung an den Augusteischen Frieden bleibt unserer Erinnerung eingeprägt, ebenso die Tatsache, dass der erhabene Frieden unseres allerbarmherzigsten Königs August [hier münzt Deyling die Pax Augusta mit einem Wortspiel auf den Sachsenkönig August III. um] durch dessen Vorsehung, Fürsorge und Schutz inmitten des allgemeinen Kriegslärms bis heute aufrechterhalten wurde.«[20]

---

[19] Vgl. Hanke 2006: 48f.
[20] Deyling 1742: [II].

Deyling hebt nun zu einem längeren Exkurs über die Pax Augusta bzw. Pax Romana an, den in Gänze nachzuvollziehen hier der Platz fehlt. Die zentralen Aspekte sind die folgenden: Natürlich kann der Theologe und Leipziger Superintendent die Pax Romana nicht allein auf das Wirken der Augusti zurückführen. Nein, hier hatte Gott seine Hand im Spiel. Dies belegt Deyling mit Zitaten zeitgenössischer Gewährsmänner. So zitiert er Hieronymus: »Bevor Christus geboren wurde, war die ganze Welt voller Blut. Aber nach der Herrschaft Christi war das einzigartige römische Reich stark. Die Welt wurde für die Reise der Apostel zugänglich, und die Tore der Städte wurden ihnen für die Verkündigung des einen Gottes aufgetan.«[21] Einen weiteren Beleg findet Deyling bei Ambrosius: »Bis an die Enden der Welt hat Gott die Kriege beseitigt und die inneren Kämpfe der römischen Welt beruhigt.«[22] Und wiederum Hieronymus: »Betrachten wir die ältere Geschichte, so stellen wir fest, dass bis in das 28. Jahr der Herrschaft des Kaisers Augustus auf der ganzen Welt Zwietracht herrschte, dass sich jede Nation mit dem Wunsch zu kämpfen gegen ihre Nachbarn erhob, dass sie schlachteten und geschlachtet wurden. Und als der Herr unser Erlöser gesprochen hatte, hörten alle Kriege auf, die Bauern wurde nicht länger für Schlachten, sondern für die Feldarbeit trainiert und nur die Legionen der Römer wurden mit der Aufgabe betraut, Krieg gegen die barbarischen Nationen zu führen. So erfüllte sich, was im Konzert der Engel gesungen wurde: in Lk 2,14 und Ps 72,7.«[23]

Damit schlägt Deyling den Bogen zur Musik Bachs, deren erster Teil eine Vertonung von Lk 2,14 ist. In der Feier in der Universitätskirche am Weihnachtstag 1742 gedenkt die Universitätsgemeinde also einerseits der Pax Augusta, dem Frieden Augusts III., dem es bisher gelungen ist, den expansionshungrigen preußischen Nachbarn durch wechselnde Bündnisse auf Distanz zu halten. Zugleich beschwört Deyling aber auch die römische Pax Augusta als gottgegebenen Frieden – eine Warnung an die Fürsten des Heiligen Römischen Reiches Deutscher Nation, dass die allseits schwelenden Konflikte das Reich erneut in eine Zeit zu stürzen drohen, in der – wie Hieronymus schrieb – »totus orbis plenus erat sanguine« – die ganze Welt in Blut schwamm. Vor diesem Hintergrund erklärt sich die besondere musikalische Ausgestaltung der Zeile »Et in terra pax« im ersten Teil von BWV 191 in ihrer historischen Spezifik. BWV 191 unterstreicht zum einen die allgemeine Friedensbitte und zelebriert zum anderen die sächsische Pax Augusta.

Doch strenggenommen ist das Ineinandergreifen von BWV 191 im Kontext der Schlesischen Kriege und Deylings Erörterung von Lk 2,14 nicht mehr als ein glücklicher Zufall. Die Musik, insbesondere die Vertonung des »Et in terra pax«, stammt ja aus dem Jahr 1733. Einen der Universitätsfeier vergleichbaren Anlass gab es für die Missa von 1733 nicht. Bach hoffte auf einen Posten bei Hofe, erhielt aber drei Jahre später lediglich den Titel eines »königlich

---

[21] A. a. O.: [VIII].
[22] A. a. O.: [IX].
[23] Ebd.

polnischen und kurfürstlich sächsischen Compositeurs bey Dero Hoff-Capelle«, der mit keinerlei Privilegien oder Einkünften verbunden war.[24] Die Missa und die Art und Weise, in der Bach die ersten Zeilen des Glorias in Musik setzte, stehen in einem allgemeineren Horizont, und wäre dies nicht so, hätte die h-Moll-Messe nicht ihren heutigen kulturellen Rang. Die Sukzession der ariosen und motettischen Realisierung des »Et in terra pax« erscheint äußerst planvoll, ist aber schon im 18. Jahrhundert relativ offen lesbar. Ariosi und Motetten behandeln eine Vielzahl von Themen. In Händels *Giuglio Cesare* sinniert Cäsar am Grab seines von Ptolemäus gemeuchelten Rivalen über die Bedeutung von Leben und Tod, in Bachs Kantate *Herr, Deine Augen schauen auf den Glauben* trägt der Bass in seinem Arioso Röm 2,4f. vor. Im fließenden Kontrapunkt von Bachs fünfstimmiger Chorfuge wurden hunderte Motetten über verschiedenste Texte vertont. Nicht immer konkretisiert Musik die Bedeutung vertonter Texte, aber sie verleiht dem Textvortrag einen distinkten Gestus, der das Nachdenken über den Text in eine bestimmte Richtung lenken kann. Die Konkretisierung kommt in den meisten Fällen von außen – im Falle von BWV 1742 durch Deylings Einladungsschreibung und Leichs Oratio. Seit dem 16. Jahrhundert ist dieses Ineinandergreifen von offen lesbaren Textvertonungen und konkretisierenden Predigten in der lutherischen Kirchenmusik belegt,[25] und dass Bach immer wieder Werke für andere Anlässe umarbeitete, zeigt, dass auch er in dieser hermeneutisch flexiblen Tradition verwurzelt war. Dies mag einer von vielen Gründen sein, warum Bachs Musik auch heute noch relevant ist. Da die h-Moll-Messe zu Bachs Lebzeiten nie aufgeführt wurde, ist es ihr unscheinbares Schwesterwerk, die Kantate BWV 191, an der sich diese Qualität seiner Musik historisch evident machen lässt.

---

[24] Vgl. Wolff 2023: 270.
[25] Vgl. Crook 2015.

Bibliographie

Altenburg, J. E., 1795. Versuch einer Anleitung zur heroisch-musikalischen Trompeter- und Pauker-Kunst, zu mehrerer Aufnahme derselben historisch, theoretisch und praktisch beschrieben und mit Exempeln erläutert. 2 Bde. Halle.

Bertling, R., 1992. Das Arioso und das ariose Accompagnato im Vokalwerk Johann Sebastian Bachs. Frankfurt a. M.

Crook, D., 2015. The Exegetical Motet. Journal of the American Musicological Society 68/2, 255–316.

Deyling, S., 1742. Rector Universitatis Lipsiensis ad festum Nativitatis Christi in templo academico cras Deo volente hora XII. anno ab illa [MDCCX]LII solemnis oratione concelebrandum officiose ac peremanter invitat. Leipzig.

Dürr, A., 1955. Johann Sebastian Bach. Neue Ausgabe Sämtlicher Werke, Bd. I. 2: Kantaten zum 1. Weihnachtstag. Kritischer Bericht. Kassel u. a.

Dürr, A., 1957. Johann Sebastian Bach. Neue Ausgabe Sämtlicher Werke, Bd. I. 2: Kantaten zum 1. Weihnachtstag. Kassel u. a., 137–235.

Eichert, R. G., 2002. Kontrapunktische Satztechniken im 18. Jahrhundert. Hamburg.

Engel, H., 1950. Johann Sebastian Bach. Berlin.

Hanke, R., 2006. Brühl und das Renversement des alliances. Die antipreußische Außenpolitik des Dresdener Hofes 1744–1756. Brühl.

Jodry, L. F., 2014. Bach and the Renaissance Motet. Martin Roth and the Florilegium Portense. 55/4, 47–57.

Krummacher, F., 2018. Johann Sebastian Bach. Die Kantaten und Passionen, Bd. 1: Vom Frühwerk zur Johannes Passion (1708–1724). Kassel/Stuttgart.

Küster, K., 1999. Die Kantate »Gloria in excelsis Deo« BWV 191. Ders., Bach-Handbuch. Kassel u. a., 513.

Küster, K., 2016. Musik im Namen Luthers. Kulturtraditionen seit der Reformation. Kassel/Stuttgart.

Oechsle, S., 2000. Johann Sebastian Bachs Auseinandersetzung mit dem Stylus antiquus und die musikalisch-liturgischen Traditionen in Leipzig. U. Leisinger, Bach in Leipzig – Bach und Leipzig. Hildesheim u. a., 413–427.

Rathey, M., 2013. Zur Entstehungsgeschichte von Bachs Universitätsmusik »Gloria in Excelsis Deo« BWV 191. BJ 99, 319–328.

Unesco. Weltdokumentenerbe in Deutschland, https://www.unesco.de/kultur-und-natur/weltdokumentenerbe/weltdokumentenerbe-deutschland (17.09.2024).

Wolff, C., 2023. Bachs musikalisches Universum. Die Meisterwerke in neuer Perspektive. Kassel/Stuttgart.

Wollny, P., 1995. Gattungen und Stile der Kirchenmusik um 1700. C. Wolff, Die Welt der Bach-Kantaten. Kassel/Stuttgart, 29–43.

Zielsdorf, D., 2022. Adjuvantenkultur in Thüringen. Würzburg.

Zwischen Kritik und Aneignung

Theologische Erkundungen zur Christologie[1]

Helmut Schwier

Zusammenfassung

Im Spannungsfeld von Kritik und Aneignung erkundet der Beitrag Dimensionen der Christologie in Exegese und Praktischer Theologie. Dabei werden sowohl Ergebnisse und Aspekte aller Beiträge des Symposiums rezipiert, als auch Christologie unter den inhaltlichen Gesichtspunkten Christusnarration, Kreuzestheologie, Liebesgebot und Nachfolge, politische Predigt, Ökumene, Queertheologie und Theologie als Wissenschaft reflektiert und damit jeweils weitere Felder zur Weiterarbeit markiert. Der Beitrag mündet in ein Plädoyer für eine durch Kreuz und Auferweckung begründete Anstiftung zur Hoffnung.

Abstract

The article explores dimensions of Christology in exegesis and practical theology in the tension between critique and appropriation. The results and aspects of all contributions to the symposium will be considered, as well as Christology in terms of the narrative of Christ, the theology of the cross, the commandment of love and discipleship, political preaching, ecumenism, queer theology and theology as an academic discipline, thus highlighting further areas for future work. The article concludes with a plea for a call to hope based on the cross and resurrection.

---

[1] Der Text ist meine leicht redigierte und um Anmerkungen ergänzte Abschiedsvorlesung vom 22. Juni 2024, die gleichzeitig den Abschluss der intensiven Arbeitsphasen des zweitägigen Symposiums bildete und daher auch eine Rückschau auf die einzelnen Beiträge sowie auf in den letzten Jahrzehnten gewonnene Einsichten und Gesprächspartner:innen bot.

1. Kritik, Aneignung und das Wagnis einer Antwort

Kritik und Aneignung sind die beiden spannungsreichen Pole, wenn wir die Bibel samt ihrer wissenschaftlichen Auslegungskunst und die Praktische Theologie, in der *praxis, poiesis* und *theoria* zur Synthese gelangen sollen,[2] aufeinander beziehen. Auch wenn das spannungsreiche Verhältnis mitunter zu Kontroversen führen kann, habe ich es immer als gegenseitige Bereicherung empfunden und so in Forschung und Lehre praktiziert.[3] Nicht Kontroversen zu initiieren, sondern Verbindungen hervorzuheben, bewahrt vor Langeweile oder dem akademischen bzw. pastoralen Beharren auf dem *status quo*, schlimmstenfalls dem scheußlich Richtigen. Da aber schon die Generationen vor uns theologische Wissenschaft und Predigtkunst mit großer Leidenschaft betrieben haben und gleichzeitig unsere eigenen Gegenwartsherausforderungen alles andere als behaglich sind, sollte zur Langeweile kein Grund bestehen.

Ich hoffe, dem gerecht werden zu können, und werde im Folgenden meine Überlegungen auf die Christologie konzentrieren. Dies geschieht nicht in erster Linie analytisch, sondern alters- und anlassgemäß in einem rückblickenden Gestus, in dem exegetische und praktische Theologie aufeinander bezogen bleiben, aber auch meine Lernerfahrungen aus den anderen theologischen Disziplinen und vor allem aus den Beiträgen des Symposiums dankbar aufgenommen werden. Dass Theologie Erkundungen vornimmt und nicht abgeschlossene Systeme oder Deduktionen bietet, ist nach meiner Einsicht geboten und angemessen – sowohl im Blick auf die Beziehungen zwischen Exegese und Praktischer Theologie als auch im Blick auf das Selbstverständnis der Theologie als Wissenschaft und nicht zuletzt im Blick auf andere Wissenschaften, Religionen, Gesellschaften, Lebens- und Sinnentwürfe.

Wenn ich von »Aneignung« spreche, meine ich damit nicht einfach *applicatio*, sondern verstehe Aneignung als einen durch Paul Ricœur geprägten hermeneutischen Begriff, in dem Textinterpretation und Selbstinterpretation wechselseitig aufeinander bezogen bleiben und von der »Schwebe des Textes« zum »Wagnis einer Antwort« führen können.[4]

Einen solchen hermeneutischen Zugang hat auch Fritz Lienhard auf dem Weg seiner anregenden und lehrreichen Ricœur-Exegese für eine Postkritische Dogmatik in homiletischer Absicht entworfen. Dabei spielt der Bibelbezug als Bibellektüre eine zentrale Rolle.[5]

---

[2] Den aristotelisch geprägten Dreischritt hat Albrecht Grözinger für die Homiletik als *ars praedicandi* fruchtbar gemacht und Fritz Lienhard mit Schleiermacher für das Gesamtfach; vgl. Grözinger 2008: 40–44; Lienhard 2012: 56–72. Zu Lienhards Praktischer Theologie vgl. jetzt Bühler et al. 2025.
[3] Vgl. u. a. meine problemgeschichtlich vertiefte Darstellung: Schwier 2007.
[4] Vgl. vor allem Paul Ricœur 1970/2005: 90 (zur »Schwebe des Textes«); ders. 1974: 43 (zum »Wagnis einer Antwort«); ders. 2008; ders. 2009: 190–232. Zu den hermeneutischen Traditionen und meiner Ricœur-Rezeption vgl. Schwier 2010/2019.
[5] Vgl. hierzu seinen Beitrag (»Predigt und Dogmatik«) im vorliegenden Buch, 39–60.

2. Theologische Erkundungen

2.1 Bibellektüre und doxologisch-narrative Christologie
Traditionelle Christologie nimmt ihren Ausgangspunkt in dem Bekenntnis: Jesus Christus. Denn dies ist bekanntlich kein bloßer Name, geschweige denn ein Vor- und Zuname, sondern das entscheidende Bekenntnis: Jesus ist Christus, Jesus ist der Messias, der Gekreuzigte ist der lebendige Kyrios, der hingerichtete Jude das Heil für alle Welt.[6]

Schon die ältesten neutestamentlichen, meist formelhaften Bekenntnisse wie die knappen Gottesprädikationen, Kontrast- und Auferweckungsformeln, die wir bei Paulus und Lukas finden,[7] oder der ausgeführte, wohl vorpaulinische Christus-Psalm im Philipperbrief (Phil 2,6–11) verbinden Jesus, den Gekreuzigten, mit dem einmaligen Handeln Gottes an ihm: Gott setzt den von Menschen Getöteten ins Recht, Gott erweckt ihn in ein unzerstörbares Leben hinein, Gott erhöht den in größter Schande am Kreuz Hingerichteten zur höchsten Ehre, dem alle Geschöpfe des Kosmos huldigen. Hier finden wir in größter Spannung den Beginn christlicher Theologiebildung mit Deutungen, die alles andere als naheliegend waren und gleichzeitig eine enorme Dynamik hoher Christologie freisetzten.

Das Markusevangelium ist aufgrund seiner klaren Narration samt eingestreuter Geheimnismotive theologisch besonders anregend. Dieses erste und älteste Evangelium stellt den Lesenden und Auslegenden die Frage: Wer ist Jesus?[8] Markant bekennend geschieht dies bereits im ersten Satz: »Anfang des Evangeliums von Jesus Christus, dem Sohn Gottes« (Mk 1,1); weitergeführt wird es durch die Himmelsstimme bei Jesu Taufe,[9] dann im Petrusbekenntnis[10] und durch die himmlische Stimme in der Verklärungsgeschichte,[11] in den drei Ankündigungen des Leidens, Sterbens und Auferweckt-Werdens (Mk 8,31; 9,31; 10,33f.), in der klaren Antwort Jesu vor dem Hohen Rat, ob er der Christus, der Sohn Gottes sei (Mk 14,61f.), im Bekenntnis des Centurio unter dem Kreuz[12] und schließlich in der Botschaft des himmlischen Boten im leeren Grab.[13] All dies bildet ein literarisches Netz durch das gesamte Evangelium: narrativ kon-

---

[6] Vgl. hierzu als Klassiker Barth 1947/2011: 75–159.
[7] Vgl. 1 Thess 1,9f.; 1 Kor 15,3–5; Gal 1,1; Röm 4,24f.; 10,9; Lk 24,34; Apg 2,22–28; 3,12–15; 4,8–10; 5,30f.; 10,39f.; 13,28–31.
[8] Zur markinischen Christologie vgl. auch Dschulnigg 2007: 45ff. sowie die Kommentierungen z. St.; Bendemann 2014: 94–99. Zur neueren Markusforschung vgl. Becker 2017; Klumbies 2018; John 2022; Söding 2022: 1–18; Meiser 2024: 9–26.
[9] »Du bist mein lieber Sohn, an dir habe ich Wohlgefallen« (Mk 1,11).
[10] »Du bist der Christus« (Mk 8,29).
[11] »Das ist mein lieber Sohn, den sollt ihr hören« (Mk 9,7).
[12] »Wahrlich, dieser Mensch ist Gottes Sohn gewesen« (Mk 15,39).
[13] »Ihr sucht Jesus von Nazareth, den Gekreuzigten. Er ist auferstanden, er ist nicht hier« (Mk 16,6f.).

turierte Bekenntnisse mit christologischen Titeln (Christus, Sohn Gottes, Menschensohn), Aussagen über die Notwendigkeit des Leidens und Sterbens, teils als Geheimnis geschützt oder erzählend entfaltet, schließlich auf die Praxis der Nachfolge zielend[14] und je eigene Begegnungen mit dem gekreuzigten Auferweckten eröffnend, wenn man den abrupten Schluss dieses Evangeliums (Mk 16,5-8) so deuten darf.[15]

Aufmerksamen Bibelleser:innen werden diese Textsignale nicht entgehen, sie immer neu ins theologische Nachdenken führen und zur praktisch gelebten Christologie in der Nachfolge ermuntern. Christliche Theologiebildung zeigt sich bereits hier als auf kritische wie aneignende Praxis zielendes Unternehmen.[16]

2.2 Kreuzestheologie als existentielle Theologie

Neutestamentlich geprägte Christologien sind keineswegs dogmatisch-traditionell. Das ließe sich bis hin zu den grundstürzenden Konsequenzen für die Kirche anhand der Heidelberger Disputation zu Luthers Kreuzestheologie exemplarisch aufweisen und studieren.[17] Peter Lampe[18] hat anhand der paulinischen Kreuzestheologie gezeigt, dass und wie sie in eine existentielle Theologie hineinführt, die Bekenntnis und Praxis gleichermaßen umgreift.

Als Nachahmer:innen Christi sind wir wie Paulus gerufen, Rollenmodelle zu werden, also Vorbildfunktionen nicht nur wahrzunehmen, sondern auch selbst darzustellen und zu verkörpern und dadurch von der Nachahmung zur Identifikation als einer tiefgreifenden Existenzveränderung zu gelangen. Paulus' Hinweise auf den Gekreuzigten und auf die eigenen Leiden durchbrechen und konterkarieren nicht nur antike, sondern auch moderne Rollenerwartungen an Erfolg, Durchsetzungsfähigkeit und Stärke. Sie kritisieren also das, was früher u. a. Dietrich Ritschl im Unterschied zum »Jerusalemer« das »Athener« Modell genannt hat.[19]

Weiter kritisieren und entlarven sie auch eine perpetuierende Leidenssehnsucht, die ihrerseits sowohl zu seelischen Verkrümmungen und Krankheiten

---

[14] »Wer mir nachfolgen will, der verleugne sich selbst und nehme sein Kreuz auf sich und folge mir nach« (Mk 8,34).
[15] Vgl. auch Lindemann 2009: 63-72. Die anspruchsvolle und weit verbreitete Interpretation, die Aufforderung, nach Galiläa zurückzukehren, als Relektüreaufforderung zu verstehen, hat nur schwache Textsignale auf ihrer Seite, die dann detektivartig zu dechiffrieren wären; vgl. Guttenberger 2017: 364f.
[16] Vgl. hierzu auch Schwier 2014/2019: 23-41.
[17] Vgl. Luther 1518/2006 und dazu Korthaus 2007: 25-321; Welker 2012: 159-172; Plathow 2015.
[18] Vgl. dazu seinen Beitrag (»*Theologia Crucis* in the New Testament as a Homiletical Challenge«) im vorliegenden Buch, 21-38.
[19] Vgl. z. B. Ritschl 1984: 85-89; auf dem Weg zu einer therapeutischen Ethik verbindet Ritschl das Doppelerbe mit den unaufgebbaren Elementen Rationalität und Barmherzigkeit (ebd., 326-328).

führt wie andererseits Macht- und Ohnmachtsbeziehungen unkenntlich macht, schlimmstenfalls verschleiert und ausnutzt.

Der Christus im Philipperbrief verkörpert jedoch nicht ein pietistisches Demuts- und Leidensideal[20] oder ein solches Armutsideal, das auf illusionäre Füllungen aus ist. Jesus Christus hält die Gottheit nicht wie eine Beute fest, sondern ist der sich aktiv auf den Weg der Menschlichkeit Begebende und der, der sich selbst leer (*kenós*) macht. Dass und wie der *Kenosis*-Gedanke auch im Kontext von jüdischen *Schechinah*-Vorstellungen (Gott neigt sich herab) heute in der Christologie von Religionslehrer:innen Auswege aus der hier empirisch nachweisbaren, stark wirksamen Dualität der sogenannten Christologie von oben und von unten ermöglicht, hat Martin Hailer eindrucksvoll vorgeführt.[21] Im ethischen Kontext des Philipperbriefes werden die Lesenden mit dieser Christologie zur freien Selbstzurücknahme aufgefordert – eine Aufforderung, die angesichts der Bemühungen um globale Klimagerechtigkeit gerade nicht von gestern, sondern ein heute dringliches Programm für ökonomisch Reiche und gegen ökologische Ausbeutung ist. Auch die auffällige Demutsforderung im Philipperbrief ist nicht Bestandteil einer Individualethik, »sondern einer Sozialethik, die mit Hierarchiekritik auf Etablierung und Bewahrung einträchtiger und daher stabiler Gemeindestrukturen zielt. Demut beschreibt hier also politisches Handeln.«[22]

Dass die erwähnte stark wirksame Dualität auch die Christologie in Predigten enorm prägt, zeigt Christine Wenona Hoffmann in ihrer empirischen predigtgeschichtlichen Analyse.[23] Hier lassen sich über die Jahre 1998–2022 Veränderungen und Verschiebungen identifizieren, die zwar einerseits eine

---

[20] Auch Luthers Kreuzestheologie ist häufig so rezipiert worden. Welker (2012: 141) macht darauf aufmerksam, dass Luthers Erläuterungen zu den Heidelberger Disputationsthesen 20 und 21 unausgeglichen sind; neben dem »zugleich« der Erkenntnis von Gottes Herrlichkeit und Niedrigkeit (Erläuterung zu These 20, allerdings in der neuen Übersetzung zurecht gemildert: »... dass es keinem mehr genügt und nützt, der Gott in der Herrlichkeit und Majestät erkennt, wenn er ihn nicht erkennt in der Niedrigkeit und Schande des Kreuzes« [Luther 1518/2006: 53]; ebd.: 52: »... *qui cognoscit Deum in gloria et maiestate, nisi cognoscat eundem in humilitate et ignominia crucis*«) steht das wirkungskräftige »nur«: »Aber dass Gott nur gefunden wird in den Leiden und im Kreuz ...« (Erläuterung zu These 21; Luther 1518/2006: 55; ebd.: 54: »*At Deum non inveniri, nisi in passionibus et cruce*«). Die parallele Konstruktion mit *nisi* indiziert rhetorische Raffinesse und gleichzeitig die Problematik von Zuspitzungen. Inhaltlich liegt in These 21 samt Erläuterung eine theologische Weichenstellung vor, die in der Wirkungsgeschichte problematische Formen der Leidenschristologie und Leidensmystik ermöglichte.
[21] Vgl. seinen Beitrag (»Christologie in der Schule. Theologische Einsichten aus einem empirischen Projekt«) im vorliegenden Buch, 149–164.
[22] Standhartinger 2021: 145.
[23] Vgl. ihren Beitrag (»Who Is Jesus Christ for Preachers Today? A Sermon-Historical Study on the Preaching of Christ«) im vorliegenden Buch, 61–82. Zu methodischen und grundsätzlichen Aspekten empirischer predigtgeschichtlicher Untersuchungen vgl. Hoffmann 2019: 23–62.

stärker reflektierte Christologie von oben zeigen, aber andererseits im Fehlen der kreuzestheologischen und der eschatologischen Dimensionen auch die gemeinschaftlichen und gesellschaftlichen nicht selten ausblenden. Hier steht weitere homiletische Reflexion bevor: »If we assume today that future preaching and church action must also always be read as a response to who Jesus Christ actually is for us today, it seems essential to find new, courageous forms of language for this.«[24]

Die bloße Wiederholung bisheriger Sprachbilder oder Formeln reicht genauso wenig aus wie etwaige sprachliche Modernisierungen. Predigende haben vielmehr nicht nur den Auftrag, sondern in ihrem Beruf auch ständig die Möglichkeit, Kreuzestheologie existentiell zu verstehen und immer neu Antworten zu wagen,[25] die persönlich wie öffentlich zu kommunizieren sind.

2.3 Nachfolge, Liebesgebot und Sorge

Im Neuen Testament hebt vor allem das Lukasevangelium Jesus als »Diakon« hervor. Von Anni Hentschel ist zu lernen, dass der Begriff »Diakon« und das dazugehörige Wortfeld im Neuen Testament eine deutlich größere und zum Teil andere Bedeutungsspanne aufweisen als ein auf Selbsterniedrigung und Aufopferung zielendes Verständnis oder die Reduzierung auf den Tischdienst.[26] Die lukanische Christologie ist nicht durch Sühnetodvorstellungen gekennzeichnet, sondern Rettung und Heil geschieht durch Jesu gesamtes Wirken. An markanter Stelle in Lk 22 wird bekanntlich die Markus-Vorlage verändert: An die Stelle der Deutung des Todes Jesu als Lösegeld (Mk 10,45) tritt Jesu Aussage: »Ich bin in eurer Mitte wie ein Dienender« (Lk 22,27). Sein Dienst, verstanden als sein Auftrag, ist mit Statuswechsel und Rollenumkehr verbunden[27] und zielt auf die Suche und Rettung der Verlorenen (Lk 15; 19,10). Durch die Auferweckung ist Jesus der »Anführer des Lebens« (Apg 3,15; 5,31). Anteil an ihm gewinnen die Menschen, die sich Jesu Botschaft glaubend öffnen und durch Taufe und Umkehr Jesus nachfolgen und ihr Kreuz »täglich« auf sich nehmen (Lk 9,23).

Die Christologie des Lukas lenkt den Blick auf Ethik und Nachfolge. Dabei öffnet das sog. Doppelgebot der Liebe eine breite biblische Tradition und Differenzierungen in Begründungen und Reichweiten innerhalb der frühen christlichen Gemeinden. Sie glaubten und verkündeten Jesus als Christus und sahen sich in seiner Nachfolge herausgefordert, in sich stets ändernden Kontexten

---

[24] Hoffmann, Who Is Jesus Christ for Preachers Today?, 78.
[25] Zum homiletischen Konzept der predigenden Existenz vgl. Rinn 2016: 214–217.
[26] Vgl. ihren Beitrag (»Theologische Begründungsansätze sozialen Handelns im Neuen Testament«) im vorliegenden Buch, 129–148. Dies gehört in den Diskurs über Diakonie im NT, der in den 1990er-Jahren anhand der Thesen von John C. Collins begann und den Anni Hentschel mit einer Monographie und weiteren Beiträgen bereicherte und prägte.
[27] Vgl. auch Wolter 2008: 712f.; Konradt 2022: 351f.; Böttrich 2024: 448. Der Kontext ist hier sehr klar der Tischdienst, verstanden als exemplarische und natürlich nicht exklusiv-normative Realisierung des Dienstes; vgl. dazu auch Quattlender 2020: 253 mit Anm. 33.

und Situationen diese Botschaft in Wort und Tat zu gestalten. Dass sich dies, gerade wenn es um Transformationen in neuen Kontexten geht, nicht von selbst versteht, zeigen exemplarisch bereits die biblischen Texte selbst.

Das sog. Doppelgebot der Liebe, das die beiden Tora-Gebote Dtn 6,5 und Lev 19,18 verbindet, wird in Mk 12,28-34; Mt 22,34-40 und in Lk 10,25-37 überliefert. Exegetische Untersuchungen zeigen dabei auch unterschiedliche Kontexte und unterschiedliche Ausrichtungen. Dies sei hier skizziert und nachgezeichnet.[28]

In Lev 19,18 richtet sich das Liebesgebot auf Nächste und Nachbarn, also auf soziale Beziehungen im Nahbereich; auch der Fremde ist der in Israel Lebende; ihm gilt die gleiche Liebe wie dem Verwandten (Lev 19,34; vgl. Dtn 10,18f.). »Dass es um Menschen im Nahbereich geht, intendiert keine Exklusion von fernen Menschen, sondern ist der relativ geringen Reichweite sozialer Beziehungen in der Antike geschuldet.«[29] Gleichzeitig ist die Liebe zum Fremden als Öffnung zu einem biblischen Humanismus zu deuten, »der sich auf die Einsicht gründet, dass die Erfahrung von Geschöpflichkeit, von Not und Rettung, von Angst und Befreiung Grundlage menschlicher Solidarität, wechselseitiger Zuwendung, ja sogar Liebe ist.«[30] Das hebräische Verb, das in der Regel mit »lieben« übersetzt wird, kennzeichnet weniger Emotionen als konkrete Handlungen: Die sind, wenn man Lev 19 als Kontext betrachtet, Alternativen zu Rache, Nachtragen, Verleumdung, Nach-dem-Leben-Trachten und positiv das Zurechtweisen, in weiteren Kontexten die Unterstützung vor Gericht, in hierarchischen Beziehungen Treue, Loyalität, Gehorsam gegenüber Höhergestellten, die wiederum Schutz und Fürsorge gewähren. Also ein durchaus weites Bedeutungsspektrum! Das weitere hebräische Wort *kamoka* eröffnet einen Vergleich. Es kann sich in Lev 19 auf das Verb beziehen, dann heißt es so, wie wir es kennen: »... lieben wie dich selbst«; oder es ist auf den »Nächsten« zu beziehen, dann heißt es: »du sollst deinen Nächsten lieben, er ist wie du«. Während dieses Verständnis das Prinzip von Gleichwertigkeit, Dialogizität und Solidarität zum Ausdruck bringt, begründet jenes auch einen Schutz vor Überforderung von Helfenden durch gleichzeitige Bejahung des eigenen Ich.[31]

Schauen wir auf die Aufnahmen des Gebots in den synoptischen Evangelien.[32] In der Markus-Version geht es - wie im gesamten Kapitel Mk 12 - grundsätzlich um die Autorität Jesu als Ausleger der Tora. Auf die Frage nach dem ersten, d. h. wichtigsten Gebot antwortet Jesus mit zwei Geboten. Erst der mit

---

[28] Ich greife dabei auf Überlegungen zurück, die ich im Ausschuss »Liturgie und Diakonie« der Liturgischen Konferenz vorgetragen habe und dessen Endergebnis inzwischen vorliegt: vgl. Kranemann/Schwier 2025: 32-40. Aus der Fülle der hier rezipierten und weiterführenden exegetischen Literatur nenne ich vor allem Wischmeyer 2015: 19-57 sowie Kirchhoff 2016: 39-75; Theißen/Merz 2023: 342-363.
[29] Kirchhoff 2016: 50.
[30] Schüle 2014: 60.
[31] Vgl. Schüle 2014: 58-61; Söding 2015: 70f.
[32] Vgl. dazu Wischmeyer 2015: 27-37.

Jesus sympathisierende Schriftgelehrte verbindet dies zu einem Doppelgebot und verstärkt den Monotheismus in Jesu Zitat des *Schema Jisrael* (Dtn 6,4). Das Doppelgebot kennzeichnet er abstrahierend als »das Lieben«, also eine grundsätzliche Haltung, und verknüpft es im Gefolge von Hos 6,6 mit Opferkritik, die von Jesus bestätigt wird und die er mit seiner eigenen Botschaft von der Gottesherrschaft verbindet. Markus akzentuiert also dieses Gebot im Spannungsfeld von Tora-Auslegung, Monotheismus, Opferkritik und Gottesherrschaft.

Matthäus übernimmt den markinischen Kontext der Auseinandersetzungen in Jerusalem und der Toraauslegung. Er streicht das *Schema Jisrael* und lässt Jesus selbst die beiden Gebote als Doppelgebot sprechen, das nun die eigentliche Grundlage, also das Prinzip aller 613 Tora-Ge- und -Verbote darstellt. Möglicherweise verarbeitet er hier auch eine Q-Version. Auch bei Matthäus ist im Übrigen das Diener-Sein Jesu und der Jünger hervorgehoben (20,26ff.) und wird durch das große Gleichnis vom Endgericht mahnend und eindrücklich entfaltet. Matthias Konradt hat die Konsequenz präzise auf den Punkt gebracht: »Die Zuwendung zu Notleidenden gilt Matthäus als elementares Wesensmerkmal christlicher Existenz.«[33]

Lukas nun verändert die markinische Version deutlicher. Während er die anderen Perikopen aus Mk 12 in dessen Kontext beibehält und übernimmt, wird das Liebesgebot in einen völlig anderen Zusammenhang gesetzt und mit der Beispielerzählung vom barmherzigen Samariter verbunden (Lk 10,25–37).[34] Die Frage, wer denn der Nächste ist, stellt sich in den neuen, z. B. urbanen Kontexten der lukanischen Gemeinde anders dar als in Lev 19. Außerdem wird hier aus der Frage nach dem Gesetz die Frage nach dem ewigen Leben. Jesus zeigt sich hier nicht als Toralehrer, sondern als Lehrer der Ethik, der Erbarmen und tätiges Mitleid als Konkretisierungen des Gebotes der Nächstenliebe fordert. Die hörende Liebe zu Gott, die in Gefahr steht, durch Sorgen beeinträchtigt zu werden, empfiehlt die nachfolgende beispielhafte Perikope von Maria und Marta (Lk 10,38–42). In der Beispielerzählung vom barmherzigen Samariter ist der Nächste nicht mehr nur der Angehörige des eigenen Volkes oder der Nachbar in meiner Stadt, sondern jeder Mensch. Gerd Theißen hat es treffend formuliert: Jesus bezeichnet »nicht den als Nächsten, dem geholfen wird, sondern den Helfer. Aber auch der *ist* kein Nächster, sondern *wird* erst durch sein Helfen zum Nächsten. Die Pointe ist also: Menschen *sind* keine Nächsten durch Gruppenzugehörigkeit, sondern die Liebe *macht* sie zu Nächsten.«[35]

Gleichzeitig lässt die Geschichte im sorgend-pflegenden Handeln des Samariters und des beauftragten Wirtes schon einen Übergang von individualethischen (Erste Hilfe) zu sozialethischen Perspektiven (Rehabilitation und institutionelle Absicherung der Hilfe) erkennen, während das liturgische Personal als

---

[33] Konradt 2021: 86; zur matthäischen Ethik insgesamt vgl. Konradt 2022: 260–322.
[34] Vgl. hierzu auch Wandel 2021: 139–164.
[35] Theißen/Merz 2023: 357 (Hervorhebungen im Original); vgl. auch Theißen 2024: 180–187.

Antagonist erscheint. Im anschließenden Dialog wird aufgefordert, selbst ein Nächster zu werden für jeden, der Hilfe braucht.

Annette Haußmann[36] hat auch diese Auslegungsdimensionen aufgegriffen und dabei gezeigt, wie weit – auch in mitunter säkularen Brechungen – dieses biblische Urmodell des Helfens wirksam ist und bleibt. Gleichzeitig weist sie durch die Deutungen der Interviews und Kontexte kritisch auf die Leerstelle der biblischen Geschichte samt ihrer häufig männlicher Wahrnehmung geschuldeten Aneignung hin: Was passiert mit der Finanzierung des Samariters für die Hilfe in der Herberge? Wer sorgt hier weiter? Wer leistet hier Pflege, hört beim Erzählen zu, hält das Traumatisierte aus, usw.? *Caring communities*, Sorgende Gemeinschaften, sind vielmehr realistisch wahrzunehmen und zu würdigen.

> In der Realität von Sorgenden Gemeinschaften und unserer Gesellschaft sind es zahlreiche einzelne Sorgende, die sowohl die körperlichen wie auch psychischen und sozialen Aspekte der Sorge übernehmen – aber wie oft bleiben sie unsichtbar und wenig gewürdigt! Wie oft ist Seelsorge als unsichtbares Geschehen an die Ränder der kirchlichen und gesellschaftlichen Wahrnehmung gedrängt – wie auch andere Care Bereiche, insbesondere häusliche Pflege. So ist das Gleichnis auch eine Delegationsgeschichte, die um die Langfristigkeit von Sorge weiß und deren Konkretion doch im Dunkeln lässt.[37]

Die lukanische Ausweitung und Transformation des Gebots stehen, obwohl hier auch solche Leerstellen bleiben, im begründenden Zusammenhang mit Jesus, dem universalen Retter, mit dem Auferweckten und zu Gott Erhöhten, der leiden musste und seinem Auftrag zu dienen treu bleibt. Gleichzeitig stellt diese Ausweitung dar, was Gerd Theißen die »charismatische Werterevolution« nennt.[38] Zur *agape* und zu Hilfeleistungen sind alle aufgerufen und befähigt, nicht nur aristokratische Patrone und Eliten, nicht nur, um Annette Haußmann aufzunehmen, Pfarrer und Bürgermeisterinnen, sondern gerade auch Ehrenamtliche und die vielen Übersehenen.

2.4 African American Preaching und politische Predigten
Das Doppelgebot der Liebe ist in einer diakonischen Christologie begründet, und durch die Zusammenstellung der beiden Gebote werden Gottes- und Menschenliebe unlösbar miteinander verwoben. Dies bedeutet einmal, dass praktizierte Nächstenliebe nicht eine patronale Handlung von oben nach unten ist, sondern in der Einsicht geschieht, dass alle Menschen als Gotteskinder vor Gott gleich sind und dass Gott zu lieben, was Gleichheit und Würde jedes Menschen

---
[36] Vgl. ihren Beitrag (»Von barmherzigen Samariterinnen und verwundeten Heilern. Eine Spurensuche zum Verhältnis von Spiritualität und Seelsorge«) im vorliegenden Buch, 107–128.
[37] Haußmann, Von barmherzigen Samariterinnen, 115.
[38] Vgl. Theißen 1989; Theißen 2004.

als notwendige Implikate umfasst, sozialethische Konsequenzen grundsätzlich eröffnet und auf Gerechtigkeit und Barmherzigkeit zielt.[39]

Jonathan C. Augustine[40] hat wichtige Traditionen und Grundlagen des *African American Preaching* und der *Black Theology* entfaltet, die ihre Basis hat in der Verwobenheit von Biblischer Theologie und gegenwärtiger Lebenserfahrung der *African American People* und ihrer Gemeinden, einschließlich täglicher Erfahrungen von Marginalisierung und Rassismus – Erfahrungen, die es in Deutschland nicht nur jenseits, sondern leider auch innerhalb gutbürgerlicher Gemeinden regelmäßig gibt.

Augustine hat in seinen Überlegungen zu *leadership* das christologische Denkmodell des dreifachen Amtes Jesu Christi, sein Wirken als König, Priester und Prophet, nicht nur wie bisher traditionell ekklesiologisch entfaltet, sondern auch als drei Handlungs- und Verhaltensmodelle beschrieben: königliches Verhalten als direkte Verantwortungsübernahme, priesterliches Handeln als beziehungsorientierte Pflege und Steigerung von Selbstwert und Würde und prophetisches Handeln als Motivation zu neuem Sehen und Handeln.

In kirchentheoretischer und homiletischer Weiterführung erfordert dann die prophetische als politische Predigt[41] eine Predigt, die das Heil des *kingdom-to-come* verkündet und gleichzeitig soziale Ungerechtigkeit im *kingdom-at-hand* benennt. Dabei wird Gottes Vorsehung vertraut ebenso wie dem biblisch gebotenen Bekenntnis, dass Gott als parteiischer Gott an der Seite der Unterdrückten und Geschundenen steht und Kreuzes- wie Ostertheologie Bilder, Sprache und Erfahrungen ermöglichen, gegen den Augenschein zu hoffen – und zwar persönlich wie politisch.

Ich habe durch das vertiefte Kennenlernen der *Black Theology* vieles dazugelernt: die Einsicht in die Kontextualität des eigenen Theologie-Treibens *(doing theology)*, die wir zwar seit Längerem auch durch die Interkulturelle Theologie kennen, aber zu oft nur für andere in Anschlag bringen – übrigens eine sublime, intellektualisierte Form des *othering*. Dass und wie der Eurozentrismus gerade auch in der Christologie[42] zu dekonstruieren und religionspädagogisch fruchtbar zu machen ist, zeigt Maike Maria Domsel auch anhand konkreter Un-

---

[39] Vgl. zu den biblischen Begründungen von Gerechtigkeit und Barmherzigkeit den Beitrag von Anni Hentschel im vorliegenden Buch, 129–148.

[40] Vgl. seinen Beitrag (»And How Can They Hear Without a Preacher? Prophetic Leadership and Preaching with the Bible in One Hand and Newspaper in the Other«) im vorliegenden Buch, 83–94.

[41] Soweit ich sehe, verwendet Augustine die Bezeichnungen »prophetische« und »politische« Predigt meist gleichlautend, andere differenzieren hier. M. E. gehören beide eng zusammen und fließen in konkreten Predigten oft ineinander; man kann höchstens funktionale Unterschiede benennen: Prophetische Predigt ruft zu Wahrheit und Umkehr, politische Predigt redet im öffentlichen Raum politisch und theologisch sachkundig; vgl. auch Schwier 2024/25: 437f.

[42] Vgl. hierzu auch Arbeiten mit Heidelberger Kolorit: Küster 1999/2021; Sundermeier 2007; Sundermeier 2010.

terrichtsprojekte auf.[43] Afrikanische Christologien erweitern traditionelle westliche Auffassungen ebenso wie provokante Gedankenexperimente oder faktenorientierte Recherchen z. B. zu Jesus als »weißem Mann«. Die kritische Einsicht in die eigene Kontextualität wird auch hier zu einer bereichernden Erkundung anderer Denkweisen und Einsichten.

Eine weitere Lernerfahrung aus der Begegnung mit *Black Preaching*[44] ist die bei uns noch sehr ausbaufähige Einsicht in die emotionalen Dimensionen von Gottesdienst und Predigt, deren notwendigen und vorhandenen Grenzen uns nicht zu Generalverdacht und Vermeidung führen sollten, zumal Emotionalität im Gottesdienst nicht einfach als rhetorisch-dramaturgisches Mittel einzusetzen ist, sondern mit den bewusst wahrgenommenen und geklärten Emotionen der Predigerinnen und Liturgen zusammenhängt. Und *by the way*: Das festlich-bestärkende und Zuversicht für die Kämpfe des Alltags zum Ausdruck bringende Element der *celebration* in afroamerikanischen Gottesdiensten, oft in musikalischen Stilen von Gospel, Soul, Hip Hop u. a., kann in unseren Kontexten und Traditionen nicht nur, aber auch mit Bach gestaltet werden – zumal dann, wenn der tänzerische Grundrhythmus und die musikalische Virtuosität den Affekten dienen, wie es in historisch informierter Aufführungspraxis der Fall ist. Das spürte man in der Aufführung von Johann Sebastian Bachs *Gloria-Kantate* (BWV 191) im Festgottesdienst zum Abschluss des Symposiums,[45] aber dort auch durch das gemeinsame Singen des vierstimmigen Bach-Chorals *»Gloria sei Dir gesungen«* (Ev. Gesangbuch 535). Dass darüber hinaus diese Kantate eine Entstehungsgeschichte mit besonderen durchaus politischen Akzenten aufweist, hat Stefan Menzel erforscht und erläutert.[46] Nicht nur in den Zeiten der Schlesischen Kriege im 18. Jahrhundert, sondern in jeder Gegenwart neu erleben und hören wir das *»et in terra pax«* besonders intensiv – als Klage und als Gebet.

Noch einmal zur Homiletik: Bisher hatte ich die prophetische Predigt eher kritisiert und für unseren kirchlichen und gesellschaftlichen Kontext die politische Predigt als Gestalt und Untergattung der ethischen Predigt eingeordnet, die sich eben nicht dadurch auszeichnet, dass sie – so der gängige Vorwurf – politischen Moralaposteln die Kanzel überlässt, sondern dass sie vielmehr der Predigt vorausgehend eine überprüfbare ethische Urteilsbildung benötigt.[47] Sie und ihre methodischen Schritte hat schon der ehemalige Heidelberger Sozialethiker und Bonhoefferforscher Heinz Eduard Tödt (1918–1991) seiner Zeit

---

[43] Vgl. ihren Beitrag (»From Eurocentrism to Multiperspectivity: On the Decentering of Religious Norms in Images of Christ. A Thought Experiment in Religious Education«) im vorliegenden Buch, 165–186.
[44] Vgl. hierzu Böckmann 2024.
[45] Am 23. Juni 2024 dargeboten durch das Collegium Musicum der Universität Heidelberg unter der Leitung von Universitätsmusikdirektor Michael Sekulla.
[46] Vgl. seinen Beitrag (»Ein Friedensplädoyer aus den Schlesischen Kriegen – Johann Sebastian Bachs Gloria BWV 191«) im vorliegenden Buch, 223–236.
[47] Vgl. Schwier 2015: 19–26.

klar und wirkungsstark entworfen[48] und im Übrigen gleichzeitig eine politische Predigt in Gestalt dringlichen Fragens favorisiert. In ihr sollen die Predigenden Rechenschaft geben über ihr vom Evangelium berührtes Gewissen:

> Nun gibt es zweifellos missratene und missbrauchte politische Predigt. Wenn das primäre Interesse des Predigers einer politischen Ideologie gilt, wenn das Evangelium in deren Schlepptau genommen wird, dann ist Widerspruch nötig. Auch der Prediger, bei dem das Evangelium an erster Stelle steht, hat kein Recht, die politischen Konkretionen, die er ausspricht, zu dogmatisieren und zu propagieren. Damit tut er dem Gewissen anderer Gewalt an. Tatsächlich soll seine Predigt an die Gewissen der Hörer rühren, aber in der Weise des dringlichen Fragens: Ich kann nicht umhin, aus dem Evangelium diese Konsequenz zu ziehen. Führt euch euer Gewissen zu ähnlichen Folgerungen? Nicht zum Richter des Gewissens eines anderen darf sich der Prediger machen, wohl aber soll er Geburtshelferdienste bei Gewissensentscheidungen leisten, indem er Rechenschaft ablegt, wozu ihn sein vom Evangelium berührtes Gewissen treibt. Das hat er auch an Beispielen aus der politischen Welt zu verdeutlichen.[49]

Neu habe ich nun durch Jonathan Augustine und andere afroamerikanische Homiletiker:innen und Prediger:innen gelernt, dass die ethische Urteilsbildung und die gesellschaftlich-politische Situationsanalyse gerade vor und in den afroamerikanischen Predigten vorbildlich geleistet werden. Gleichzeitig sind sie geprägt durch das, was Heike Springhart und andere den verwundbaren Menschen im Konzept der Vulnerabilität nennen.[50] In einem Buchprojekt zu amerikanischen und deutschen politischen Predigten, das Christine Böckmann und ich derzeit zusammen mit Studierenden schreiben, wird das deutlich werden.[51]

2.5 Ökumenische Impulse und queere Vielfalt
Die diakonische Kraft des Singens und des Segens haben Elsabé Kloppers[52] und Benedikt Kranemann[53] reflektiert und eindrucksvoll entfaltet, z. B. bei »Nkosi Sikelel' i Afrika«. In unterschiedlichen gesellschaftlichen und medialen

---

[48] Vgl. Tödt 1979: 31–80 sowie Frey 1978; Scharffenorth 1978; Strohm 1978; Lienemann 1978; Solms 1978.
[49] Tödt 1985.
[50] Vgl. Springhart 2016: 172–216.
[51] Eine weltweit wirkungsstarke prophetisch-politische Predigt war die Ansprache von Bischöfin Mariann Edgar Budde am 21. Januar 2025 im Rahmen der Inaugurationsfeierlichkeiten des neuen US-Präsidenten; Text und Kommentierung bei Schwier 2024/25.
[52] Vgl. ihren Beitrag (»Singing for God's Blessing: Faith Embodied, Existence Shared, Hope Sounded«) im vorliegenden Buch, 207–222.
[53] Vgl. seinen Beitrag (»Segensfeiern in der katholischen Kirche. Liturgie und Theologie in Zeitgenossenschaft«) im vorliegenden Buch, 187–206.

Kontexten gesungen, verbindet es und ruft zur Einheit und zum Zusammenhalt in wütenden Zeiten.

Bemerkenswert finde ich es, in welcher Dynamik sich evangelisches und katholisches Liturgieverständnis transformieren und sich von uniformierenden Liturgieverständnissen lösen und zu lösen haben. Hatten wir dies im Umfeld der großen evangelischen Agendenreform für die traditionskontinuierlichen Formen und ihre nicht von allen akzeptierten Öffnungen zu freien Gestaltungen ab dem Jahr 2000 begonnen,[54] hat sich die Dynamik nicht zuletzt infolge der einschneidenden gesellschaftlichen und kirchlichen Veränderungen enorm beschleunigt.

Trotz fortgeschrittenen Alters neige ich nicht zu kultur- und liturgiepessimistischen Prognosen. Transformationsprozesse bringen immer Verluste und Gewinne mit sich. Dass sich evangelisch wie katholisch auch die Anthropologie in der Liturgie ändert und sich von der stillschweigenden Gleichsetzung mit Andrologie verabschiedet, ist nur zu begrüßen. Die Vielfalt der Diskurse und Theorien zu Sex-, Gender-, Diversity- und Queerfragen bereichert Liturgie und Theologie.[55] Nur eingefleischte Ignorant:innen können meinen, dass es hier um nebensächliche »Sternchen-Fragen« ginge. Es geht nicht um politische oder semantische Korrektheit – es geht vielmehr um wissenschaftliche Selbstkritik und vor allem um Respekt: Respekt vor der Vielfalt von Lebensgeschichten, einschließlich der Brüche, Verletzungen, Narben wie auch der Resilienzen. Selbstkritik und Respekt führen weiter zum Staunen über die Vielfalt und Schönheit der Schöpfung, sofern sie nicht in starre Dualitäten alter naturrechtlicher Provenienz gezwängt wird. Mit Andreas Krebs formuliert: »Schöpfung ist Ordnung und Chaos, Struktur und Originalität, Inter-Aktivität, Intra-Relationalität, Ko-Kreativität, sie ist straight und queer. Und genau so ist alles *tow meod*, ›sehr gut‹ (Gen 1,31).«[56]

Dass und wie dies fröhlich, bunt und ernsthaft liturgisch gefeiert werden kann, ohne in identitätsideologische Sackgassen zu geraten, zeigen die bisher mehr als ein Dutzend Queergottesdienste in der Heidelberger Peterskirche. Hier partizipieren zu können, gehört zu den großen Geschenken an einen Universitätslehrer und -prediger. Denn die Erfahrungen von Respekt und Wertschätzung sind unverzichtbar, will man über gesellschaftliche, kirchliche und theologische Zukunftsfragen nachdenken und um sie ringen.

2.6 Theologie der Gegenwart und der Zukunft

Im Herbst 2024 wurde in Heidelberg auf dem Europäischen Kongress der Wissenschaftlichen Gesellschaft für Theologie über die »Theologie der Zukunft«

---

[54] Vgl. Schwier 2000: 364–528; Schulz/Meyer-Blanck/Spieß 2011.
[55] Vgl. als Einführung Krebs 2023 und seinen Beitrag (»Von Natur aus queer. Biologie, Naturrecht und Schöpfung«) im vorliegenden Buch, 95–106.
[56] Krebs, Von Natur aus queer.

nachgedacht und strittig debattiert.[57] Dabei können die oben genannten Erfahrungen hilfreiche Lebensbezüge ermöglichen. Denn eine Theologie als ausschließliches Schreibtisch- und Archivprodukt wird kaum lebendig bleiben, geschweige denn künftige Relevanz erringen.

Dieses Ringen um die Theologie der Zukunft – ich würde ergänzen: und der Gegenwart – erfolgt nicht im luftleeren Raum, sondern innerhalb von rechtlichen Regelungen, seit Langem gewachsenen und zum Teil bewährten Rahmenbedingungen, die Judith Gärtner darlegt und gleichzeitig die von vielen zu Recht erwarteten Studienreformbemühungen vorstellt.[58] Dass das alles nicht einfach ist und zudem sehr viele kleine Teufel in sehr vielen Details stecken, ist allen Beteiligten klar, ebenso wie die dringende und drängende Notwendigkeit angesichts der Entwicklung der Studierendenzahlen. Dass es hier andererseits nicht zu Schnellschüssen kommen sollte, dürfte deutlich sein. Notwendig sind klare Verabredungen von Fakultäten, Ländern und Kirchen über berufsqualifizierende Abschlüsse, eine eher rasche Entscheidung darüber, ob BA/MA und der Magisterstudiengang weiter nebeneinander bestehen sollen, eine Einsicht in die Veränderungen von Bildung in digitalen Zeiten und *last, but not least* die Debatte über den enzyklopädischen Anspruch und das Selbstverständnis von Theologie, die eingebettet bleibt in die Debatte um deren wissenschaftliche und gesellschaftliche Relevanz.

Dass darüber jetzt neu beginnend innerhalb der Wissenschaftlichen Theologie argumentativ und leidenschaftlich gestritten wird,[59] ist nur zu begrüßen. Dass und wie Landeskirchen angesichts des Rückgangs der Kirchenmitgliedschaft und der gewaltigen Einsparungsnotwendigkeiten ihrerseits an Wissenschaft und Bildung festhalten, wird künftig genau wahrzunehmen sein.

3. Kreuz, Auferweckung und Hoffnung

Gegen Ende möchte ich nochmals den Bogen zurück zum Anfang schlagen, zur spannungsreichen, Kreuz und Auferweckung umfassenden Christologie. Die frühen Gottesprädikationen und Auferweckungsformeln als Beginn christologischen Nachdenkens und Deutens sind traditionsgeschichtlich gesehen alles andere als naheliegend. Diese Deutungen – so würde ich mit meinem Kollegen Philipp Stoellger zuspitzen – folgen Gottes Deutung der Passion Jesu,[60] also der

---

[57] Vgl. https://www.uni-heidelberg.de/de/theologie-der-zukunft (10.2.2025).
[58] Vgl. ihren Beitrag (»Theologie studieren in ›ungekochten Zeiten‹«) im vorliegenden Buch, 13–20.
[59] Dies geschieht z. B. in der open-access-Zeitschrift *Streit-Kultur* und dem damit verbundenen *Streit-Raum*: https://streit-kultur.mohrsiebeck.com/index.php/streit-raum/ (10.2.2025).
[60] Vgl. Stoellger 2007: 600f. Seine materialreich ausgearbeitete Christologie in kreuzestheologischer Zuspitzung ist soeben erschienen: vgl. Stoellger 2024.

Auferweckung, natürlich sprachlich und medial in metaphorisch komplexer wie auch fragiler Weise. Wo ist nun der Ort, an dem sich solche sprachlich fragilen und umstrittenen Deutungen bilden und festigen und zur Praxis rufen? Natürlich nicht exklusiv, aber exemplarisch ist das der Gottesdienst.

Michael Welker hat in seiner Christologie Beobachtungen von Francis Fiorenza aufgenommen und vertieft. Der auferstandene Christus entbietet den Friedensgruß, er bricht das Brot, er erschließt die Schrift, er gebietet zu taufen und sendet in die Welt. All dies sind Grundgestalten christlichen Gottesdienstes. All dies stellt »eine Polyphonie der gottesdienstlichen Existenz« dar und ist »mit der Selbstvergegenwärtigung des Auferstandenen in seinem Geist, genauer: seinem geistlichen Leib verbunden.«[61]

Liturgie ist von den frühen Gestaltungen bis heute der Ort, an dem der lebendige und Leben schaffende Gott in der Polyphonie der Formen und Stile, Sprachen und Geschichten gefeiert wird. Dies tut die weltweite Kirche aus Dankbarkeit, in der kontrafaktischen Erfahrung von Gottes Zeit in unserer Zeit und mit christologisch begründeter Freiheit.[62] Nicht immer ist sie sich aber darüber im Klaren, dass sie selbst kein Selbstzweck ist und sich stets in Übergängen bewegt und Transformationen nicht scheuen soll. Denn schließlich ist der Glaube an den auferweckten Gekreuzigten[63] der stärkste Impuls der Hoffnung. Dies hat nicht zuletzt der große Theologe der Hoffnung stets hervorgehoben. Jürgen Moltmann (1926–2024), dessen »Theologie der Hoffnung« ich in meinem ersten Semester mit wachsender Begeisterung und Staunen gelesen habe, schreibt dort:

> Die Auferweckung Christi ist ... nicht nur ein Trost in einem angefochtenen und zum Sterben verurteilten Leben, sondern auch der Widerspruch Gottes gegen das Leiden und Sterben, gegen die Erniedrigung und Beleidigung, gegen die Bosheit des Bösen. Christus ist ... nicht nur Trost *im* Leiden, sondern auch der Protest der Verheißung Gottes *gegen* das Leiden. [...] Der Glaube tritt in diesen Widerspruch ein und wird darum selber ein Widerspruch gegen die Welt des Todes. Darum macht der Glaube, wo immer er sich zur Hoffnung entfaltet, nicht ruhig, sondern unruhig, nicht geduldig, sondern ungeduldig.[64]

Gottes Leidenschaft zum Leben, die durch und an Jesus Christus deutlich und wirksam wurde, will die Menschen zum Leben, auch zum ungeduldigen, und zur Hoffnung begeistern. Dem haben theologische Reflexion und das kirchliche Handeln in Seelsorge und Diakonie, in Gottesdienst und Bildung zu dienen und zu folgen: Das ist in Theorie und Praxis ein wunderbarer Beruf und auch in Gegenwart und Zukunft das Wagnis einer Antwort wert.

---

[61] Welker 2012: 133.
[62] Vgl. dazu Schwier 2024 und Schwier 2025.
[63] Vgl. Dalferth 1994.
[64] Moltmann 1964/2016: 17.

Bibliographie

Barth, K., ¹⁰2011. Dogmatik im Grundriß. Zürich.
Becker, E.-M., 2017. Der früheste Evangelist. Studien zum Markusevangelium. WUNT 380. Tübingen.
Bendemann, R. v., 2014. Die Fülle der Gnade – Neutestamentliche Christologie. J. Schröter, Jesus Christus. TdT 9. Tübingen, 71–118.
Böckmann, C., 2024. Being human. Menschsein in afroamerikanischer Predigtpraxis und Theologie. J. Pock/U. Roth/B. Spielberg, Von welchen Menschen reden wir? Konturen einer homiletischen Anthropologie. ÖSP 14. München, 279–294.
Böttrich, C., 2024. Das Evangelium nach Lukas. ThHK 3. Leipzig.
Bühler, M. et al., 2025. Praktische Theologie der Zukunft? Eine Relektüre der Grundlegung der Praktischen Theologie von Fritz Lienhard anlässlich seines 60. Geburtstages. KuD 71, 60–83.
Dalferth, I. U., 1994. Der auferweckte Gekreuzigte. Zur Grammatik der Christologie. Tübingen.
Dschulnigg, P., 2007. Das Markusevangelium. ThKNT 2. Stuttgart.
Europäischer Kongress der Wissenschaftlichen Gesellschaft für Theologie über die »Theologie der Zukunft«, https://www.uni-heidelberg.de/de/theologie-der-zukunft (10.2.2025).
Frey, C., 1978. Marginalien zum »Versuch zu einer Theorie ethischer Urteilsbildung« von Heinz Eduard Tödt. C. Frey/W. Huber, Schöpferische Nachfolge. FS Heinz Eduard Tödt (Texte und Materialien der FEST A, 5), 115–137.
Frey, C./Huber, W., 1978. Schöpferische Nachfolge. FS Heinz Eduard Tödt (Texte und Materialien der FEST A, 5). Heidelberg.
Grözinger, A., 2008. Homiletik. Lehrbuch Praktische Theologie 2. Gütersloh.
Guttenberger, G., 2017. Das Evangelium nach Markus. ZBK.NT 2. Zürich.
Hoffmann, C. W., 2019. Homiletik und Exegese. Konzepte von Rechtfertigung in der evangelischen Predigtpraxis der Gegenwart. APrTh 75. Leipzig.
John, F., 2022. Eine Jesus-Vita aus flavischer Zeit. Das Markusevangelium im narratologischen Vergleich mit den Biographien Plutarchs. WUNT 480. Tübingen.
Kirchhoff, R., 2016. Grundlegung diakonischen Handelns aus neutestamentlicher Perspektive. J. Eurich/H. Schmidt, Diakonik. Grundlagen – Konzeptionen – Diskurse. Göttingen, 39–75.
Klumbies, P.-G., 2018. Das Markusevangelium als Erzählung. WUNT 408. Tübingen.
Konradt, M., 2021. »Was ihr einem meiner geringsten Brüder getan habt« (Mt 25,40). Überlegungen zur Bedeutung diakonischen Handelns im Matthäusevangelium. K. Scholtissek/K. W. Niebuhr, Diakonie biblisch. Neutestamentliche Perspektiven. BThSt 188. Göttingen, 53–90.

Konradt, M., 2022. Ethik im Neuen Testament. Grundrisse zum NT. NTD Ergänzungsreihe 4. Göttingen.

Korthaus, M., 2007. Kreuzestheologie. Geschichte und Gehalt eines Programmbegriffs in der evangelischen Theologie. BHTh 142. Tübingen.

Kranemann, B./Schwier, H., 2025. Miteinander – Füreinander. Zum Verhältnis von Liturgie und Diakonie in den Gemeinden. Eine Orientierungshilfe der Liturgischen Konferenz Deutschlands. Gütersloh.

Krebs, A., 2023. Gott *queer* gedacht. Würzburg.

Küster, V., 2021. Interkulturelle Christologie. Die vielen Gesichter Jesu Christi. Überarbeitete und erweiterte Jubiläumsausgabe. Darmstadt.

Lienemann, W., 1978. Widerstand gegen den Ausbau der Kernenergie? Ein Fallbeispiel für Probleme ethischer Urteilsbildung. C. Frey/W. Huber, Schöpferische Nachfolge. FS Heinz Eduard Tödt (Texte und Materialien der FEST A, 5), 259–289.

Lienhard, F., 2012. Grundlegung der Praktischen Theologie. Ursprung, Gegenstand und Methoden. APrTh 49. Leipzig.

Lindemann, A., 2009. Auferstehung. Gedanken zur biblischen Überlieferung. Göttingen.

Luther, M., 1518/2006. »Disputatio Heidelbergae Habita 1518 …/Heidelberger Disputation 1518 …«. W. Härle, Martin Luther. Der Mensch vor Gott. Lateinisch-Deutsche Studienausgabe Band 1. Leipzig, 35–69.

Meiser, M., 2024. Das Evangelium nach Markus. NTD 2. Göttingen.

Moltmann, J., 2016. Theologie der Hoffnung. Untersuchungen zur Begründung und zu den Konsequenzen einer christlichen Eschatologie. Sonderausgabe. Gütersloh.

Plathow, M., 2015. Das »Wort vom Kreuz« und die Kreuzestheologien. Luthers »Heidelberger Disputation« (April 1518) – fürs Heute neu bedacht. Berlin.

Quattlender, N., 2020. (Nur) zum Dienen befreit? Das Verhältnis von Freiheit und Verantwortung im neutestamentlichen Verständnis von διακονία. M. Bauspieß/J. U. Beck/F. Portenhauser, Bestimmte Freiheit. FS Christof Landmesser zum 60. Geburtstag. ABG 64. Leipzig, 245–265.

Ricœur, P., 1974. Philosophische und theologische Hermeneutik. P. Ricœur/E. Jüngel, Metapher. Zur Hermeneutik religiöser Sprache. EvTh Sonderheft. München, 24–45.

Ricœur, P., 2005. Was ist ein Text? P. Ricœur, Vom Text zur Person. Hermeneutische Aufsätze (1970–1999). Hamburg, 79–108.

Ricœur, P., 2008. An den Grenzen der Hermeneutik. Philosophische Reflexionen über die Religion. Freiburg/München.

Ricœur, P., 2009. Kritik und Glaube. Ein Gespräch mit François Azouvi und Marc de Launay. Freiburg/München.

Rinn, A., 2016. Die Kurze Form der Predigt. Interdisziplinäre Erwägungen zu einer Herausforderung für die Homiletik. APTLH 86. Göttingen.

Ritschl, D., 1984. Zur Logik der Theologie. Kurze Darstellung der Zusammenhänge theologischer Grundgedanken. München.

Scharffenorth, G., 1978. Die Bergpredigt in Luthers Beiträgen zur Wirtschaftsethik. Erwägungen zur Theorie ethischer Urteilsbildung. C. Frey/W. Huber, Schöpferische Nachfolge. FS Heinz Eduard Tödt (Texte und Materialien der FEST A, 5), 177–204.

Schüle, A., 2014. »Wer ist mein Nächster?« Die Bedeutung der Exodustradition für das Verständnis sozialer Nähe und Ferne in den exilisch/nachexilischen Überlieferungen des Alten Testaments. JBTh 29, 43–61.

Schulz, C./Meyer-Blanck, M./Spieß, T., 2011. Gottesdienstgestaltung in der EKD. Ergebnisse einer Rezeptionsstudie zum »Evangelischen Gottesdienstbuch« von 1999. Gütersloh.

Schwier, H., 2000. Die Erneuerung der Agende. Zur Entstehung und Konzeption des »Evangelischen Gottesdienstbuches«. Leit. NF 3. Hannover.

Schwier, H., 2007. Praktische Theologie und Bibel. C. Grethlein/H. Schwier, Praktische Theologie. Eine Theorie- und Problemgeschichte. APrTh 33. Leipzig, 237–287.

Schwier, H., 2010/2019. Zur Sache der Texte. Bibel, Predigt und Hermeneutik aus exegetischer Sicht (2010). Ders., Gottes Menschenfreundlichkeit und das Fest des Lebens. Beiträge zur liturgischen und homiletischen Kommunikation des Evangeliums. Leipzig, 43–59.

Schwier, H., 2014/2019. Wer ist Jesus Christus für uns heute? Praktisch-theologische Wahrnehmungen und Reflexionen (2014). Ders., Gottes Menschenfreundlichkeit und das Fest des Lebens. Beiträge zur liturgischen und homiletischen Kommunikation des Evangeliums. Leipzig, 23–41.

Schwier, H., 2015. Ethisch predigen heute? Thematische Einführung. Ders., Ethische und politische Predigt. Beiträge zu einer homiletischen Herausforderung. Leipzig, 11–26.

Schwier, H., 2019. Gottes Menschenfreundlichkeit und das Fest des Lebens. Beiträge zur liturgischen und homiletischen Kommunikation des Evangeliums. Leipzig.

Schwier, H., 2024. In Gottes Zeit. Liturgiewissenschaftliche und homiletische Überlegungen. C. Landmesser/D. Schlenke, Ewigkeit im Augenblick. Zeit und ihre theologische Deutung. Veröffentlichungen der Rudolf-Bultmann-Gesellschaft für Hermeneutische Theologie e.V. Leipzig, 91–106.

Schwier, H., 2024/25. Prophetisch, politisch und tapfer. Zur Predigt von Bischöfin Mariann Edgar Budde am 21. Januar 2025 in Washington. Homiletische Monatshefte 100, 428–438.

Schwier, H., 2025. Gottesdienst – Fest der Freiheit. D. Sattler/C. Axt-Piscalar, Zur Freiheit befreit. DiKi 20. Freiburg/Göttingen, 433–447.

Söding, T., 2015. Nächstenliebe. Gottes Gebot als Verheißung und Anspruch. Freiburg.

Söding, T., 2022. Das Evangelium nach Markus. ThHK 2. Leipzig.

Solms, F., 1978. Von Maschinen und Menschen. Die Neutronenwaffe als Problem ethischer Urteilsbildung. C. Frey/W. Huber, Schöpferische Nachfolge. FS Heinz Eduard Tödt (Texte und Materialien der FEST A, 5), 291–317.

Springhart, H., 2016. Der verwundbare Mensch. Sterben, Tod und Endlichkeit im Horizont einer realistischen Anthropologie. Dogmatik in der Moderne 15. Tübingen.

Standhartinger, A., 2021. Der Philipperbrief. HNT 11/I. Tübingen.

Stoellger, P., 2007. Deutung der Passion als Passion der Deutung. Zur Dialektik und Rhetorik der Deutungen des Todes Jesu. J. Frey/J. Schröter, Deutungen des Todes Jesu im Neuen Testament (unveränderte Studienausgabe). Tübingen, 577–607.

Stoellger, P., 2024. *coram cruce*. Deutungspotentiale der Kreuzestheologie. HUTh 94. Tübingen.

Streit-Kultur. Journal für Theologie: https://streit-kultur.mohrsiebeck.com/index.php/streit-raum/ (10.02.2025).

Strohm, T., 1978. »Ziele der Menschheit«. Ethische Urteilsfindung im Horizont des Club of Rome. C. Frey/W. Huber, Schöpferische Nachfolge. FS Heinz Eduard Tödt (Texte und Materialien der FEST A, 5), 231–258.

Sundermeier, T., 2007. Koreanische Christologien im Bild. G. Thomas/A. Schüle, Gegenwart des lebendigen Christus. FS Michael Welker. Leipzig, 431–446.

Sundermeier, T., 2010. Christliche Kunst in Japan und Korea. Frankfurt am Main.

Theißen, G., 1989. Die Jesusbewegung als charismatische Werterevolution. NTS 35, 343–360.

Theißen, G., 2004. Die Jesusbewegung. Sozialgeschichte einer Revolution der Werte. Gütersloh.

Theißen, G., 2024. Freigelassene der Schöpfung. Religiöse und rationale Motive in der biblischen Ethik. WUNT 518. Tübingen.

Theißen, G./Merz, A., 2023. Wer war Jesus? Der erinnerte Jesus in historischer Sicht. Ein Lehrbuch. Göttingen.

Tödt, H. E., 1979. Der Spielraum des Menschen. Theologische Orientierung in den Umstellungskrisen der modernen Welt. Gütersloh.

Tödt, H. E., 1985. Die politische Predigt. Wer nur zuschaut und schweigt, macht sich schuldig. Die Zeit Nr.24/1985; https://www.zeit.de/1985/24/die-politische-predigt (10.2.2025).

Wandel, S., 2021. Gottesbild und Barmherzigkeit. Lukanische Ethik im Chor hellenistischer Ethikkonzeptionen. WUNT II 548. Tübingen.

Welker, M., 2012. Gottes Offenbarung. Christologie. Neukirchen-Vluyn.

Wischmeyer, O., 2015. Liebe als Agape. Das frühchristliche Konzept und der moderne Diskurs. Tübingen.

Wolter, M., 2008. Das Lukasevangelium. HNT 5. Tübingen.

Impressionen vom Symposium

Tagungsteilnehmer:innen

Christine Böckmann (l.),
Christine Wenona Hoffmann (m.)
und Henrik Imwalle (r.)

Peter Lampe (l.) und
Helmut Schwier (r.)

Zwischen Kritik und Aneignung 257

Collegium Musicum der Universität Heidelberg unter der Leitung von Michael Sekulla (m.)

Susanne Rainer-Schwier

Fritz Lienhard (l.) und Helmut Schwier (r.)

Gerd Theißen

Martin Hailer

Annette Daniela Haußmann

Judith Gärtner

Zwischen Kritik und Aneignung 259

Jonathan C. Augustine

Stefan Menzel

Benedikt Kranemann

Elsabé Kloppers

Geleitwort für Helmut Schwier

Heike Springhart, Landesbischöfin der Evangelischen Landeskirche in Baden

Manchmal werden »Nebenbei-Aufgaben« zu Hauptakzenten. Neben seiner Professur für Homiletik und Neues Testament hat Helmut Schwier 21 Jahre lang das Amt des Universitätspredigers ausgefüllt. Der Tag der Entpflichtung aus diesem sehr besonderen Ehrenamt in der Evangelischen Landeskirche in Baden fiel zusammen mit dem Tag der Ordination von Helmut Schwier, 33 Jahre zuvor.

Zur Ordination hatte ihm der ihn ordinierende Superintendent Worte aus dem Kolosserbrief mit auf den Weg gegeben: *Alles, was ihr tut mit Worten oder mit Werken, das tut alles im Namen des Herrn Jesus und dankt Gott, dem Vater durch ihn* (Kol 3,17). Das mag im Ordinationsgottesdienst nach ermutigender Ermahnung geklungen haben. Mit Blick auf das segensreiche Wirken von Helmut Schwier an der Universität Heidelberg und darüber hinaus klingt es wie die Überschrift über all die Jahre. Worte und Werke gehören und gehörten für Helmut Schwier immer zusammen – und ordentliche Musik nicht zu vergessen.

Helmut Schwier hat 21 Jahre neben seiner Professur das Amt des Universitätspredigers ausgefüllt. Das ist ein Geschenk für die Universitätsgemeinde und für die Evangelische Landeskirche in Baden. Die Heidelberger Peterskirche ist ein Knoten- und Begegnungspunkt, an dem Universität und Kirche, Glauben und Wissenschaft, Studierende und Lehrende im Horizont des Segens Gottes zusammenkommen. Hier hat Helmut Schwier zusammen mit dem Kapitel der Peterskirche und unterschiedlichen Pfarrer:innen der Hochschulgemeinde stärkende Gottesdienste, orientierende Theologie und kirchliche Aufbrüche ermöglicht und gestaltet.

Dazu gehörte auch die Innenrenovierung der Peterskirche vor 20 Jahren. Ich erinnere mich lebhaft an Baustellengottesdienste und Diskussionen, ob nun die Epitaphien im Altarraum bleiben sollen oder nicht und an die Überraschung, als sich der wunderschöne Fußboden im Altarraum auftat. Direkt nach der Renovierung hat Helmut Schwier den ersten von zwei ZDF-Fernsehgottesdiensten aus der Peterskirche gemeinsam mit Studierenden gestaltet. Bis heute erinnert daran das weiße Tuch hinter dem Kreuz im Altarraum. Vor den reichhaltigen Epitaphien im Altarraum verschwand das filigrane und durchsichtige Kreuz optisch. Um das Kreuz ins rechte Bild zu rücken, wurde seinerzeit kurzerhand ein weißes Tuch hinter das Kreuz und vor die Epitaphien gehängt. Es hängt bis heute und hilft, dass das Kreuz das memento mori überstrahlt. Werke und Worte gehören eben zusammen. Das Panorama an eindrücklichen und nachhaltigen Akzenten, die Helmut Schwier für die Peterskirche gesetzt hat, ist lang. Er hat gemeinsam mit anderen für gute Aussichten in der Kirche gesorgt, als er über sechs Jahre lang unermüdlich Spenden für die Schreiter-Fenster gesammelt hat. Sie verleihen nun schon seit zwölf Jahren der Peterskirche ihre besondere Atmosphäre. Helmut Schwier hat unzählige festliche Gottesdienste in der Peterskirche gestaltet und mit der Universitätsgemeinde gefeiert, so auch zum Universitätsjubiläum 2011, und die Kirche für Trost und Gedenken geöffnet nach dem Amoklauf an der Heidelberger Universität im Jahr 2022. Einen besonderen Akzent hat Helmut Schwier mit der Einführung der Akademischen Mittagspause gesetzt, die seit 2011 geistliche und geistige Speise aus den ganz unterschiedlichen Disziplinen der Universität bietet. Für besonders inspirierende Verbindungen von Leib und Geist steht das Luther-Mahl, das einmal im Jahr festliches Essen und anregende Impulse hier in der Kirche zusammenbringt und besondere Mahlgemeinschaften ermöglicht.

Helmut Schwier hat das, was er in Worten und Werken getan hat, immer auch als Handeln im Namen und Auftrag Jesu verstanden und dabei selbst eine Haltung von Dankbarkeit und Humor ausgestrahlt. Ich habe das wie unzählige andere Lehrvikar:innen der badischen Landeskirche im Predigerseminar erlebt. Seine Leidenschaft fürs Predigen und seinen Humor, seinen weiten Blick und seine Gelassenheit samt der Kompetenz, die Hüte zu wechseln zwischen der einen und der anderen Neckarseite, habe ich in besonderer Weise in jener Woche erfahren, als ich als Lehrvikarin im Predigerseminar mein Rigorosum abzulegen hatte. Während des Homiletik-Kurses spazierte ich eines Donnerstags über die Alte Brücke – dienstbefreit –, um mich unter anderem von Helmut Schwier im Rigorosum prüfen zu lassen. Am nächsten Tag dann habe ich wieder das Predigen von ihm lernen dürfen.

Helmut Schwier war als Universitätsprediger so etwas wie die personifizierte Alte Brücke. Zwischen der Evangelischen Landeskirche in Baden, für die in Heidelberg jenseits des Neckars das Morata-Haus in besonderer Weise steht, und der Universität und der Universitätskirche diesseits des Neckars.

Helmut Schwier hat in Worten und Werken und im Geist Christi mit ganzer Kraft und Leidenschaft das Evangelium strahlen lassen in der Kirche und in der Universität. Dafür bin ich ihm ganz persönlich und als Landesbischöfin dankbar – und ich danke gemeinsam mit all seinen Wegbegleiter:innen Gott dafür, dass er ihn in und um die Peterskirche Heidelberg hat wirken lassen.

Helmut Schwier (l.) und Heike Springhart (r.)

Vertrauen, Hoffnung und Liebe

Predigt zu Röm 8,31–39[1]

Helmut Schwier

Liebe Gemeinde und Freund:innen,
Mit solcher Musik auf die Kanzel geleitet zu werden, ist ein großes Geschenk! Da erklingt die himmlische Weihnachtsbotschaft aus Bethlehem mitten im Sommer in Heidelberg: Ehre sei Gott in der Höhe, Friede auf Erden den Menschen seines Wohlgefallens. In diesem Klang, in dieser überbordenden Fülle und Größe muss die Botschaft wahr sein, kann sie Herz und Sinne berühren. Im Mittelteil ist die Musik aber auch ruhig, nachdenklich, sehnsuchtsvoll. »Friede auf Erden« – das kann niemand überbordend singen, wer den Realitäten der Welt ungeschönt ins Auge blickt. Das war zur Zeit des Kaisers Augustus so, zur Zeit Bachs inmitten der Schlesischen Kriege[2] und ist in unserer Gegenwart – Gott sei's geklagt – noch eindeutiger, noch unübersehbarer.

Für kluge Agnostiker:innen sind das Einwände gegen den Glauben und für aufmerksame Christenmenschen auch. Die Sprache der Tatsachen ertönt laut, überlaut oft. Sie lässt mich zweifeln, ob die Botschaft wahr ist und vertrauenswürdig und zum Leben hilft. Paulus hat im Römerbrief, im 8. Kapitel, diese Zweifel und Anfragen auch benannt. Er tut dies leider mit rhetorischen Fragen, die keinen Spielraum bieten und nur ein frommes »Ja« als Antwort zulassen. Da staunt der Exeget in mir über die rhetorisch-ästhetische Bildung des Apostels und die kunstvolle Komposition des Briefes, aber der Prediger protestiert: Du machst es dir zu einfach, Paulus! So leicht kann man die Einwände und Zweifel nicht übergehen. Deshalb will ich ihnen jetzt etwas mehr Platz und Gehör einräumen.

Wo sind die Einwände gegen Glauben und Gottvertrauen? Paulus nennt zwei katalogartige Reihen, einen Katalog der Leiden und einen der Mächte.

---

[1] Die Predigt wurde im Abschieds- und Entpflichtungsgottesdienst am 23. Juni 2024 in der Peterskirche, der Heidelberger Universitätskirche, gehalten. Ihr voraus gingen die Eingangsliturgie, die Lesung des Predigttextes als Schriftlesung (Lektorin), das Nizänische Glaubensbekenntnis (Gemeinde) und der Eröffnungssatz der Gloria-Kantate (BWV 191) von Johann Sebastian Bach: Gloria in excelsis Deo. Im Anschluss an die Predigt erklangen der zweite und der dritte Satz der Kantate: Gloria Patri et Filio et Spiritui Sancto. Viel profitiert in der Predigtvorbereitung habe ich von Gerd Theißen/Petra v. Gemünden: Der Römerbrief. Rechenschaft eines Reformators, Göttingen 2016.

[2] Vgl. dazu den Beitrag von Menzel im vorliegenden Band.

Trübsal und Angst sind die beiden ersten. Seelische Empfindungen, Stimmungen, die überaus stark werden können! Traurig und niedergeschlagen, ohne Energie und Elan, verkrieche ich mich am liebsten ... dorthin, wo mich niemand sieht und findet. Meine schwachen Seiten mag ich selbst nicht, und andere sollen sie besser nicht sehen. In der Enge füllt mich Angst aus, lähmt mich ... Angst zu versagen, Angst vor Krankheit, Angst vor Kontrollverlust. Hilft da der Glaube?

Zu den inneren und seelischen Leiden kommen die äußeren Realitäten: Verfolgung, Hunger, Blöße, Schwert. Lebensgefahren und Bedrohungen, die für viele real sind – in den Kriegsgebieten in der Ukraine, im Nahen Osten und an vielen anderen Orten. Ist da die Botschaft der Hoffnung nicht trügerisch, vielleicht gar zynisch?

Paulus entfaltet noch den Katalog der Mächte – wir können für heute morgen zunächst sagen: den Katalog der Täter:innen und Tatbedingungen. Engel, aber nicht die guten, Mächte, Gewalten und andere Kreaturen – also ungreifbare überpersönliche Mächte und Systeme einerseits und Menschen andererseits. Ihr Zusammenwirken zu Leid und Unterdrückung gelingt perfekt. Unrechtssysteme fördern Menschen, die unrecht handeln. Und solche Täter:innen können sich als gerechtfertigt betrachten durch Normen und *common sense* im gesellschaftlichen, mitunter sogar im kirchlichen System. Und zum Katalog der Täter:innen treten noch Räume, Zeiten, Bedingungen, in denen Mächte wirken und Menschen ihr Unwesen treiben. Zur passenden Zeit, im passenden Kontext initiiert, können Neiddebatten und Sündenbockerklärungen enorme Wirkung entfalten und den Kit der Gesellschaft weiter abbröckeln lassen. Hilft da noch Religion?

Also: Die Einsprüche gegen den Glauben sind massiv. Sie basieren auf dem Leiden, dem eigenen und dem der anderen, dem persönlichen Leiden und den Geißeln der Menschheit – Hunger, Verfolgung, Vertreibung, Krieg, Tod. Glaube und Hoffnung stehen hier auf verlorenem Posten.

Paulus, was antwortest du?

Vielleicht so:

Liebe Gemeinde in der Peterskirche, lieber Prediger,

vielen Dank für Eure Anfragen und Widersprüche. Gern antworte ich aus dem Himmel. Ihr wisst ja: Der Himmel ist nicht weit entfernt von Euch, sondern Gegenwart und Gegenüber zu allen Zeiten und Menschen. Ich freue mich, dass Ihr die Heiligen Schriften Israels und auch meinen Brief nach Rom lest und bedenkt. Und dass Ihr das in Eurer Zeit und mit Euren Erfahrungen und Herausforderungen tut, ist nur richtig.

Zum Katalog der Leiden! Zunächst ist mir wichtig: Ich spreche nicht abstrakt über das Leiden – nein, das gehört zu meiner Lebenserfahrung. Ich wurde, wie Ihr wisst, verfolgt, war gefangen, wurde öffentlich bestraft, geschlagen und am Ende mit dem Schwert hingerichtet. Angst und Trübsal kenne ich nur zu gut, auch eine Krankheit, die nicht geheilt werden konnte. Und dann meine Sprachstörungen... Viele, ach, die meisten, hielten mich für einen Versager.

Schon deshalb kann ich es nicht ertragen, wenn das Leiden anderer rasch übersehen wird. Ich muss es verstehen – vor Gott verstehen. Darum habe ich diesen wunderbaren ästhetisch-rhetorisch aufgebauten Abschnitt im Römerbrief unterbrochen – habt Ihr es gemerkt? – und gestört mit einem Bibelzitat aus Ps 44,23: »Um deinetwillen werden wir getötet den ganzen Tag; wir sind geachtet wie Schlachtschafe.« Diese ästhetische Störung soll Euch auf etwas aufmerksam machen.

Ich habe im Ringen mit dem Leiden und mit Gott verstanden: Die Erfahrungen des Leidens gehören seit jeher zum Volk Gottes. So wie Israel im Exil bedrückt wurde und Hilfe fand im Psalmgebet, so auch wir und Ihr! Die Einsicht, verachtet und zum Tod bestimmt zu sein, bleibt dadurch nicht ein blindes und stummes Widerfahrnis, sondern sie wird artikuliert, ausgesprochen. Und ich rufe sie Gott entgegen: »um deinetwillen« geschieht das. Aber aufgepasst! Das ist keine religiöse Deutung, um Leiden zu rechtfertigen oder still zu ertragen. Hier gilt kein frommes Ja, sondern ein frommes Nein! Wenn ich zu Gott schreie und Ihm das Leiden ausbreite, rufe ich doch Gott zum Eingreifen auf wie schon Ps 44: »Wache auf, Gott! Warum schläfst du? ... Mache dich auf, hilf uns und rette uns um deiner Güte willen« (vgl. Ps 44,24ff.).

Für mich bleibt hier der Glaube verankert. Für mich ist er die einzige wirksame Antwort auf die Angst im Leben. Die Enge wird erst weit, wenn ich beginne zu vertrauen. Das blinde Schicksal und die Mächte werden erst entthront, wenn ich dem vertraue, der vertrauenswürdig ist – Gott, der Vater Jesu und unser Vater. Der hat mein Leben in seiner Hand. Der ist an unserer Seite, und er wartet auf unsere Gebete und Taten.

Daher finde ich es verständlich, dass viele unter euch diesen Gedanken noch weiterführen und sagen: Der Glaube ist das Fundament für den Protest gegen das Leiden; und solcher Protest gegen das Leiden muss auch die Taten und die Täter:innen benennen und sie zur Einsicht und zum Aufhören aufrufen; und einige wagen es, den Rädern des Unrechts in die Speichen zu greifen.

Ich war in meiner Erdenzeit zurückhaltender, habe aber immer an der Hoffnung festgehalten und daran, dass die Welt nicht bleibt, wie sie ist. Wer Gott vertraut, hofft auf Gottes Zukunft. Und die verändert alles – zum Guten!

Und noch ein letztes an Dich, lieber Prediger. Du hast natürlich richtig beobachtet, dass hier an entscheidender Stelle rhetorische Fragen stehen, die keine Debatte mehr eröffnen. Das Bild einer Gerichtsverhandlung oder Debatte mit Ankläger und Richter steht hier aber nur im Hintergrund. Wenn du den ganzen Römerbrief liest, merkst du, dass ich vom Gericht ausführlich in den ersten Kapiteln geschrieben habe. Dort stehen Menschen und Mächte vor Gericht. Und Gott ist der zornige Richter, der alles Recht hat, uns zu verurteilen. Merkst du die Entwicklung? Das solltest du der Gemeinde noch erläutern.

Ich muss jetzt leider aufhören, denn ich habe noch ein Treffen mit Jesus. Hier im Himmel gibt es zwar keinen Zeitdruck und keine Termine, aber doch Verabredungen, die wichtig sind. Übrigens Jesus... Du weißt schon, was ich ge-

Helmut Schwier

schrieben habe: der gestorben ist, ja mehr noch, der auch auferweckt ist, der zur Rechten Gottes ist und für uns eintritt... nur als kleine Erinnerung...

Ihr lieben Freund:innen Jesu,

also doch noch eine kurze Erläuterung. Dass Gott als universaler Richter in der Lage ist, Gerechtigkeit durch harte Urteile herzustellen, ist nur das erste Gottesbild im Römerbrief. Paulus verkündet: Gott ändert sich. Aus dem zornigen Richter wird Gott, der Gerechtigkeit durch Vertrauen schafft – in uns und durch uns. Dazu werden wir verwandelt werden. Aus Menschen, die ängstlich sind, werden Menschen, die vertrauen. Aus Menschen, die als Versager:innen gelten, werden Menschen, die Zutrauen zu ihrer Aufgabe gewinnen. Aus Menschen, die zum Bösen fähig sind, werden solche, die das Gute erkennen und sich daran freuen. Aus Menschen, die am Sinn des Lebens zweifeln, werden Menschen, die Hoffnung gewinnen und zum Handeln bereit sind.

Wer möchte nicht so verwandelt werden? Wie geschieht das?

Die Antwort ist einfach: Das geschieht durch die Liebe – durch die Liebe Gottes und die der Menschen und Kreaturen. Schon mitten im Leben werden wir durch die Liebe von Anderen – Eltern, Kindern, Freund:innen, Partner:innen, Christ:innen – verwandelt. Das geschieht vielleicht nur anfänglich, ja – nicht selten in Heidelberg, wo nicht nur ich mein Herz verloren habe. Das bleibt vom Scheitern bedroht, ja – weil wir Menschen sind und nicht Gott. Das lässt uns lebendig bleiben, weil die Liebe Angst und Langeweile vertreibt, uns mutig und frei werden lässt. Bleibt aufmerksam und achtsam, damit die Liebe euch findet!

Ich bin überzeugt, dass Gott uns die Liebe gönnt und schenkt – in sehr unterschiedlichen und bunten Formen und Gestalten. Und vor allem: Gott selbst verkörpert und verschenkt seine bedingungslose Liebe an uns. Seit der Heidelberger Disputation vor gut 500 Jahren kennen wir auch den Unterschied zwischen menschlicher und göttlicher Liebe. Wir lieben die, die wir liebenswürdig und schön finden – und das ist gut. Gott liebt uns so, dass wir dadurch liebenswürdig und schön werden – und das ist noch besser.

Das ist eine Liebe, die stärker ist als der Tod. Eine Liebe, die Jesus Christus gelehrt und gelebt hat. Eine Liebe, durch die Gottes Geist in uns und durch uns wirkt. Lasst uns diesen Gott ehren mit zarter Musik, mit langem Atem, mit kraftvoll überschäumender Zuversicht.

Der Friede Gottes, der höher ist als alle Vernunft,
halte euren Verstand wach
und eure Hoffnung groß
und stärke eure Liebe zueinander. Amen.

Autor:innen

Dr. Helmut Schwier wurde 1988 im Fach Neutestamentliche Theologie in Heidelberg promoviert (»Tempel und Tempelzerstörung«) und habilitierte sich 2000 an der Kirchlichen Hochschule Bethel im Fach Praktische Theologie mit einer Arbeit über die Liturgiereform evangelischer Kirchen in Deutschland. Von 1988-1996 arbeitete er als Vikar und Pastor in einer Kirchengemeinde in Herford, unterrichtete an der dortigen Hochschule für Kirchenmusik das Fach Liturgik und war von 1996-1999 Wissenschaftlicher Assistent für Praktische Theologie an der Kirchlichen Hochschule Bethel. Von 1999-2001 war er Kirchenrat in der Kirchenkanzlei der Ev. Kirche der Union, Berlin und dort verantwortlich für die theologischen Lehrgespräche der »Gemeinschaft evangelischer Kirchen in Europa (Leuenberger Kirchengemeinschaft)« und für Vorbereitung und Durchführung der Vollversammlung in Belfast (2001). Ein Schwerpunkt war hier die Arbeit an dem Dokument »Kirche und Israel«. 2001-2024 war er Professor für Neutestamentliche und Praktische Theologie an der Universität Heidelberg und Dozent für Homiletik am Predigerseminar der Ev. Kirche in Baden. Seit 2003 war er ehrenamtlicher Universitätsprediger an der Heidelberger Peterskirche. Schwerpunkte in Forschung und Lehre sind Hermeneutik, Homiletik, Liturgik und Ästhetik, in den letzten Jahren insbesondere das Verhältnis von Liturgie und Diakonie, von Queertheologie und -liturgie und die neuen Herausforderungen politischer Predigt. Im Ruhestand teilt er seine Leidenschaft für Theologie mit den neuen Hobbys als Trompeter und Bäcker.

Dr. Jonathan C. Augustine ist leitender Pfarrer der Big Bethel AME Church in Atlanta, Georgia, Mitglied der Gründungsfakultät an der Hampton University School of Religion und beratendes Fakultätsmitglied an der Duke University Divinity School. Er engagiert sich für Bürgerrechte und soziale Gerechtigkeit und forscht auf dem Gebiet der Versöhnung. Sein jüngstes Buch trägt den Titel »When Prophets Preach: Leadership and the Politics of the Pulpit« (2023).

Christine Böckmann ist derzeit Vikarin in Speyer. Davor war sie wissenschaftliche Mitarbeiterin am Lehrstuhl von Helmut Schwier. In ihrer Dissertation beschäftigt sie sich mit Rassismuskritik in der gegenwärtigen afroamerikanischen Predigttheorie und Predigtpraxis. Außerdem ist sie ausgebildete Systemische Beraterin.

Dr. Maike Maria Domsel ist als Privatdozentin an der Universität Bonn tätig und unterrichtet die Fächer Katholische Religion und Französisch an Grund- und weiterführenden Schulen. Sie promovierte 2019 im Fach Systematische Theologie an der Philosophisch-Theologischen Hochschule SVD St. Augustin mit einem Schwerpunkt auf eschatologische Vorstellungskreise im Kontext der

Begleitung von sterbenden Menschen. Ihre Habilitationsschrift im Bereich Religionspädagogik, die sie an der Universität Bonn abschloss, widmet sich dem spirituellen Selbstverständnis von Religionslehrkräften. Von 2020 bis 2021 war Domsel zudem als Vertretungsprofessorin für Praktische Theologie und Religionspädagogik an der Universität Duisburg-Essen tätig. Sie ist Mitherausgeberin des *Handbuchs der Religionen* (HdR).

Dr. Judith Gärtner ist Professorin für Altes Testament an der Universität Rostock. In ihren monographischen Veröffentlichungen setzt sie sich mit Jesaja und Sacharja sowie mit den Geschichtspsalmen auseinander. Neben der Prophetie und den Psalmen sind weitere Forschungsschwerpunkte Hermeneutik und Methodik. In den letzten Jahren forschte sie insbesondere zu Anthropologie und Resilienz.

Dr. Martin Hailer ist Professor für Evangelische Theologie/Systematische Theologie an der Pädagogischen Hochschule Heidelberg und ordinierter Pfarrer der Evangelisch-Lutherischen Kirche. Er wurde mit einer fundamentaltheologischen Arbeit promoviert, der sich eine Habilitation für Systematische Theologie anschloss. Martin Hailer forscht vor allem zur Ökumenischen Theologie, zur Religionsphilosophie und zum Werk Karl Barths.

Dr. Annette Daniela Haußmann ist Professorin für Praktische Theologie mit Schwerpunkt Seelsorgetheorie an der Universität Heidelberg. Sie ist außerdem Diplompsychologin und Psychologische Psychotherapeutin. Inhaltliche Schwerpunkte ihrer Forschung bilden Themen um Alter, Krankheit und Gesundheit, Pflege und Religion und deren Implikationen für die Seelsorge. Annette Haußmann ist Wissenschaftliche Direktorin des Zentrums für Seelsorge der Evangelischen Kirche in Baden und leitet die Seelsorgeausbildung für Vikar:innen der Evangelischen Kirche in Baden.

Dr. Anni Hentschel ist Professorin für Neues Testament und Diakoniewissenschaft an der Evangelischen Hochschule in Freiburg. Zu ihren Forschungsschwerpunkten gehören die Semantik des griechischen Lexems diakonia sowie Fragen der Ekklesiologie und des sozialen Handelns im Neuen Testament.

Dr. Christine Wenona Hoffmann ist Professorin für Praktische Theologie an der Goethe-Universität (Frankfurt am Main). Sie ist am Ruth-Cohn-Institute International (TZI) diplomiert und Supervisorin bei der Deutschen Gesellschaft für Supervision (DGSv). In ihren monographischen Veröffentlichungen widmet sich Hoffmann der Homiletik sowie dem Zusammenspiel von Homiletik und Exegese. Ein weiterer wichtiger Forschungsschwerpunkt liegt in der Diakonie(wissenschaft) sowie der Seelsorge(theorie), worüber Hoffmann habilitierte. Dabei forscht und publiziert Hoffmann zu Armut, zu digitaler, politischer und diversitätssensibler Seelsorge.

Henrik Imwalle hat Wirtschaftswissenschaften und Theologie studiert. Er ist wissenschaftlicher Mitarbeiter am Lehrstuhl von Helmut Schwier und schreibt eine exegetische Doktorarbeit über die Gnadengaben.

Dr. Dr. Elsabé Kloppers war Professorin für Praktische Theologie an der University of South Africa. Sie lehrte Hymnologie an verschiedenen Universitäten. Als Research Scholar an der University of the Free State und UNISA konzentriert sie sich derzeit auf die kulturelle und politische Rolle religiöser Lieder in gelebter Religion, die Ästhetik, Übersetzung und Rezeption ökumenischer Lieder in verschiedenen Kontexten, die Hermeneutik des Singens als Verkündigung und Diakonie sowie Aspekte des Singens und der Dekolonisierung.

Dr. Benedikt Kranemann ist Professor für Liturgiewissenschaft an der Katholisch-Theologischen Fakultät Erfurt. Er leitet das Theologische Forschungskolleg an der Universität Erfurt und war mehrere Jahre Vorsitzender der Arbeitsgemeinschaft katholischer Liturgiewissenschaftler:innen im deutschsprachigen Raum. Seine Publikationen beschäftigen sich vor allem mit der Geschichte und Theologie des Gottesdienstes.

Dr. Andreas Krebs ist Professor für Alt-Katholische und Ökumenische Theologie und Direktor des Alt-Katholischen Seminars der Universität Bonn. Er engagiert sich unter anderem in der christlichen Queer-Bewegung. Sein jüngstes Buch trägt den Titel »Gott queer gedacht« (2023).

Dr. Peter Lampe ist Senior-Professor für Neutestamentliche Theologie und Co-Direktor am Forschungszentrum für Internationale und Interdisziplinäre Theologie (FIIT) an der Universität Heidelberg, zudem Prof. h.c. an der University of the Free State, Südafrika. Zu seinen Forschungsinteressen zählen u. a. Sozialgeschichte des frühen Christentums, rhetorische, psychologische und konstruktivistische Analysen neutestamentlicher Texte, Hermeneutik sowie frühchristliche Archäologie. Zu seinen Veröffentlichungen zählen Monographien wie »Die stadtrömischen Christen in den ersten beiden Jahrhunderten« (auch engl. und span.), »Die Wirklichkeit als Bild« (auch engl.), »Pepouza and Tymion: The Discovery and Archaeological Exploration of a Lost Ancient City and an Imperial Estate« (auch dt. und türk., zus. mit W. Tabbernee), ebenso Predigtbände.

Dr. Fritz Lienhard ist Professor für Praktische Theologie (Homiletik und Kirchentheorie) an der Universität Heidelberg. Seine aktuellen Forschungsschwerpunkte sind Transformationsprozesse, Identität und Zukunft der Kirchen in Deutschland und Frankreich und Predigthilfe zur Passions- und Osterzeit.

Dr. Stefan Menzel ist Akademischer Oberrat am Musikwissenschaftlichen Seminar der Universität Heidelberg. Seine Forschungsschwerpunkte umfassen die Musikgeschichte des deutschen Sprachraums im 16. und 17. Jahrhundert, die japanische Musikgeschichte des 19. und 20. Jahrhunderts, Musik und Reformation/Humanismus/Liturgie/Theologie, Musik und immaterielles Kulturerbe sowie musikalische Institutions- und Diskursgeschichte.

Dr. Heike Springhart ist außerplanmäßige Professorin für Systematische Theologie an der Universität Heidelberg und Landesbischöfin der Evangelischen Landeskirche in Baden. Sie hat von 2008 bis 2019 als Mitglied des Predigerkonvents der Peterskirche Heidelberg regelmäßig Universitätsgottesdienste gehalten. Heike Springhart forscht vor allem zu einer Theologie der Vulnerabilität, zu theologischer Anthropologie und politischer Theologie.

Contributors

Dr Helmut Schwier received his doctorate in New Testament Theology from Heidelberg University in 1988 (»Temple and Temple Destruction«) and completed his habilitation in Practical Theology at Protestant University Bethel in 2000 with a thesis on the liturgical reform of Protestant churches in Germany. From 1988 to 1996 he worked as a pastor in training and as a pastor in a congregation in Herford and taught liturgy at the local institute for church music. From 1996 to 1999 he was a research assistant for Practical theology at Protestant University Bethel. From 1999 to 2001, he was a church official in the Office of the Protestant Church of the Union in Berlin, where he was responsible for the doctrinal conversations of the »Community of Protestant Churches in Europe (Leuenberg Church Fellowship)« and for the preparation and organization of the General Assembly in Belfast (2001). One focus of his work was the document »Church and Israel«. From 2001 to 2024 he was Professor of New Testament and Practical Theology at the University of Heidelberg and Lecturer in Homiletics at the Preaching Seminary of the Protestant Church in Baden. Since 2003 he has served as an honorary university preacher at St. Peter's Church in Heidelberg. His research and teaching focuses on hermeneutics, homiletics, liturgics and aesthetics, in recent years particularly on the relationship between liturgy and diaconia, queer theology and liturgy, and the new challenges of political preaching. In retirement, he pursues his passion for theology with his new hobbies as a trumpet player and baker.

Dr Jonathan C. Augustine is senior pastor of Big Bethel AME Church in Atlanta, Georgia, a member of the inaugural faculty at the Hampton University School of Religion, and a consulting faculty member at Duke University Divinity School. He is an advocate for civil rights, social justice and a scholar in the area of reconciliation. His most recent book is entitled »When Prophets Preach: Leadership and the Politics of the Pulpit«.

Christine Böckmann is currently a pastor in training in Speyer. Previously, she was a research assistant at the chair of Helmut Schwier. Her dissertation deals with the critique of racism in contemporary African American preaching theory and practice. She is also a trained systemic counselor.

Dr Maike Maria Domsel is an adjunct professor at the University of Bonn and teaches Catholic Religion and French at primary and secondary schools. She earned her Ph.D. in Systematic Theology in 2019 from the Philosophical-Theological University SVD St. Augustin, focusing on eschatological concepts within the context of end-of-life care. Her habilitation thesis in Religious Education, completed at the University of Bonn, explores the spiritual self-concept of religious educators. From 2020 to 2021, Domsel held a position as a substitute professor for Practical Theology and Religious Education at the University of Duisburg-Essen. She is also a co-editor of the Handbook of Religions (HdR).

Dr Judith Gärtner is Professor of Old Testament Studies at the University of Rostock. Isaiah and Zechariah and the historical psalms are the focus of her monographs. In addition to prophecy and the psalms, she has a special interest in hermeneutics and methodology. In recent years, she has focused on anthropology and resilience.

Dr Martin Hailer is Professor of Protestant Theology/Systematic Theology at Heidelberg University of Education and an ordained minister of the Lutheran Church. He received his doctorate with a dissertation on fundamental theology, followed by a habilitation in systematic theology. Martin Hailer's main research interests focus on ecumenical theology, philosophy of religion, and the work of Karl Barth.

Dr Annette Daniela Haußmann is Professor of Practical Theology (Pastoral Care Theory) at Heidelberg University. She is also a psychologist and psychotherapist. Her research focuses on issues related to age, illness, caregiving and religion and their implications for pastoral care. Annette Haußmann is the scientific director of the Centre for Pastoral Care of the Protestant Church in Baden and heads the pastoral care training for future pastors of the Protestant Church in Baden.

Dr Anni Hentschel is Professor of New Testament and Diaconal Studies at the Protestant University of Applied Sciences in Freiburg. Her research interests include the semantics of the Greek term diakonia, ecclesiology and social welfare in the New Testament.

Dr Christine Wenona Hoffmann is Professor of Practical Theology at Goethe University Frankfurt. She is a graduate of the Ruth Cohn Institute International (TCI) and works as a supervisor at the German Association for Supervision (DGSv). Homiletics and the interplay between Homiletics and Exegesis are the focus of her monographs. Another important aspect of her postdoctoral research is Diaconia and Pastoral Care (Theory). Hoffmann researches and publishes on poverty, digital, political and diversity-sensitive pastoral care.

Henrik Imwalle has studied economics and theology. He is a research assistant at the chair of Helmut Schwier and is writing an exegetical dissertation on the gifts of grace.

Dr Dr Elsabé Kloppers was a Professor of Practical Theology at the University of South Africa. She taught hymnology at various universities. As a Research Scholar at the University of the Free State and at UNISA, she currently focuses on the cultural and political role of religious songs in lived religion, the aesthetics, translation and reception of ecumenical songs in various contexts, the hermeneutics of singing as proclamation and diaconia, and aspects of singing and decolonization.

Dr Benedikt Kranemann is Professor of Liturgical Studies at the Faculty of Catholic Theology in Erfurt. He is the director of the Theological Research Centre at the University of Erfurt and served for several years as the president of the Association of Catholic Liturgical Scholars in German-speaking countries for several years. His publications focus primarily on the history and theology of worship.

Dr Andreas Krebs is Professor of Old Catholic and Ecumenical Theology and Director of the Department of Old Catholic Studies at the University of Bonn. Among other activities, he is involved in the Christian queer movement. His most recent book is entitled »Gott queer gedacht« (2023).

Dr Peter Lampe is a Senior Professor of New Testament Theology and Co-Director at the Research Center for International and Interdisciplinary Theology (FIIT) at Heidelberg University as well as Hon. Prof. at the University of the Free State, South Africa. His research interests include, among other topics, the social history of early Christianity, rhetorical, psychological, and constructivist analyses of New Testament texts, hermeneutics, and early Christian archaeology. His publications include monographs such as »Die stadtrömischen Christen in den ersten beiden Jahrhunderten« (also in English and Spanish), »Die Wirklichkeit als Bild« (also in English), and »Pepouza and Tymion: The Discovery and Archaeological Exploration of a Lost Ancient City and an Imperial Estate« (also in German and Turkish, together with W. Tabbernee) as well as volumes of sermons.

Dr Fritz Lienhard is Professor of Practical Theology (Homiletics and Church Theory) at Heidelberg University. His current research focuses on transformation processes, the identity and future of churches in Germany and France, and sermon preparation literature for Lent and Easter.

Dr Stefan Menzel is lecturer at the Department of Musicology at Heidelberg University. His research focuses on the history of music in the German-speaking world in the 16th and 17th centuries, Japanese music history in the 19th and 20th centuries, music and the Reformation/humanism/liturgy/theology, music and intangible cultural heritage, and the history of musical institutions and discourse.

Dr Heike Springhart is adjunct Professor of Systematic Theology at Heidelberg University and Bishop of the Protestant Church in Baden. From 2008–2009, she regularly held university services as a member of the Preachers' Convention of the University Church in Heidelberg. Heike Springhart's research focuses on a theology of vulnerability, theological anthropology and political theology.